高等职业教育"十二五"规划教材

汽车专业工作过程导向职业核心课程双证系列教材

人力资源和社会保障部职业技能鉴定中心组编

汽车构造与拆装一体化项目教程

主　编　严安辉　梁其续

主　审　尹万建

上海交通大学出版社

内 容 简 介

本书根据汽车维修钣金工的岗位工作内容,选取了拆装汽车发动机、拆装汽车底盘、拆装汽车车身电器、拆装汽车车身附件四个学习项目。按工作过程导向项目课程的思路组织编写,以实施具体任务来实现项目目标。同时还设计了若干训练活动来为顺利实施任务作准备,以完成任务展开学习,边学边做任务。实现做中学、学中做一体化教学核心思想。

本书可作为高职高专、技工院校、普通院校、远程教育和培训机构的汽车钣金与涂装或汽车车身修复专业教材,也可供广大汽车检修从业人员学习参考和职业鉴定前应试辅导。

为了方便老师教学及学生自学,本书配有多媒体课件,欢迎读者来函来电索取。

联系电话:(021)61675263;电子邮箱:shujun2008@gmail.com

图书在版编目(CIP)数据

汽车构造与拆装一体化项目教程/严安辉,梁其续主编. —上海:上海交通大学出版社,2012
汽车专业工作过程导向职业核心课程双证系列教材
ISBN 978-7-313-08139-1

Ⅰ. 汽… Ⅱ. ①严… ②梁… Ⅲ. 汽车—构造—职业教育—教材 ②汽车—装配(机械)—职业教育—教材 Ⅳ. ①U463 ②U472

中国版本图书馆 CIP 数据核字(2012)第 016588 号

汽车构造与拆装一体化项目教程

严安辉 梁其续 主编

上海交通大学出版社出版发行

(上海市番禺路 951 号 邮政编码 200030)

电话:64071208 出版人:韩建民

常熟市文化印刷有限公司 印刷 全国新华书店经销

开本:787mm×1092mm 1/16 印张:24 字数:563 千字

2012 年 6 月第 1 版 2012 年 6 月第 1 次印刷

ISBN 978-7-313-08139-1/U 定价:49.50 元

序

随着社会经济的高速发展和现代制造业的不断升级，我国对技能人才地位和作用的认识得到了空前的提高，技能人才的价值越来越得到认可。如何培养符合未来中国经济社会发展需要的技能人才也得到社会的广泛关注。

人力资源和社会保障部职业技能鉴定中心、中国就业培训技术指导中心担负着为我国就业和职业技能培训领域提供技术支持和技术服务的重要任务。在新的形势下，为各类技工院校、职业院校和培训机构提供技能人才培训、培养模式及方法等方面的技术指导尤为重要。在党中央国务院就业培训政策方针指引下，中心结合国情，开拓创新思路，探索培训方式，研究扩大就业，提供技术支持，为国家就业服务和职业培训鉴定事业的发展，提供了强有力的支撑。与此同时，中心不断深化理论研究，注重将理论转化为实践，成果也十分明显，由中心组编的"汽车专业工作过程导向职业核心课程双证系列教材"便是这种实践成果之一。

我国作为世界汽车生产和消费大国，汽车产业的快速发展和汽车消费的持续增长，为国民经济的增长产生了巨大拉动作用。近年来，我国汽车专业职业教育事业取得了长足发展，为汽车行业输送了大量的人才。随着汽车产业的迅猛发展，社会对汽车专业人才提出了更高的要求。进一步深化人才培养模式、课程体系和教学内容的改革，不断提高办学质量和教学水平，培养更多的适应新时代需要的具有创新能力的高技能、高素质人才，是汽车专业教育的当务之急。

作为汽车专业教育的重要环节，教材建设肩负着重要使命，新的形势要求教材建设适应新的教学要求。职业教育教材应针对学生自身特点，按照技能人才培养模式和培养目标，以应用性职业岗位需求为中心，以素质教育、创新教育为基础，以学生能力培养、技能实训为本位,使职业资格认证培训内容和教材内容有机衔接,全面构建适应 21 世纪人才培养需求的汽车类专业教材体系。

我热切地期待,本系列教材的出版将对职业教育汽车类专业人才的培养和教育教学改革工作起到积极的推动作用。

人力资源和社会保障部职业技能鉴定中心主任

中国就业培训技术指导中心主任

2011 年 5 月

目 录

第一部分　课程整体设计　001

一、课程性质和任务　001
1. 课程性质　001
2. 课程任务　001

二、课程基本要求　001

三、教学条件　002
1. 师资要求　002
2. 设备要求　002

四、课程项目设置与项目能力培养目标　002

五、考核方法　004

六、教学说明　005
1. 课程说明　005
2. 教学建议　005
3. 教学安排建议　005

七、教材和参考书　005

第二部分　教学内容　006

项目一　拆装汽车发动机　006

任务 1.1　认识汽车总体构造　007
一、维修接待　007
二、信息收集与处理　008

　　　1. 汽车总体构造 008
　　　2. 汽车类型 010
　　三、制订计划 014
　　四、任务实施 015
　　五、检验评估 015

任务 1.2　拆卸发动机 016
　　一、维修接待 016
　　二、信息收集与处理 017
　　　1. 汽车发动机类型 017
　　　2. 发动机工作原理 019
　　　3. 发动机总体构造 020
　　三、制订计划 024
　　四、任务实施 024
　　五、检验评估 033

任务 1.3　分解发动机 035
　　一、维修接待 035
　　二、信息收集与处理 036
　　　1. 曲柄连杆机构 036
　　　2. 配气机构 039
　　　3. 燃油系统 042
　　　4. 润滑系统 045
　　　5. 冷却系统 046
　　　6. 点火系统 050
　　　7. 起动系统 054
　　　8. 发动机进气、排气系统 055
　　三、制订计划 059
　　四、任务实施 060
　　五、检验评估 073

任务 1.4　总装发动机 074
　　一、维修接待 074
　　二、信息收集与处理 075
　　　1. 发动机总装基本要求 075
　　　2. 装配顺序与调整方法 076
　　三、制订计划 080
　　四、任务实施 080
　　五、检验评估 100

项目二　拆装汽车底盘 101

任务 2.1　拆装离合器　101
一、维修接待　101
二、信息收集与处理　102
1. 汽车底盘的概述　103
2. 离合器的构造　107
三、制订计划　110
四、任务实施　112
1. 离合器拆卸　112
2. 离合器的检查与调整　114
五、检验评估　116

任务 2.2　拆装变速器　117
一、维修接待　117
二、信息收集与处理　118
1. 变速器的功用和分类　119
2. 普通齿轮变速器的传动机构　120
3. 同步器　122
4. 变速器的操纵机构　125
三、制订计划　128
四、任务实施　129
1. 丰田卡罗拉手动变速器分解图　129
2. 汽车变速器拆装作业　132
五、检验评估　138

任务 2.3　拆装万向传动装置　140
一、维修接待　140
二、信息收集与处理　141
1. 万向传动装置的功用及组成和分类　141
2. 万向传动装置的结构　146
三、制订计划　147
四、任务实施　148
五、检验评估　150

任务 2.4　拆装主减差速器　152
一、维修接待　152
二、信息收集与处理　153
1. 驱动桥的构造功用　153
2. 驱动桥的种类及组成　153
3. 主减速器　155
4. 差速器结构与工作原理　157
5. 半轴与桥壳　162

三、制订计划 165

四、任务实施 165

五、检验评估 167

任务2.5 拆装转向系统 169

一、维修接待 169

二、信息收集与处理 170

1. 转向系统的作用、分类和组成 170

2. 转向操纵机构 172

3. 机械式转向器 173

4. 转向传动机构 175

5. 动力转向系统 179

三、制订计划 188

四、任务实施 189

五、检验评估 193

任务2.6 拆装行驶系统 195

一、维修接待 195

二、信息收集与处理 196

1. 行驶系的组成 196

2. 前轮定位 208

三、制订计划 211

四、任务实施 212

五、检验评估 217

任务2.7 拆装制动系统 218

一、维修接待 218

二、信息收集与处理 219

1. 液压制动系统的工作原理 219

2. 双腔液压制动总泵的构造 221

3. 真空助力器的构造和原理 223

4. 真空增压器的构造 224

5. 气压制动系统组成 225

6. 气压总阀的构造 226

7. 制动器 228

8. 驻车制动装置 236

三、制订计划 237

四、任务实施 238

五、检验评估 247

项目三 拆装汽车车身电器 248

任务3.1 拆装汽车仪表 248
　一、维修接待 248
　二、信息收集与处理 249
　　1. 车速里程表及车速报警装置 250
　　2. 发动机转速表 253
　　3. 机油压力表、机油压力报警装置和油压指示系统 254
　　4. 燃油表及燃油低油面报警装置 256
　　5. 水温表、水温报警装置和冷却液不足报警器 258
　　6. 电流表及充电指示灯 259
　　7. 仪表板上的常用标识 260
　三、制订计划 261
　四、任务实施 261
　五、检验评估 266

任务3.2 拆装前照灯 267
　一、维修接待 267
　二、信息收集与处理 268
　　1. 汽车照明装置的结构与工作原理 268
　　2. 汽车信号装置的结构与工作原理 268
　三、制订计划 275
　四、任务实施 275
　五、检验评估 287

任务3.3 拆装刮水器和喷洗器 288
　一、维修接待 288
　二、信息收集与处理 289
　　1. 汽车刮水器和喷洗器系统的总体构造 289
　　2. 汽车刮水器和喷洗器系统的结构 290
　　3. 汽车刮水器和喷洗器系统的工作原理 293
　三、制订计划 297
　四、任务实施 298
　五、检验评估 298

任务3.4 拆装电动座椅 299
　一、维修接待 299
　二、信息收集与处理 300
　　1. 电动座椅的组成及部件位置 300
　　2. 电动座椅的工作原理 300
　三、制订计划 303
　四、任务实施 304
　五、检验评估 304

任务 3.5 拆装电动车窗   305

一、维修接待   305

二、信息收集与处理   306

  1. 电动车窗的结构与原理   306

  2. 电动顶窗的结构与工作原理   310

三、制订计划   313

  1. 待修汽车电动车窗的功能   313

  2. 待修汽车电动车窗的结构与工作原理   314

四、任务实施   319

五、检验评估   319

任务 3.6 拆装空调   321

一、维修接待   321

二、信息收集与处理   322

  1. 汽车空调的组成   322

  2. 制冷循环系统的构造及工作原理   322

  3. 汽车空调配气系统结构与原理   328

  4. 汽车空调电气控制系统结构   334

  5. 汽车自动空调系统的结构与原理   339

三、制订计划   343

四、任务实施   344

五、检验评估   344

项目四 拆装汽车车身   345

任务 4.1 拆装发动机罩   345

一、维修接待   345

二、信息收集与处理   346

  1. 汽车车身类型   347

  2. 汽车车身结构   350

三、制订计划   351

四、任务实施   352

五、检验评估   353

任务 4.2 拆装车门   354

一、维修接待   354

二、信息收集与处理   355

  1. 车门的类型   355

  2. 车门的结构   356

三、制订计划   357

四、任务实施   358

五、检验评估　358

任务4.3　拆装保险杠　359

一、维修接待　359

二、信息收集与处理　360

1. 前保障杠的结构　360

2. 后保障杠的结构　361

三、制订计划　361

四、任务实施　361

五、检验评估　364

任务4.4　拆装翼子板　365

一、维修接待　365

二、信息收集与处理　366

三、制订计划　366

四、任务实施　367

五、检验评估　368

参考文献　369

第一部分

课程整体设计

一、课程性质和任务

1. 课程性质

本课程是汽车钣金与涂装（高级工）专业必修的一门专业技术课程。

2. 课程任务

本课程在汽车整车检修工作站内模拟企业实施项目教学，主要学习汽车发动机、底盘、电气附属电器、汽车空调等总成或系统的整体结构及原理；训练就车吊装发动机、离合器、变速器、传动装置、驱动桥、悬架与转向系统、制动系统、车身附属电器、汽车空调及车身等。重点强调按企业实际工作过程来培养学生的拆卸、检验、安装与调试等专业能力和职业核心能力。

先行课程：《钳工工艺与制作》。

后续课程：《汽车钣金件制作》。

二、课程基本要求

本课程以培养学生的职业能力为目标，通过本课程学习或训练，学生应具备以下职业能力：

（1）能描述汽车总体构造、各总成或系统的功能及装配关系，会对汽车车身进行拆装作业。

（2）能描述汽车发动机总体结构、工作原理及连接关系，会制定发动机就车拆卸、总成分解与组装作业方案，并实施发动机拆装作业。

（3）能描述汽车底盘总成的结构、工作原理及装配关系；会制定各系统的就车拆卸作业方案，并能对离合器、变速器、传动装置、驱动桥、悬架与转向系统、制动系统实施拆装作业。

（4）能描述汽车车身附属电器的工作原理及结构特点，会制定拆装作业方案，并能对前照灯、刮水器（雨刮）、电动车门、电动车窗、电动顶（天）窗、电动座椅等实施拆装作业。

（5）能描述汽车空调系统结构特点，制定汽车空调系统的拆装作业方案，会对汽车空调制冷系统、配气系统、电气系统进行拆装与检测作业。

（6）能描述汽车车身的总体构造，会制定车身拆装作业方案，能熟练拆装引擎盖、车门、

笔记

前后挡风玻璃、前后保险杠等典型部件。

（7）能正确使用常用工具、仪器仪表等维修设备，实施拆装作业；

（8）在学习或作业过程中严格执行"5S"现场管理及操作规范，能与其他学员团结协作，共同处理工作或学习过程中的一般问题。

三、教学条件

1. 师资要求

具有初级以上职称，或技师职业资格，或具有2年以上企业维修经验的一体化教师任课。

2. 设备要求

序号	实习场所名称	实习场所要求	设备序号	设备名称	数量	设备功能/技术指标	备注
1	汽车整车拆装实训室	面积：180 m² 配电：380 V/220 V/12 V 环保：符合 JY/T0380—2006 要求	（1）	举升设备	4 台	举升车辆	
			（2）	中高级轿车	4 辆	实习用车	
			（3）	发动机总成	8 台	拆装实习	
			（4）	离合器	8 台	拆装实习	
			（5）	变速器	8 台	拆装实习	
			（6）	传动装置总成	8 台	拆装实习	
			（7）	驱动桥总成	8 台	拆装实习	
			（8）	悬架与转向台架	8 台	拆装实习	
			（9）	制动系统台架	8 台	拆装实习	
			（10）	汽车空调台架	8 台	拆装实习	
			（11）	多媒体教学系统	1 套	辅助教学	
实习场所总面积	180 m²		实习设备总数量			73 台（套）	

四、课程项目设置与项目能力培养目标

序号	项目名称	工作任务	知识目标	能力目标	课时分配
1	拆装发动机	认识汽车总体构造	（1）能描述汽车总体构造：发动机、底盘、电气、车身的功用 （2）能描述汽车发动机的类型与总体构造	会根据车辆的总体结构特点，制定拆装发动机的方案	6
		就车拆卸发动机	（1）能描述发动机与底盘\电气\车身的连接关系 （2）能描述发动机吊装的注意事项	会就车拆卸发动机	4
		分解发动机	（1）能描述发动机的结构组成及工作原理 （2）能描述发动机分解\检验\安装与调试	会根据发动机的结构特点，制定拆装方案，并能实施拆装作业	8
		总装发动机	发动机总装规范	会总装发动机	6
2	拆装传动系统	就车拆装离合器	（1）能描述离合器的结构\型式\工作原理及功用 （2）能描述离合器的安装位置及连接定位关系 （3）能描述离合器的拆装注意事项	会根据离合器的结构特点，制定拆装方案，并能实施拆装作业	10

续　表

笔记

序号	项目名称	工作任务	知识目标	能力目标	课时分配
2	拆装传动系统	就车拆装变速器	(1) 能描述变速器的结构\型式\工作原理及功用 (2) 能描述变速器的安装位置及连接定位关系 (3) 能描述变速器的拆装注意事项	会根据变速器的结构特点,制定拆装方案,并能实施拆装作业	10
		就车拆装传动装置	(1) 能描述传动装置的结构\型式\工作原理及功用 (2) 能描述传动装置的安装位置及连接定位关系 (3) 能描述传动装置的拆装注意事项	会根据传动装置的结构特点,制定拆装方案,并能实施拆装作业	
		就车拆装驱动桥	(1) 能描述驱动桥的结构\型式\工作原理及功用 (2) 能描述驱动桥的安装位置及连接定位关系 (3) 能描述驱动桥的拆装注意事项	会根据驱动桥的结构特点,制定拆装方案,并能实施拆装作业	
3	拆装悬架与转向系统	就车拆装悬架	(1) 能描述悬架的结构\型式\工作原理及功用 (2) 能描述悬架的安装位置及连接定位关系 (3) 能描述悬架的拆装注意事项	会根据悬架的结构特点,制定拆装方案,并能实施拆装作业	4
		拆换车轮	(1) 能描述汽车车轮的结构组成及型式 (2) 能描述汽车轮胎的结构型式 (3) 能描述车轮互换作业注意事项	会根据车轮的结构特点,制订拆换计划,并能实施拆换作业	
		就车拆装转向传动机构	(1) 能描述汽车转向系统的结构及原理 (2) 能描述汽车转向传动机构的组成及拆装注意事项	会拆装转向传动机构	4
		就车拆装转向装置	(1) 能描述转向装置的结构\型式\工作原理及功用 (2) 能描述转向装置的安装位置及连接定位关系 (3) 能描述转向装置的拆装注意事项	会拆装转向装置	
4	拆装汽车制动系统	拆装制动器	(1) 能描述汽车制动系统的结构型式与工作原理 (2) 能描述车轮制动器的结构型式与工作原理 (3) 能描述车轮制动器的拆装注意事项	会拆装车轮制动器	4
		★拆装传动管路	(1) 能描述汽车制动控制系统的结构型式与工作原理 (2) 能描述汽车制动系统液压管路的拆装注意事项 (3) 能描述汽车系统液压管路排空	会拆装传动管路	

笔记

续 表

序号	项目名称	工作任务	知识目标	能力目标	课时分配
5	拆装汽车车身附属电器	拆装前照灯	(1) 能描述汽车电气线路的布置特点 (2) 能描述汽车照明电路 (3) 能描述汽车前照灯的结构与拆装注意事项	会拆装前照灯	4
		拆装刮水器	(1) 能描述刮水器系统的结构与工作原理 (2) 能描述刮水器系统的拆装规范	会拆装刮水器	6
		拆装电动车门	(1) 能描述电动车门的结构与工作原理 (2) 能描述电动车门的拆装规范	会拆装电动车门	4
		拆装电动车窗	(1) 能描述电动车窗的结构与工作原理 (2) 能描述电动车窗的拆装规范	会拆装电动车窗	4
		★拆装电动顶窗	(1) 能描述电动顶窗的结构与工作原理 (2) 能描述电动顶窗的拆装规范	会拆装电动顶窗	4
		拆装电动座椅	(1) 能描述电动座椅的结构与工作原理 (2) 能描述电动座椅的拆装规范	会拆装电动座椅	4
6	拆装汽车空调系统	★拆装制冷元件	(1) 能描述汽车空调系统的结构组成和工作原理 (2) 能描述汽车空调制冷系统的组成 (3) 能描述汽车空调制冷元件的拆装规范	会拆装制冷元件	10
		★拆装配气系统	(1) 能描述汽车空调配气系统的组成与工作原理 (2) 能描述汽车空调配气系统的拆装规范	会拆装配气系统	
		★拆装电气线路	(1) 能描述汽车空调控制系统的组成 (2) 能描述汽车空调控制系统的拆装规范	会拆装电气线路	
7	拆装汽车车身	拆装发动机罩	(1) 能描述发动机盖的结构特点 (2) 能描述发动机盖的拆装规范	会拆装发动机罩	4
		拆装车门	(1) 能描述车门的结构特点 (2) 能描述车门的拆装规范	会拆装车门	6
		拆装前后保险杠	(1) 能描述前后保险杠的结构特点 (2) 能描述前后保险杠的拆装规范	会拆装前后保险杠	6
		拆装翼子板	(1) 翼子板材料 (2) 翼子板构造	会拆装翼子板	6
合计					104

"★"部分任务,可根据实际教学安排的学时进行适当调整,也可以根据工位数适当调整课时。

五、考核方法

序号	考核项目	考核方式	考核权重
1	拆装发动机	过程考核(学生自评、小组互评、教师总评)	20%
2	拆装传动系统	过程考核(学生自评、小组互评、教师总评)	10%
3	拆装悬架与转向系统	过程考核(学生自评、小组互评、教师总评)	10%

续　表

序号	考核项目	考核方式	考核权重
4	拆装制动系统	过程考核（学生自评、小组互评、教师总评）	10%
5	拆装车身附属电器	过程考核（学生自评、小组互评、教师总评）	20%
6	拆装汽车空调系统	过程考核（学生自评、小组互评、教师总评）	10%
7	拆装汽车车身	过程考核（学生自评、小组互评、教师总评）	20%
合计			100%

六、教学说明

1. 课程说明

本课程是汽车修复专业必修的技术课程，是基于汽车维修钣金工岗位工作任务分析而设置的项目课程，项目之间为并列关系。

2. 教学建议

本课程根据工作任务分为 7 个项目 26 个典型工作任务，要求全面实施任务驱动式的项目教学法。同时建议创建汽车整车拆装工作站，模拟企业工作环境，从具体车辆典型故障案例入手，按资讯—决策—计划—实施—检查—评估等六个环节实施项目教学。在教学过程中，要求体现教师引导、学生训练为主的现代职业教育理念（职业活动行动导向教学法），培养学生专业能力的同时全过程渗透职业核心能力训练。

3. 教学安排建议

建议本课程在 5～6 周内完成，保证项目教学的连续性。

七、教材和参考书

教学资料：捷达、奥迪、金杯、丰田、别克、帕萨特等维修手册。

第二部分

教 学 内 容

项目一 ── 拆装汽车发动机

Description 项目描述	一辆 2006 款一汽丰田威驰汽车出现交通事故,车辆严重受损,进入维修厂进行维修。你是一名汽车维修钣金学徒工,如何开展维修工作
Objects 项目目标	1. 收集汽车总体构造相关信息,能描述汽车总体结构与材料,认识车辆总体结构、分析其结构特点 2. 收集发动机舱构造和发动机盖构造拆装规范,会拆装发动机盖 3. 收集发动机总体构造与工作原理,会拆卸发动机 4. 收集发动机各系统的结构与工作原理,会规范分解发动机 5. 收集发动机总装工艺与规范,能总装发动机
Tasks 项目任务	任务 1.1:认识汽车总体构造 任务 1.2:拆卸发动机 任务 1.3:分解发动机 任务 1.4:总装发动机
Implementation 项目实施	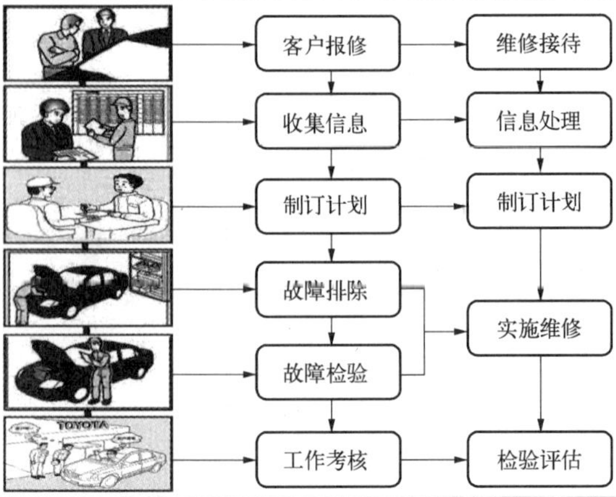

任务 1.1 认识汽车总体构造

任务描述	一辆 2006 款一汽丰田威驰汽车出现交通事故,车辆严重受损,进入维修厂进行维修。针对维修接待和车间确认意见,首先对车身附件进行分解作业
任务目标	1. 能描述汽车总体结构,认识车辆总体结构、分析其结构特点 2. 能认识待修车辆构造的材质,能选择相应维修工艺

一、维修接待

如表 1-1-1 所示,通过询问客户了解车辆发生事故的情况,填写接车问诊表,并根据车间检测初步确认结果,进行拆装作业。

表 1-1-1 维修接待与接车问诊表

<table>
<tr><td colspan="2" align="center">接 车 问 诊 表</td></tr>
<tr><td colspan="2">车牌号: _____ 车架号: _____ 行驶里程: _____ (km)</td></tr>
<tr><td colspan="2">用户名: _____ 电 话: _____ 来店时间: _____ / _____</td></tr>
<tr><td colspan="2">用户陈述及故障发生时的状况: 一辆 2006 款一汽丰田威驰汽车出现交通事故,车辆严重受损,进入维修厂进行维修</td></tr>
<tr><td colspan="2">故障发生时的状况提示: 行驶速度、发动机状态、发生频率、发生时间、部位、天气、路面状况、声音描述</td></tr>
<tr><td colspan="2">接车员检测确认建议: 根据车辆受损情况,对车辆进行解体修复</td></tr>
<tr><td colspan="2">车间检测确认结果及主要故障零部件: 拆装发动机</td></tr>
<tr><td colspan="2" align="right">车间检查确认者: _____</td></tr>
<tr>
<td>外观确认:

(请在有缺陷部位作标识)</td>
<td>功能确认:(工作正常✓ 不正常✕)
□音响系统　□门锁(防盗器)　□全车灯光　□工具
□后视镜　　□顶窗　　　　　□座椅　　　□点烟器
□玻璃升降器　□玻璃

物品确认:(有✓ 无✕)
□贵重物品提示
□工具　□备胎　□灭火器
□其他(　　)
旧件是否交还用户　□是　□否
用户是否需要洗车　□是　□否</td>
</tr>
</table>

· 检测费说明:本次检测的故障如用户在本店维修,检测费包含在修理费用内;如用户不在本店维修,请您支付检测费。本次检测费:¥_____元。
· 贵重物品:在将车辆交给我店检查修理前,已提示将车内贵重物品自行收起并保存好,如有遗失恕不负责。

接车员: _____　　　用户确认: _____

二、信息收集与处理

如表 1-1-2 所示,收集相关信息,并将相关信息填入表中相应位置。

表 1-1-2　信息收集与处理

序号	汽车总体构造	作　用
1	发动机	
2	底盘	
3	电气设备	
4	车身	

1. 汽车总体构造

汽车由发动机、底盘、电气设备和车身组成,其作用与安装位置如表 1-1-3 所示。

表 1-1-3　汽车的总体构造

名　称	作　用	安装位置
发动机	发动机是车辆的动力装置,使供入其中的燃料燃烧而发出动力	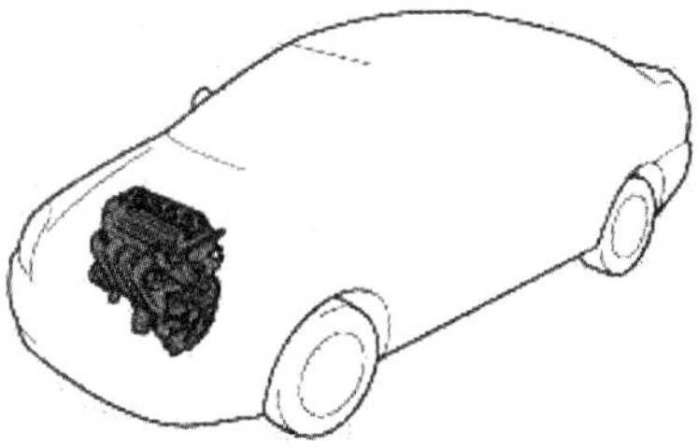
底盘	传动系统:将发动机输出的动力传给驱动车轮的装置	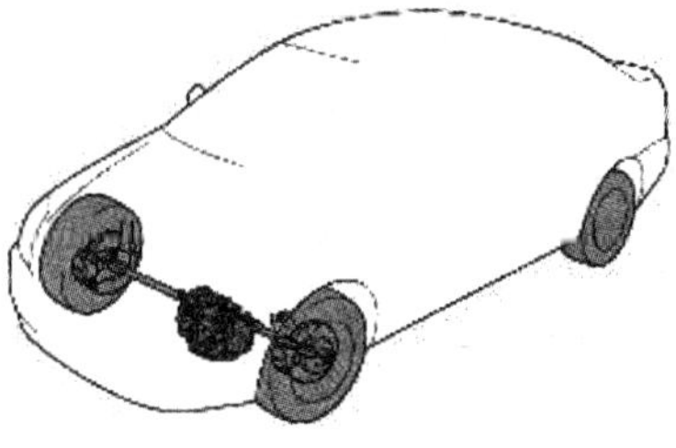

续　表

名　称	作　用	安装位置
底盘	行驶系统：通过与路面的接触来支撑车辆，并保证汽车正常行驶的装置	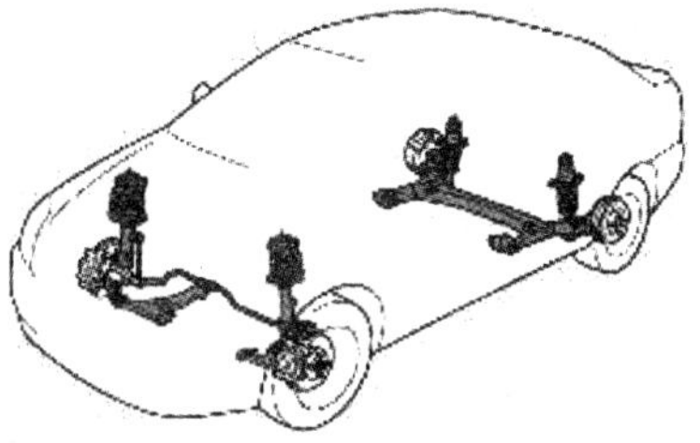
	转向系统：改变车辆行驶方向的装置	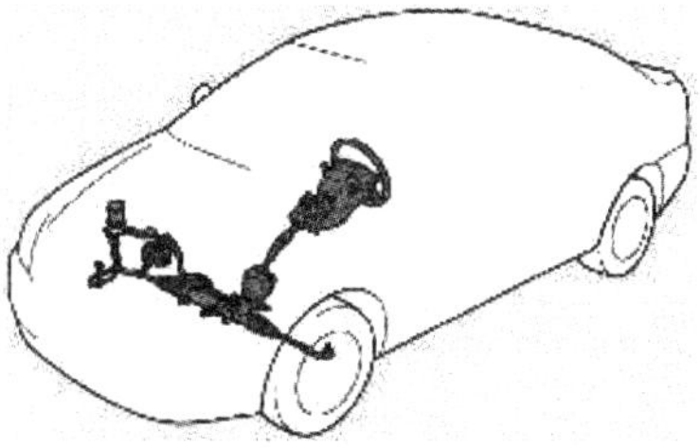
	制动系统：使车辆实现减速、停车的装置	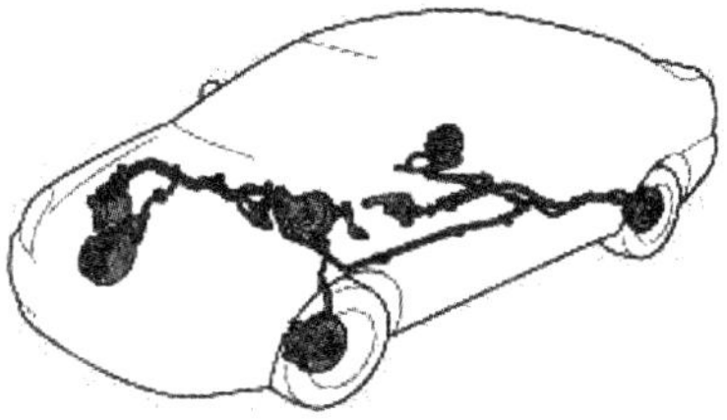
电气	发动机电气系统：起动发动机并使其以稳定方式运行的装置	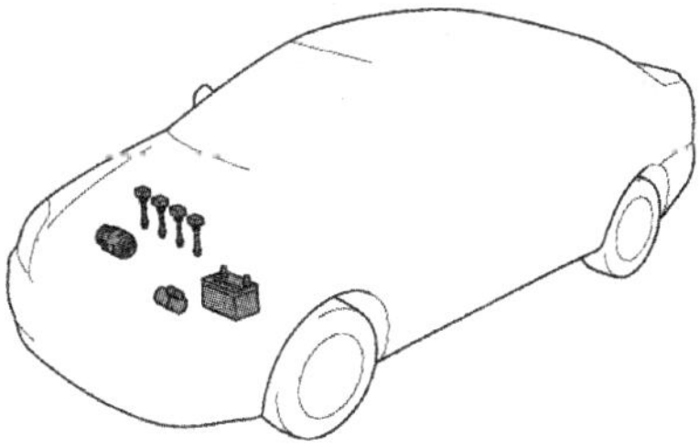
	车身电气系统：为车辆提供照明、信号、舒适等功能的装置	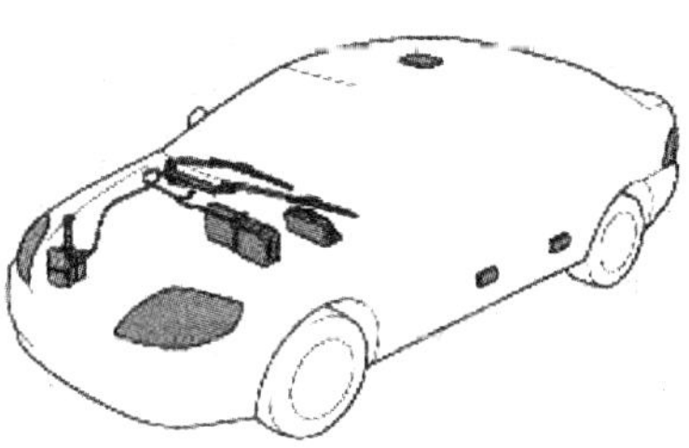
车身	汽车车身是车辆承载人或行李的部分	

2. 汽车类型

汽车可根据不同的分类标准,分成各式各样的汽车,主要分类如表 1-1-4 所示。

表 1-1-4　汽车的分类

分 类	型 式	用途说明	示意图
按发动机类型分类	汽油发动机车辆	汽油发动机车辆使用汽油发动机。汽油发动机产生高功率,外形紧凑,广泛用于轿车 类似的发动机包括 CNG 发动机,LPG 发动机和酒精发动机,但使用的燃油类型不同 CNG:压缩天然气 LPG:液化石油气	 1-发动机　2-油箱(汽油)
	柴油发动机车辆	柴油发动机车辆使用柴油发动机。柴油发动机产生大力矩,燃油经济性能好,广泛用于卡车和SUV(多功能运动车)	 1-发动机　2-油箱(柴油)
	混合动力车辆	混合动力车辆装备不同类型的驱动动力,如汽油发动机和电动机。因为汽油发动机可以发电,因此,这类车辆不需要用于电池充电的外接电源。车轮驱动系统使用270 V,相反,其他系统使用 12 V。例如在起动关闭期间,因速度较低,使用能够产生高动力的电动机运转方式。而车辆加速时,汽油发动机在较高转速下以更高效的方式运转。通过这样的方式转换,实现两种动力类型的最佳利用,可以提高效力,减少废气排放和节约燃料	 1-发动机　2-变换器 3-驱动桥　4-变矩器　5—蓄电池
	电动车辆	电动车辆(EV)使用电池电源运行电动机,而不是使用燃油,但电池需要充电。它提供许多优点,包括操作期间无废气排放和低噪声。车轮驱动系统使用290 V,另一方面,其他电气使用 12 V	 1-动力控制装置　2-电动机　3-蓄电池

续　表

笔记

分　类	型　式	用途说明	示意图
按发动机类型分类	燃料电池复合动力车辆	燃料电池复合动力车辆(FCHV)使用的电能来自氢燃料与空气中氧的反应,此反应形成水。由于此反应仅放出水,因此这被认为是低污染车辆的最终形式,预计将成为下一代的驱动动力	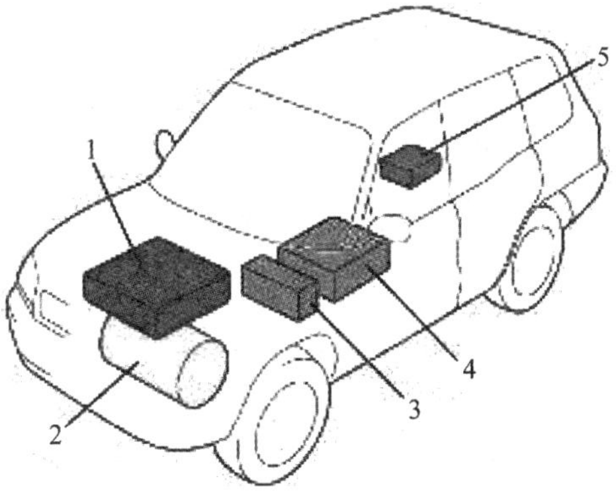 1-动力控制装置　2-电动机　3-燃料电池架 4-氢气存储系统　5-次级蓄电池
按发动机和驱动轮位置分类	FF(发动机前置/前轮驱动车辆)	由于 FF 车辆没有传动轴,故乘员室内宽敞,很舒服	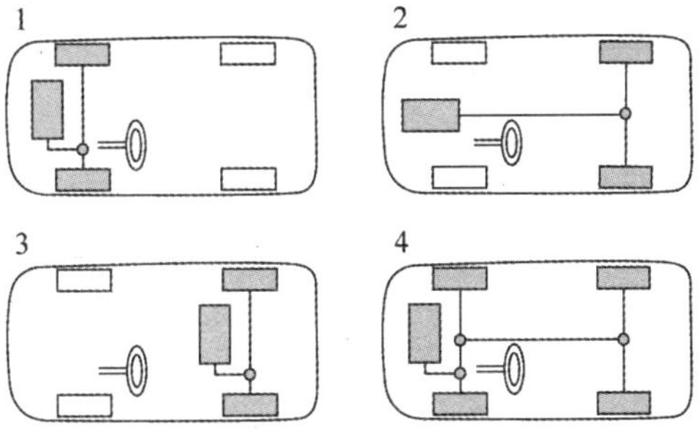 1-FF(发动机前置/前轮驱动车辆) 2-FR(发动机前置/后轮驱动车辆) 3-MR(发动机中置/前轮驱动车辆) 4-4WD(4轮驱动)
	FR(发动机前置/后轮驱动车辆)	由于 FR 车辆有很好的重平衡,故其控制性和稳定性很好	
	MR(发动机中置/前轮驱动车辆)	由于 MR 车辆在前桥和后桥上有很好的重平衡,故其控制性很好	
	4WD（4轮驱动)	由于四轮驱动车用四轮驱动,因而能以稳定的方式在很差的状况下行驶。其重量比其他类型车辆大	
按用途分类	轿车		
	客车		

笔记

分　类	型　式	用途说明	示意图
按用途分类	货车		
	牵引车和汽车列车		
	越野汽车		
	工矿自卸车		
	农用汽车		
	特种车		

续　表

笔记

分　类	型　式	用途说明	示意图
轿车按发动机排量分类	类　型	发动机排量/L	车　型
	微型	≤1.0	夏利、奥拓等
	普通型	>1.0～≤1.6	富康、捷达等
	中级	>1.6～≤2.5	桑塔纳 3000、奥迪 A6 等
	中高级	>2.5～≤4.0	皇冠、奔驰 300 等
	高级	>4.0	CA770、卡迪拉克、林肯、奔驰 600 系列等
客车按汽车的长度分类	类　型	车辆长度/m	示意图
	微型	<3.5	
	轻型	3.5～7	
	中型	7～10	
	大型	10～12	
	超大型	>12(铰接式) 10～12(双层)	

笔记

续 表

分 类	型 式	用途说明	示意图
	类 型	总质量/t	示意图
货车按汽车质量分类	微型	<1.8	
	轻型	1.8～6	
	中型	>1.6～≤2.5	
	重型	>14	

三、制订计划

如表 1-1-5 所示,查阅维修资料,了解一汽丰田威驰类型特点,分析一汽丰田威驰的结构特点;查阅维修手册,制订认识汽车总体构造的计划。

表 1-1-5　认识汽车总体构造的计划

	车辆描述		
1. 车辆信息描述	一汽丰田威驰的结构类型	发动机安装位置	
		驱动型式	
		发动机排量分类	
2. 一汽丰田威驰结构组成			
3. 一汽丰田威驰结构特点描述			

续 表

4. 一汽丰田威驰认识准备					
5. 一汽丰田威驰认识内容	序号	认识内容	安装信息	结构形式	认识记录

四、任务实施

按照表 1-1-5 认识汽车总体构造的计划,将认识内容记录在表 1-1-6 认识汽车总体构造任务书中。

表 1-1-6 认识汽车总体构造任务

序号	认识内容	结构示意图	认识记录
1			
2			
3			
4			

五、检验评估

在完成拆装作业后,按表 1-1-7 认识汽车总体构造的检验与评价,实施作业质量检验,并进行三方评价。

表 1-1-7 认识汽车总体构造的检验与评价表

检验与评价内容	检验与评价指标	权重	自评	互评	总评
作业质量检验	在车上找出发动机、底盘、电气设备和车身总成				
检查任务完成情况	1. 能描述汽车发动机、底盘、电气设备和车身的作用				
	2. 在小组所扮演的角色,对完成仼务过程中所起的作用				
职业素养	1. 学习态度:积极主动参与学习				
	2. 团队合作:与小组成员一起分工合作,不影响学习进度				
	3. 现场管理:服从工位安排、执行实训室"5S"管理规定				

任务 1.2　拆卸发动机

任务描述	一辆 2006 款一汽丰田威驰汽车出现交通事故,车辆严重受损,进入维修厂进行维修。针对维修接待和车间确认意见,根据车身受损情况,视情况拆卸发动机
任务目标	1. 能描述汽车总体结构,认识车辆发动机总体结构、分析其结构特点 2. 能认识待修车辆构造的材质,能选择相应维修工艺

一、维修接待

按照表 1-2-1 所示,通过询问客户了解车辆发生事故的情况,填写接车问诊表,并根据车间检测初步确认结果,进行拆装作业。

表 1-2-1　维修接待与接车问诊表

接 车 问 诊 表

车牌号:＿＿＿＿＿＿＿　车架号:＿＿＿＿＿＿＿　行驶里程:＿＿＿＿＿＿＿(km)

用户名:＿＿＿＿＿＿＿　电　话:＿＿＿＿＿＿＿　来店时间:＿＿＿＿／＿＿＿＿

用户陈述及故障发生时的状况:**车辆因交通事故而严重受损,进厂维修。根据车身受损状况,经过车间确认,酌情拆卸发动机**

故障发生时的状况提示:**行驶速度、发动机状态、发生频率、发生时间、部位、天气、路面状况、声音描述**

接车员检测确认建议:**拆卸发动机**

车间检测确认结果及主要故障零部件:**拆装发动机**

车间检查确认者:＿＿＿＿＿＿＿

外观确认:

功能确认:(工作正常✓　不正常✕)
□音响系统　　□门锁(防盗器)　　□全车灯光　　□工具
□后视镜　　　□顶窗　　　　　　□座椅　　　　□点烟器
□玻璃升降器　□玻璃

物品确认:(有✓　无✕)
□贵重物品提示
□工具　□备胎　□灭火器
□其他(　　　　　　)
旧件是否交还用户　□是　□否
用户是否需要洗车　□是　□否

F

E

(请在有缺陷部位作标识)

· 检测费说明:本次检测的故障如用户在本店维修,检测费包含在修理费用内,如用户不在本店维修,请您支付检测费。本次检测费:￥＿＿＿＿元。

· 贵重物品:在将车辆交给我店检查修理前,已提示将车内贵重物品自行收起并保存好,如有遗失恕不负责。

接车员:＿＿＿＿＿＿＿＿＿＿＿　　　用户确认:＿＿＿＿＿＿＿＿＿＿＿

二、信息收集与处理

如表 1-2-2 所示,收集相关信息,并将相关信息填入表中相应位置。

表 1-2-2 信息收集与处理

凸轮轴

正时皮带(或正时链条)

排气门

分电器

空气滤清器

化油器

点火开关

火花塞

点火线圈

冷却水

活塞

进气门

连杆

蓄电池

曲轴

起动机

润滑油

飞轮兼起动齿轮

油底壳

序号	部件名称	作 用
1		
2		
3		
4		
5		
6		
7		

发动机是汽车的动力源。迄今为止除为数不多的电动汽车外,汽车发动机都是热能动力装置(简称热机)。在热机中借助工质的状态变化将燃料燃烧产生的热能转变为机械能。

热机有内燃机和外燃机两种。直接以燃料燃烧所生成的燃烧产物为工质的热机为内燃机,反之则为外燃机。内燃机包括活塞式内燃机和燃气轮机。外燃机则包括蒸汽机、汽轮机和热气机等。内燃机与外燃机相比,具有结构紧凑、体积小、质量轻和容易启动等许多优点。因此,内燃机尤其是活塞式内燃机被极其广泛地用作汽车动力。

1. 汽车发动机类型

发动机是汽车的动力源,可根据不同的分类标准进行分类,具体分类大致如表 1-2-3 所示。

表 1-2-3　汽车发动机类型

发动机分类方式	型　式	示意图
按活塞运动方式不同	活塞式内燃机可分为往复活塞式和旋转活塞式两种	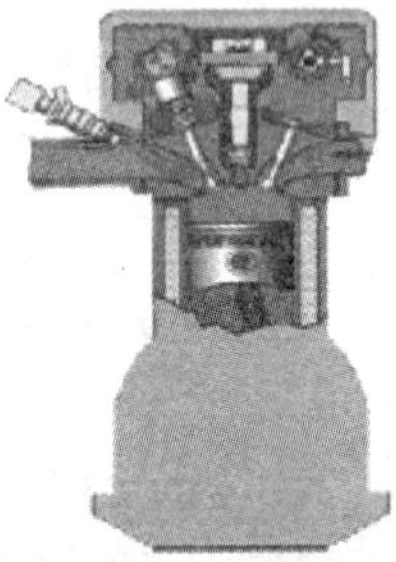 往复活塞式 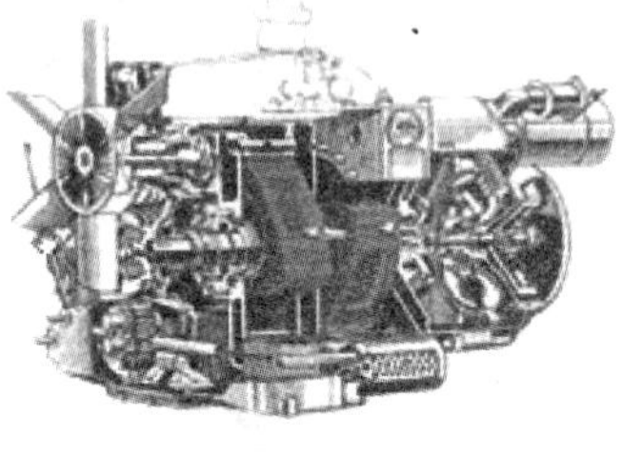　　　转子活塞式
按照所用燃料不同	活塞式内燃机主要分为汽油机、柴油机和气体燃料发动机三类。以汽油和柴油为燃料的活塞式内燃机分别称作汽油机和柴油机。使用天然气、液化石油气和其他气体燃料的活塞式内燃机称作气体燃料发动机	 汽油机 　　　柴油机
按冷却方式不同	水冷式和风冷式两种。以水或冷却液为冷却介质的称作水冷式内燃机,而以空气为冷却介质的则称作风冷式内燃机	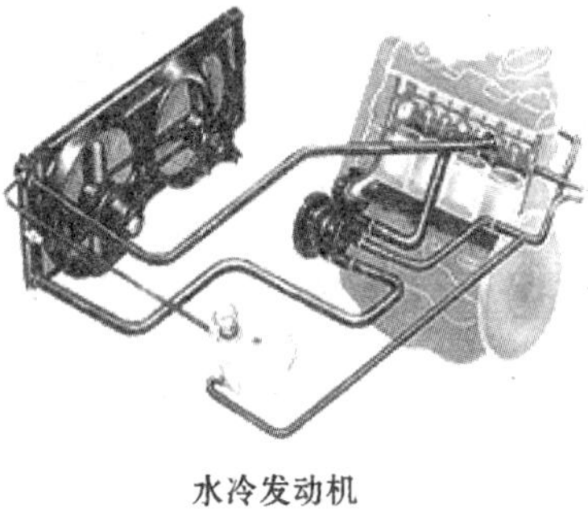 水冷发动机 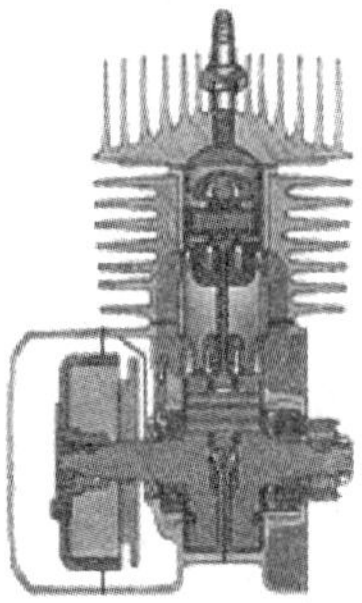　　　风冷发动机
往复活塞式内燃机还按其在一个工作循环期间活塞往复运动的行程数进行分类	活塞式内燃机每完成一个工作循环,便对外作功一次,不断地完成工作循环,才使热能连续地转变为机械能。在一个工作循环中活塞往复四个行程的内燃机称作四冲程往复活塞式内燃机,而活塞往复两个行程便完成一个工作循环的则称作二冲程往复活塞式内燃机	 四冲程内燃机 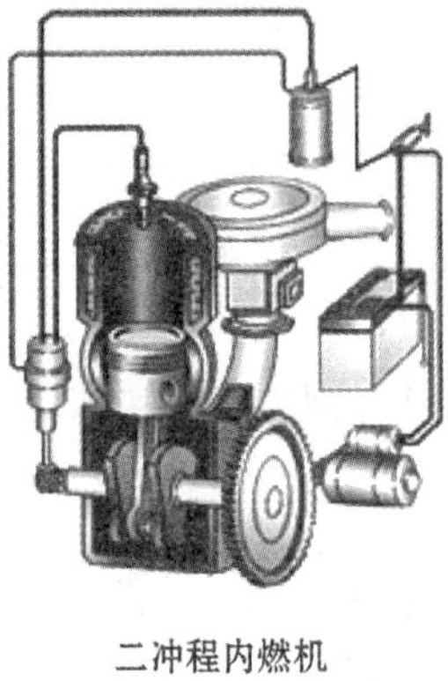　　　二冲程内燃机

续　表

发动机分类方式	型　式	示意图
按照气缸数目分类	可以分为单缸发动机和多缸发动机。仅有一个气缸的发动机称为单缸发动机;有两个以上气缸的发动机称为多缸发动机。如双缸、三缸、四缸、五缸、六缸、八缸、十二缸等都是多缸发动机。现代车用发动机多采用四缸、六缸、八缸发动机	 多缸发动机　　单缸发动机
内燃机按照气缸排列方式不同	可以分为单列式和双列式。单列式发动机的各个气缸排成一列,一般是垂直布置的。为了降低高度,有时也把气缸布置成倾斜的甚至水平的;双列式发动机把气缸排成两列,两列之间的夹角＜180°(一般为90°)称为V型发动机,若两列之间的夹角＝180°称为对置式发动机	 双列式　　　　单列式
按进气状态不同	活塞式内燃机还可分为增压和非增压两类。若进气是在接近大气状态下进行的,则为非增压内燃机或自然吸气式内燃机;若利用增压器将进气压力增高,进气密度增大,则为增压内燃机。增压可以提高内燃机功率	 自然吸气(非增压式发动机)　强制进气(增压式)发动机

2. 发动机工作原理

汽车用发动机一般是指往复活塞式内燃机,虽然其结构各异,但是其基本工作原理大致相同,都必须要经过进气、压缩、做功和排气四个过程。其中四冲程发动机过程如表1-2-4所示。

表1-2-4　四冲程发动机过程

为了产生动力推动汽车,汽油发动机重复进行以下四行程: • 进气行程 • 压缩行程 • 做功行程 • 排气行程 它们吸入空气燃油混合气至气缸中,将其压缩、点火和燃烧,然后排放。此四个过程重复进行为汽油发动机提供动力。这种发动机称为四冲程发动机	 1-进气阀(进气门)　2-火花塞 3-排气阀(排气门)　4-燃烧室　5-活塞

笔记

序号	工作原理说明	示意图
1	进气行程:排气阀关闭,进气阀打开。活塞向下行程使空气燃油混合气从打开的进气阀吸入到气缸中	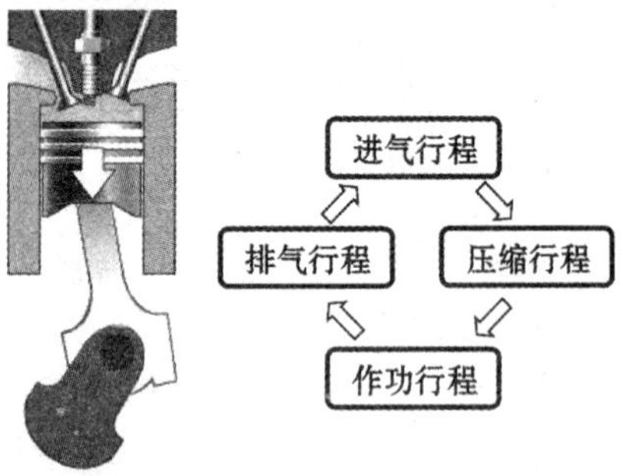
2	压缩行程:活塞完成其向下行程,而进气阀关闭。被吸入气缸中的空气燃油混合气随着活塞向上行程而高度压缩	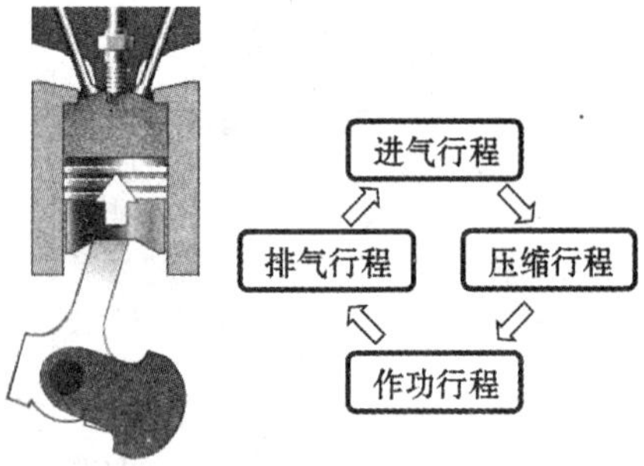
3	作功行程:当活塞即将完成其向上行程时,电流流到火花塞,因此产生了火花。随后是压缩的空气燃油混合气的燃烧和爆燃。这种爆燃推动活塞向下,引起曲轴旋转	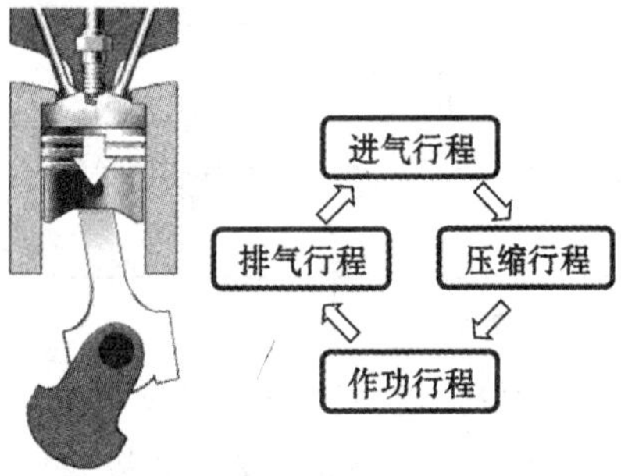
4	排气行程:在活塞即将完成其向下行程时,排气阀打开。然后,由燃烧产生的废气被排放到气缸外	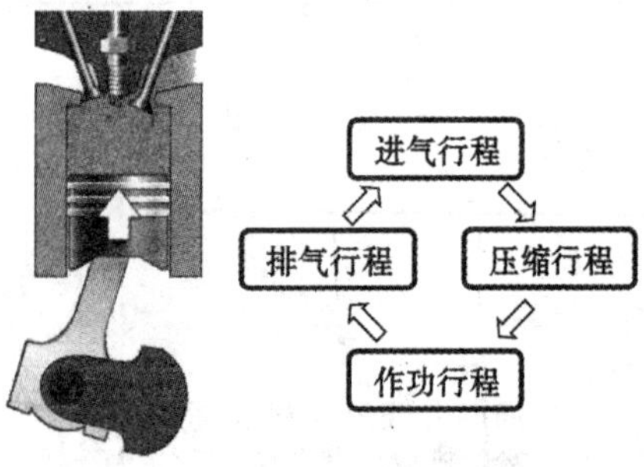

3. 发动机总体构造

发动机是汽车的动力装置,是汽车的心脏。汽车的作用是将供给的燃料燃烧所产生的热能转化为机械能(即产生动力),并通过底盘驱动汽车行驶。现代汽车大多采用往复活塞式汽油机。无论是汽油机,还是柴油机;无论是四行程发动机,还是二行程发动机;无论是单缸发动机,还是多缸发动机,要完成能量转换,实现工作循环,保证长时间连续正常工作,都必须具备以下一些机构和系统。

　　汽油机由以下两大机构和五大系统组成,即由曲柄连杆机构,配气机构、燃料供给系、润滑系、冷却系、点火系和起动系组成;柴油机由以上两大机构和四大系统组成,即由曲柄连杆机构、配气机构、燃料供给系、润滑系、冷却系和起动系组成,柴油机是压燃的,不需要点火系。具体如表 1-2-5 所示。

表 1-2-5　发动机总体构造

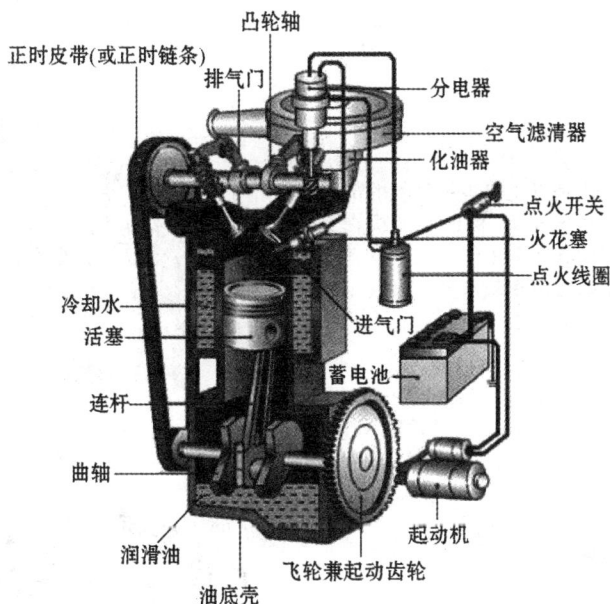

名称	机构或系统作用	示意图
曲柄连杆机构	曲柄连杆机构是发动机实现工作循环,完成能量转换的主要运动零件。它由机体组、活塞连杆组和曲轴飞轮组等组成	曲柄连杆机构

笔 记

名称	机构或系统作用	示意图
配气机构	配气机构的功用是根据发动机的工作顺序和工作过程,定时开启和关闭进气门和排气门,使可燃混合气或空气进入气缸,并使废气从气缸内排出,实现换气过程	 配气机构
冷却系统	冷却系的功用是将受热零件吸收的部分热量及时散发出去,保证发动机在最适宜的温度状态下工作。水冷发动机的冷却系通常由冷却水套、水泵、风扇、水箱、节温器等组成	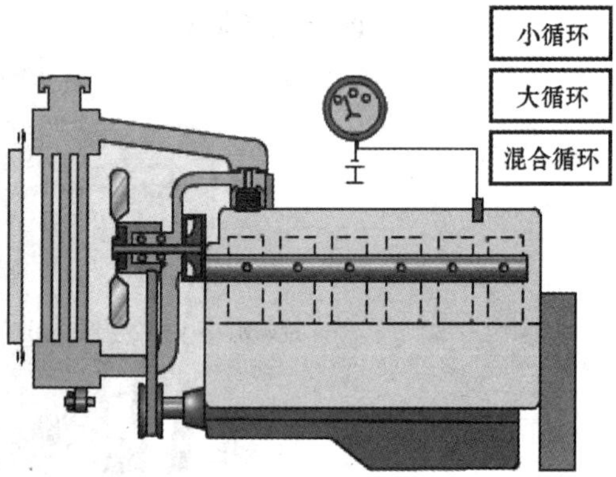 小循环　大循环　混合循环 冷却系统
燃料供给系统	汽油机燃料供给系的功用是根据发动机的要求,配制出一定数量和浓度的混合气,供入气缸,并将燃烧后的废气从气缸内排出到大气中去;柴油机燃料供给系的功用是把柴油和空气分别供入气缸,在燃烧室内形成混合气并燃烧,最后将燃烧后的废气排出	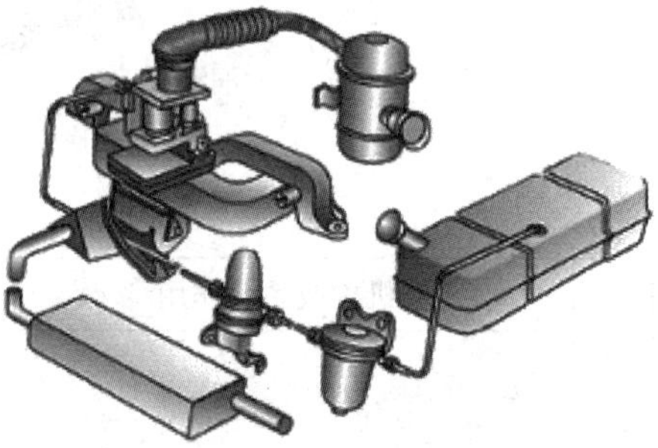 化油器式汽油燃油供给系统 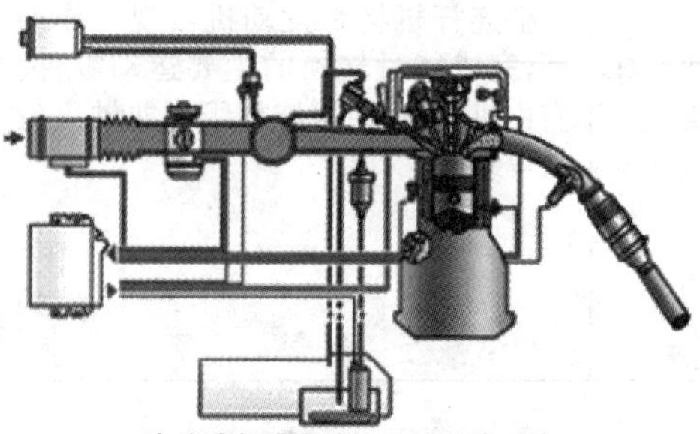 汽油喷射式汽油机燃油供给系统

笔记

名称	机构或系统作用	示意图
燃料供给系统	汽油机燃料供给系的功用是根据发动机的要求,配制出一定数量和浓度的混合气,供入气缸,并将燃烧后的废气从气缸内排出到大气中去;柴油机燃料供给系的功用是把柴油和空气分别供入气缸,在燃烧室内形成混合气并燃烧,最后将燃烧后的废气排出	 柴油机燃油供给系统
润滑系统	润滑系的功用是向做相对运动的零件表面输送定量的清洁润滑油,以实现液体摩擦,减小摩擦阻力,减轻机件的磨损。并对零件表面进行清洗和冷却。润滑系通常由润滑油道、机油泵、机油滤清器和一些阀门等组成	 润滑系统
点火系统	在汽油机中,气缸内的可燃混合气是靠电火花点燃的,为此在汽油机的气缸盖上装有火花塞,火花塞头部伸入燃烧室内。能够按时在火花塞电极间产生电火花的全部设备称为点火系,点火系通常由蓄电池、发电机、分电器、点火线圈和火花塞等组成	 点火系统
起动系统	要使发动机由静止状态过渡到工作状态,必须先用外力转动发动机的曲轴,使活塞做往复运动,气缸内的可燃混合气燃烧膨胀做功,推动活塞向下运动使曲轴旋转,发动机才能自行运转,工作循环才能自动进行。因此,曲轴在外力作用下开始转动到发动机开始自动怠速运转的全过程,称为发动机的启动。完成起动过程所需的装置,称为发动机的起动系	 起动系统

三、制订计划

在表 1-2-6 的指引下,查阅维修资料,了解车辆发动机类型特点,分析汽车发动机的结构特点;查阅维修手册,熟悉车辆发动机拆卸规范,制订汽车发动机拆卸的计划。

表 1-2-6　汽车发动机拆卸的计划

	车辆描述		
1. 车辆信息描述	一汽丰田威驰汽车发动机的结构类型		
2. 汽车发动机拆卸工作准备			
	步骤	拆装项目	操作要领	技术要求或标准	检修记录
3. 汽车发动机拆卸的工艺流程					

四、任务实施

按照表 1-2-6 汽车发动机拆卸的计划,实施拆卸作业,并将作业要领记录在表 1-2-7 中。

表 1-2-7　汽车发动机拆卸作业任务

拆卸发动机:前置发动机后轮驱动型汽车从顶部拆卸发动机,发动机、驱动桥、悬架梁等作为一个整体从车下拆卸。拆卸步骤大致如下:采取措施防止汽油溢出、拆下蓄电池、排出冷却液、拆开连接器和线束、拆卸车内总成、拆开夹具和软管、拆开燃油管、拆卸发动机室内总成、车下拆卸零件、设定发动机托架、拆卸带驱动桥的发动机、拆卸驱动桥、拆卸离合器和飞轮、安装发动机大修台、拆卸进气、排气歧管、发电机、发动机线束等

续 表

步 骤	示意图	操作说明	操作记录
1. 采取措施防止汽油溢出		（1）释放燃油管内的压力。即使在发动机已经停止之后，燃油残余压力仍然存在，以确保能轻松地重新起动发动机。由于该操作要求发动机重新起动，在拆下蓄电池之前完成该操作 注意：拆开带燃油残余压力的燃油管是非常危险的，因为燃油将喷射而出可能造成火灾 （2）拆开燃油泵连接器。拆卸后座椅软垫、拆卸检修孔盖、拆开燃油泵连接器 提示：可以通过拆卸断路开电器来停止燃油泵的运行 参考维修章，因为燃油泵连接器的位置因车的不同而有所不同 （3）采取措施防止汽油溢出 ① 起动发动机：当燃油泵连接器被拆开时，发动机依然能起动。但是，已经停止的燃油泵将逐渐减少燃料管内的压力，从而导致较少的燃油喷射，以致使发动机自动停止 ② 发动机自动停止以后，再次起动发动机并且确保其不能重新起动。进行上述操作，以便确认燃油管内的压力减少 ③ 将点火开关转到 LOCK 位置	
2. 拆下蓄电池		（1）拆开蓄电池电缆。拆开蓄电池电缆以前，将 ECU（电子控制总成）等电子元件中存储的信息记录下来 • DTC（诊断故障代码） • 无线电台选择 • 座椅位置（带记忆系统） • 转向轮位置（带记忆系统）等 （2）拆下蓄电池。拆下蓄电池夹具和拆下蓄电池 ① 拆开蓄电池负极端子电缆 ② 拆开蓄电池正极端子电缆 ③ 拆下蓄电池夹具 ④ 拆下蓄电池 注意：蓄电池壳内是液体电解质（稀硫酸），因此保持蓄电池液位水平，防止液体溢出	

笔 记

续　表

步　骤	示意图	操作说明	操作记录
3. 排出冷却液	散热器盖　排水塞　散热器排放塞	要拆卸发动机,就有必要拆开包含冷却液的软管,比如散热器软管和加热器软管。为此,冷却液需要提前排放 警告:在发动机热机时,拆卸散热器盖很危险,因为冷却液会喷射而出。因此,拆卸散热器盖以前,应当等待发动机充分冷却下来 注意:如果冷却液与车身接触,车身便会褪色。因此,如果冷却液溅出,应立即用水冲洗 (1) 用一块布盖住散热器盖,以使冷却液不会喷出 (2) 旋转45°松开散热器盖,释放散热器内的压力 (3) 再将散热器盖旋转45°,将其拆卸 (4) 将冷却液回收罐放在散热器和发动机的排放塞下 提示:排放塞的位置因车型的不同而不同 (5) 首先松开散热器的排放塞排放冷却液,然后再排放发动机中的冷却液	
4. 拆开连接器和线束	仪表板接线盒　发动机ECU　发动机室接线盒 仪表板接线盒　发动机ECU　氧气传感器连接器　发动机室接线盒　接地线　起动机电缆 线绳　结束	发动机有很多连接器,比如传感器连接器、开关连接器和执行器连接件。这些连接器都与发动机线束相连。从发动机 ECU 和发动机室接线盒上的接头处(而非发动机上)拆开发动机线束,以便尽量减少拆开次数 (1) 从下述部件上拆开发动机线束连接器:发动机 ECU、仪表板接线盒、发动机室接线盒、其他(接地线、起动机电缆、氧气传感器连接器等) 提示:氧气传感器的连接器位于地毯下面 (2) 拉出发动机线束。拉出发动机线束以前,用线绳将其绑扎,拉出以后再将其松开 提示:按照插图所示松开线绳,以便易于再次拉出发动机线束	

续 表

步 骤	示意图	操作说明	操作记录
5. 拆卸车内总成	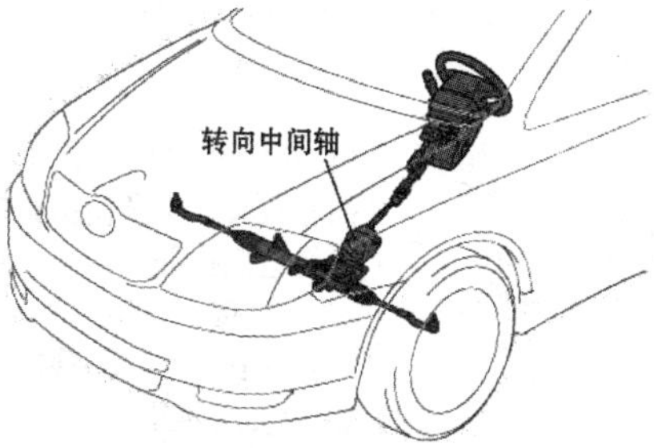 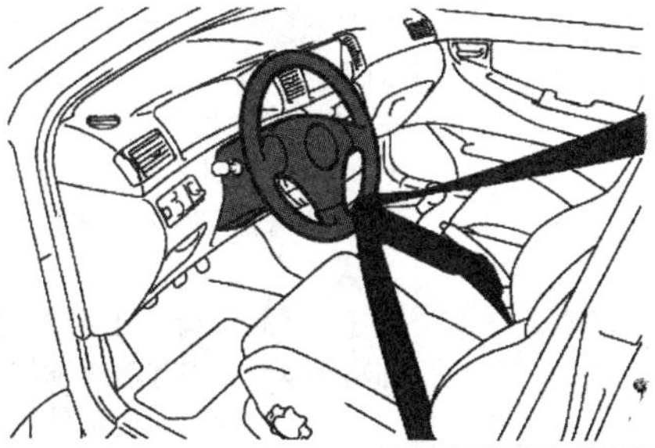 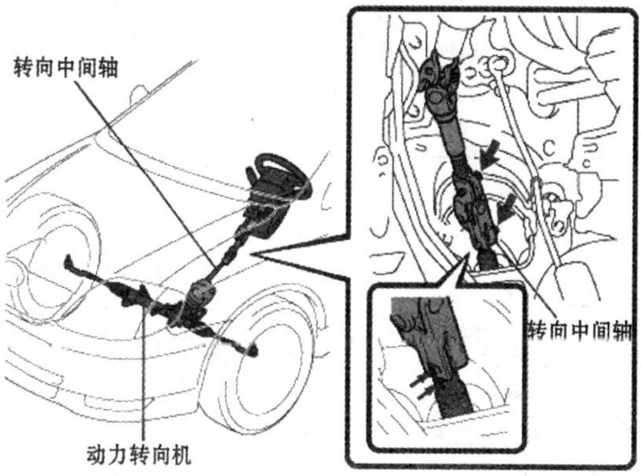	（1）固定方向盘。固定方向盘时应将座椅安全带穿过方向盘，以防止空气囊的螺旋电缆断裂 （2）拆开转向中间轴。拆开以前，在转向齿轮和转向中间轴上做好装配标记	
6. 拆开卡箍和软管	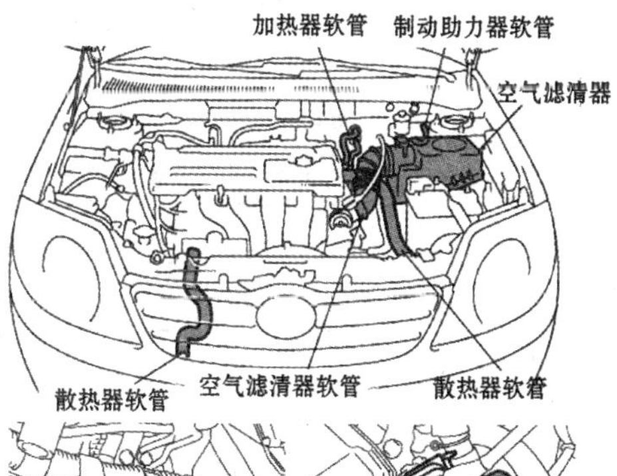 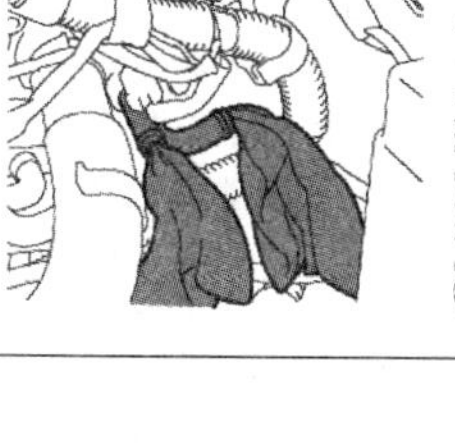 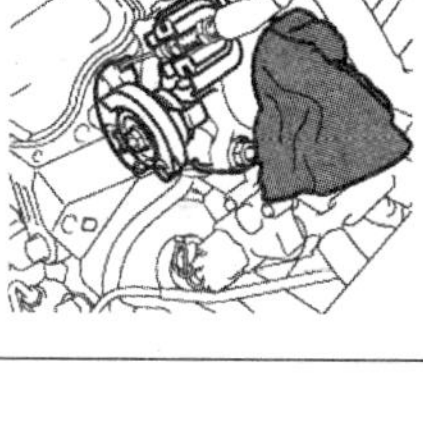	冷却液软管、真空软管和其他软管都与发动机相连。拆卸发动机以前，必须拆除下述所有软管 （1）制动助力器软管 （2）散热器软管 （3）加热器软管 （4）空气滤清器软管 （5）空气滤清器 注意：由于发动机内的冷却液不能完全排空，从发动机上将散热器软管和加热器软管拆开，然后用一块布堵住每一个孔，防止冷却液泄漏拆卸空气滤清器后，使用布或者胶带将进风口盖住，防止异物进入节气门体。如果异物进入了节气门体，便可能损坏阀门或者燃烧室	

笔 记

步　骤	示意图	操作说明	操作记录
7. 拆开燃油管	燃油管 管接头类型	(1) 拆开燃油管。有几种不同的燃油管接头。必须使用相应恰当的方法将它们拆开 ① 快速接头类型。使用SST(铁氟龙复合软管)类型、管接头类型 ② 管接头类型 注意:在燃油管中仍保持一定的燃油压力,因此,使用一块布盖住接头后再将其拆卸 (2) 防止燃油泄漏。使用一个塑料袋盖住管道,防止燃油泄漏和异物进入 注意:燃油管端未封堵时,继续操作非常危险,将引起泄漏和导致火灾 为了防止管线和/或部件扭曲,将部件的一端固定,然后再拆开接头	
8. 拆卸发动机室内总成	换挡和选挡拉索　发动机支承 发动机支承 传动皮带　空调压缩机　离合器分离泵　加速踏板拉索 传动皮带　发电机	(1) 从发动机上拆下下述零部件。传动皮带、空调压缩机、发动机支承固定螺栓(仅松开)、加速踏板拉索 (2) 从传动桥上拆下下述零部件。离合器分离泵、换挡和选挡拉索、通过螺栓和螺母固定的发动机安装件(仅松开) 提示:动力转向管不需要拆开。发动机拆卸时,动力转向机附着在悬架梁上,叶轮泵附着在发动机上,因此不需要拆开转向管。对于使用气体和油的系统,如果不用拆开管道便可以拆卸零部件,那么放气工作便可以省略 (3) 拆卸传动皮带。松开发电机安装螺栓并拆卸皮带 注意:移动发电机时要小心,不要拉传动皮带 (4) 拆卸空调器压缩机和离合器分离泵。使用一根绳子等将空调器压缩机和离合器分离泵挂住,以免它们阻碍发动机和传动桥的拆卸 注意:拆卸空调器压缩机和离合器分离泵时要小心,避免管道变形	

续　表

步　骤	示意图	操作说明	操作记录
8. 拆卸发动机室内总成	空调器压缩机 　离合器分离泵 　夹具 垫圈 选挡拉索 选挡拉索 换挡拉索 夹具 夹具 垫圈 选挡拉索	(5) 拆开换挡和选挡拉索。拆卸夹具和垫圈,然后从传动桥上拆开换挡和选挡拉索 注意:不要使用过大的力在换挡和选挡拉索上或者弯曲换挡和选挡拉索 提示:不要让夹具飞走。使用一根绳子拴住已经拆开的电缆,以免阻碍驱动桥的拆卸。将标签放在换挡和选挡拉索上,以便组装时进行识别	
9. 从车下拆卸零件	稳定杆 驱动轴 横拉杆端头 排气管 驱动轴 横拉杆端头 排气管 排气管 排气歧管 压缩弹簧 垫片 压缩弹簧 螺栓 螺母 排气歧管 垫片 螺栓	拆下下述各零部件。驱动轴、横拉杆端头、排气管、稳定杆 (1) 拆卸排气管。拆排气管螺栓和螺母以前,使用锈渗透剂浸泡它们 提示:拆卸排气管时要求两个人。通常,垫片和螺母不可再次使用。重新组装排气管时,必须要使用新的垫片和螺母 (2) 拆分横拉杆接头 ①拆卸开口销和槽顶螺母 ②使用 SST 将横拉杆接头与转向节分开 注意:使用 SST 撞击防尘罩可能损坏防尘罩 (3) 拆卸驱动轴安装紧锁螺母 ① 把传动轴凹槽放置在空位 ② 使用 SST 和锤子,松开锁止螺母 ③ 松开锁止螺母时要求两个人操作 提示:一个人应踩住制动板固定驱动轴,而另一个人则松开锁止螺母 (4) 拆卸驱动轴 ① 从车桥轮毂上拆下下臂 ② 从减振器上拆开横向杆稳定杆铰接	

笔 记

步 骤	示意图	操作说明	操作记录
9. 从车下拆卸零件	 SST(球节拉具) 转向节 防尘罩 横拉杆接头 锁止螺母 SST(伎动轴螺母凿子) 锤子	③ 轻轻地将车桥轮毂往外拉时,使用一把塑料锤轻轻地敲驱动轴使之脱卡扣,然后将驱动轴从车桥轮毂上拆开 注意:必须拆卸 ABS 速度传感器后,执行该工作。小心,不要损坏驱动轴保护罩和速度传感器转子。不要损坏驱动轴螺纹 提示:确保仅拆开驱动轴的车桥轮毂端,而保持驱动轴的驱动桥端固定 ④ 使用绳子将驱动轴悬挂于发动机上、驱动桥上或者悬架梁上	
10. 设定发动机托架	 发动机托架 发动机 驱动桥 发动机托架 发动机托架附件 发动机托架附件	设定发动机托架并拆开悬架梁和发动机安装件、然后拆卸发动机驱动桥、悬架梁整体等 (1)举升车辆。举升车辆,以便在发动机下设置发动机托架 (2)设定发动机托架 ① 将发动机托架升起到刚碰到油底壳为止 ② 使用发动机托架附件,支撑发动机油底壳、驱动桥和悬架梁 注意:不要使用附加装置撞击发动机油底壳。如果发生碰击,可能使油底壳变形 提示:在可能最下端的位置设定发动机托架。这样更容易拆卸发动机安装螺栓 ③ 拆卸发动机安装螺栓	

续 表

步 骤	示意图	操作说明	操作记录
11. 拆卸带驱动桥的发动机		(1) 拆卸悬架梁安装螺栓 提示:如果发动机不使用发动机托架托起来,发动机的重量将由螺栓支承,从而便会使螺栓的拆卸很困难 ① 发动机 ② 驱动桥 ③ 悬架梁 ④ 驱动轴 ⑤ 发动机托架 (2) 将发动机、变速驱动桥、悬挂元件等作为一个单体从车下拆卸 ① 保证所有的电线和管道都被拆开 ② 通过小心缓慢下降拆卸发动机,避免与车身接触	
12. 拆卸驱动桥		(1) 安装发动机吊耳 ① 安装发动机吊耳 ② 在发动机吊耳上安装发动机吊索装置 ③ 将链条滑车连接到发动机吊索装置上以后,将链条滑车提升直到有轻微张紧力施加到两根链条上 注意:如果两条链条上施加的张紧力不均匀,发动机便会明显倾斜,从而造成一个非常危险的情况 提示:有两种类型的发动机吊耳。根据使用的发动机吊耳的类型安装合适的发动机吊索装置 (2) 降下发动机 ① 将带驱动桥总成的发动机从吊钩上下降到工作台上 注意:因为如果发动机油底壳碰到工作台便会变形,下降发动机时应保持油底壳远离工作台。此时,继续使用链条滑车支撑发动机 ② 使用提升板附件支撑变速驱动桥 提示:拆卸发动机后,上述程序可以防止驱动桥倾斜 ③ 拆卸动力转向叶轮泵 (3) 拆开变速驱动桥	

笔记

步 骤	示意图	操作说明	操作记录
12. 拆卸驱动桥	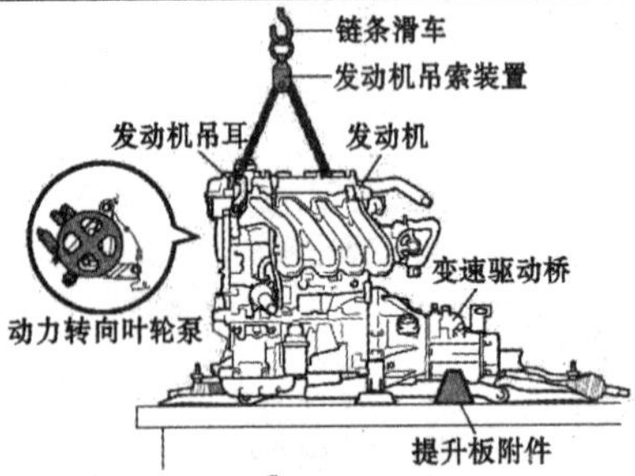 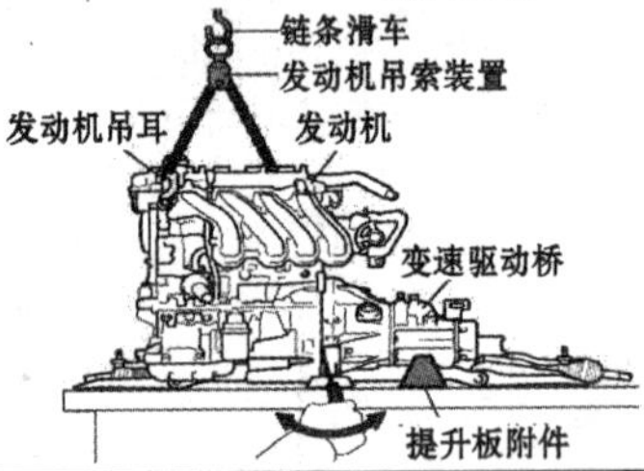	① 拆卸发动机和驱动桥安装螺栓 ② 将一把平头螺丝刀插入发动机和驱动桥之间的空隙,然后通过平头螺丝刀轻撬松开输入轴装置 ③ 通过轻轻地摇晃发动机,从驱动桥上拆卸发动机 注意:强烈摇晃发动机可能损坏输入轴和/或离合器盘	
13. 拆卸离合器和飞轮	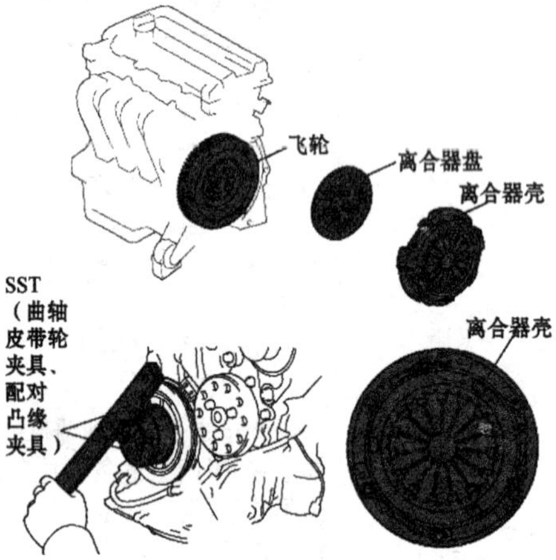	(1) 拆卸离合器和飞轮 ① 在离合器壳和飞轮上做好装合标记 ② 在曲轴皮带轮上安装 SST 固定曲轴 ③ 拆卸离合器壳和离合器盘 ④ 拆卸飞轮	
14. 安装发动机大修台	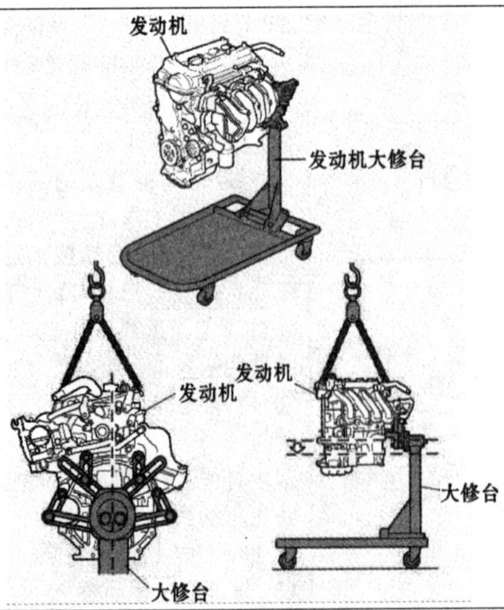	(1) 临时将大修台安装在气缸体安装驱动桥的固定螺栓孔位置上 ① 大修台的左、右臂的安装应对称 ② 安装时,其重心应当降低 (2) 把发动机安装在大修台上。使发动机和大修台水平,然后上紧螺栓 (3) 拆卸链条滑车 注意:拆卸链条滑车前,牢固上紧发动机和臂固定螺栓	

续 表

步 骤	示意图	操作说明	操作记录
15.拆卸进气、排气歧管、发电机、发动机线束	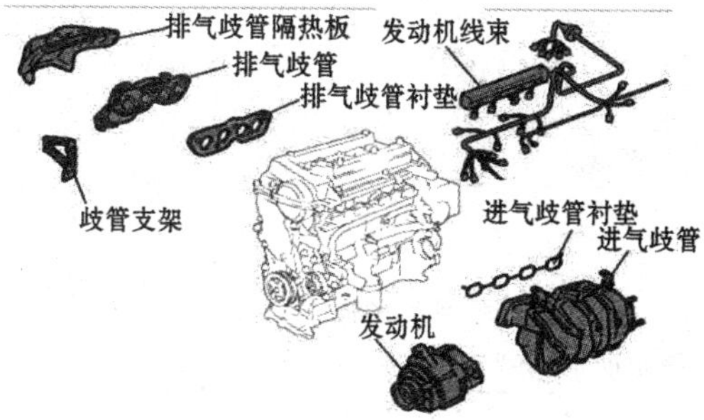 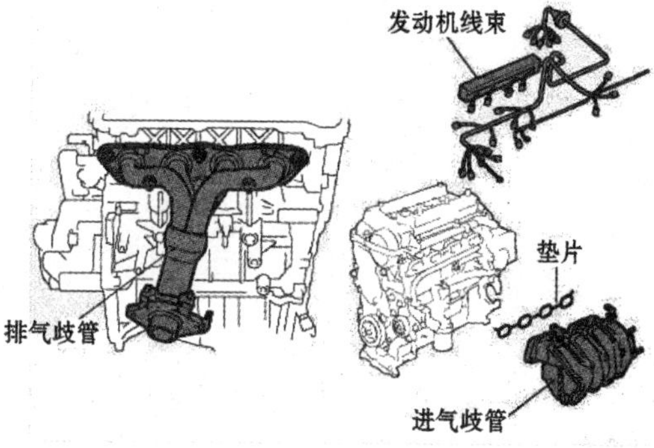 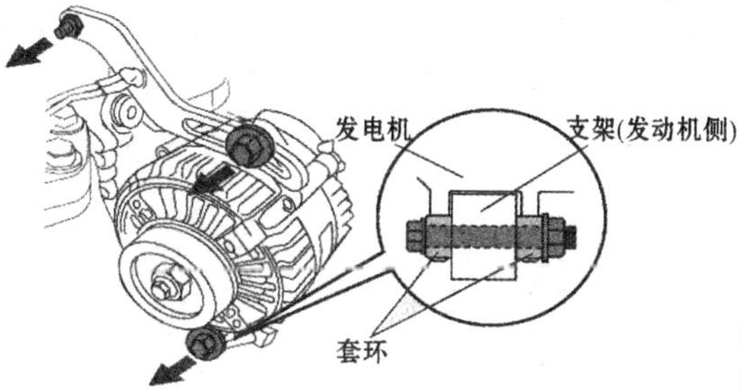 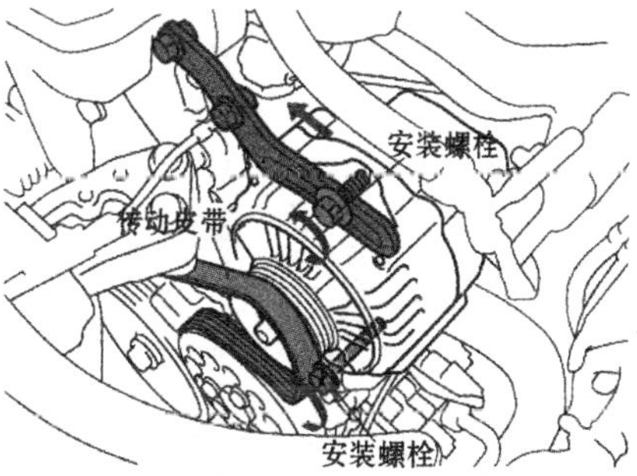	（1）拆卸进、排气歧管 ① 松开固定进气歧管和排气歧管的螺栓和螺母,顺序为由外到内 ② 拆卸歧管 （2）拆卸发动机线束 从发动机上松开所有的发动机连接器和夹具 （3）拆卸发电机 ① 松开发电机安装螺栓并拆卸传动皮带 ② 拆卸传动皮带 注意:通过拉传动皮带移动发电机将损坏传动皮带 ③ 松开所有的发电机安装螺栓,并拆卸发电机 提示1:由于发电机安装部件固定套环用于定位,因此啮合很紧。为此,拆卸时需要上、下摇动发电机 提示2:对于无惰轮类型(无调节螺栓),传动皮带张紧力的调节通过用杠杆移动发动机附件来实现。比如1NZ-FE发动机。松开用于调节传动皮带张紧力的发电机的安装螺栓。用手将发电机朝发动机方向推动然后拆卸传动皮带 注意:通过拉传动皮带拆卸发电机将损坏传动皮带	

五、检验评估

在完成拆装作业后,按表 1-2-8 汽车发动机拆卸检验与评价表,实施作业质量检验,并进行三方评价。

笔记

表 1-2-8　汽车发动机拆卸检验与评价表

检验与评价内容	检验与评价指标	权重	自评	互评	总评
作业质量检验	1. 发动机拆卸规范执行情况				
	2. 发动机装复后各附件是否完整				
	3. 发动机运行情况是否稳定				
检查任务完成情况	1. 能描述汽车发动机的总体构造、作用与原理				
	2. 在小组所扮演的角色,对完成任务过程中所起的作用				
职业素养	1. 学习态度:积极主动参与学习				
	2. 团队合作:与小组成员一起分工合作,不影响学习进度				
	3. 现场管理:服从工位安排、执行实训室"5S"管理规定				

任务 1.3 分解发动机

任务描述	一辆 2006 款一汽丰田威驰汽车出现交通事故，车辆严重受损，进入维修厂进行维修。针对维修接待和车间确认意见，首先对发动机进行分解作业
任务目标	1. 能描述汽车总体结构，认识车辆总体结构、分析其结构特点 2. 能认识待修车辆构造的材质，能选择相应维修工艺

一、维修接待

按照表 1-4-1 所示，通过询问客户了解车辆发生事故的情况，填写接车问诊表，并根据车间检测初步确认结果，进行拆装作业。

表 1-3-1 维修接待与接车问诊表

接 车 问 诊 表

车牌号：＿＿＿＿＿＿＿＿ 车架号：＿＿＿＿＿＿＿＿ 行驶里程：＿＿＿＿＿＿＿＿（km）

用户名：＿＿＿＿＿＿＿＿ 电 话：＿＿＿＿＿＿＿＿ 来店时间：＿＿＿＿＿／＿＿＿＿

用户陈述及故障发生时的状况：**车辆因交通事故而严重受损，进厂维修。经过车间确认，决定首先对发动机进行分解作业**

故障发生时的状况提示：**行驶速度、发动机状态、发生频率、发生时间、部位、天气、路面状况、声音描述**

接车员检测确认建议：**分解发动机**

车间检测确认结果及主要故障零部件：**分解发动机**

车间检查确认者：＿＿＿＿＿＿＿＿

外观确认：

（请在有缺陷部位作标识）

功能确认：（工作正常√　不正常×）
- □音响系统　□门锁（防盗器）　□全车灯光　□工具
- □后视镜　　□顶窗　　　　　　□座椅　　　□点烟器
- □玻璃升降器　□玻璃

物品确认：（有√　无×）
- □贵重物品提示
- □工具　□备胎　□灭火器
- □其他（　　　　　　　　）

旧件是否交还用户　□是　□否
用户是否需要洗车　□是　□否

F
E

- 检测费说明：本次检测的故障如用户在本店维修，检测费包含在修理费用内；如用户不在本店维修，请您支付检测费。本次检测费：￥＿＿＿＿＿元。
- 贵重物品：在将车辆交给我店检查修理前，已提示将车内贵重物品自行收起并保存好，如有遗失恕不负责。

接车员：＿＿＿＿＿＿＿＿　　　　　用户确认：＿＿＿＿＿＿＿＿

二、信息收集与处理

如表 1-3-2 所示,收集相关信息,并将相关信息填入表中相应位置。

表 1-3-2　信息收集与处理

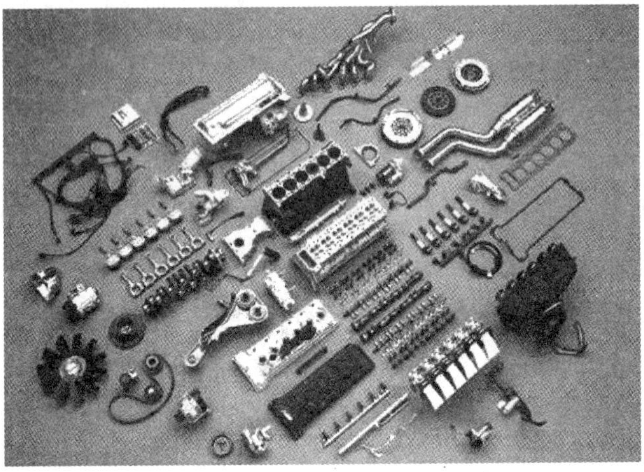

序号	机构名称	零件组成与其作用
1	曲柄连杆机构	
2	配气机构	
3	燃油系统	
4	润滑系统	
5	冷却系统	
6	起动系统	
7	进、排气系统	

1. 曲柄连杆机构

发动机曲柄连杆机构的结构如表 1-3-3 所示。

表 1-3-3　发动机曲柄连杆机构的结构

结构名称	结构说明	示意图
发动机机体组	发动机机体组:由气缸盖、气缸垫、气缸体和油底壳组成	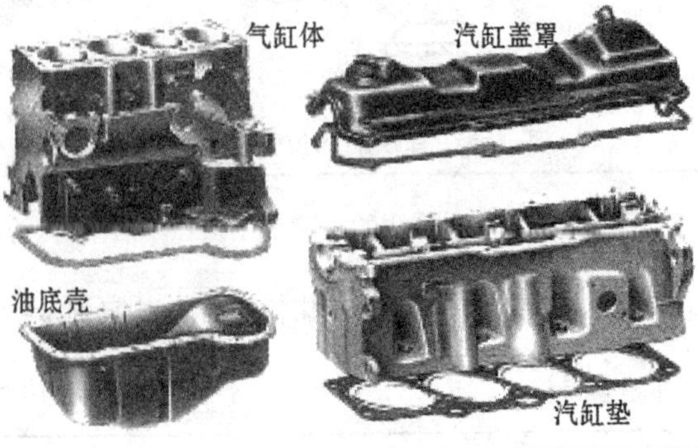

续 表

结构名称	结构说明	示意图
发动机机体组	气缸盖:气缸盖和位于气缸盖底部凹陷处的活塞一起构成燃烧室的部件	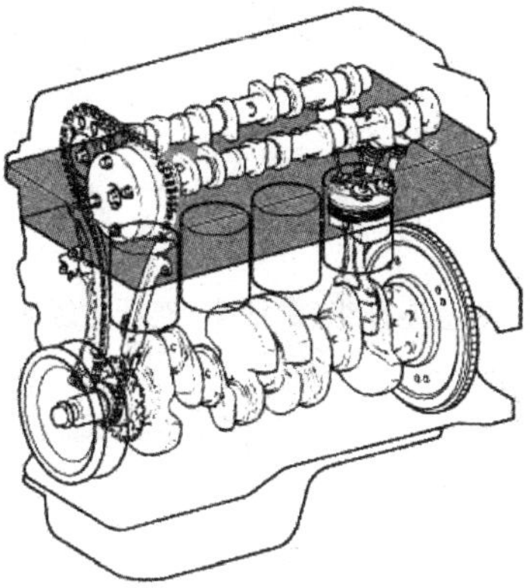
	气缸体:气缸体构成发动机主体结构的部件。为使发动机平稳运转,要使用几个气缸 下列气缸排列是通常的排列方式: 直列型:这是最普通的类型,所有气缸被排列在一条直线上 V型:所有气缸被排列成V字型。此发动机的长度比具有相同气缸数的直列型发动机短 水平对向型:所有气缸被排列在水平对向方向上,曲轴则位于中间。虽然发动机变宽,但其总高度却降低了	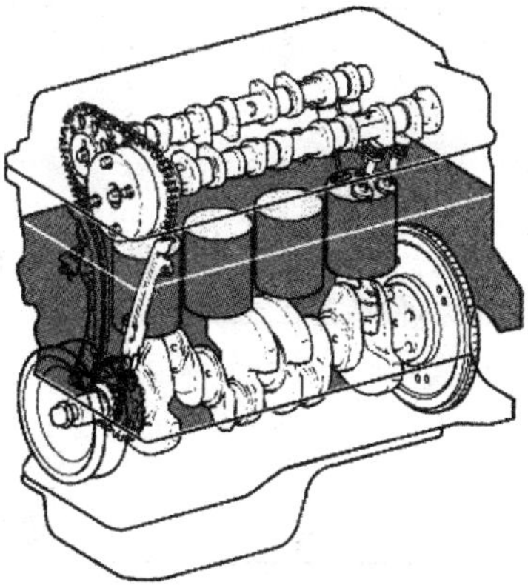
	油底壳:是机油容器,用钢或铝制成。油底壳上做有深凹处和隔断,即使车辆倾斜,油底壳底部也有足量机油可供使用	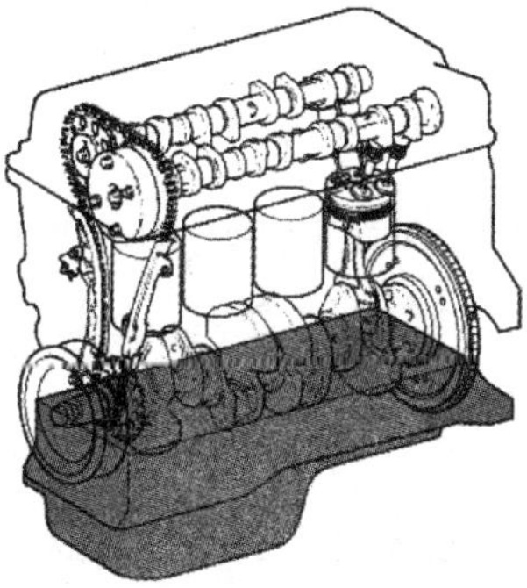 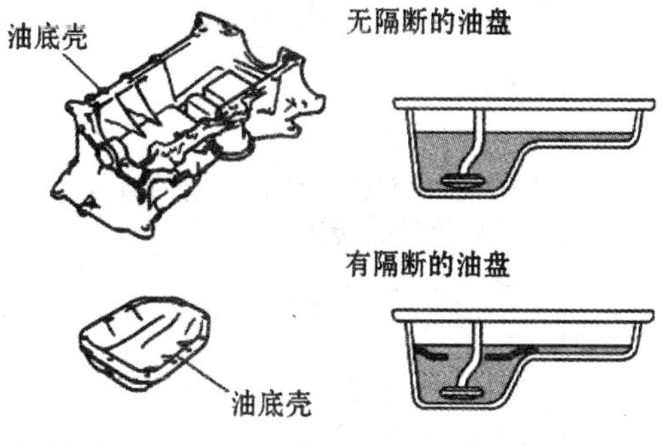 油底壳　无隔断的油盘 有隔断的油盘 油底壳

笔记

结构名称	结构说明	示意图
活塞连杆组	活塞连杆组:由活塞、连杆等组成	
	活塞:空气燃油混合气爆燃产生的压力,使活塞在气缸内上下运动	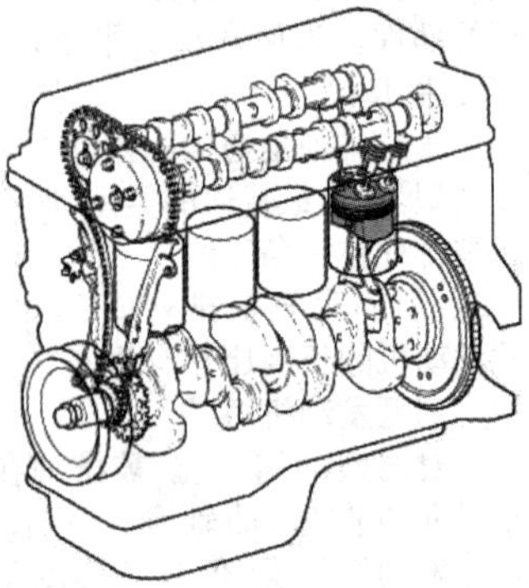
曲轴飞轮组	曲轴飞轮组由曲轴、飞轮组成	
	曲轴:曲轴借助连杆将活塞的直线运动转换成旋转运动	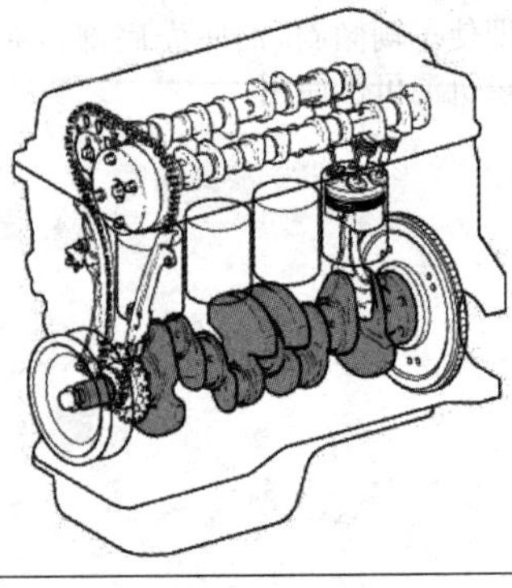

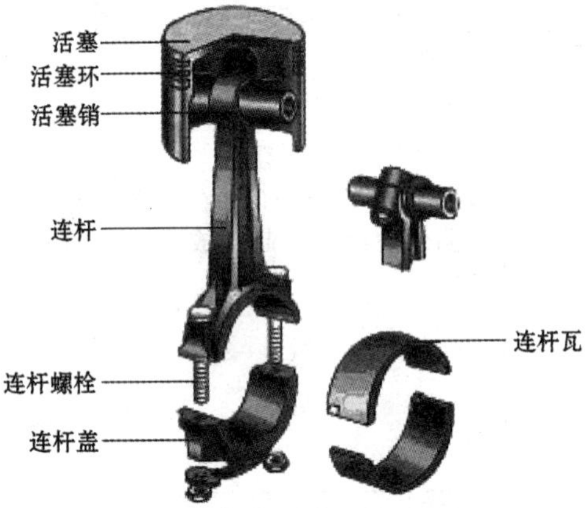

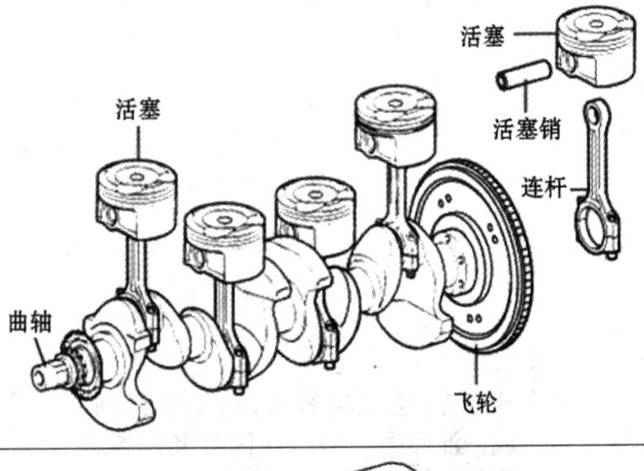

续　表

结构名称	结构说明	示意图
曲轴飞轮组	飞轮:飞轮用厚钢片制成,可将曲轴的旋转运动转化为惯性运动。因此,它可以输出稳定的旋转力	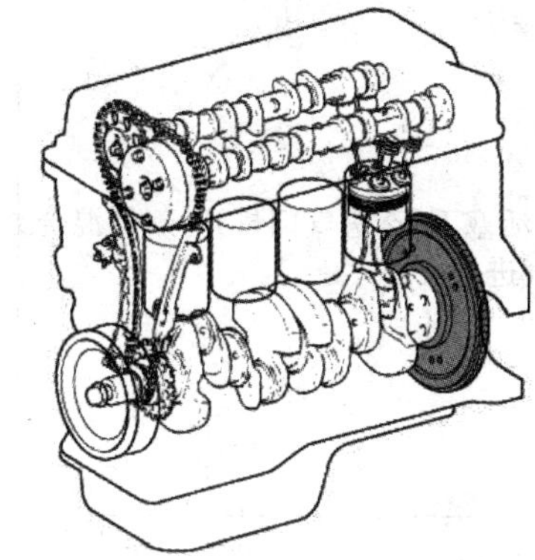
	传动皮带	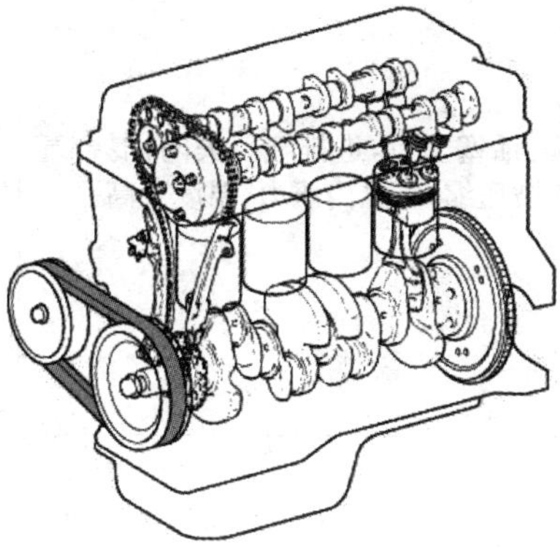

2. 配气机构

发动机配气机构的结构与工作原理如表 1-3-4 所示。

表 1-3-4　发动机配气机构的结构与工作原理

配气机构:是可在适宜正时将气缸盖内的进气门和排气门开启和关闭的一组部件。气门机构:进气门和排气门随凸轮轴的转动而开启和关闭。曲轴每转动两圈(活塞有两个往复运动),凸轮轴就转动一圈(气门开启和关闭一次)	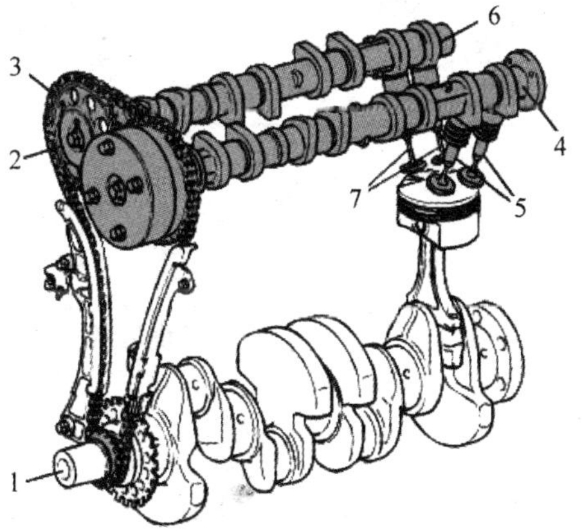 1-曲轴　2-正时链轮　3-正时链　4-进气凸轮轴 5-进气门　6-排气凸轮轴　7-排气门

笔记

工作原理说明	示意图
进气行程:活塞下行,进气门打开,新鲜混合气或纯空气进入气缸	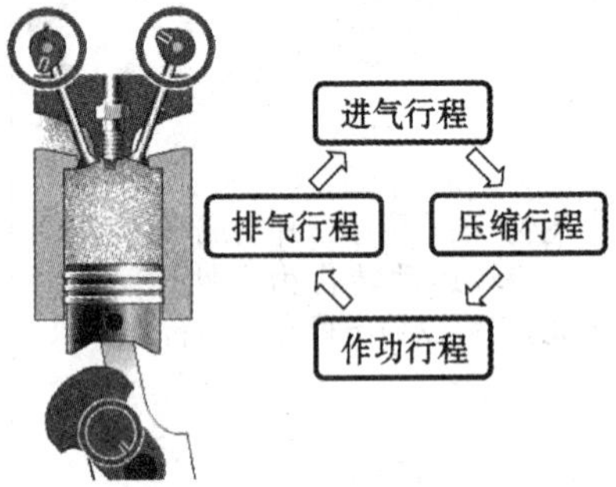
压缩行程:活塞上行,进排气门关闭,混合气或纯空气被压缩,气缸内压力、温度升高	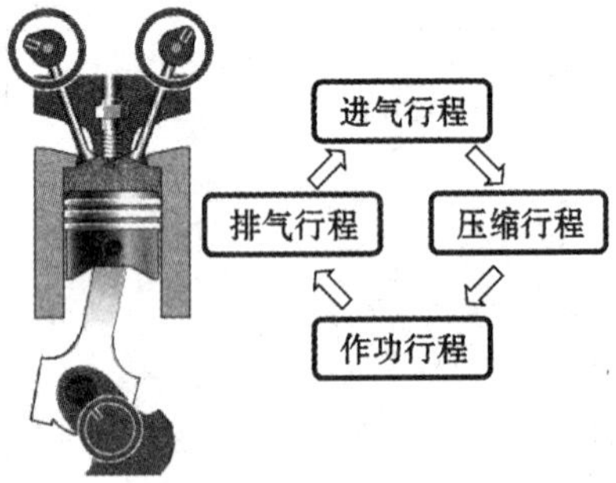
作功行程:混合气燃烧,气体膨胀,推动活塞下行,此时,进、排气门关闭	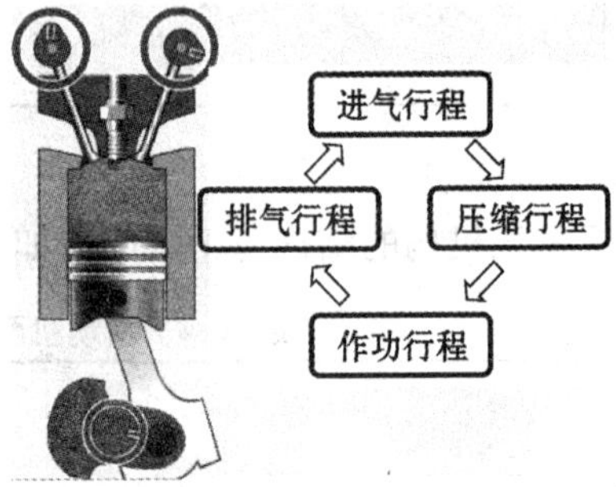
排气行程:活塞上行,排气门打开,燃烧后的废气排出	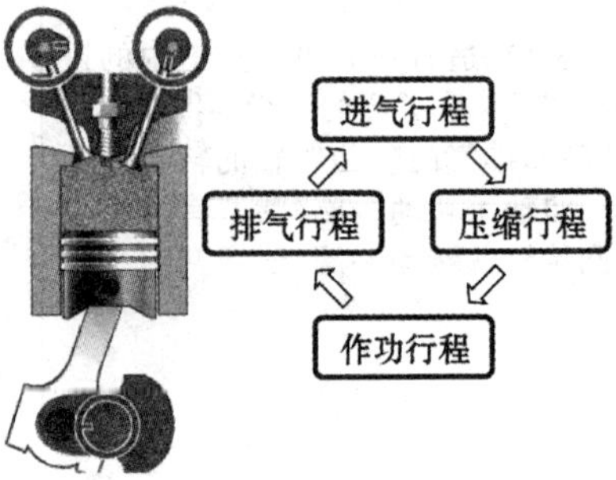

笔 记

	工作原理说明	示意图
气门机构类型	根据凸轮轴的位置和数量,气门机构可有多种类型 DOHC(双顶置凸轮轴):此类型含有两个凸轮轴,每个凸轮轴直接推动气门,保证气门的精确运动 紧凑型DOHC:此类型含有两个凸轮轴,其中一个凸轮轴受一组齿轮所推动。此气缸盖构造可比常规型DOHC做得更简单和紧凑 OHC(顶置式凸轮轴):此类型使用单根凸轮轴,通过摇臂来推动所有的气门 OHV(顶置式气门):此类型在气缸体内部有一个凸轮轴,需用推杆和摇臂来开启和关闭气门	 A　　　　　　B 1-正时皮带　2-剪式齿轮　3-凸轮轴 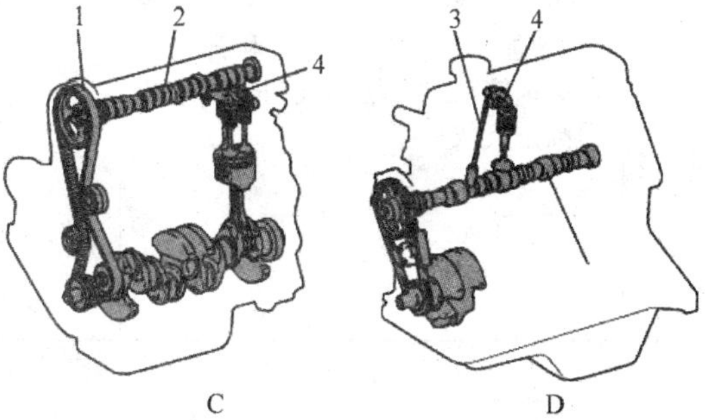 C　　　　　　D 1-正时皮带　2-凸轮轴　3-推杆　4-摇臂
配气机构传动型式	正时链:此链将曲轴的旋转运动传递至凸轮轴	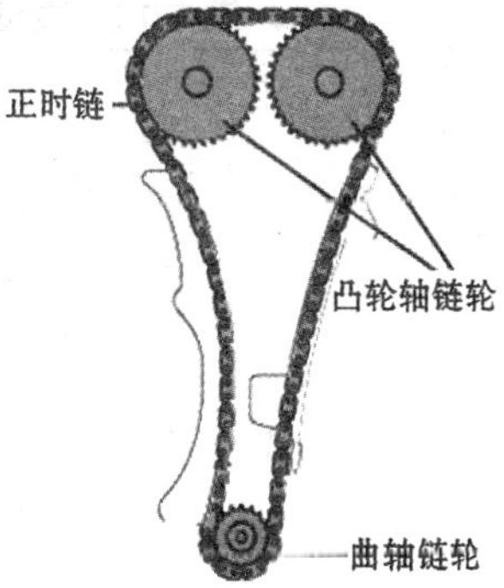 正时链 凸轮轴链轮 曲轴链轮
	正时皮带:和齿轮相似,此带上有齿,可和正时带轮的齿相啮合 用在汽车上的正时皮带是以橡胶为基本材料制造的 正时皮带必须经过适度张力和磨损的检查,并按规定的时间间隔更换	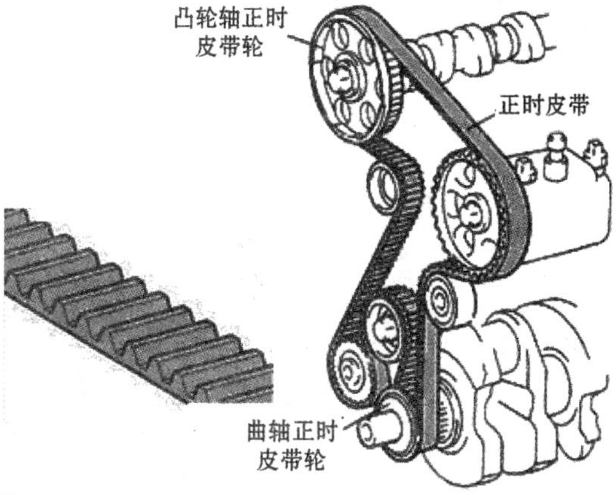 凸轮轴正时皮带轮 正时皮带 曲轴正时皮带轮

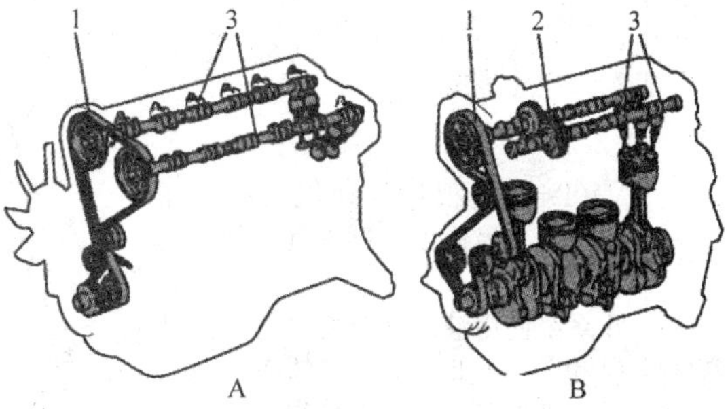

笔记

工作原理说明		示意图
VVT-i 系统(智能可变气门正时)	VVT-i 系统根据发动机状态使用计算机来最优地控制进气门的开启和关闭正时 此系统使用液压来改变进气门的开启和关闭正时,使进气效率、扭矩、功率输出和燃油经济性得到提高且排气更为清洁 除 VVT-i 系统外,还有 VVTL-i 系统(智能型可变气门正时和升程),在高速转动时可增加气门升程量和提高进气效率	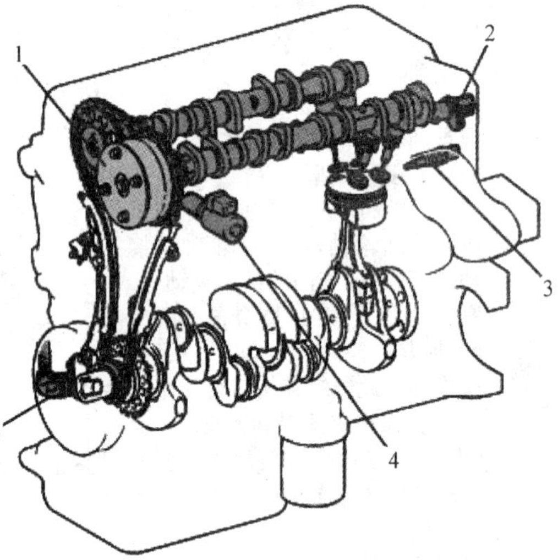 1-VVT-i 控制器凸轮轴位置传感器　2-水温传感器 3-凸轮轴正时油控制阀　4-曲轴位置传感器

3. 燃油系统

发动机燃油系统的结构与工作原理如表 1-3-5 所示。

表 1-3-5　发动机燃油系统的结构与工作原理

| 燃油系统向发动机供应燃油。它也有清除垃圾或灰尘的功能,并调节燃油供给量 | 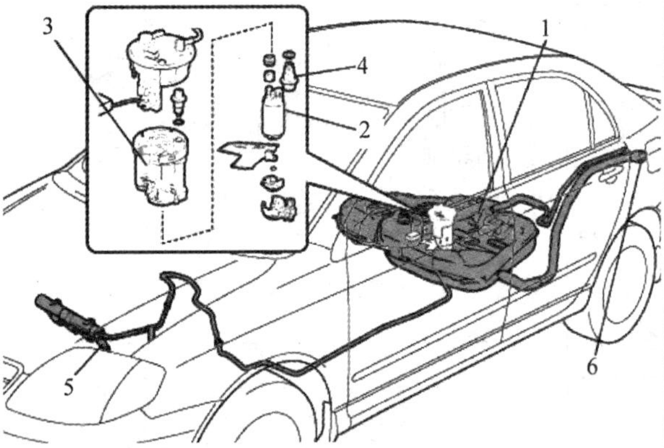 1-油箱:燃油存储罐
2-燃油泵:将燃油从油箱抽送到发动机
3-燃油滤清器:其包含一个滤芯以便从燃油中除去杂质
4-压力调节阀:调节燃油压力,
使其始终保持在最佳水平从而稳定地注入燃油
5-喷油嘴:将燃油注射到相应气缸的进气歧管
6-燃油箱盖:用于盖住燃油箱,
且附带一个阀使油箱中压力保持不变 |

笔记

部分名称	结构与原理说明	示意图
燃油泵	将燃油从燃油箱泵到发动机,这样使燃油管保持固定的压力。有一种油箱内装式,它位于燃油箱内;以及一种直列式,它位于燃油管中间。驱动泵有不同的方式,EFI系统(电子燃油喷射系统)使用一种带马达的电动泵;电动型油箱有内装式(涡轮式)和直列式(转子式)	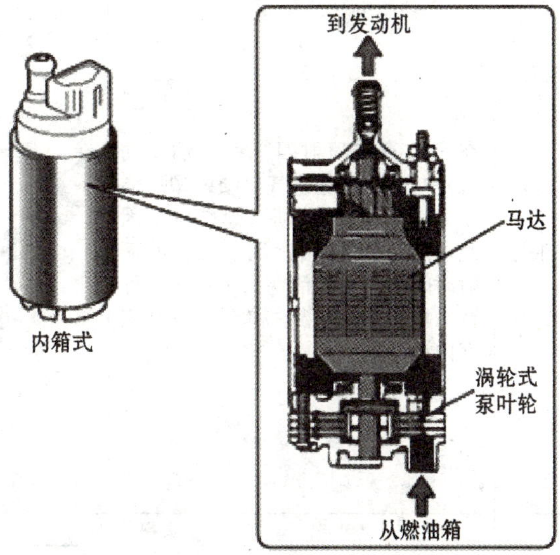
喷油器	对来自ECU的信号作出反应,线圈将柱塞拉起,并打开阀门喷射燃油	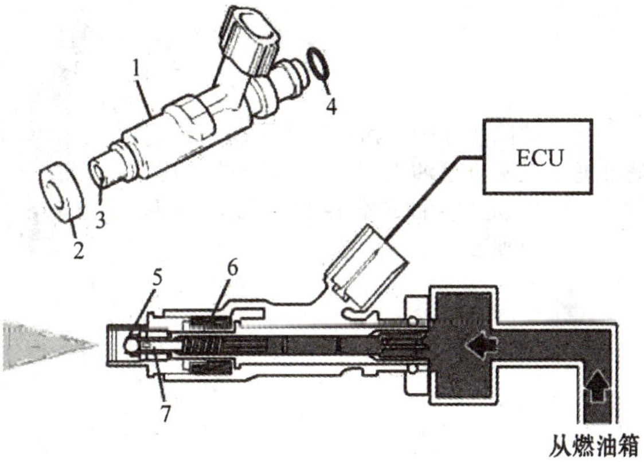 1-喷油器 2-孔环 3-喷嘴 4-O形环 5-阀 6-线圈 7-柱塞
	喷油器喷射的燃油与空气混合,混合物被送到气缸。为了获得最佳空气-燃油混合比,ECU调节喷射时间和喷射量 喷射量通过喷射持续时间来调节	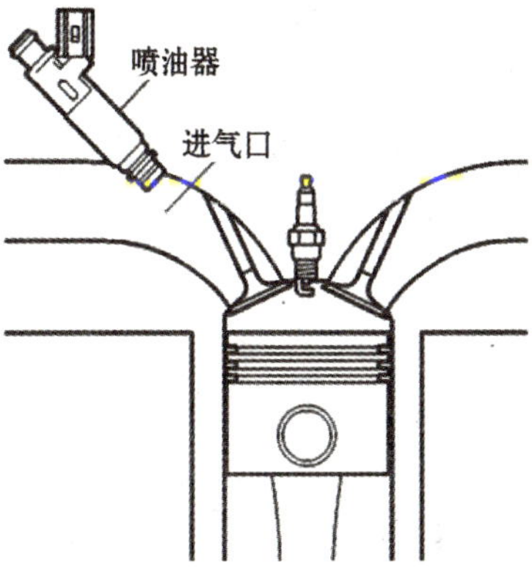

笔记

部分名称	结构与原理说明	示意图
喷油器	在D-4(直接喷射四行程汽油发动机)中,燃油不像进气口喷射型那样喷入歧管,它直接喷入燃烧室。因此,此系统可以精确调节燃油的喷射时间和油量。活塞头设计成一种特殊形状,便于燃油和空气在燃烧室内混合	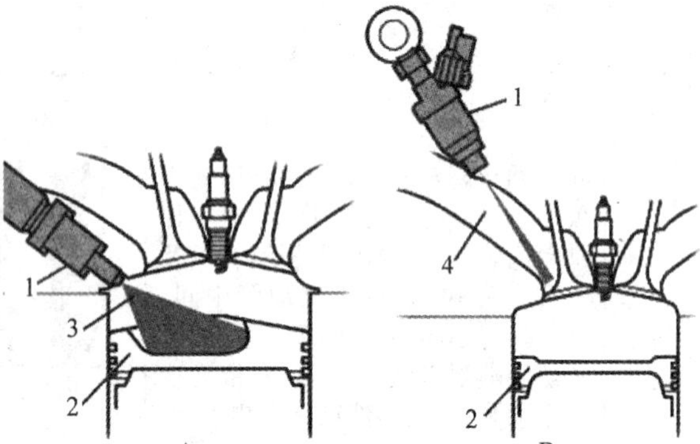 A　D-4　　　B　型口喷射型 1-喷油器　2-活塞　3-燃油　4-进气口
燃油滤清器	清除燃油中的污物。为了防止它们被吸入喷油器,使用一过滤纸清除污物。燃油滤清器总成必须定期更换	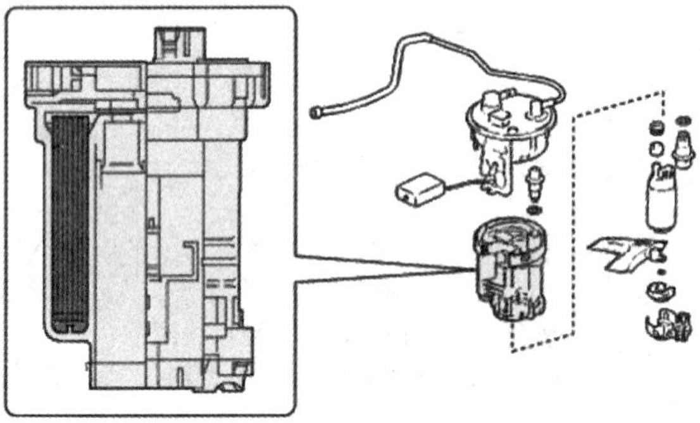 1　　　　　　2 1-燃油滤清器(箱式集成型)　2-燃油泵总成
压力调节阀	将燃油调整到设定压力,因此总是有稳定的燃油供给;压力调节器燃油泵总成	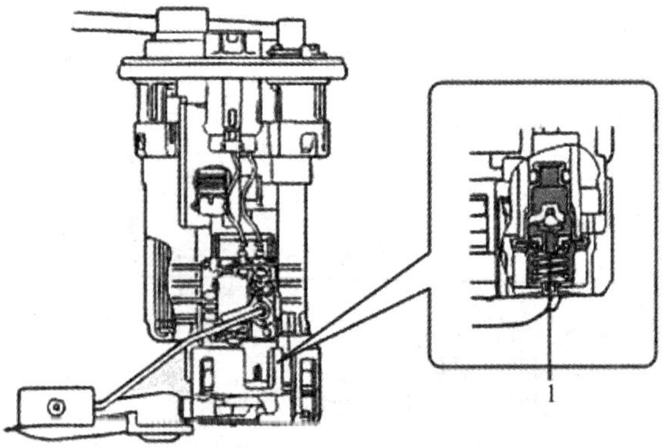 2 1-压力调节器　2-燃油泵总成

4. 润滑系统

发动机润滑系统的结构与工作原理如表1-3-6所示。

表1-3-6 发动机润滑系统的结构与工作原理

润滑系统使用一只油泵,连续在整个发动机内部供应发动机油。此系统用油膜来减少部件之间的摩擦。如果发动机无油运转,会导致运行不良,甚至导致烧坏。除了润滑,发动机油冷却并清洁发动机 油底壳:位于发动机底部的机油容器 机油粗滤器:位于进油口的金属网,用来清除较大的灰尘颗粒 机油泵:用来将积蓄在油底壳的机油泵到发动机各个部分 机油尺(液位尺):此液位尺用于检查液位和油杂质 机油压力开关:开关监控发动机机油压力是否正常。向报警灯发送电信号 机油滤清器:过滤使用机油粗滤器不能排除的细小粉尘或金属粉粒	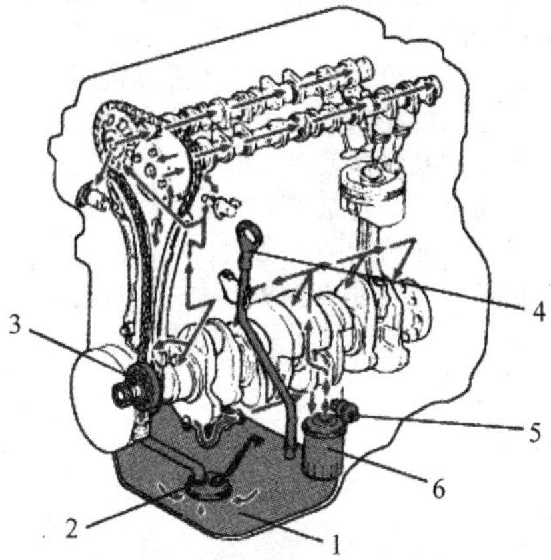 1-油底壳　2-机油粗滤器 3-机油泵　4-机油尺(液位尺) 5-机油压力开关　6-机油滤清器
转子式机油泵	次摆线泵有一驱动转子和一不同轴的从动转子。这些转子的旋转运动引起转子之间的间隙变化,这样导致泵的动作。驱动转子用曲轴驱动。泵中设有释放阀,用于防止油压超过预定的值 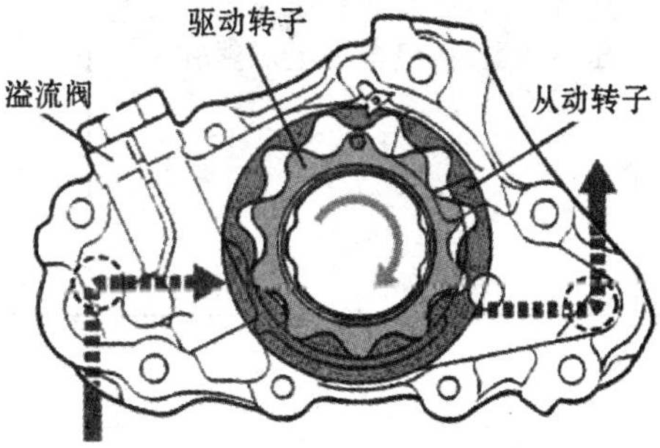
齿轮泵	驱动齿轮随着曲轴旋转时,驱动齿轮间的间隙也发生改变,齿侧面和月牙块之间的油被泵出去 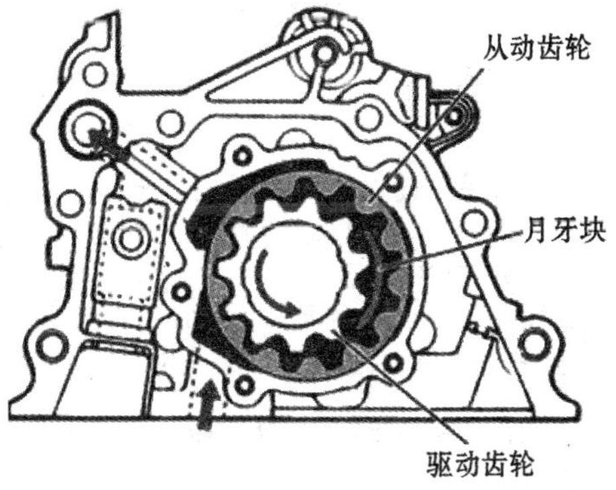

笔记

机油滤清器	机油滤清器从发动机油中清除污染物,例如金属颗粒等,并保持发动机油洁净 它有一只单向阀,当发动机停机时使油保持在滤清器中。这样发动机起动时滤清器就总有油 它还有一个释放阀,当滤清器堵塞时允许油输送到发动机。机油滤清器是需要定期更换的零件,并且达到规定行驶里程时要整体更换	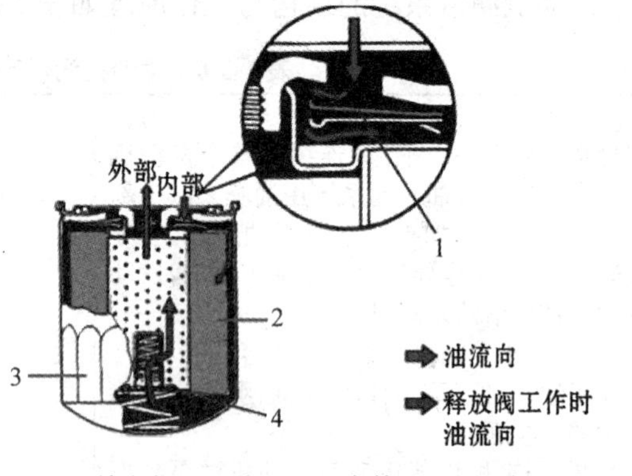 1-单向阀　2-滤芯　3-壳体　4-溢流阀
油压警告灯(油压表)	此装置警告驾驶员,油泵产生的油压是否正常,是否正常地输送到了发动机的各个部分 油路中的油压开关(传感器)监控油压状态,并且若发动机起动后如油压不增加,在组合表上对驾驶员发出警告	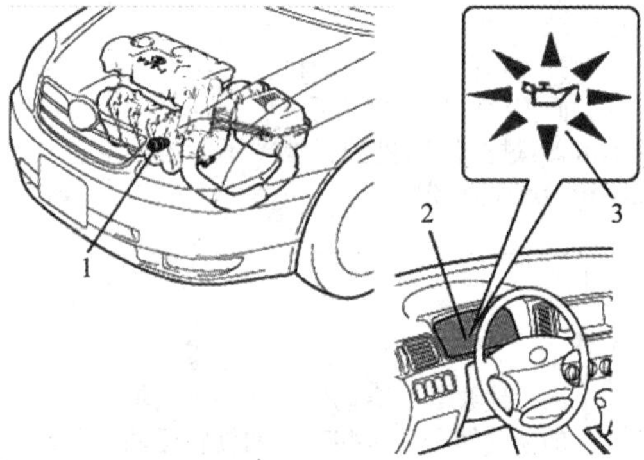 1-油压力开关　2-组合仪表 3-油压警告灯:通过点亮警告灯指示异常情况(低油压)

5. 冷却系统

发动机冷却系统的结构与工作原理如表 1-3-7 所示。

表 1-3-7　发动机冷却系统的结构与工作原理

发动机冷却系统是通过在整个发动机中循环冷却液,冷却系统把发动机温度调至最佳水平(80℃至90℃冷却液温度)。冷却风扇冷却散热器中的冷却液,并且通过水泵使冷却液在气缸盖和气缸体中循环	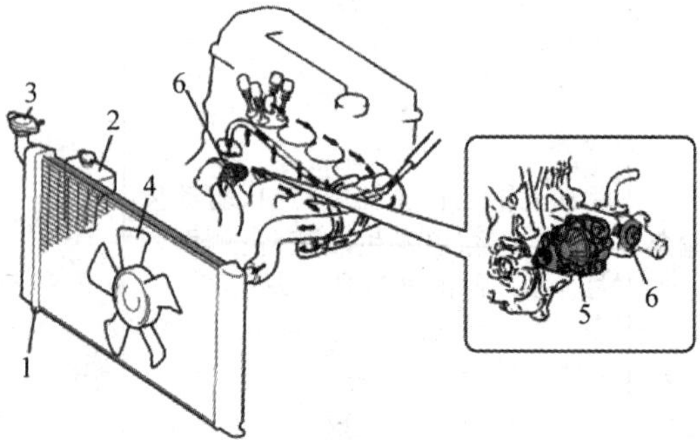 1-散热器　2-储液罐　3-散热器盖 4-冷却风扇　5-水泵　6-恒温器

续　表

	冷却液流向:水泵的力使冷却液在冷却液通路中循环。冷却液从发动机吸热并通过散热器释放到大气中。冷却液就这样被冷却,然后返回到发动机	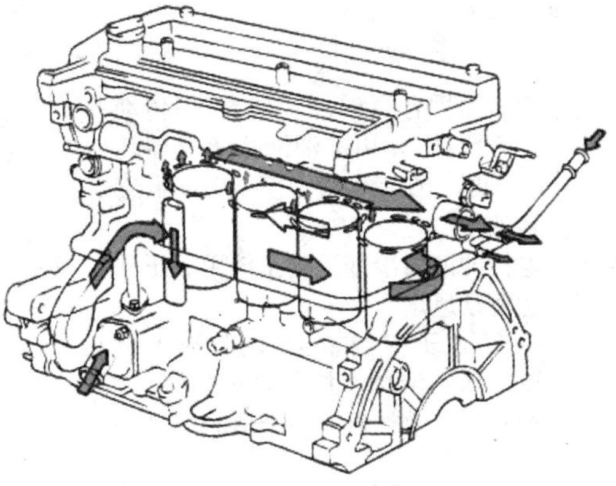
散热器	散热器冷却已经达到高温的冷却液。当散热器的管子和散热片暴露在冷却风扇产生的气流及车辆运动产生的气流中时,散热器中的冷却液变冷 提示:根据每个地区的特定环境温度来决定 LLC(长效冷却液)的最佳浓度。另外,LLC 必须定期更换	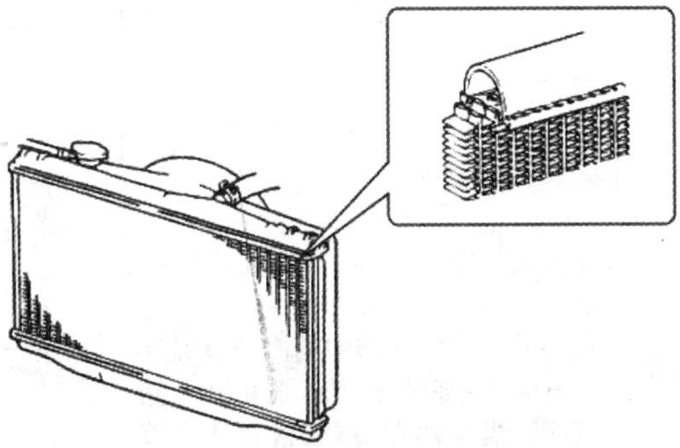
散热器罩	散热器罩有一压力阀,用于给冷却液加压。压力下的冷却液温度升至100℃以上,这使得冷却液温度和空气温度的差别更大。这样可以改善冷却效果。增加压力期间,压力上升(高温);减压期间,压力下降(冷却) (1) 当散热器压力增加时,压力阀打开,并将冷却液送回储液罐 (2) 当散热器解压时,真空阀打开,使储液罐放出冷却液	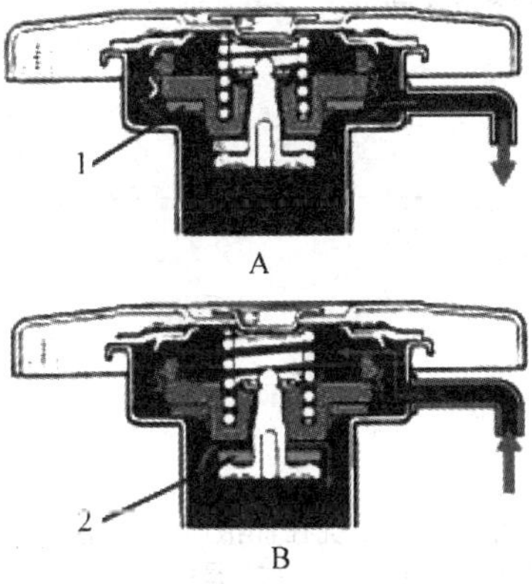 压力阀真空阀(空气-蒸汽阀)
冷却风扇	此风扇将大量空气引入散热器,以便提高冷却效果。电动冷却风扇系统检测冷却液温度,并只有在水温高的时候运行风扇	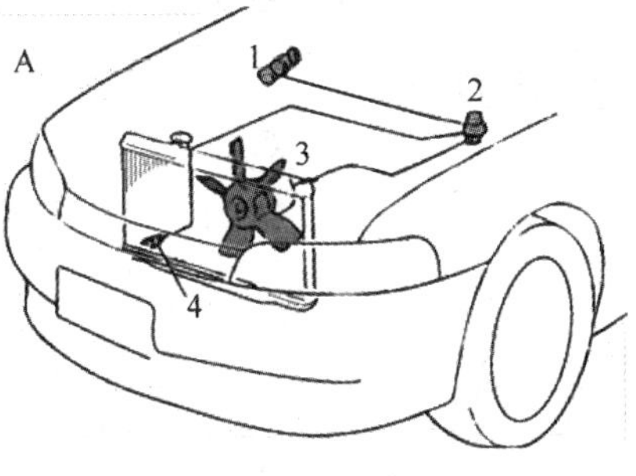 1-点火开关　2-继电器　3-冷却风扇　4-水温开关

续 表

带液力耦合器	带液力耦合器的冷却风扇:用传动皮带驱动,并用硅油液力离合器转动风扇。在冷却液温度低时降低旋转速度 电控的液力冷却风扇系统用液压马达驱动风扇 ECU(电子控制单元)调节流入液压马达的液体。控制风扇的转速,经常保持散热器有一合适的散热空气量	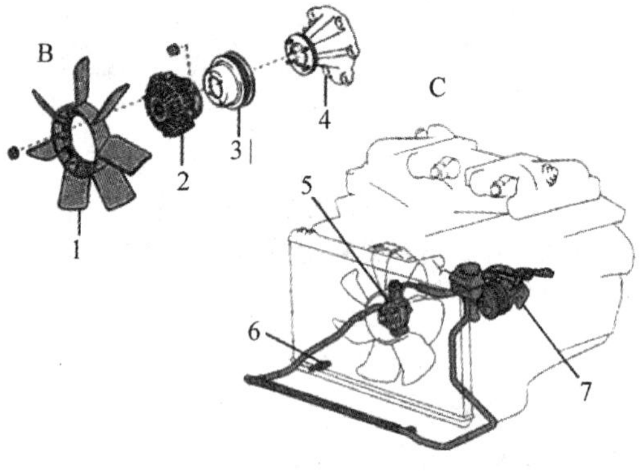 1-冷却风扇　2-液力耦合器　3-皮带轮 4-水泵　5-液压马达　6-水温传感器　7-液压泵
储液罐	储液罐与散热器相连,以便存储从散热器溢出的冷却液,并防止它流到外面。当散热器中的冷却液温度上升时,冷却液就会膨胀并流入储液罐。当散热器冷却时,它从储液罐吸取冷却液	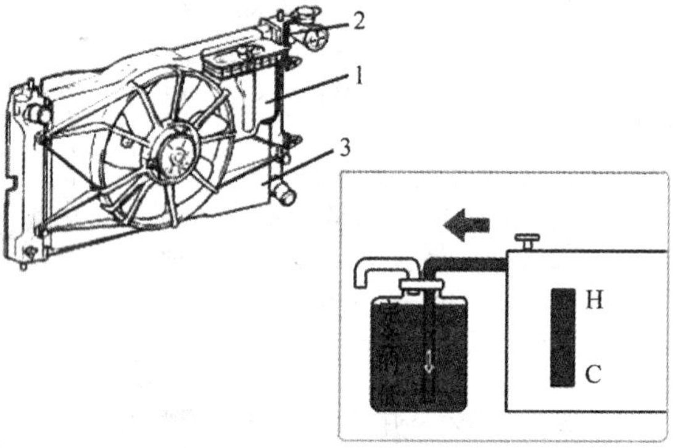 1-储液罐　2-储液罐软管　3-散热器
全密封冷却剂系统	全密封冷却系统在储液罐上而不是散热器上有一个散热器罩,因此压力施加到整个冷却液回路。有一只压力阀封住冷却液回路,防止冷却液蒸发损失,并防止冷却液因与空气接触而变质	 1-散热器储液罐　2-进水口 3-散热器　4-散热器盖

续　表

水泵	此泵向冷却液回路提供冷却液。使用传动皮带传输曲轴的旋转运动，以便驱动水泵	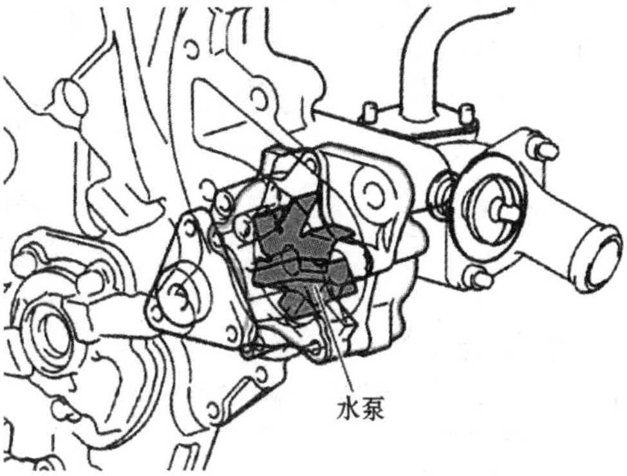 水泵
节温器	恒温器是快速预热发动机并调节冷却液温度的部件。它位于散热器与发动机之间的通路中。当冷却液温度变高时，连接散热器的阀打开，以便冷却发动机 有两种类型的恒温器："带旁通阀"类型用于底部旁通类型，"无旁通阀"类型用于直列式旁通类型	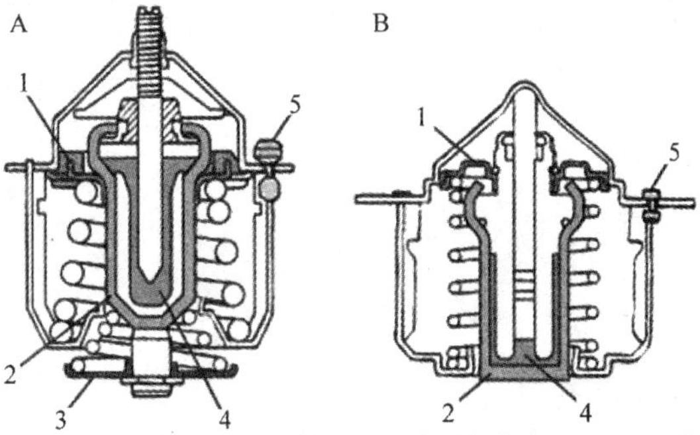 A-带旁通阀　B-不带旁通阀 1-阀　2-缸　3-旁通阀　4-蜡　5-跳阀
底部旁路类型的工作原理	恒温器位于水泵的进口侧。恒温器有一只旁通阀，当冷却液温度增加时，恒温器打开，旁路关闭 与直列式旁通类型相比，底部旁通类型有下述特点： （1）它有更大的旁通量，在预热期间确保了发动机中的温度均匀分布 （2）在发动机预热或高温时，它完全关闭旁通管从而产生较好的冷却效果 （3）恒温器反应灵敏，稳定冷却液温度	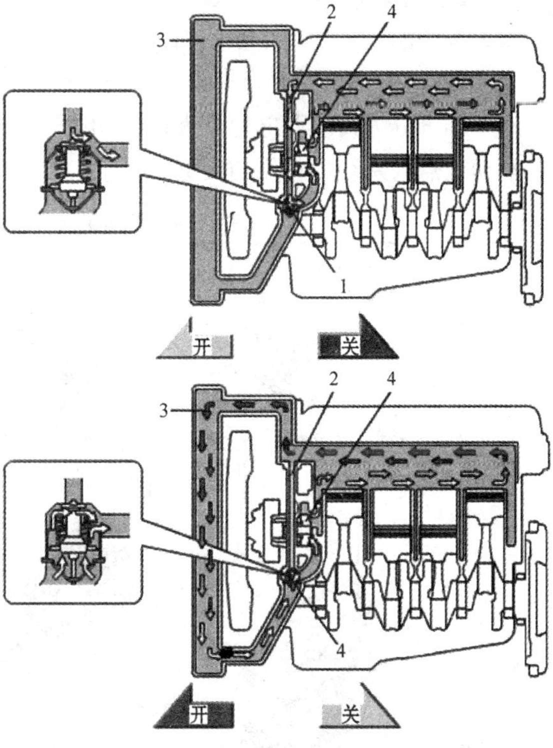 开　关 开　关 1-恒温器　2-旁路　3-散热器　4-水泵

笔记

直列式旁路类型的工作原理	旁路一直打开,并且在预热期间通往散热器的管路被恒温器关闭。因此,冷却液通过旁通管路 当冷却液温度增加时,恒温器打开,让冷却液流入散热器。此时,少量冷却液也流过旁通管路	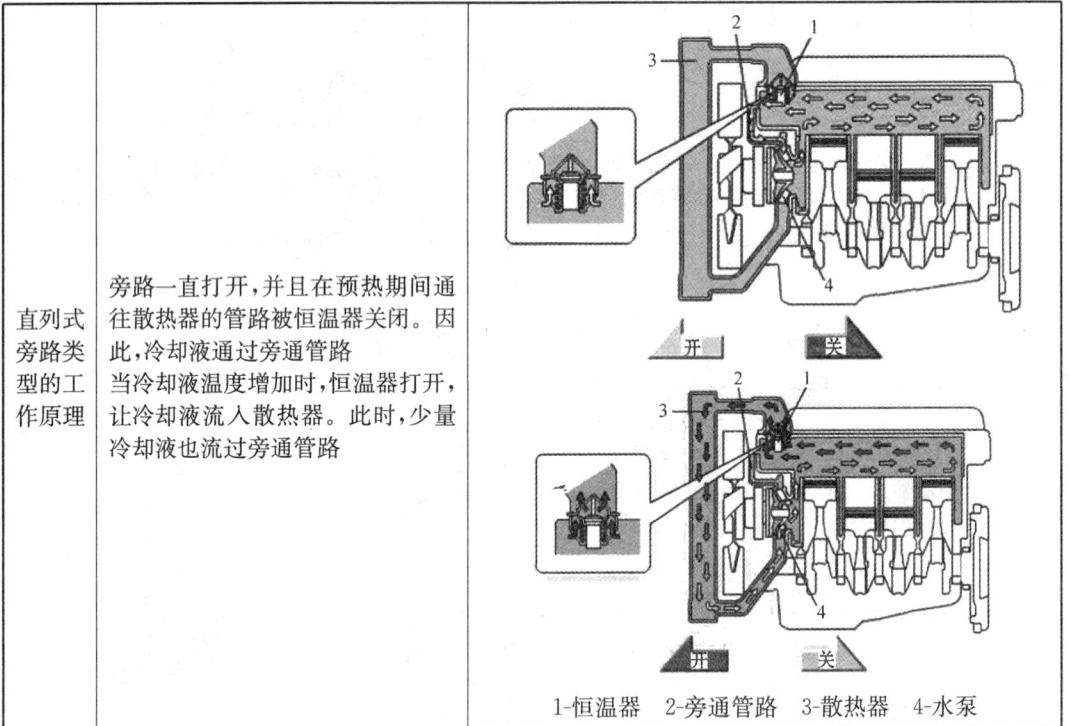 开　关 开　关 1-恒温器　2-旁通管路　3-散热器　4-水泵

6. 点火系统

(1) 点火系统的作用与类型。

点火系统的基本功用是在发动机各种工况和使用条件下,在气缸内适时、准确、可靠地产生电火花,以点燃可燃混合气,使发动机做功。发动机点火系统,按其组成和产生高压电方式的不同可分为传统蓄电池点火系统、电子点火系统、微机控制点火系统和磁电机点火系统。发动机点火系统的作用与类型如表1-3-8所示。

表1-3-8　发动机点火系统的作用与类型

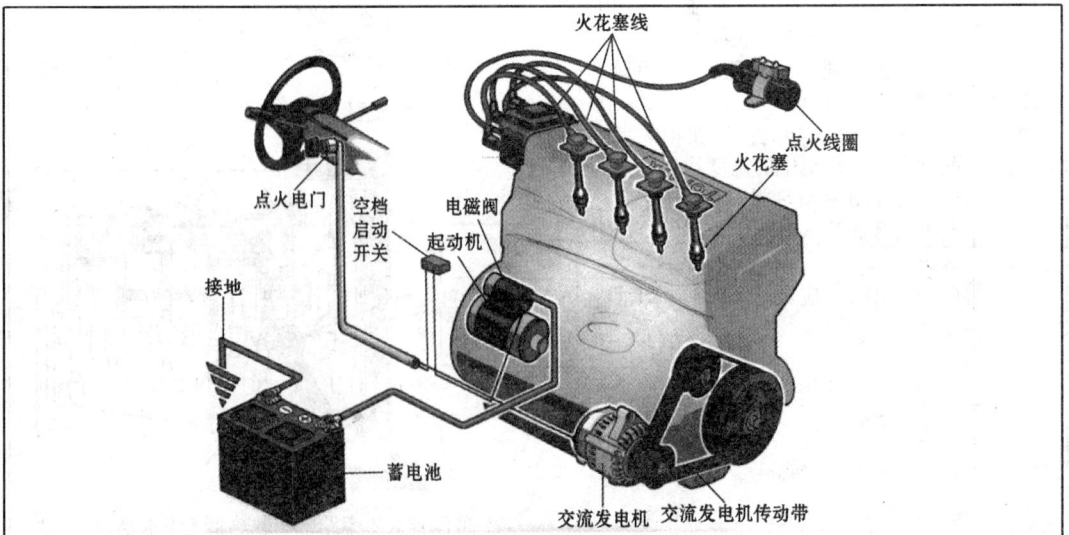

续表

笔记

类型	说　明	示意图
传统蓄电池点火系统	以蓄电池和发电机为电源,借点火线圈和断电器的作用,将电源提供的 6 V、12 V 或 24 V 的低压直流电转变为高压电,再通过分电器分配到各缸火花塞,使火花塞两电极之间产生电火花,点燃可燃混合气。传统蓄电池点火系统由于存在产生的高压电比较低、高速时工作不可靠、使用过程中需经常检查和维护等缺点,目前正在逐渐被电子点火系统和微机控制点火系统所取代	
电子点火系统	以蓄电池和发电机为电源,借点火线圈和由半导体器件(晶体三极管)组成的点火控制器将电源提供的低压电转变为高压电,再通过分电器分配到各缸火花塞,使火花塞两电极之间产生电火花,点燃可燃混合气。与传统蓄电池点火系统相比具有点火可靠、使用方便等优点,是目前国内外汽车上广泛采用的点火系统	
微机控制点火系统	与上述两种点火系统相同,也以蓄电池和发电机为电源,借点火线圈将电源的低压电转变为高压电,再由分电器将高压电分配到各缸火花塞,并由微机控制系统根据各种传感器提供的反映发动机工况的信息,发出点火控制信号,控制点火时刻,点燃可燃混合气。它还可以取消分电器,由微机控制系统直接将高压电分配给各缸。微机控制点火系统是目前最新型的点火系统,已广泛应用于各种中、高级轿车中	
磁电机点火系统	由磁电机本身直接产生高压电,不需另设低压电源。与传统蓄电池点火系统相比,磁电机点火系统在发动机中、高转速范围内,产生的高压电较高,工作可靠。但在发动机低转速时,产生的高压电较低,不利于发动机起动。因此磁电机点火系统多用于主要在高速、满负荷下工作的赛车发动机,以及某些不带蓄电池的摩托车发动机和大功率柴油机的起动发动机上	

（2）传统点火系统的组成

发动机点火系统的结构组成如表 1-3-9 所示。

表 1-3-9　发动机点火系统的结构组成

传统点火系统主要由电源（蓄电池和发电机）、点火开关、点火线圈、电容器、断电器、配电器、火花塞、阻尼电阻和高压导线等组成	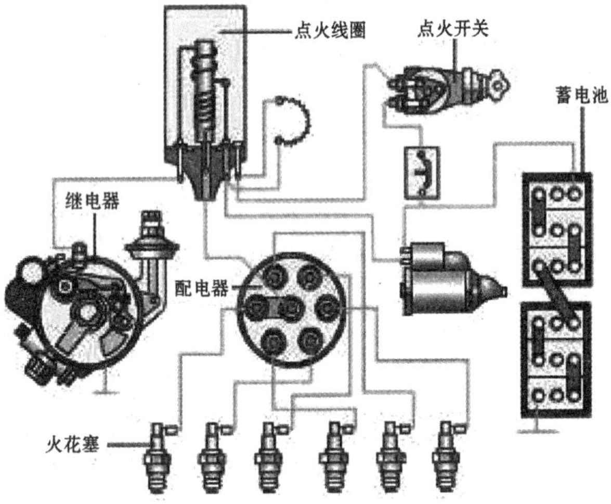

类型	说　明	示意图
点火开关	用来控制仪表电路、点火系统初级电路以及起动机继电器电路的开启与关闭	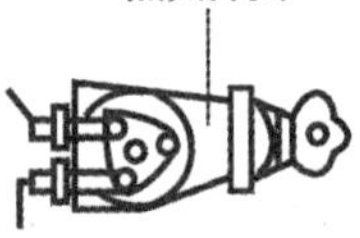
点火线圈	相当于自耦变压器，用来将电源供给的 12 V、24 V 或 6 V 的低压直流电转变为 15～20 kV 的高压直流电	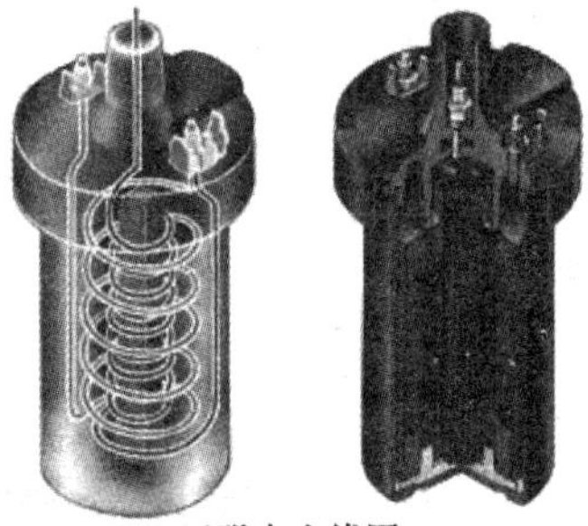 开磁点火线圈
分电器	由断电器、配电器、电容器和点火提前调节装置等组成。它用来在发动机工作时接通与切断点火系统的初级电路，使点火线圈的次级绕组中产生高压电，并按发动机要求的点火时刻与点火顺序，将点火线圈产生的高压电分配到相应气缸的火花塞上 断电器：主要由断电器凸轮、断电器触点、断电器活动触点臂等组成。断电器凸轮由发动机凸轮轴驱动，并以同样的转速旋转，即发动机曲轴每转两周，断电器凸轮转一周	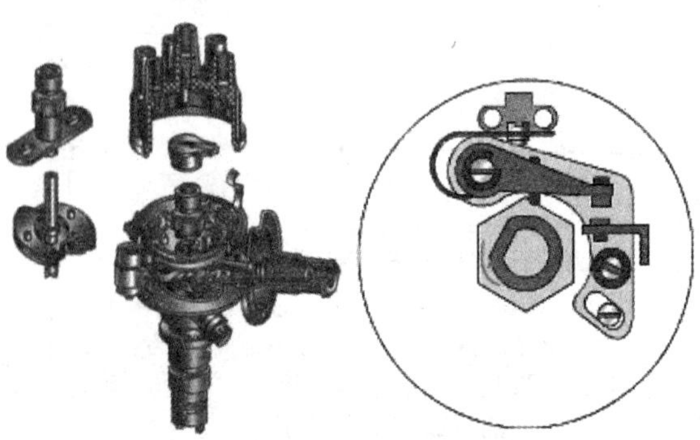 分电器构造　　断电器

续 表

类型	说 明	示意图
分电器	配电器:由分电器盖和分火头组成。用来将点火线圈产生的高压电分配到各缸的火花塞。分电器盖上有一个中心电极和若干个旁电极,旁电极的数目与发动机的气缸数相等。分火头安装在分电器的凸轮轴上,与分电器轴一起旋转。发动机工作时,点火线圈次级绕组中产生的高压电,经分电器盖上的中心电极、分火头、旁电极、高压导线分送到各缸火花塞 电容器:安装在分电器壳上,与断电器触点并联,用来减小断电器触点断开瞬间在触点处所产生的电火花,以免触点烧蚀,可延长触点的使用寿命 点火提前调节装置:由离心和真空两套点火提前调整装置组成,分别安装在断电器底板的下方和分电器的外壳上,用来在发动机工作时随发动机工况的变化自动调整点火提前角	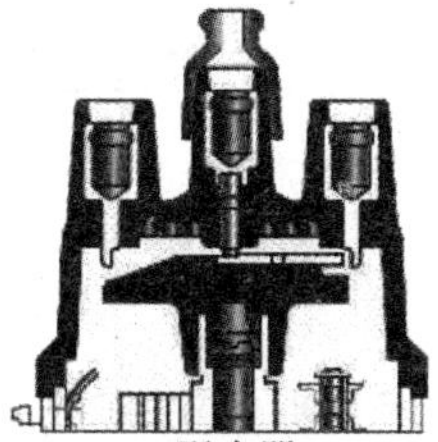 配电器 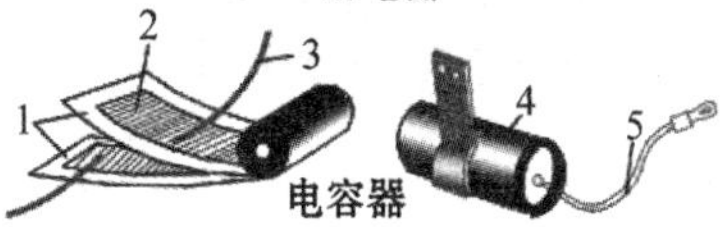 1-纸带 2-箱带 3-软导线 4-外壳 5-弧线 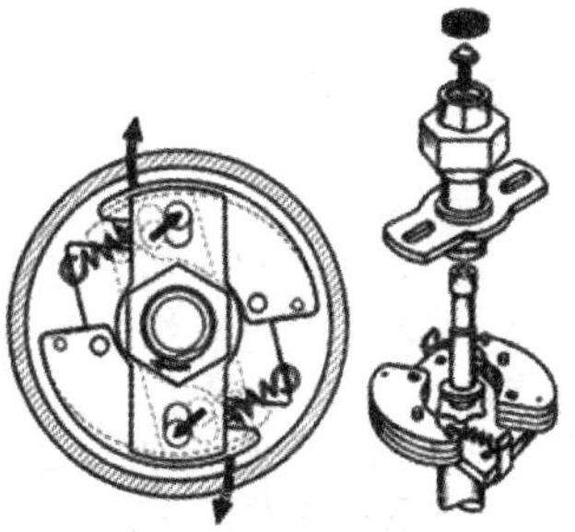 电容器 离心点火扭前调节器节装置
火花塞	由中心电极和侧电极组成,安装在发动机的燃烧室中,用来将点火线圈产生的高压电引入燃烧室,点燃燃烧室内的可燃混合气	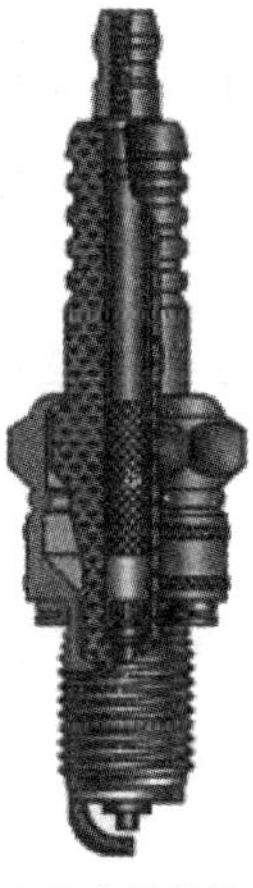 火花塞的结构 　　火花塞的形式
电源	提供点火系统工作时所需的能量,由蓄电池和发电机构成,其标称电压一般为12 V	 蓄电池

7. 起动系统

发动机起动系统的结构与工作原理如表 1-3-10 所示。

表 1-3-10　发动机起动系统的结构与工作原理

用电力起动机起动发动机几乎是现代汽车唯一的起动方式。电力起动机简称起动机,它由直流电动机、传动机构、控制机构等组成	 起动系统

结构	说　明	示意图
起动机	直流电动机在直流电压的作用下,产生旋转力矩。接通起动开关起动发动机时,电动机轴旋转,并通过驱动齿轮和飞轮的环齿驱动发动机曲轴旋转,使发动机起动。磁极是直流电动机的定子部分,用来产生电动机运转所必须的磁场,它由磁极铁芯、安装在铁芯上的励磁绕组及机壳组成	
电磁开关	电磁操纵式控制机构,俗称电磁开关,其使用方便,工作可靠,并适合远距离操纵,所以目前应用广泛。起动发动机时,接通总开关,按下起动按钮,吸拉线圈和保持线圈的电路被接通,其电流通路为:蓄电池正极→主接线柱→电流表→总开关→起动按钮→接线柱→吸拉线圈→主接线柱→电动机保持线圈→搭铁→蓄电池负极。发动机起动后,在松开起动按钮的瞬间,吸拉线圈和保持线圈是串联关系,两线圈所产生的磁通方向相反,互相抵消,于是活动铁芯在复位弹簧的作用下迅速回位,使驱动齿轮退出啮合,接触盘在其右端小弹簧的作用下脱离接触,主开关断开,切断了起动机的主电路,起动机停止运转	 电磁操纵式控制机构结构示意图

结构	说　明	示意图
传动机构	起动机的传动机构安装在电动机电枢的延长轴上,用来在起动发动机时,将驱动齿轮与电枢轴联成一体,使发电机起动。发动机起动后,飞轮转速提高,它将带着驱动齿轮高速旋转,会使电枢轴因超速旋转而损坏,因此,在发动机起动后,驱动齿轮的转速超过电枢轴的正常转速时,传动机构应使驱动齿轮与电枢轴自动脱开,防止电动机超速。为此,起动机的传动机构中必须具有超速保护装置	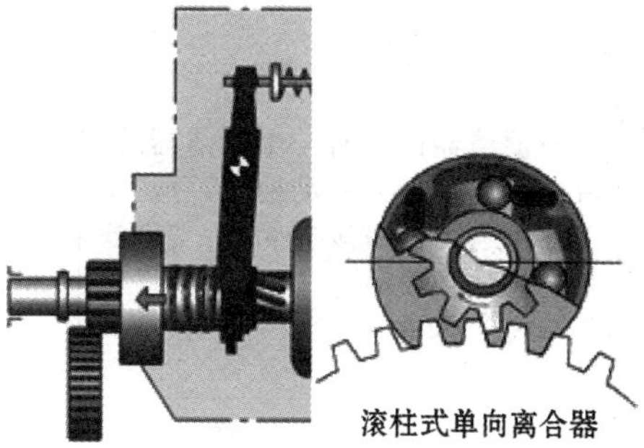 滚柱式单向离合器

8. 发动机进气、排气系统

发动机进气、排气系统的结构与工作原理如表 1-3-11 所示。

表 1-3-11　发动机进气、排气系统的结构与工作原理

进气系统向发动机提供其所需容量的清洁空气	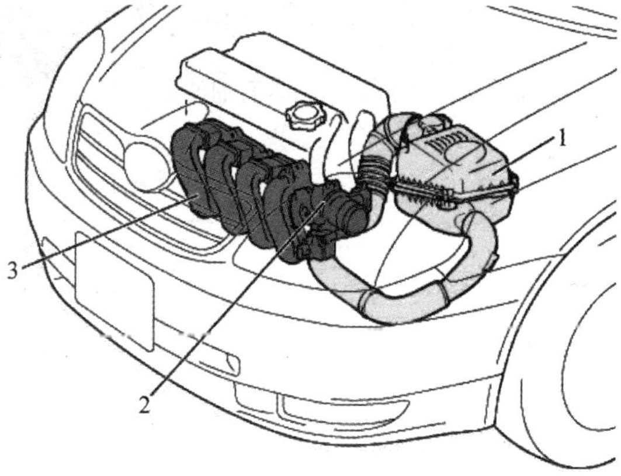 1-空气滤清器　2-节气门体　3-进气歧管

结构	说　明	示意图
涡轮增压器	涡轮增压器是利用排气的能量来压缩进气,并将高密度的混合气送入燃烧室来增加产出功率的装置。当涡轮利用排气能量转动时,装在轴上另一端的增压器叶轮将压缩后的进气送入发动机。还有叫做"超级增压器"的装置,它通过曲轴,直接由传动皮带驱动压缩机,增加进气容积	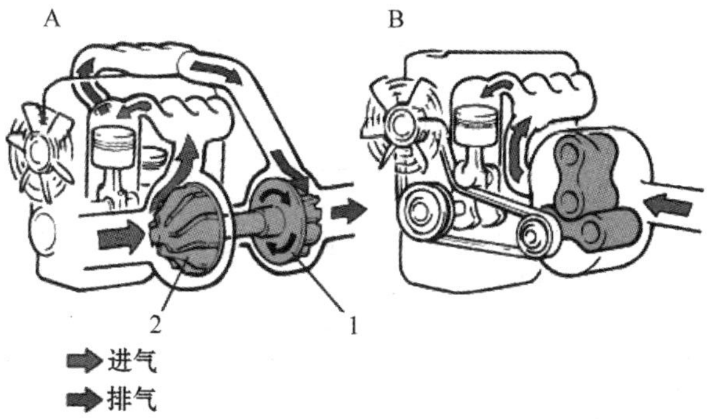 进气 排气 1-涡轮增压器超级增压器　2-涡轮泵轮

笔 记

结构	说 明	示意图
空气滤清器	空气滤清器内装有一个滤清器芯,在外部空气进入发动机时,可从空气中除去灰尘和其他颗粒。空气滤清器滤芯必须定期清洗或更换	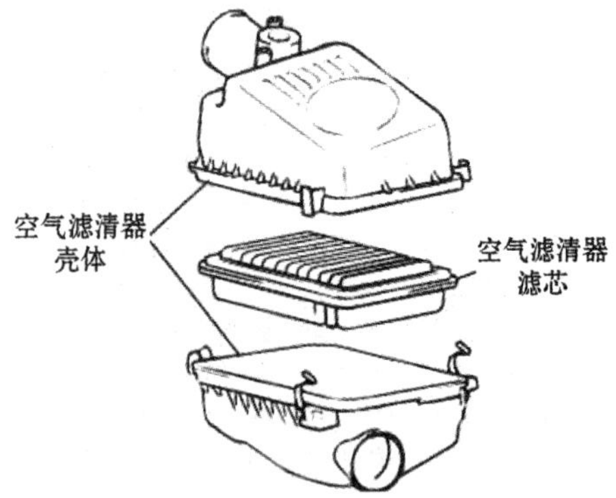 空气滤清器壳体　空气滤清器滤芯
	空气滤清器滤芯的类型: 纸质滤芯型:汽车上使用的最广泛的类型 织物滤芯型:内装由织物制成可洗的滤芯的类型 油浴型:一种湿型,内含有油池	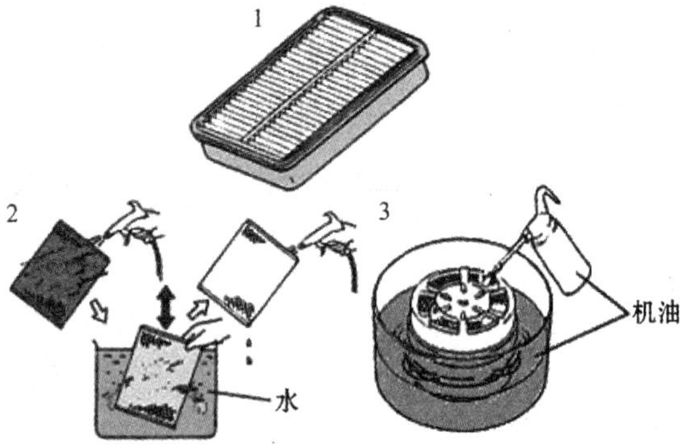 机油　水
	空气滤清器的类型: (1) 预前空气滤清器利用翅片旋转运动产生的空气离心力将灰尘从空气中分离出来。然后将灰尘送往集尘器,空气则输送至另一个空气滤清器 (2) 油浴型空气滤清器:通过用金属纤维制成的、浸于在滤清器壳底部贮有机油的滤来过滤空气 (3) 旋风型空气滤清器:通过由翅片产生的气涡离心力来清除诸如砂子等脏物,并通过纸质滤芯来俘获灰尘颗粒	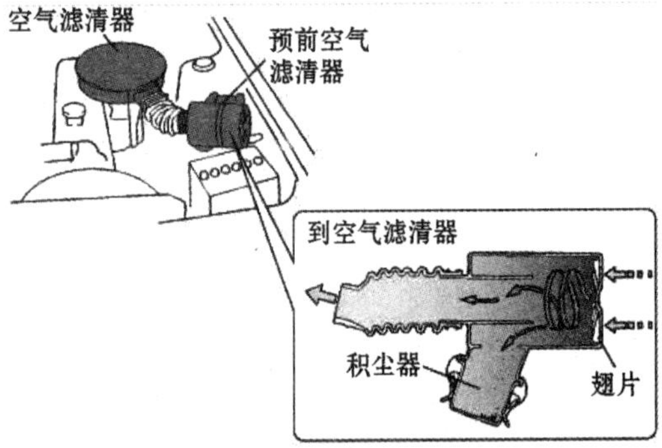 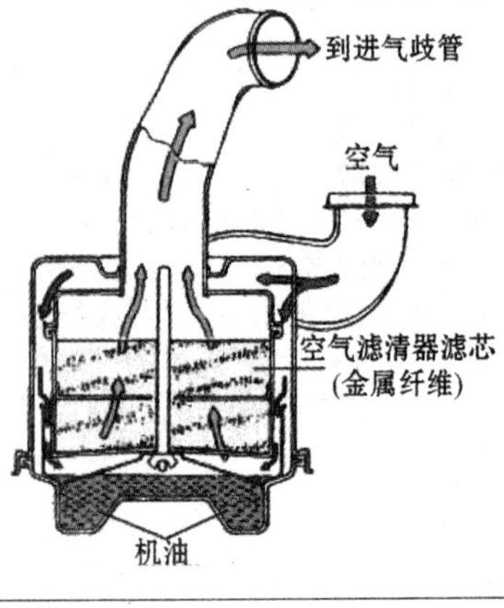 空气滤清器　预前空气滤清器　到空气滤清器　积尘器　翅片　到进气歧管　空气　空气滤清器滤芯(金属纤维)　机油

续　表

结构	说　明	示意图
空气滤清器		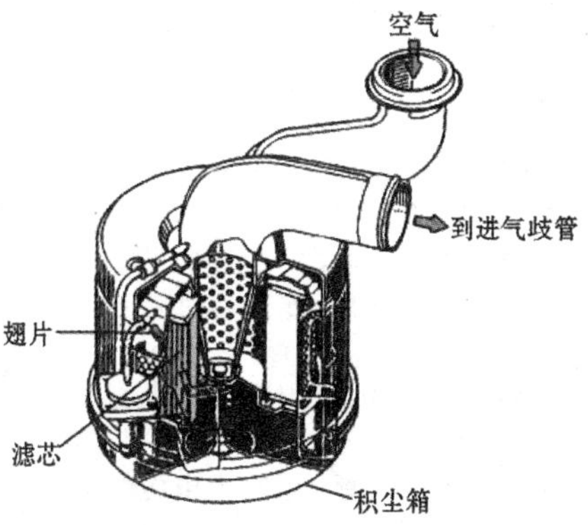 空气 到进气歧管 翅片 滤芯 积尘箱
节气门体	节气门用拉索和位于车辆内部的加速器踏板协同操作,来调节吸入气缸中的空气燃油混合气容积。当加速器踏板被踩下时,节气门开启,吸入大量的空气和燃油,使发动机输出功率增加。同时还配备 ISCV(怠速控制阀)以便当发动机冷态或急速期间调节空气量	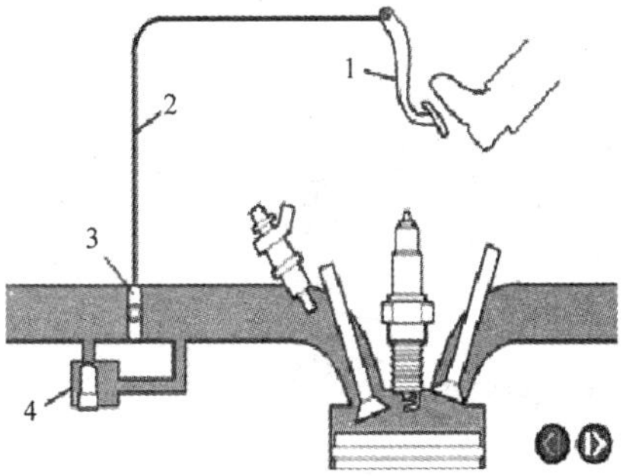 1-加速器踏板　2-油门拉索　3-节气门　4-ISCV
ETCS-i(电子节气门智能控制系统)	ETCS-i,它将加速踏板操作转换成电气信号,使用一只 ECU(电子控制单元)根据驾驶状况来控制节气门控制阀的开、关。因此没有连接加速踏板与节气门控制阀的油门拉索	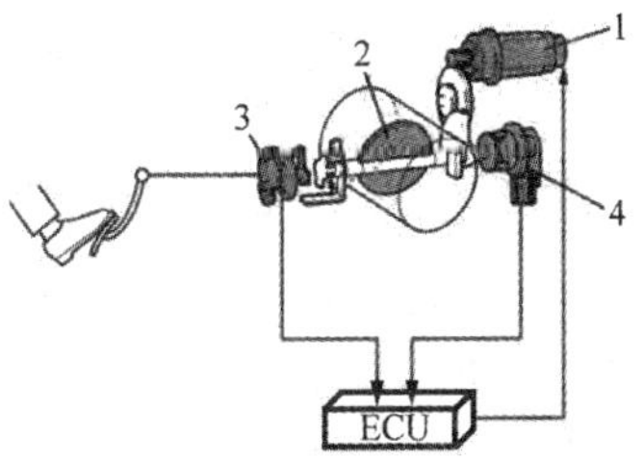 1-节气门控制器马达　2-节气门 3-加速踏板位置传感器　4-节气门位置传感器
ISCV(怠速控制阀)	ISCV 调节节气门控制阀提供的、通过旁通的空气量,以便总是将怠速控制在最佳的水平	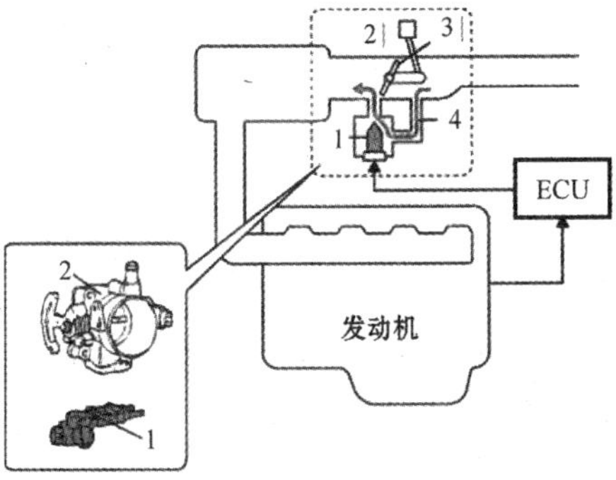 ECU 发动机 1-ISCV 节　2-气门体　3-节气门　4-控制阀旁通通路

笔记

结构	说　明	示意图
ISCV (怠速控制阀)	ISCV 的类型 步进马达型:此阀调节通过旁通的空气量。这是通过一只位于转子端部的阀来完成的,此阀通过转子运动前后移动 旋转电磁阀式:此阀通过改变阀的开启度调节进气量。这通过调节施加到 2 只螺线管(线圈)上电压的持续时间来完成	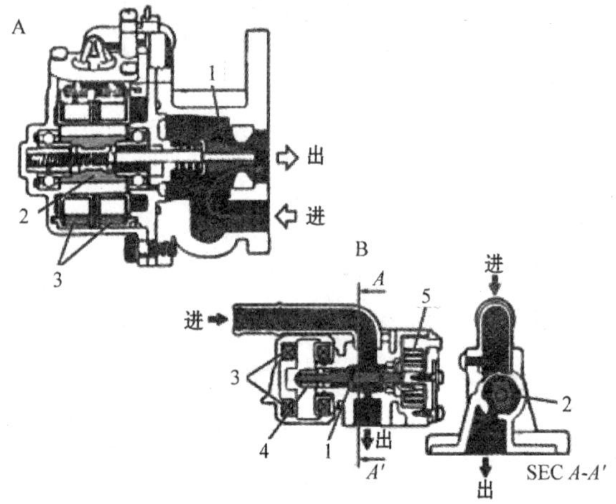 1-阀　2-转子　3-线圈　4-磁体　5-双金属器件
进气歧管	进气歧管由若干管路组成,为各个缸供气	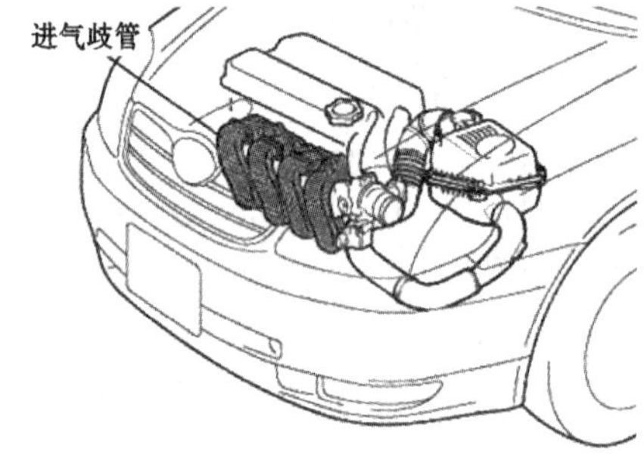
ACIS (声控感应系统)	ACIS 使用 ECU(电子控制单元)操纵改变进气歧管有效长度的控制阀通过改变进气歧管的长度,此系统改善所有发动机速度范围的进气效率	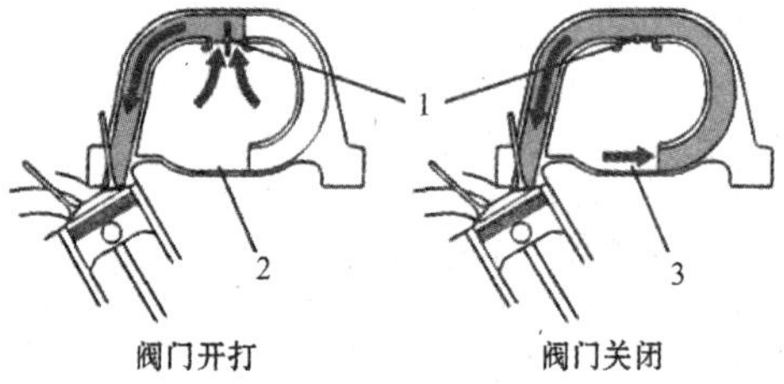 阀门开打　　　　　阀门关闭 1-控制阀　2-吸气室
排气系统	排气系统将发动机产生的废气排放入大气。它有以下功能: 通过改善发动机废气的排放性能,提高发动机效率 通过清除有害成分清洁废气 减少废气发出的爆炸声	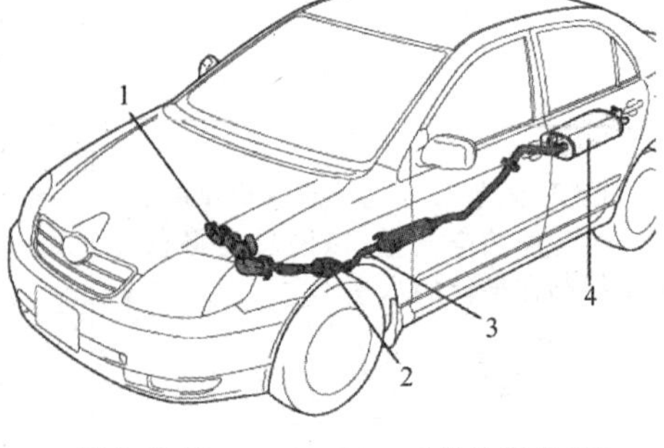 1-排气歧管　2-TWC(三元催化转换器) 3-排气管　4-消声器

续 表

结构	说 明	示意图
整体式催化转换器	催化转换器位于废气系统中间,从废气中清除有害成分。废气中的有害成分包括CO(一氧化碳)、HC(碳化氢)和NO_x(氮氧化物) 有两种催化转换器: (1) OC(氧化催化转换器)用带铂和钯的催化剂清理废气中的 CO 和 HC (2) TWC(三元催化转换器)用带铂和铑的催化剂清理废气中的 CO、HC 和 NO_x	 1-外壳　2-丝网　3-整体催化剂
消声器	因为从发动机中排放出的废气处于高压高温状态,如果直接排放,它发出爆炸声。因此消音器通过降低废气的压力和温度来消音	

三、制订计划

如表 1-3-12 所示,查阅维修资料,了解车辆发动机类型特点,分析汽车发动机的结构特点;查阅维修手册,熟悉车辆发动机的拆装规范,制订汽车发动机分解计划。

表 1-3-12　汽车发动机分解计划

1. 车辆信息描述	车辆描述			
	发动机的结构类型			
2. 汽车发动机结构组成				
3. 车辆发动机结构特点描述				
4. 汽车发动机分解工作准备				
5. 汽车发动机分解工艺流程	步骤	拆装项目	操作要领	技术要求或标准	检修记录

四、任务实施

按照表 1-3-12 汽车发动机分解计划,实施拆装作业,并将作业要领记录在表 1-3-13 中。

表 1-3-13　汽车发动机分解作业任务

步骤	拆装项目	操作要领	示意图	记录
1	拆外部附件	如发动机前悬置支架、前端的驱动皮带、转向助力泵、发电机等,从火花塞上拔下各缸高压线、拆下分电器带分缸高压线总成,拆时须注意分电器的初始安装位置,必要时作好记号。拆下起动机	  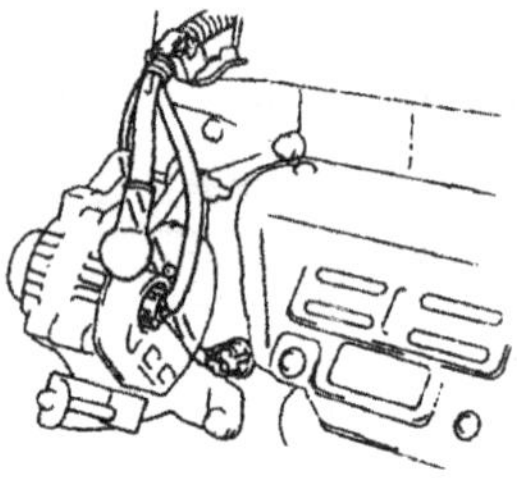 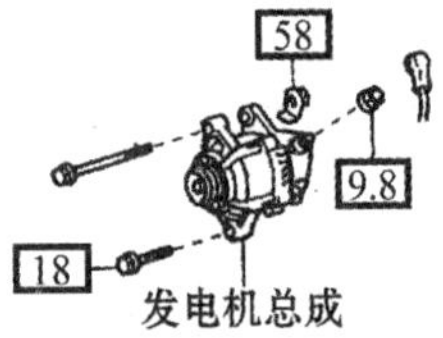 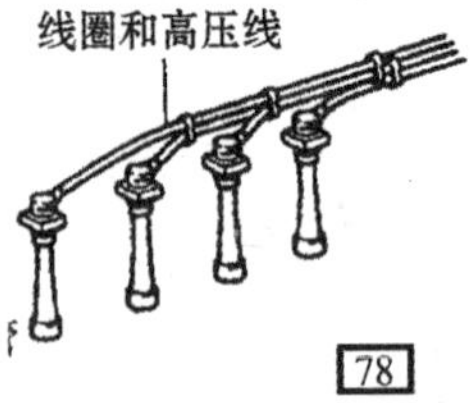 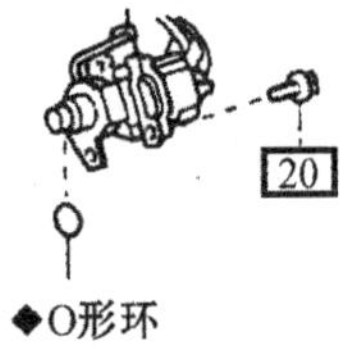 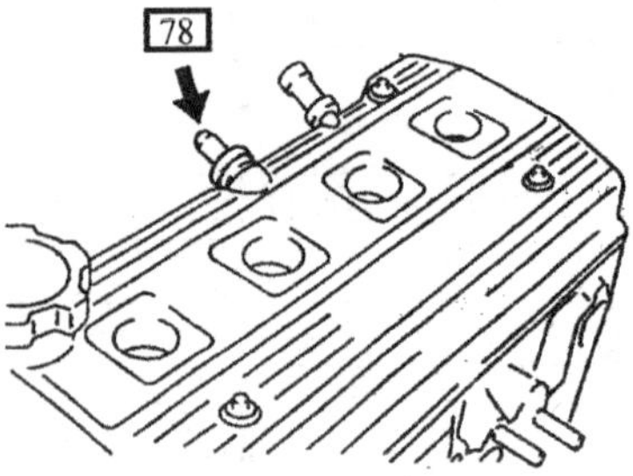	

续　表

笔 记

步骤	拆装项目	操作要领	示意图	记录
2	拆进气歧管总成	拆下节气门体总成拆进气歧管总成,取下进气歧管垫	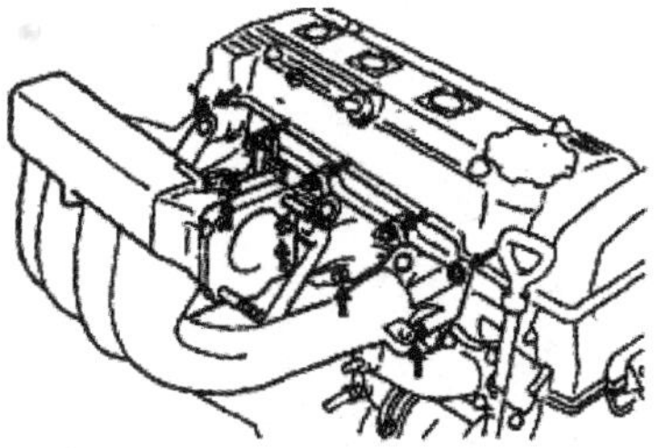 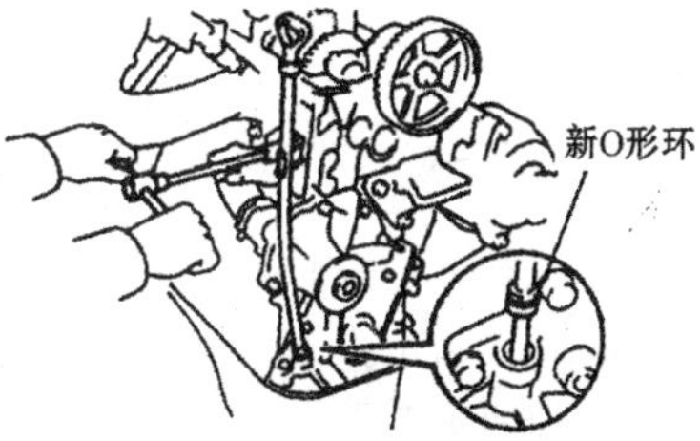 新O形环	
3	拆冷却水管	拆下进水管座及节温器总成,拆下缸盖出水管座	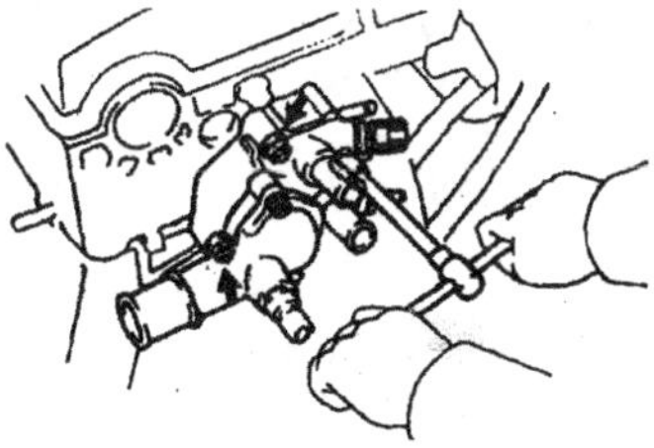 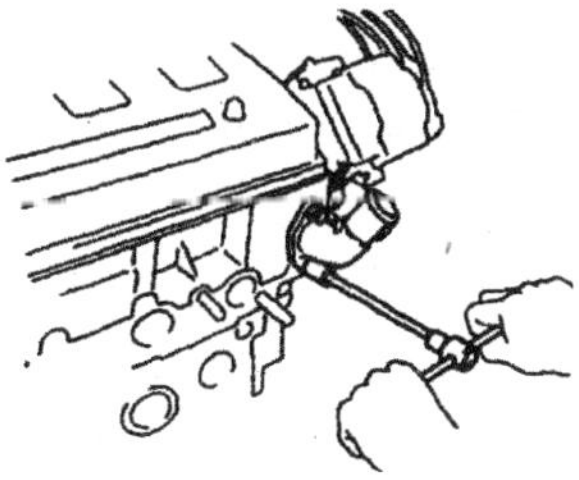	
4	拆排气管总成	拆排气歧管总成,取下排气歧管垫。用机油滤清器专用扳手拆下机油滤清器	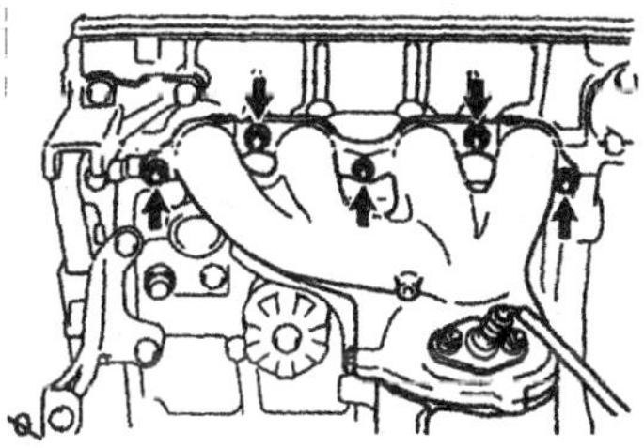 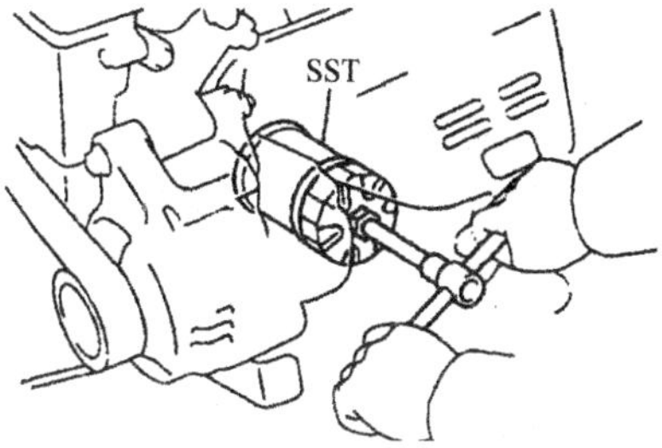 SST	

笔记

续 表

步骤	拆装项目	操作要领	示意图	记录
5	拆下气门室盖		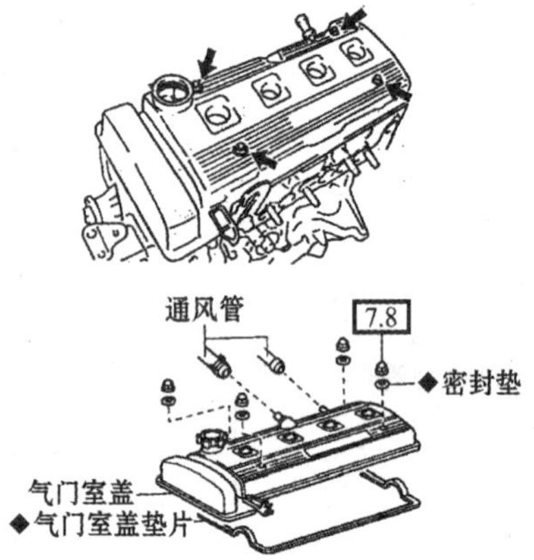 通风管　7.8　密封垫　气门室盖　◆气门室盖垫片	
6	测量相应的各个气门的气门间隙	把曲轴摇至一缸上止点位置（即曲轴皮带轮上的小缺口与下时皮带下罩上的"0"刻度对准），同时观察凸轮轴正时齿带轮上的正时记号是否对准，如未对准，则再摇转曲轴360°，使之对准，也就是说凸轮轴正时齿带轮的小圆孔与进气凸轮轴前轴承盖上的槽对准，此时进气凸轮轴定位销朝上，第一缸的进、排气门均完全关闭，而第四缸处于气门叠开状态	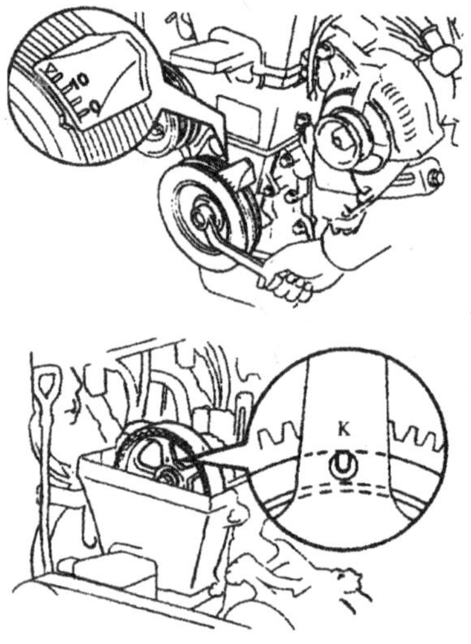 K	
7	拆正时皮带罩	拆下上面及中间的正时皮带罩，用相应的工具固定飞轮或传动板上的齿圈，用扭力扳手或风炮旋下曲轴前端皮带轮固定螺栓，拆下曲轴皮带轮（必要时使用拉器拆下）	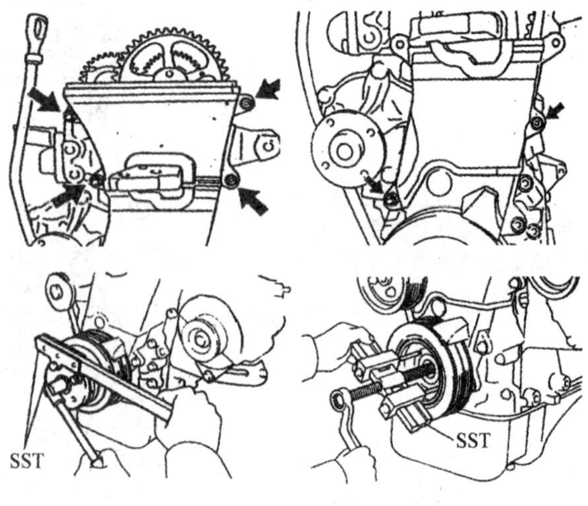 SST　SST	

笔 记

步骤	拆装项目	操作要领	示意图	记录
8	观察正时标记	拆下下面的正时皮带罩,观察曲轴正时齿带轮上的正时记号,必要时再作好记号	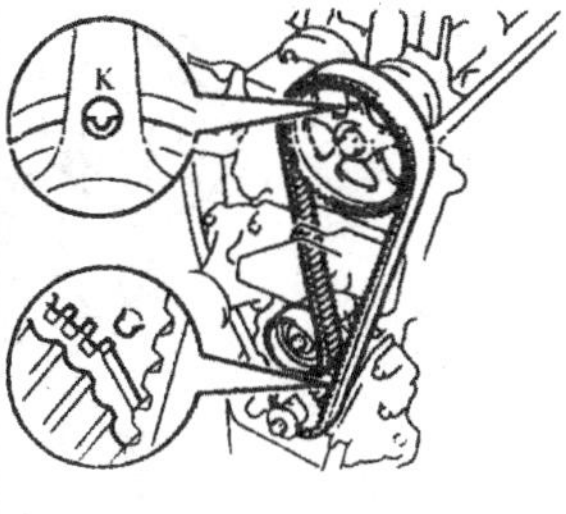 	
9	拆正时皮带	反转曲轴约90°(为下述步骤拆下正时皮带后转动凸轮轴作好准备) 拆正时皮带(拧松平时皮带张紧轮紧固螺栓,可不必完全拆下,然后拆下正时皮带,勿折,勿沾上油污)	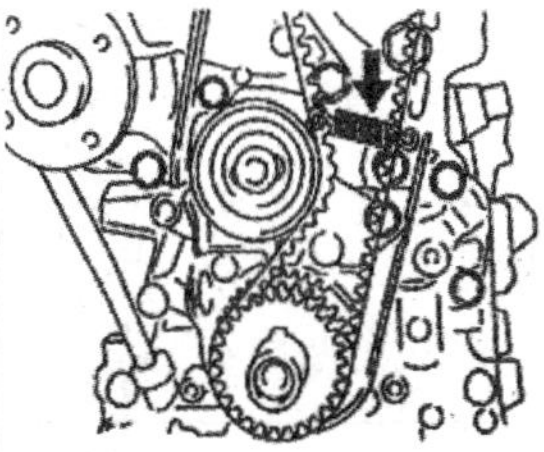 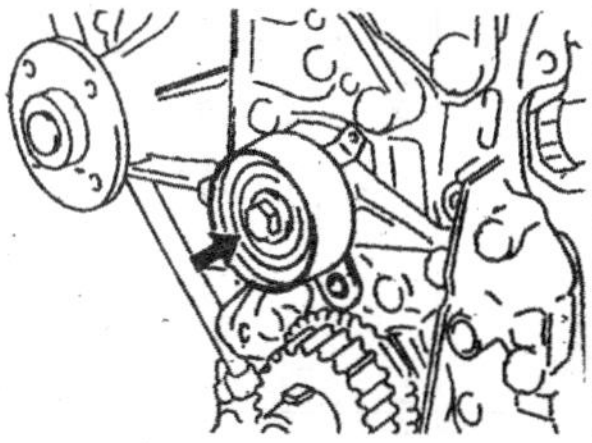  	
10	拆进气凸轮轴正时齿带轮	拆下进气凸轮轴正时齿带轮,拆下正时皮带张紧轮	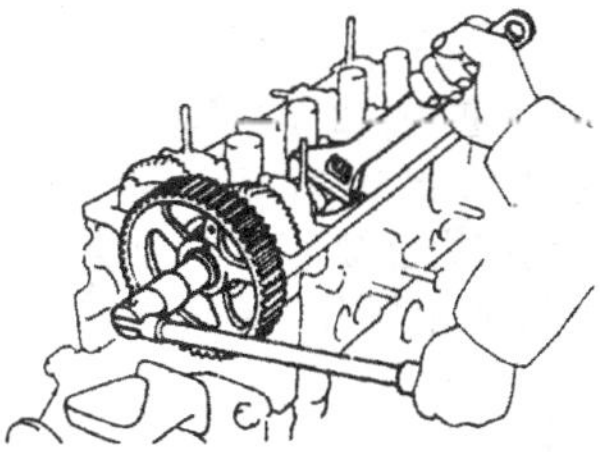	
11	观察进排气凸轮轴轴承盖上的标记	观察进、排气凸轮轴轴承盖上的朝前与道数记号:I1,I2,I3,I4;E1,E2,E3,E4。必要时作好记号	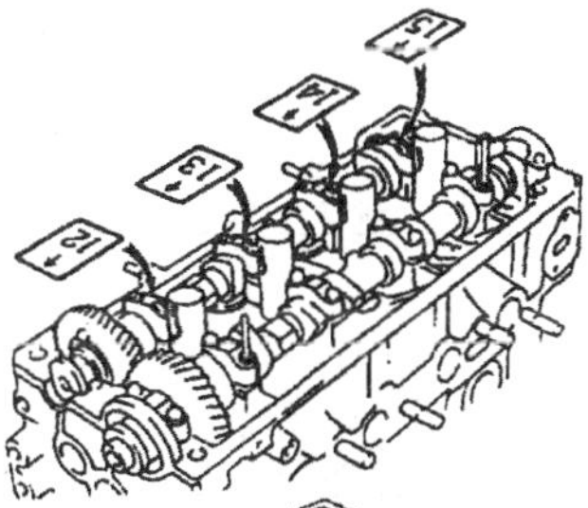 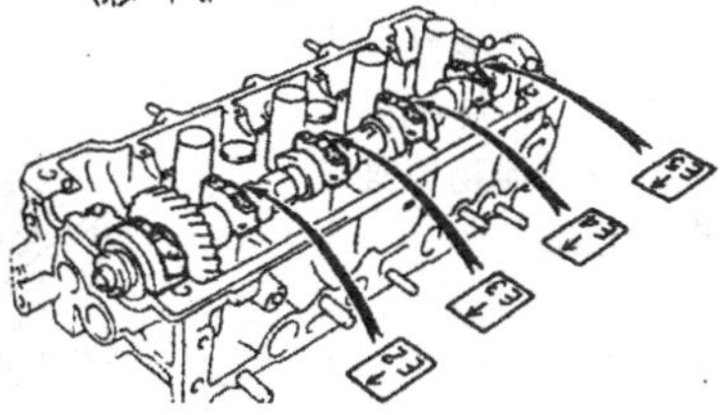	

笔记

步骤	拆装项目	操作要领	示意图	记录
12	安装维修螺栓	转动进气凸轮轴以使副齿轮上的孔(副齿轮装在凸轮轴驱动齿轮上)露出来,如图所示。注意:以上情况允许进气凸轮轴的1号缸和3号缸凸轮顶部顶动各自的气门挺杆。拆下2个螺栓和1号轴承盖	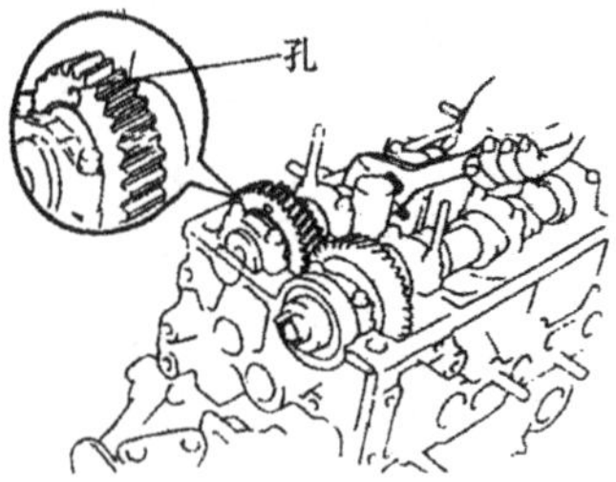 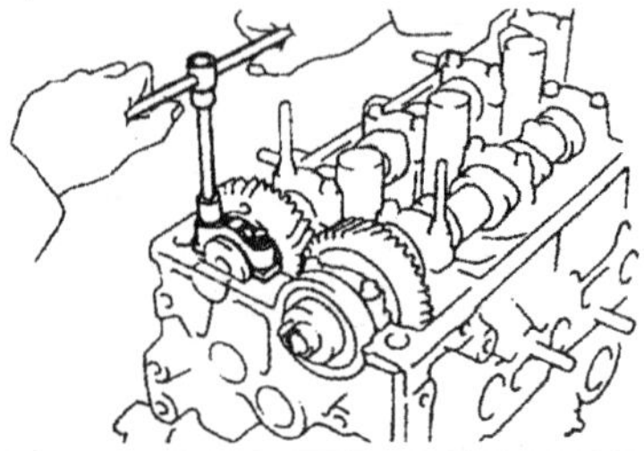	
13	拆进气凸轮轴	用维修螺栓将进气凸轮轴上的副齿轮装到齿轮上,推荐维修螺栓螺纹直径:6 mm,螺距:1.0 mm,螺栓长度:16～20 mm。注意:拆下凸轮轴时,确保通过以上操作,副齿轮的扭力已被消除。按图所示顺序,均匀松开并拆下8个轴承盖螺栓	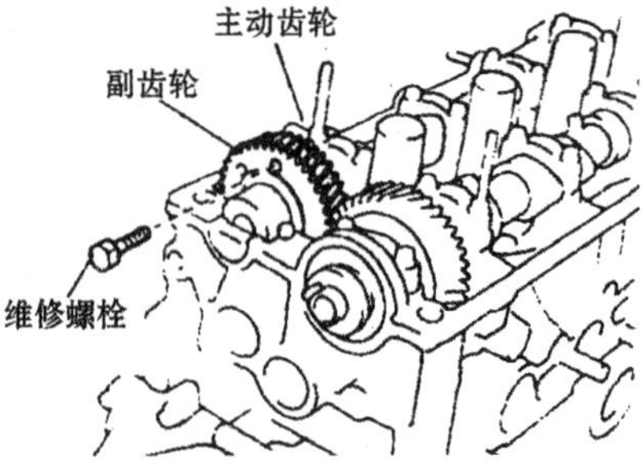 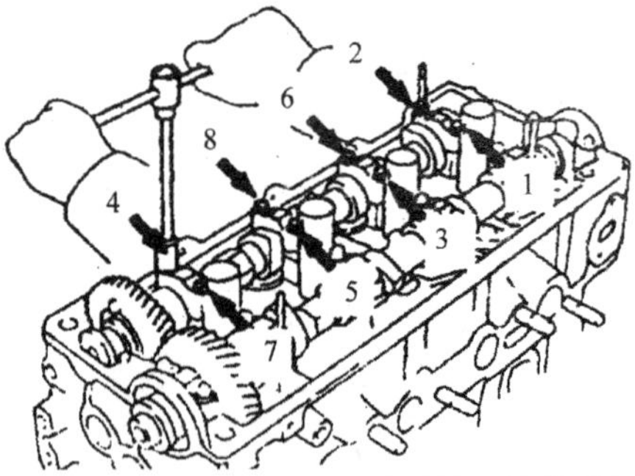	
14	取出排气凸轮轴轴承盖	拆下 I5、I2、I4、I3 轴承盖,即可水平取出排气凸轮轴(维修手册上述)。不要试图用工具或其他物体强行拆凸轮轴	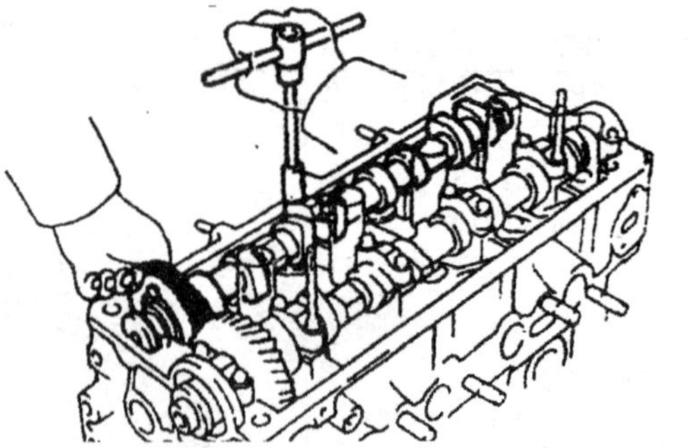	

步骤	拆装项目	操作要领	示意图	记录
15	微转动排气凸轮轴	稍微转动排气凸轮轴至定位销轻微沿逆时针方向偏过垂直线,此时1、3缸排气门有不大的开度。即上述角度允许排气凸轮轴的1号缸和3号缸凸轮顶部均匀顶动各自的气门挺杆	定位销	
16	拆排气凸轮轴承盖	先拆下排气凸轮轴前轴承盖,即E1号轴承盖和油封。注意:若不能用手拆下,不要试图强行拆下,除非带上螺栓。然后拆下E5、E2、E4、E3轴承盖,即可水平取出排气凸轮轴		

续 表

笔 记

步骤	拆装项目	操作要领	示意图	记录
17	拆气缸盖	用专用套筒与扭力扳手两边向中间分几次逐步拧下气缸盖螺栓,拆下气缸盖,取下气缸床放好	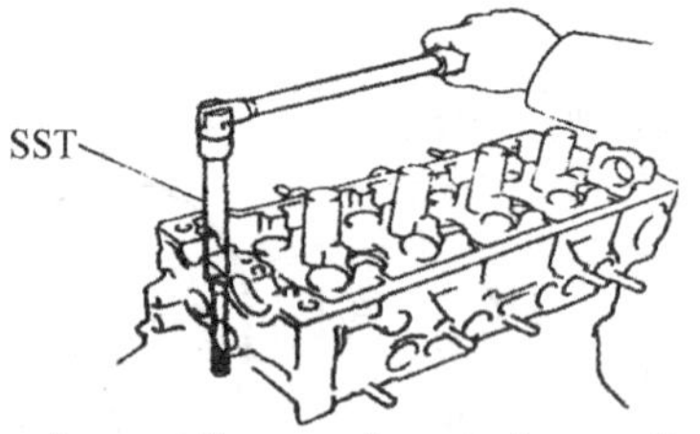 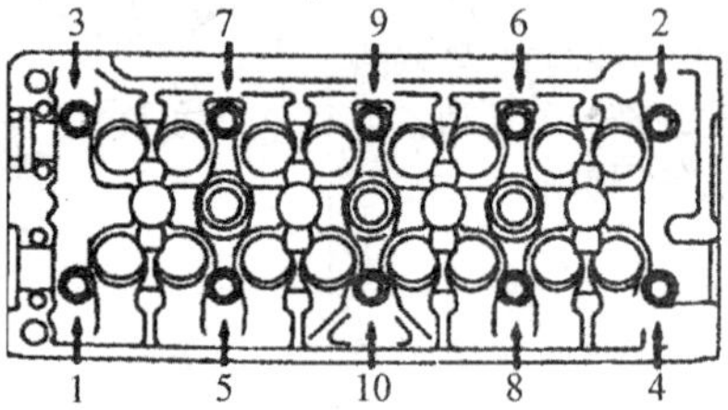 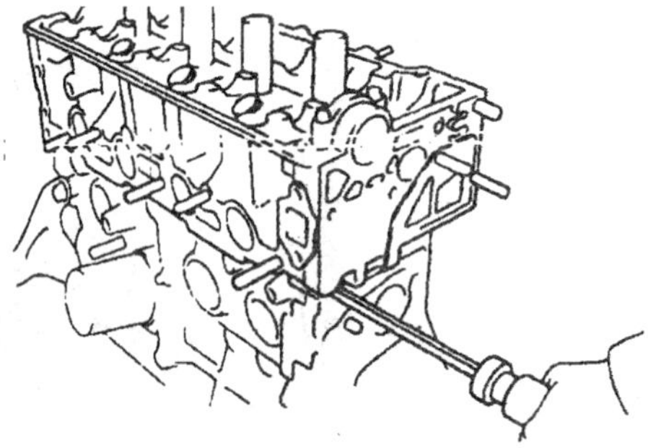 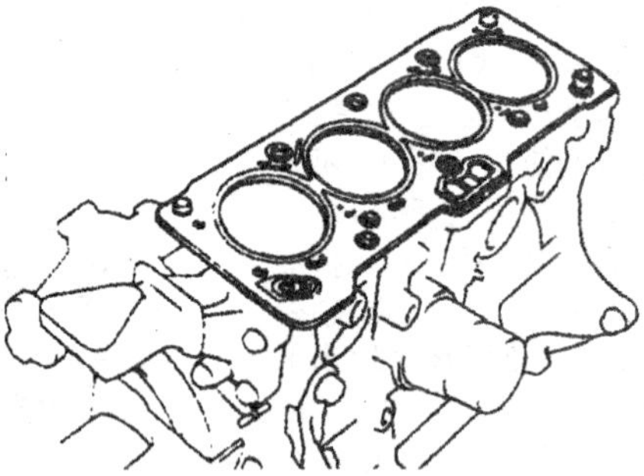	
18	拆水泵	拆下正时皮带惰轮、曲轴正时齿轮。拆下水泵及水泵进水管	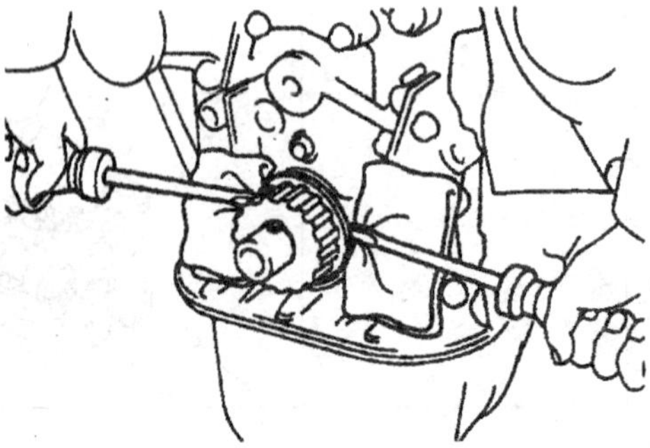	

续　表

步骤	拆装项目	操作要领	示意图	记录
18	拆水泵		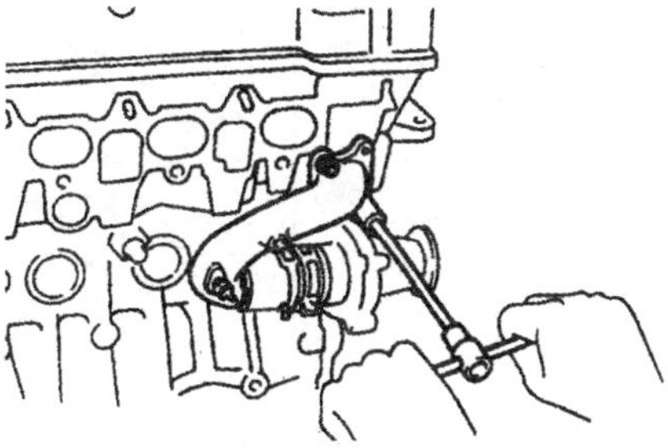 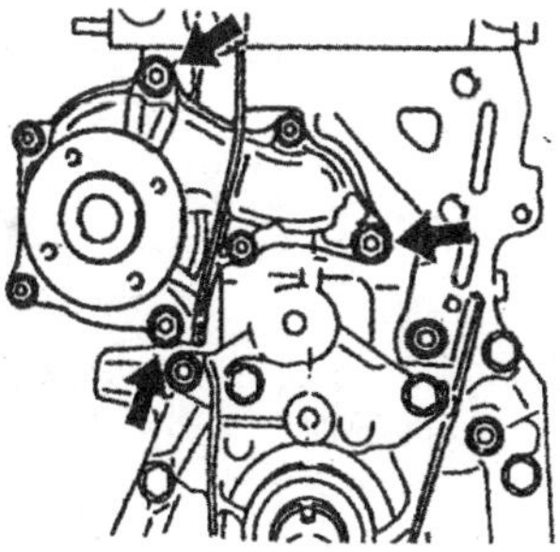	
19	机油泵及油封	拆下机油泵、曲轴前油封座	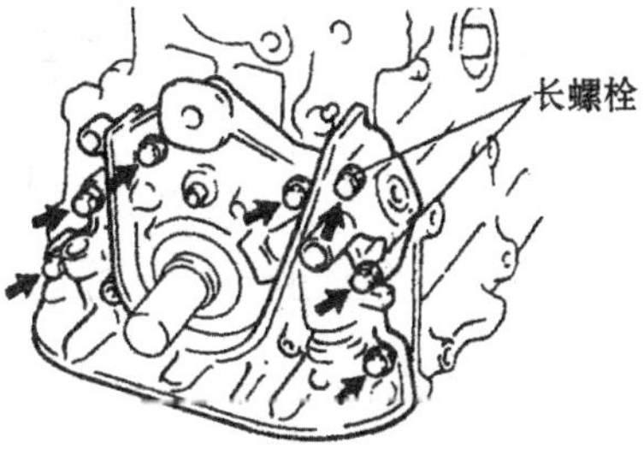 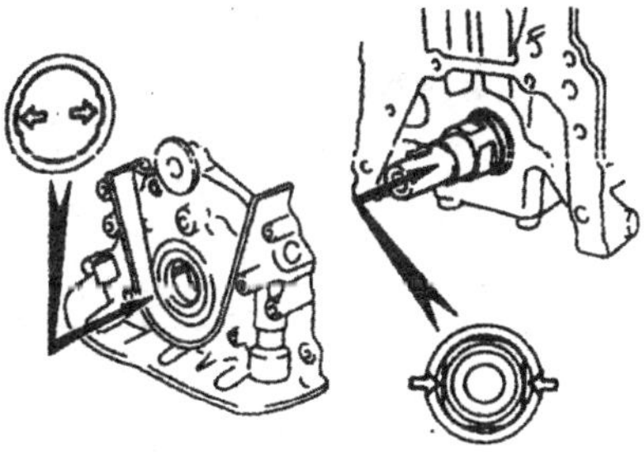 长螺栓	
20	拆飞轮	拆下飞轮或传动板。将螺栓用手拧在曲轴上	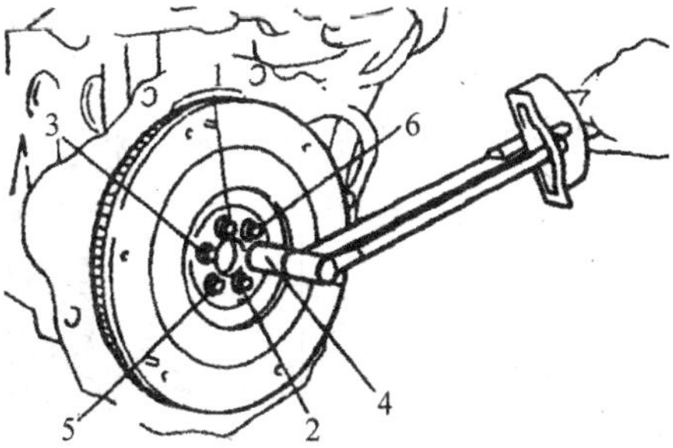	

笔记

步骤	拆装项目	操作要领	示意图	记录
20	拆飞轮			
21	拆油底壳	将缸体倒置,拆下油底壳	SST SST(专用维修工具)	
22	拆机油集滤器	拆下机油集滤器		
23	拆机油泵	拆下机油泵、曲轴前油封座	长螺栓	

续 表

步骤	拆装项目	操作要领	示意图	记录
24	拆后油封	拆曲轴后油封座及油封	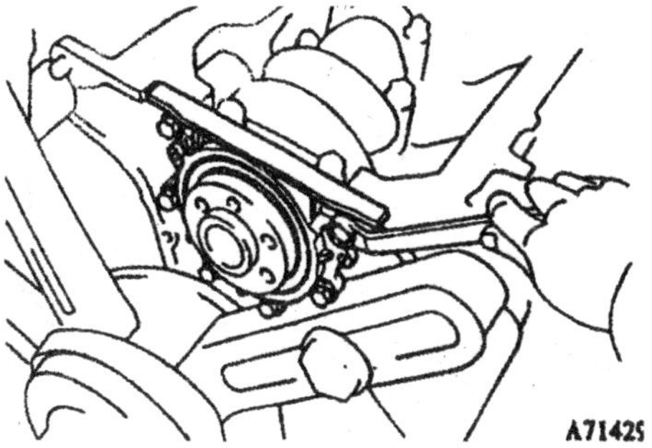 A71425	
25	观察各缸活塞连杆有无缸号标记	观察各缸活塞连杆有无缸号标记,以及主轴承盖上的朝前与道数记号,必要时作好记号	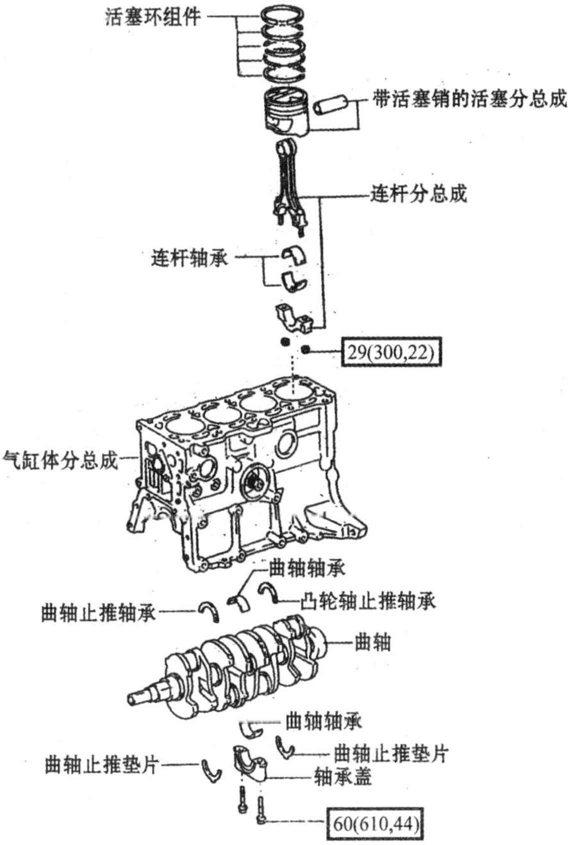 活塞环组件 带活塞销的活塞分总成 连杆分总成 连杆轴承 29(300,22) 气缸体分总成 曲轴承 凸轮轴止推轴承 曲轴止推轴承 曲轴 曲轴轴承 曲轴止推垫片 曲轴止推垫片 轴承盖 60(610,44) 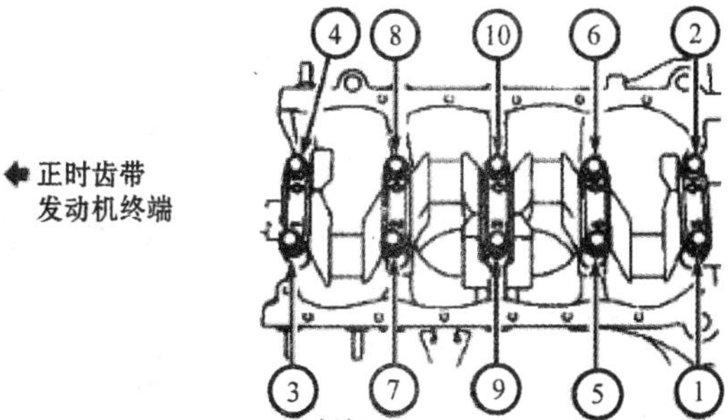 ④ ⑧ ⑩ ⑥ ② 正时齿带 发动机终端 ③ ⑦ ⑨ ⑤ ① 拆卸	

续　表

步骤	拆装项目	操作要领	示意图	记录
26	拆活塞连杆组	侧置缸体,摇转曲轴,使某两缸活塞基本处于下止点,拆下此两缸连杆螺栓,用手或相应工具将活塞推出气缸,注意不要损伤气缸壁,把连杆盖、连杆瓦、连杆装合在一起,放好 再用同样方法拆下另外两个活塞连杆组件	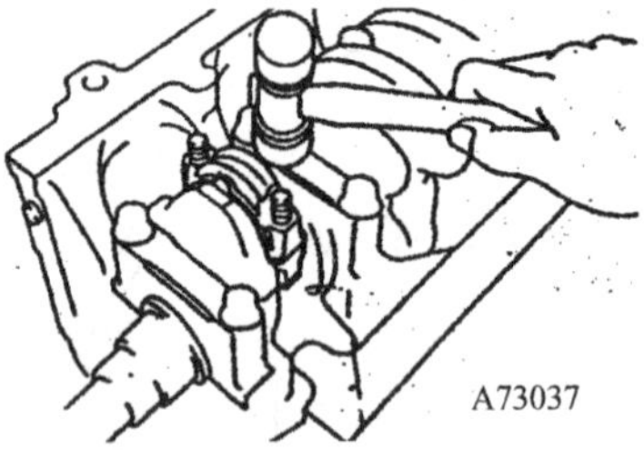 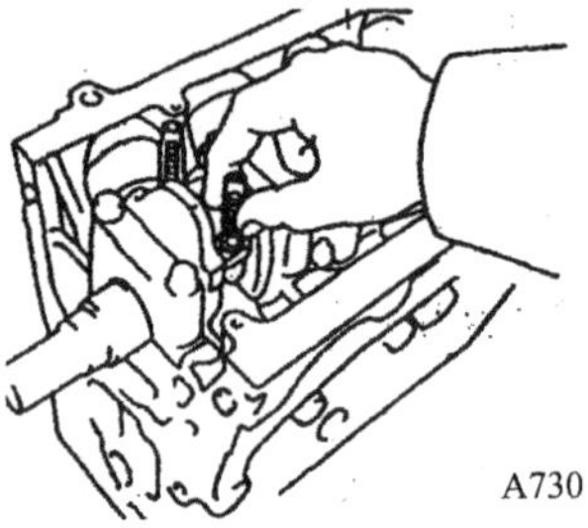 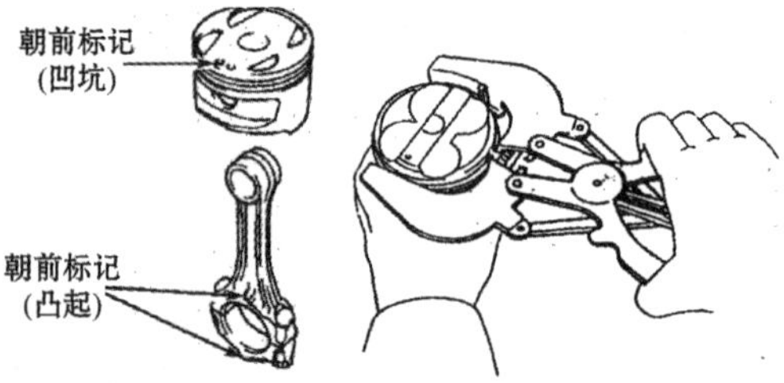 A73037 A730 朝前标记(凹坑) 朝前标记(凸起)	
27	拆曲轴	由两端向中间旋松各主轴承盖,并全部取下,然后抬下曲轴。取下止推片、各道大瓦并作好记号,再把主轴承盖装合在缸体上或放好	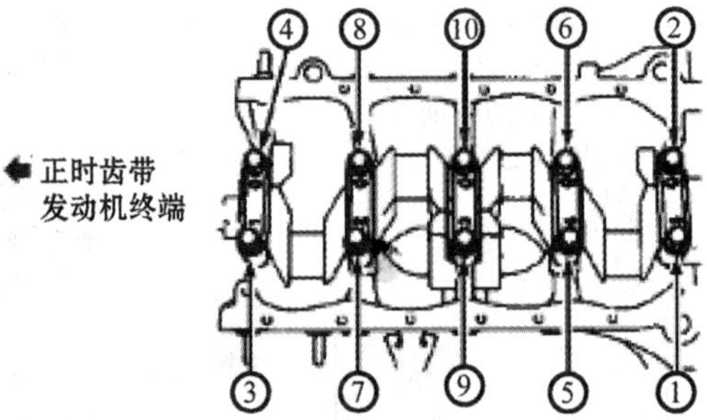 正时齿带发动机终端 拆卸 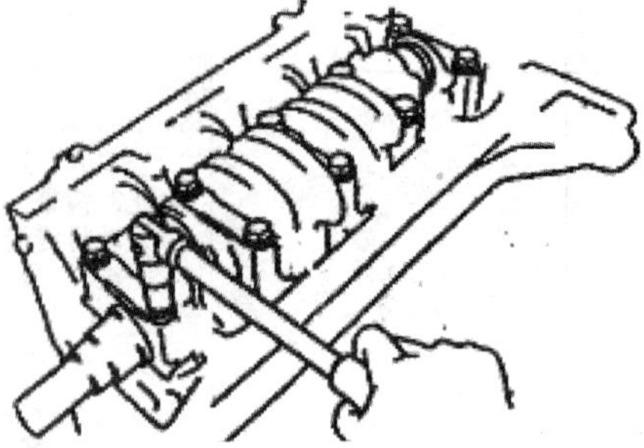	

续　表

步骤	拆装项目	操作要领	示意图	记录
27	拆曲轴			
28	拆气门挺柱	从缸盖总成上取下气门挺杆,并作好记号	气门调整垫片 气门挺杆 锁片 弹簧座圈 气门弹簧 气门调整垫片 气门挺杆 锁片 弹簧座圈 气门弹簧 ◆气门杆油封 气门弹簧座平垫片 ◆气门杆油封 气门弹簧座平垫片 气缸盖分总成 半圆塞 气门导管衬套 气门导管衬套 进气门 排气门	
29	拆气门	在气门头部作好记号,再用气门拆装专用工具拆下气门、气门弹簧、气门弹簧座圈、气门锁片	SST	

笔 记

步骤	拆装项目	操作要领	示意图	记录
30	取出气门油封	注意进、排气门油封有何不同	 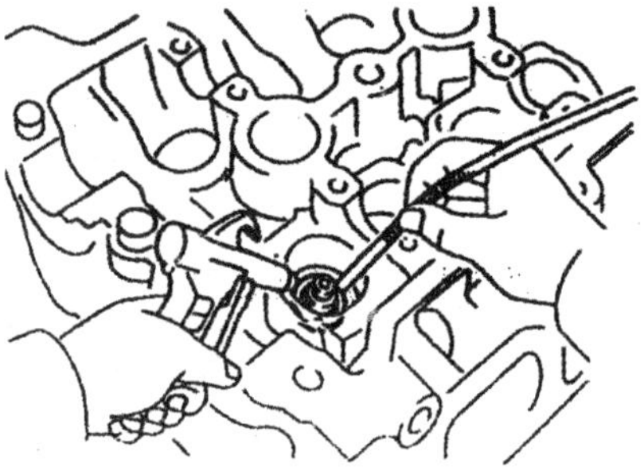 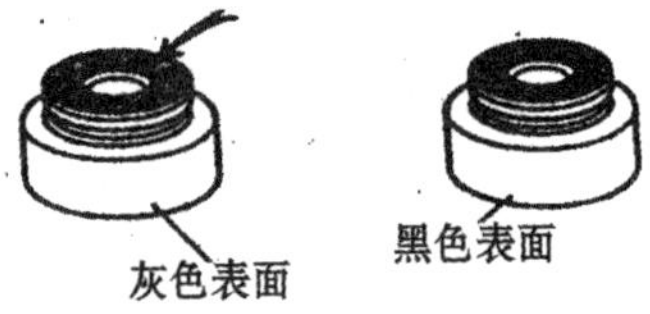 灰色表面　黑色表面	
31	拆出冷却系的节温器	拆下进水管座及节温器总成;拆下气缸盖出水管座	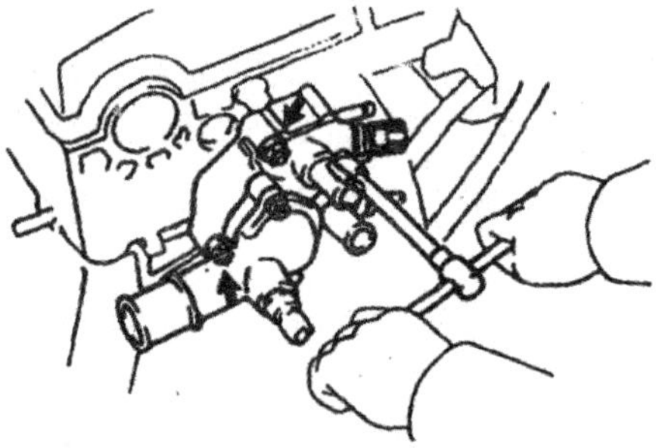 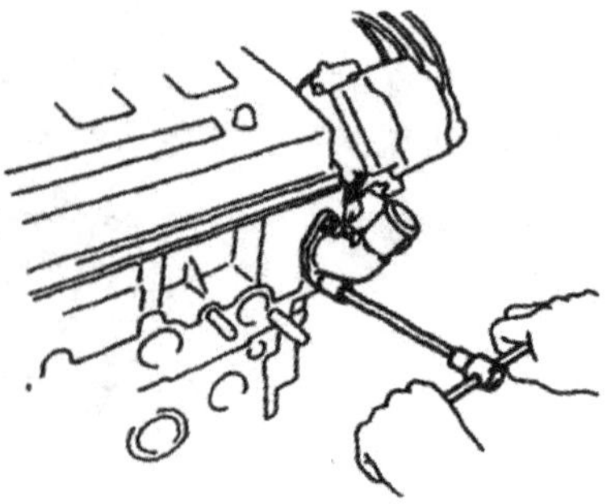	

续　表

步骤	拆装项目	操作要领	示意图	记录
32	拆燃油管	从进气歧管总成上拆下稳压箱室,然后拆下燃油分配管的两个固定螺栓,把燃油分配管和四个喷油器作为一个整体取下来,注意不要丢失喷油器下方的密封胶圈。必要时把喷油器从燃油分配管上取下来放好	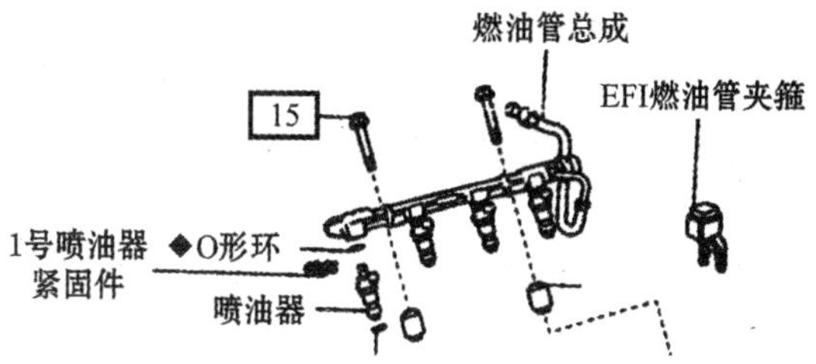	

五、检验评估

在完成拆装作业后,按表1-3-14汽车发动机分解检验与评价表,实施作业质量检验,并进行三方评价。

表1-3-14　汽车发动机分解检验与评价表

检验与评价内容	检验与评价指标	权重	自评	互评	总评
作业质量检验	1. 发动机分解是否规范				
	2. 发动机各零件、部件放置是否得当				
检查任务完成情况	1. 能描述汽车发动机各机构、各系统的结构与原理				
	2. 在小组所扮演的角色,对完成任务过程中所起的作用				
职业素养	1. 学习态度:积极主动参与学习				
	2. 团队合作:与小组成员一起分工合作,不影响学习进度				
	3. 现场管理:服从工位安排、执行实训室"5S"管理规定				

任务 1.4　总装发动机

任务描述	一辆 2006 款一汽丰田威驰汽车出现交通事故，车辆严重受损，进入维修厂进行维修。针对维修接待和车间确认意见，对已分解的发动机进行总装作业
任务目标	1. 能描述汽车总体结构，认识车辆总体结构、分析其结构特点 2. 能认识待修车辆构造的材质，能选择相应维修工艺

一、维修接待

　　如表 1-4-1 所示，通过询问客户了解车辆发生事故的情况，填写接车问诊表，并根据车间检测初步确认结果，进行拆装作业。

表 1-4-1　维修接待与接车问诊表

<table>
<tr><td colspan="2" align="center">接 车 问 诊 表</td></tr>
<tr><td colspan="2">车牌号：_____　　车架号：_____　　行驶里程：_____（km）
用户名：_____　　电　话：_____　　来店时间：_____ / _____</td></tr>
<tr><td colspan="2">用户陈述及故障发生时的状况：车辆因交通事故而严重受损，进厂维修。根据车身受损状况，经过车间确认，对已分解的发动机进行总装</td></tr>
<tr><td colspan="2">故障发生时的状况提示：行驶速度、发动机状态、发生频率、发生时间、部位、天气、路面状况、声音描述</td></tr>
<tr><td colspan="2">接车员检测确认建议：发动机进行总装</td></tr>
<tr><td colspan="2">车间检测确认结果及主要故障零部件：发动机进行总装

　　　　　　　　　　　　　　　　　　　车间检查确认者：_____</td></tr>
<tr><td>外观确认：

（请在有缺陷部位作标识）</td><td>功能确认：（工作正常√　不正常×）
□音响系统　□门锁（防盗器）　□全车灯光　□工具
□后视镜　　□顶窗　　　　　□座椅　　□点烟器
□玻璃升降器　□玻璃

物品确认：（有√　无×）
F
E
□贵重物品提示
□工具　□备胎　□灭火器
□其他（　　　　　　　）
旧件是否交还用户　□是　□否
用户是否需要洗车　□是　□否</td></tr>
<tr><td colspan="2">· 检测费说明：本次检测的故障如用户在本店维修，检测费包含在修理费用内；如用户不在本店维修，请您支付检测费。本次检测费：￥_____元。
· 贵重物品：在将车辆交给我店检查修理前，已提示将车内贵重物品自行收起并保存好，如有遗失恕不负责。
接车员：_____　　　　　用户确认：_____</td></tr>
</table>

笔记

二、信息收集与处理

按照表 1-4-2 的提示，收集相关信息，并将相关信息填入表中相应位置。

表 1-4-2　信息收集与处理

发动机解剖架

序号	部件名称	作　用
1		
2		
3		
4		
5		
6		
7		

　　发动机的装配是把更换的零件、修理合格的零件和其他辅助零件总成，按照工艺和技术条件要求组装成发动机。发动机的装配过程一般都分为两步，即总成装配和整机装配。把修理合格，选配合适的一组零部件，装配成总成的叫总成装配；把各总成和零部件组装成一台完整的发动机，叫做整机装配。

　　总成装配和整机装配虽然是两个装配阶段，但在实际操作中却往往是相互连续的、相互交叉的，并不是截然分开的，有些还是重复进行的，如曲轴主轴承和连杆轴颈的修理与装配等。

　　1. 发动机总装基本要求

　　发动机的结构形式很多，整机装配程序也不完全一致，何况有的总成、部件（如起动机、发电机、空压机和滤清器等）的装配先后又无关紧要。但是，发动机装配时必须遵循下述工艺原则：

　　① 装配时，必须将零部件、总成、工具清洗干净及确保装配场地的清洁。

　　② 待装的总成和零部件，必须经过检查或试装确认合格。

③ 不可互换的零部件,如气缸体与飞轮壳、连杆与连杆盖、气门与气门座等,严格按装配标记号安装,不准装错。主要的、有规定要求的螺纹连接件,必须按规定力矩和顺序,分若干次拧紧。

④ 螺纹连接件的所有配套件,如开口销、保险垫片以及垫圈等,一定要按规定装配齐全,不能丢失或漏装。各密封O形圈必须更换。

⑤ 关键部位组合件间的配合间隙,如活塞与气缸、曲轴轴颈与轴承以及轴类零件的轴向间隙、正时齿轮的啮合间隙、配气机构的配气相位、气门间隙等,都必须符合修理技术标准。

⑥ 装配过程中,应使用规定的工具,采用正确的操作方法和手段,防止拆装中发生非正常的零部件损伤。禁止野蛮操作。

⑦ 电路连接各接头、线柱要清洁,接触可靠。

2. 装配顺序与调整方法

发动机装配顺序与调整方法随发动机的结构不同而有所变化,但基本顺序相同。大致步骤如下:

(1) 气缸体的装配。

气缸体是基础件,装配前必须进行认真的清洗和检查。即使是已清洁装好的气缸体,整机装配前,也应再次重复地进行此项工作。

检查气缸体的清洁度和装配质量,有无漏装、错装现象,各油道是否清洁,油道内的隔塞、螺塞是否安装和蘸胶旋紧;不能互换(对号入座)的配套件,标记是否清楚无误,是否修配检查完毕,摆放整齐。

(2) 安装曲轴飞轮组

安装前,气缸体已装配了飞轮外壳,曲轴和飞轮组已装为一体并进行了动平衡。曲轴主轴颈与主轴承、气缸体的主轴承座孔、轴承盖等,已选配、修理并试配完毕。轴承的径向间隙、轴向间隙已修配合格。

曲轴飞轮组的安装步骤如下:

① 将选配好并擦拭洁净的主轴承按标记对号入座,安装在轴承座和轴承盖里。带有油槽和油孔的半个主轴承装在轴承座里,对准油道孔,轴承的凸起要嵌入座孔的槽内。将止推轴承装在凹槽内,有合金层的面朝外(带贮油槽的面),另两半片装在第四道的轴承座盖上。在装好的轴承表面、止推轴承表面、盘根表面涂以机油(包括轴承盖和轴承)。

② 用白布(脱脂纱布)将曲轴的主轴颈、连杆轴颈逐一擦拭干净,然后抬起曲轴飞轮组件,对准轴承座并以第四道主轴颈两侧的凸肩定位,平稳地放在轴承座内。

③ 将各道带轴承的轴承盖按标记对号入座,扣合在各轴承座上。扣合轴承盖,各轴承盖上有突肋的一面朝前,第七道轴承盖有密封条的,要安放密封条后再装。

④ 分两次紧固主轴承盖螺栓,按从中间到两边对称的原则拧紧轴承盖,六缸发动机按4→3→5→2→6→1→7道的顺序拧紧,四缸发动机则为3→2→4→1→5。拧紧力矩为标准力矩。拧紧一道轴承,转动几圈曲轴,以便了解轴承盖紧固情况,及时发现异常现象。全部拧紧后用手扳动飞轮或曲柄,应能转动、阻力均匀、无卡滞现象。

⑤ 检验。复查曲轴的轴向间隙。

(3) 活塞连杆的安装。

安装前,活塞、活塞销、连杆已装配修配完毕。活塞销两端的卡环已嵌入。活塞环已检验合格,按标记检查与气缸对号入座是否准确无误。活塞连杆组的安装步骤如下:

① 将气缸体侧置,用纱布擦拭干净气缸筒,将未装活塞环的活塞连杆组装入各缸,并按规定力矩分次拧紧连杆螺栓。摇转曲轴,使活塞分别处于上、下止点和中间三个位置。用塞尺分别测量活塞头部在气缸前后两个方向与气缸壁的间隙,其间隙不应大于 0.10 mm。若发现两边间隙相差过大,应根据下列情况判断原因:

a.若各缸活塞在上、中、下三个位置都朝一个方向偏斜,主要原因是气缸中心线与曲轴轴向位置偏移。应考虑能否调整移动整个曲轴的轴向位置。

b.若个别活塞在上、中、下三个位置向一个方向偏斜,可能是连杆弯曲;活塞中心与活塞销中心线不垂直,个别气缸中心与曲轴轴向位置错位或曲柄轴向变形等原因。

c.若活塞在上、中、下各位置偏斜方向不同,可能有两种情况。如果活塞只在上、下两点改变偏斜方向,可能是连杆轴颈中心与主轴颈中心不平行的原因;如果活塞只在气缸的中部改变偏斜方向,可能是连杆轴颈扭曲变形,或连杆轴颈与曲轴主轴颈中心在水平平面内不平行的原因。

由此可知,活塞在气缸内偏斜,其原因不单是连杆的弯曲或扭曲,应根据现象具体分析,正确判断,找出原因。只有确认连杆弯曲无疑时,才能校正连杆。

② 当活塞在气缸中的位置准确无误后,再将活塞环分别套装在活塞上。拆装活塞环必须使用专用工具。

③ 装入气缸前,要把各道活塞环开口方向按规定摆放正确,在活塞外表面、活塞销孔和环槽内涂以机油。将装活塞的专用夹具放在气缸体上面。拿起活塞连杆总成,对准缸号、前后记号后,将活塞用专用工具夹紧,用手锤木柄轻轻推入气缸中,再连接连杆大头与曲轴连杆轴颈(安装轴承和连杆盖),按规定力矩拧紧连杆螺栓或螺母,锁住锁紧装置。

④ 将各缸活塞连杆组装入气缸并与曲轴连杆轴颈的连接装配完成后,用手锤沿曲轴轴向轻轻敲打连杆盖,连杆大头应能有轻微移动。转动曲轴时,松紧应适度。各缸活塞在上止点时,活塞顶至气缸体上平面的距离,汽油机应不低于 0.20 mm,且不高于 0.05 mm。各缸高度应一致。

(4) 凸轮轴或挺杆体的装配。

本工序是指下置或中置式凸轮轴的装配,如果是上置式凸轮轴应在气缸盖装好后再装配。凸轮轴轴承(轴套)已刮配并压入气缸体轴承孔中,或压入后铰孔、镗孔完毕,检查配合间隙是否合格。凸轮轴、正时齿轮、止推突缘、止推垫片已组装成组合件,并检验合格。正时齿轮有正时标记面朝前。

凸轮轴的安装步骤如下:

① 将装配有活塞、连杆、曲轴和飞轮的气缸体仰置在工作台上。

② 将曲轴前端装正时齿轮的轴颈擦拭干净,安装半圆键并涂以机油,将曲轴正时齿轮安装在曲轴上。装配时应注意正时标记朝前。③ 检查润滑正时齿轮的喷油嘴是否畅通,方向是否正确,应旋紧扭正方向。

④ 用白纱布将凸轮轴各轴颈和轴承孔擦拭干净,检查或清除毛刺,再涂以机油。

笔记

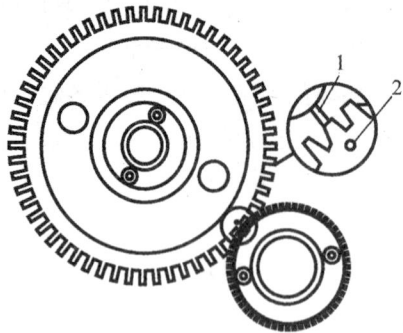

图 1-4-1　正时记号对正

1-凸轮轴正时齿轮记号　2-曲轴正时齿轮记号

⑤ 将凸轮轴组合件穿入凸轮轴轴承孔中。在正时齿轮进入啮合时,注意对准正时记号(可转动曲轴)再推入。推入后,检查正时记号是否对正(见图 1-4-1)。

若发动机为凸轮轴上置式,由正时皮带或正时链条驱动的,则正时皮带安装应在装好气缸盖和凸轮轴后进行。

- 从凸轮轴正时齿轮辐板孔中安装止推突缘的紧固螺钉。

- 用塞尺或百分表检查凸轮轴轴向间隙,应在标准范围内。

- 用塞尺检查正时齿轮的啮合间隙。

(5)正时齿轮室安装.

安装正时齿轮室盖前,曲轴的前端只装好了正时齿轮。气缸体仍为仰置。其安装步骤如下:

① 将气缸体前端面擦拭干净,检查正时齿轮室盖的定位销是否装在气缸体上。否则应先将室盖的定位销敲入气缸体前端面的定位销孔中,再检查正时齿轮的润滑喷油嘴方向是否正确,孔内不准有异物堵塞。

② 将正时齿轮室盖的密封垫涂以黄油或密封胶,贴附在气缸体前端安装正时齿轮室盖的位置上。

③ 将曲轴前端油封(见图 1-4-2)外圈涂以硝基胶液后压入正时齿轮室盖内,并将室盖对准定位销孔装配在气缸体上。用紧固螺栓按标准力矩紧固,拧紧螺栓时要先紧固靠近定位销的螺栓,交叉均匀拧紧。旋转曲轴,查看有否异常变化。

图 1-4-2　曲轴油封

④ 将曲轴带轮用平键轻轻敲入曲轴的键槽中,涂以机油,再将曲轴带轮轮毂、带轮等(有的发动机还设有曲轴减振器等也套装在曲轴上)。安装时应注意对准键槽,在带轮轮毂穿过正时齿轮室盖内的前油封时先在轮毂外圆上涂以机油。安装锁紧垫圈。

(6)机油泵和油底壳的安装。

安装机油泵时,应注意传动齿轮与凸轮轴上的驱动齿轮的啮合要准确,传动轴和油泵轴要保持良好的同心度。另外,凸轮轴上的油泵齿轮除驱动机油泵外,多数型号的发动机还要用它驱动分电器。如果机油泵是由曲轴前端驱动的,则应在安装曲轴时装配。

(7)配气机构和气缸盖的安装。

对于顶置式气门配气机构,气门组已装在了气缸盖上。安装步骤如下:

① 将气缸盖定位销敲入气缸体的定位销孔中,将气缸垫放在气缸体的上平面上,若气缸体与气缸盖都是铸铁或铝合金的,则气缸垫光滑的一面朝向气缸体(如是铝合金的气缸盖,光滑面要朝向气缸盖)。再把气缸盖组合件、气缸盖螺栓装到气缸体上,按规定扭矩从中间向两端对角分两到三次均匀拧紧缸盖螺栓,拧紧力矩为标准力矩。

② 插入气门推杆,再将摇臂支座、摇臂轴、定位弹簧和摇臂等(调整螺钉已装在摇臂上)装在气缸盖上。注意对准润滑油用孔和孔道。转动摇臂轴,对准中间支座中部的定位孔,旋入螺钉,固定摇臂轴。如果发动机为凸轮轴上置式,应先将凸轮轴装配后再装摇臂(见图1-4-3)。

③ 气门间隙的调整见图1-4-4。

④ 调整火花塞电极间隙,安装火花塞。

⑤ 盖上挺杆室盖和气门室盖。

图 1-4-3　上置式凸轮轴的安装

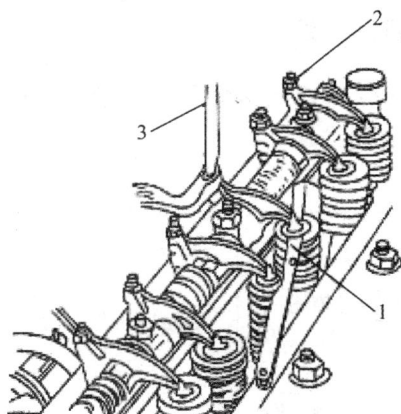

图 1-4-4　气门间隙的调整
1-螺丝刀　2-调整螺钉　3-塞尺

(8) 进、排气歧管的安装。

彻底清理进、排气歧管内部,检查其接合面的平面度,确认符合规定后,装上衬垫,使其光滑面朝向进、排气歧管,再装上进、排气歧管。安装固定螺栓,然后由中间向两端逐次均匀地拧紧,一般拧紧力矩为 29～39 N•m,或按厂家技术规定执行。

(9) 冷却系的安装。

冷却系的安装步骤如下:

① 安装气缸盖出水管、节温器和水温感应塞。

② 安装水泵,将衬垫涂以黄油,贴在气缸体前面的水泵安装接合面上,将水泵装上,拧紧固定螺钉。

③ 安装带轮轮毂和带轮。

(10) 燃料供给系的安装。

燃料供给系的安装步骤如下:

① 垫好汽油泵衬垫,安装汽油泵,拧紧固定螺钉,再连接输油管。

② 安装化油器或燃油喷射装置,连接各控制拉杆和输油管。

③ 安装空气过滤器。

(11) 润滑系其他装置的安装。

润滑系其他装置的安装步骤如下:

① 安装加机油管和标尺。

② 安装机油粗滤器、机油细滤器、机油感应塞,连接管路、加注机油。

笔记

（12）其他辅助装置的安装。

其他辅助装置的安装步骤如下：

① 安装空气压缩机和传动带。

② 安装风扇和传动带。

③ 安装曲轴箱通风管道等。

④ 安装曲轴扭转减振器。

三、制订计划

在表 1-4-3 的指引下，查阅维修资料，了解车辆×××类型特点，分析汽车发动机的结构特点；查阅维修手册，熟悉车辆发动机总装规范，制订汽车发动机总装计划。

表 1-4-3　汽车发动机总装计划

1. 车辆信息描述	车辆描述		
	发动机的结构类型		
2. 汽车发动机结构组成			
3. 车辆发动机结构特点描述			
4. 汽车发动机总装工作准备			
5. 汽车发动机总装工艺流程	步骤	拆装项目	操作要领　技术要求或标准　检修记录

四、任务实施

按照表 1-4-3 汽车发动机总装计划，实施拆装作业，并将作业要领记录在表 1-4-4 中。

表 1-4-4　汽车发动机总装作业任务书

步骤	拆装项目	操作要领	示意图	记录
1	装曲轴	安装曲轴轴承，在摩擦表面涂上新鲜的机油 提示：上轴承有一个油槽和油孔		

续 表

步骤	拆装项目	操作要领	示意图	记录
1	装曲轴	把曲轴放在缸体上,然后安装曲轴止推垫片。在缸体3号轴颈位置安装2个上止推垫片,带油槽的一面朝外	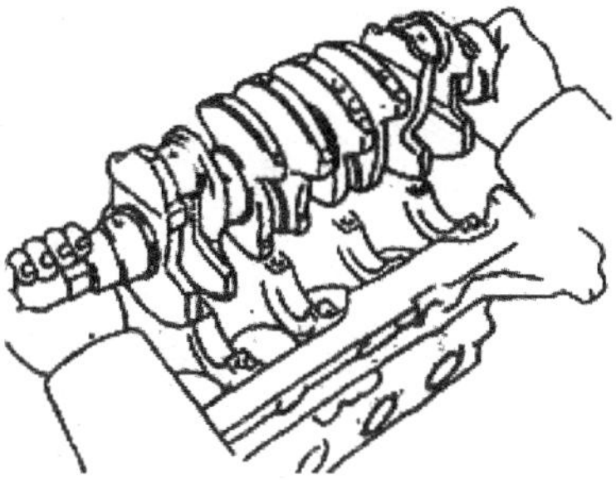	
		在3号轴承盖上安装2个下止推片,带油槽的一面朝外		
		安装曲轴:在正确的位置安装5个曲轴轴承盖 提示:每个轴承盖有代号和向前标记。按图示顺序分几次均匀拧紧10个主轴承盖螺栓 扭矩:60 N·m 检查曲轴转动是否灵活及检查曲轴止推间隙	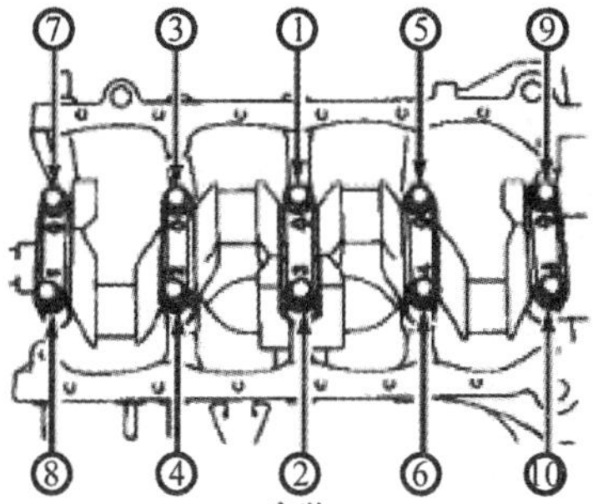 安装 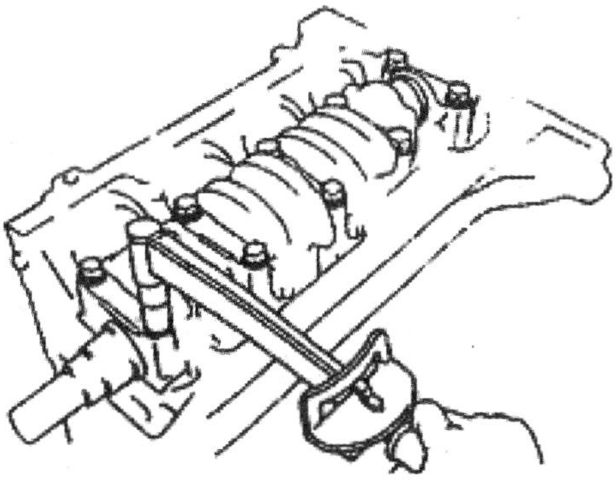	

笔记

步骤	拆装项目	操作要领	示意图	记录
2	装机油泵、曲轴前后油封及油封座、曲轴正时齿带轮	(1) 在缸体上安装新垫片 (2) 将油泵驱动转子的花键齿和曲轴的大齿对齐,装入油泵 (3) 用 7 个螺栓安装油泵,拧紧力矩:22 N·m 注意:螺栓长度:35 mm(长螺栓)、25 mm(其他螺栓)	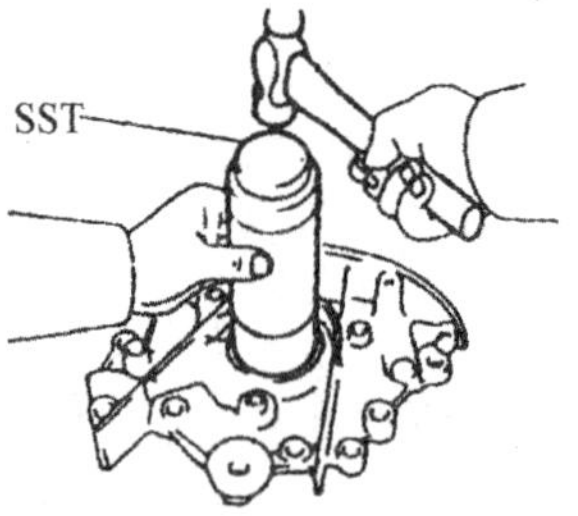 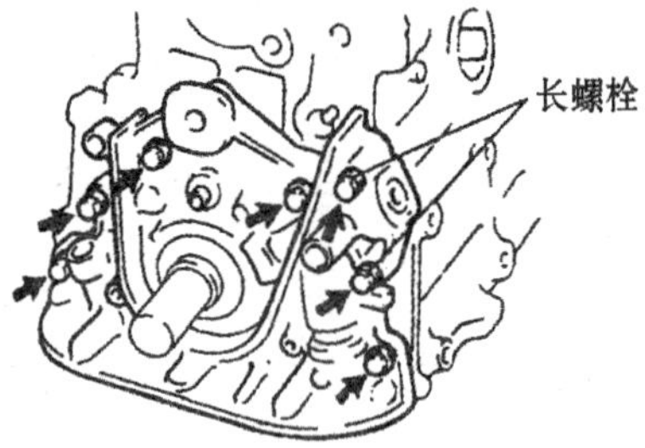  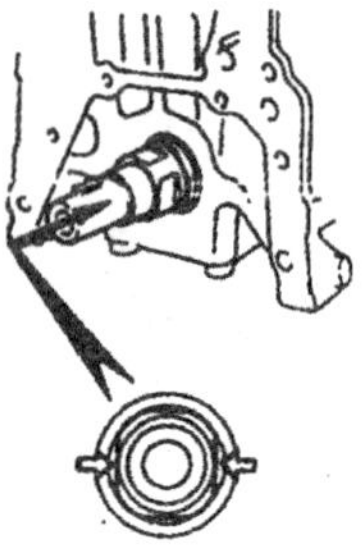 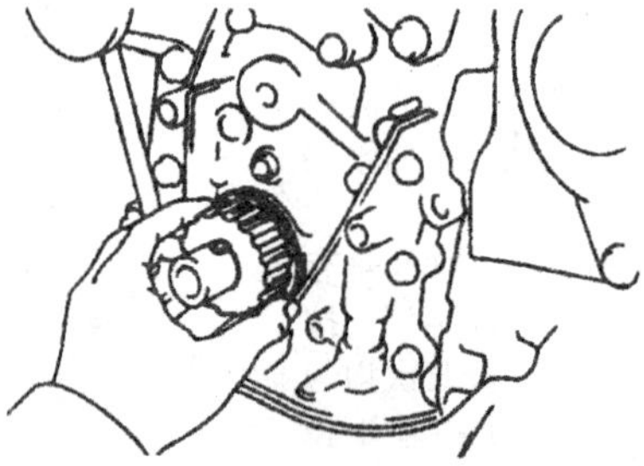 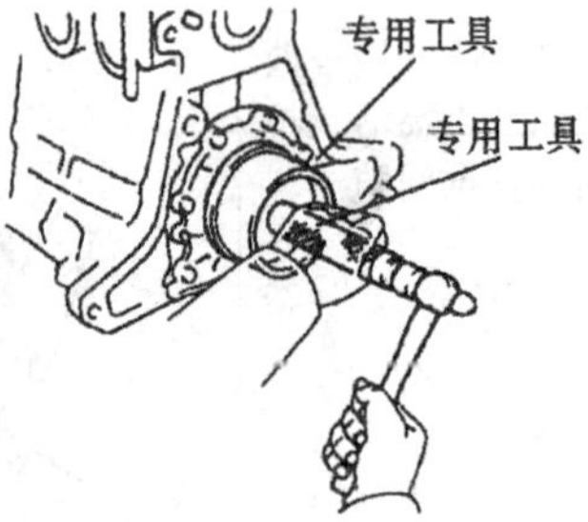	

续表

笔记

步骤	拆装项目	操作要领	示意图	记录
3	组装活塞连杆组	看清活塞、连杆的装配朝前记号		
		使用 SST，压入活塞销		
		用手安装油环弹簧和2个刮油环 使用活塞环扩张器，安装2个压缩环，代码标记朝上，仅2号压缩环有代码标记（2号压缩环的代码标记为"T"）	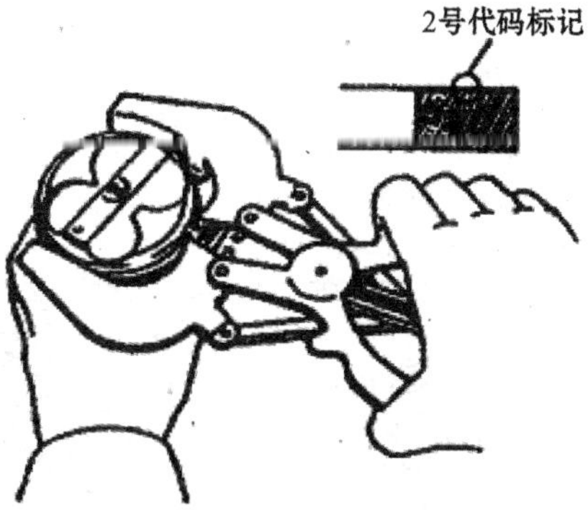	

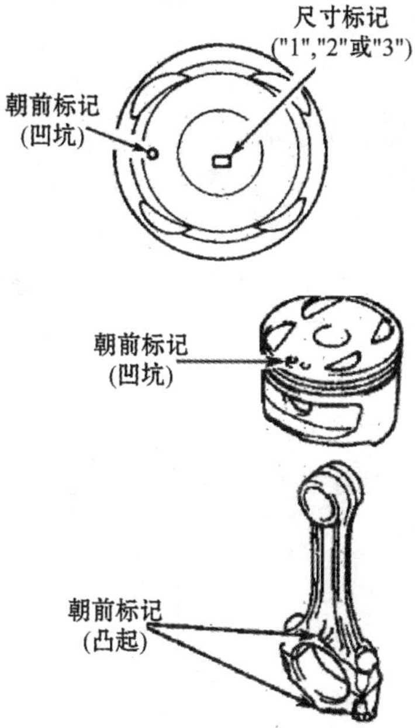

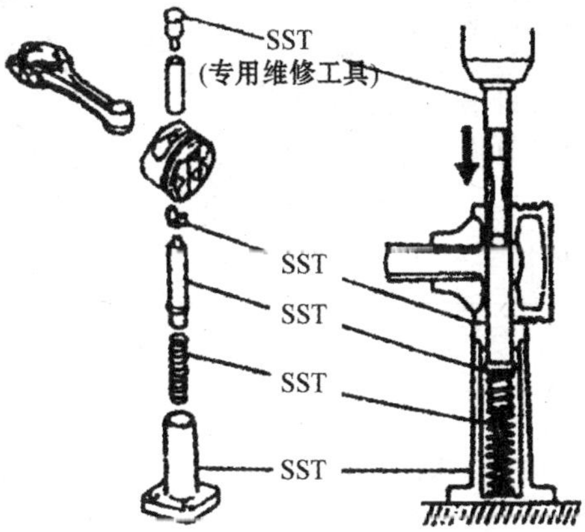

续　表

笔记

步骤	拆装项目	操作要领	示意图	记录
3	组装活塞连杆组	按图示布置活塞环端口	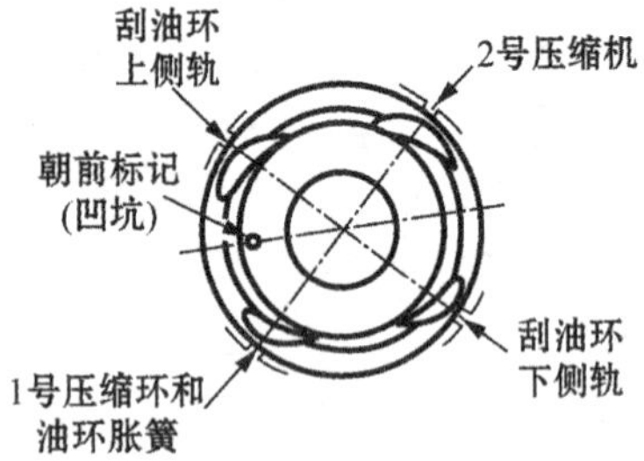	
		安装连杆轴承	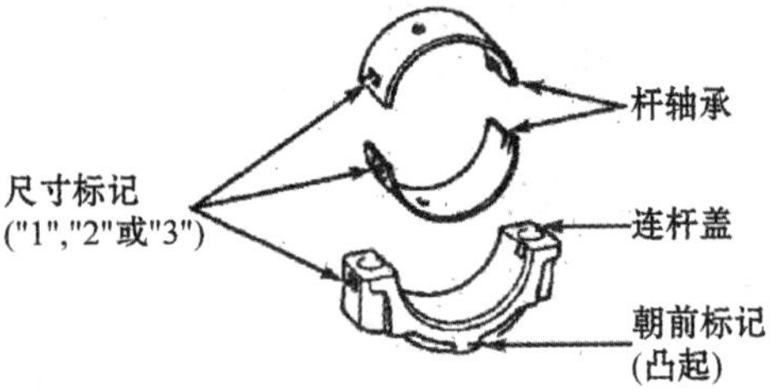	
		对准轴瓦和连杆杆身与连杆盖的凹槽将轴承安装到连杆和连杆盖上	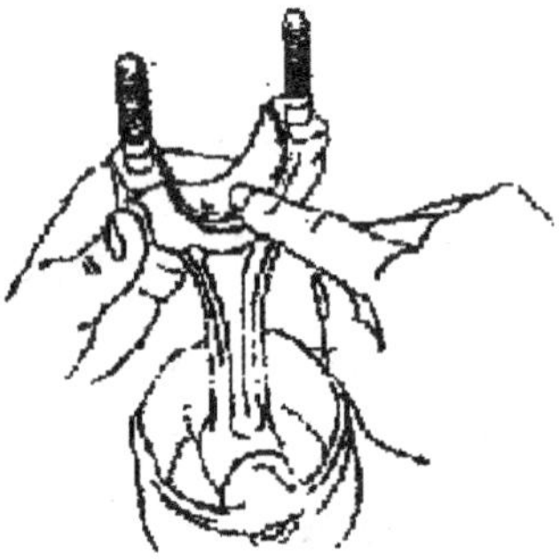	
4	装活塞连杆	用一段软管套在连杆螺栓上,防止损伤曲轴	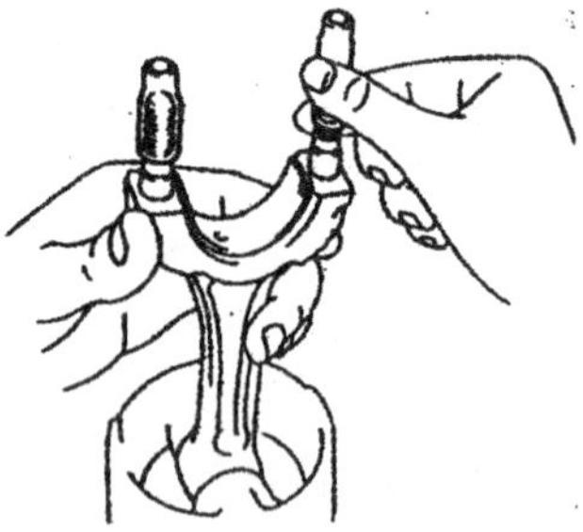	
		在气缸壁、活塞环上、活塞销座油孔、连杆轴承各摩擦面上涂上新鲜的机油,使用活塞环收紧器,按正确的位置把活塞和连杆总成推入各自的气缸,活塞的前标记朝前	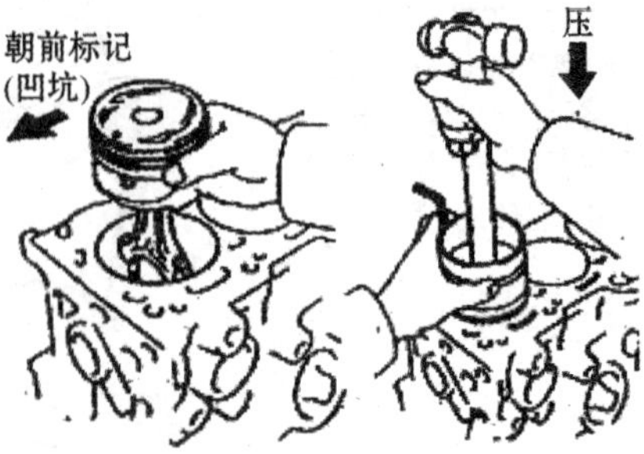	

续 表

步骤	拆装项目	操作要领	示意图	记录
4	装活塞连杆	把连杆盖装在连杆上。匹配连杆盖和连杆的号码。安装连杆盖,前标记朝前	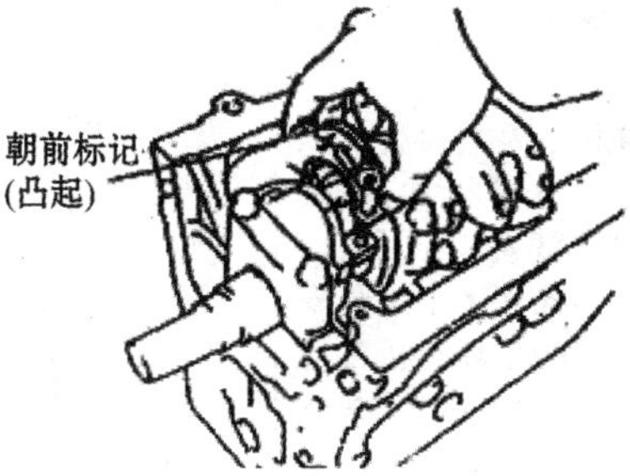 朝前标记(凸起)	
		在连杆盖螺母下方涂一薄层机油。分几次交替拧紧螺母。扭矩:29 N·m+90°如果任何螺母不符合扭矩标准,更换连杆螺栓和螺母,不必成套更换	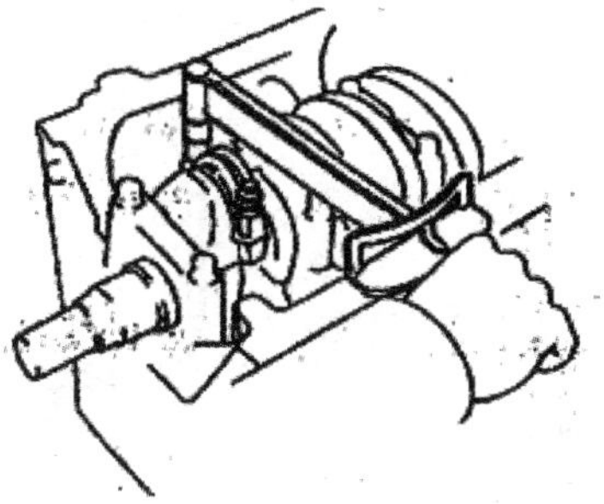 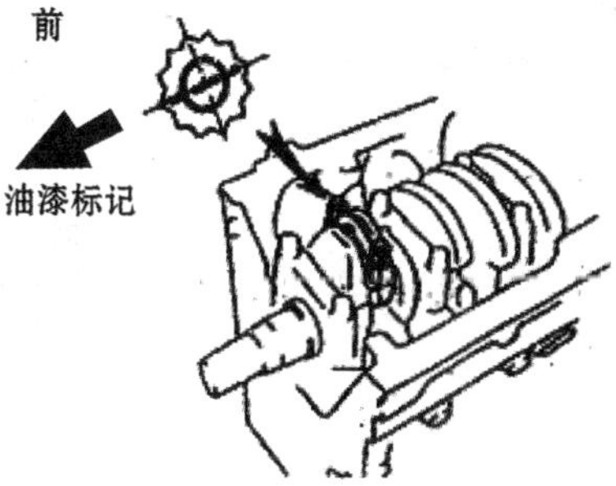 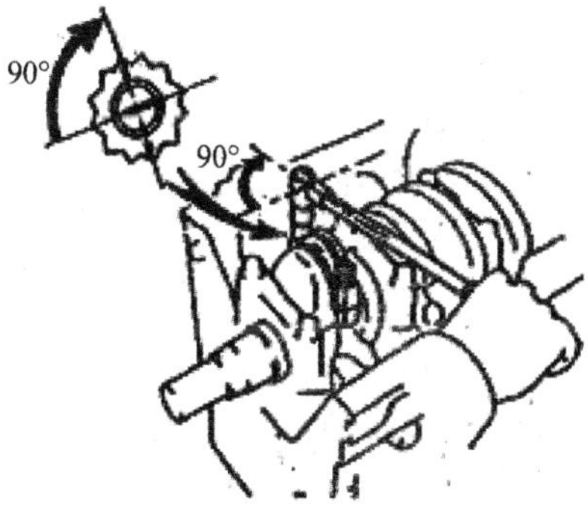 前 油漆标记 90° 90° 用手沿曲轴轴向推拉连杆大头,检查连杆是否可在连杆轴颈上微微移动	

笔记

步骤	拆装项目	操作要领	示意图	记录
5	装机油集滤器、油底壳	在机油泵入口处倒入一些新鲜机油,安装机油滤网总成。用2个螺栓和2个螺母安装新的垫片和机油滤网,拧紧力矩9.3N·m		
		在油底壳上涂密封胶,直径为3~5mm。所有零件必须在5min内组装完成,否则刮去所有填料重涂。用19个螺栓和2个螺母安装油底壳,拧紧力矩:4.9N·m		
6	组装气门组零件	安装气门杆油封:在新的气门杆油封内表面涂上新鲜机油,使用SST,压入一个新油封 提示:进气门油封是灰色的,排气门油封是黑色的		

笔记

步骤	拆装项目	操作要领	示意图	记录
6	组装气门组零件	在气门密封锥面上用气门杆上涂上新鲜机油,对号入座,放好气门至相应的气门导管内,使用专用压缩气门弹簧工具压缩弹簧,在气门杆周围放入2个锁片,安装进、排气门、气门弹簧和气门锁片	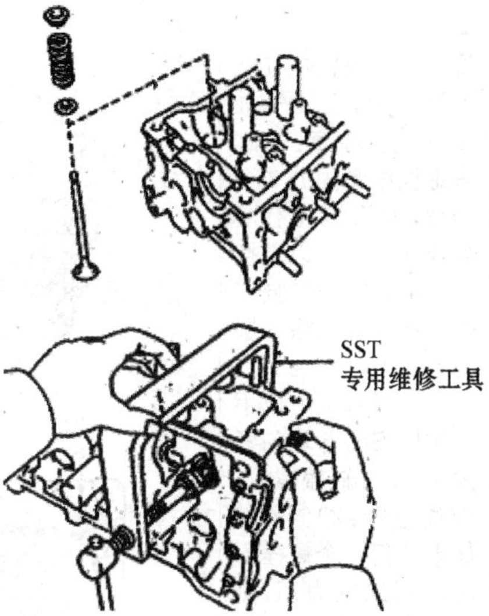 SST 专用维修工具	
		使用塑料头锤子,轻轻敲击气门端头确保装配合适	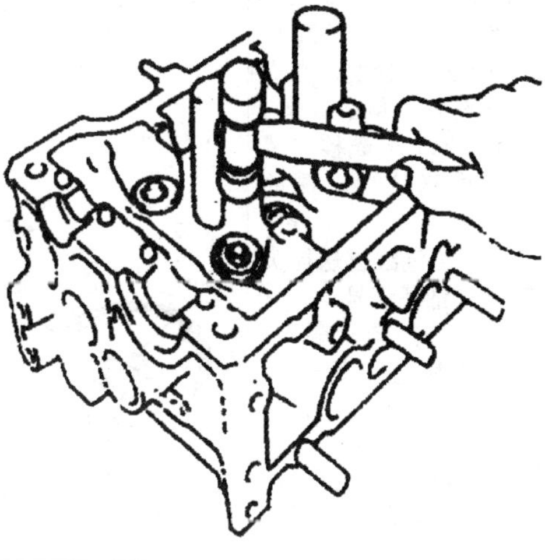	
7	安装气缸盖	摇转曲轴,使各缸活塞均不处于上止点位(最好是在一缸上止点位置再逆时针转90°),安放气缸床,装气缸盖 将新的气缸盖垫片安装在缸体上,注意:留意垫片安装方向。有字的一面应朝上	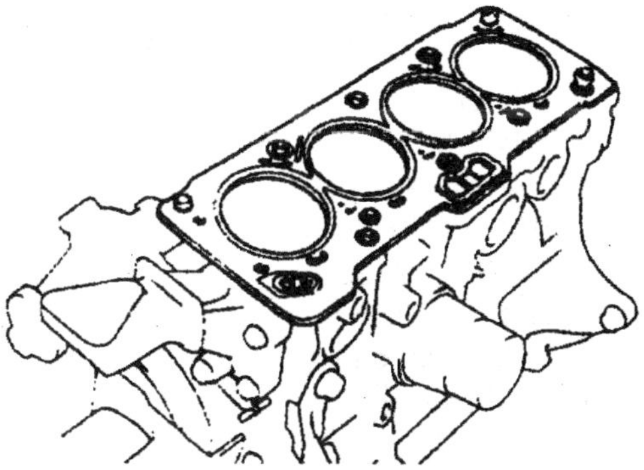	

笔记

步骤	拆装项目	操作要领	示意图	记录
7	安装气缸盖	将气缸盖放置在气缸盖垫片上,安装气缸盖总成。注意:气缸盖螺栓的紧固分3个步骤,如果螺栓有断裂或变形则予以更换 (1) 在螺纹和气缸盖螺栓头部下面涂一层薄薄的发动机油 (2) 如图用扭力扳手按顺序安装并均匀紧固10个气缸盖螺栓,拧紧力矩:29 N·m。如果任何一个螺栓不能达到规定力矩,则予以更换。注意:气缸盖螺栓长度有90 mm和108 mm两种,将90 mm螺栓安装在进气歧管一侧的位置。将108 mm螺栓安装在排气歧管一侧的位置 (3) 给气缸盖螺栓头部作油漆记号 (4) 按照图示顺序,再紧固气缸盖螺栓90° (5) 再次紧固气缸盖螺栓90° (6) 检查所作油漆记号,现在应面向后方	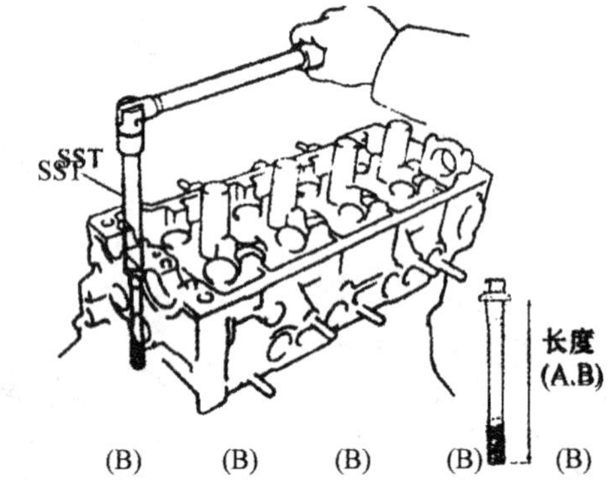 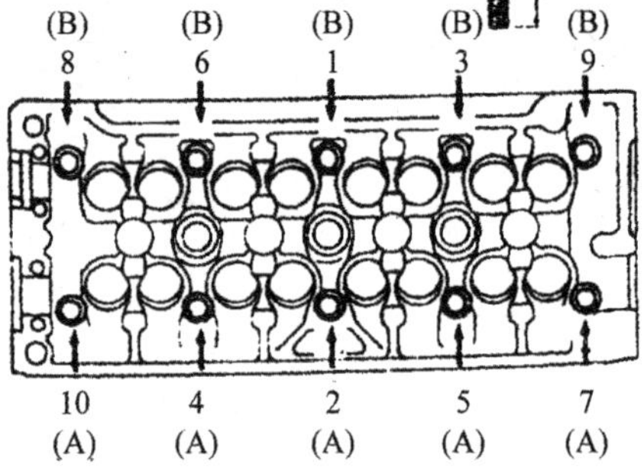 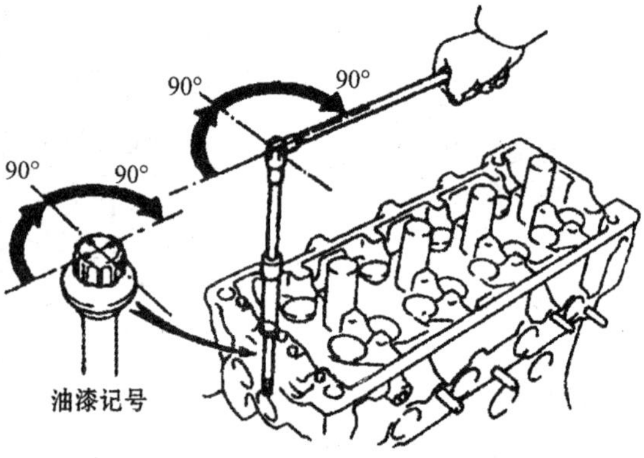	
8	调整气门间隙	用千分尺测量各个气门调整垫片的厚度,根据前面测得的气门间隙值及标准的气门间隙值比较而更换相应的气门调整垫片 放置气门挺杆及相应的气门调整垫片	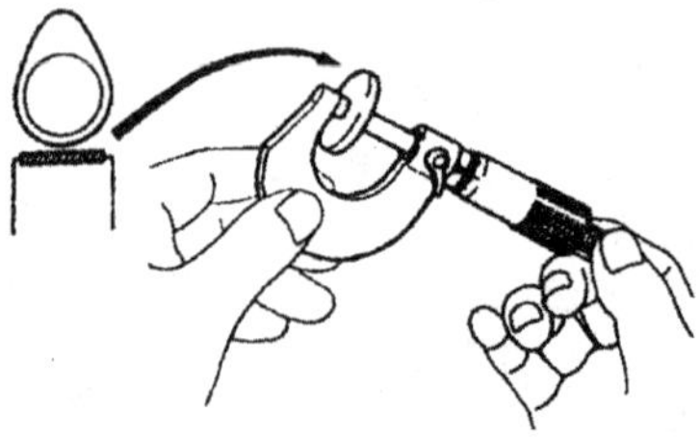	

笔　记

步骤	拆装项目	操作要领	示意图	记录
9	装排气凸轮轴	注意:由于凸轮轴轴向间隙很小,拆卸时必须使凸轮轴保持水平。如果凸轮轴未保持水平,气缸盖部分受到轴向推力可能会被损坏,导致凸轮轴卡住或损坏。为避免这种情况,须采取以下步骤: 安装排气凸轮轴 (1)向凸轮轴的推力部位添加 MP 润滑脂 (2)转动凸轮轴,使定位销轻微沿逆时针方向偏过垂直线,如图所示。注意:上述角度允许排气凸轮轴的1号缸和3号缸凸轮顶部均匀顶到各自的气门挺杆	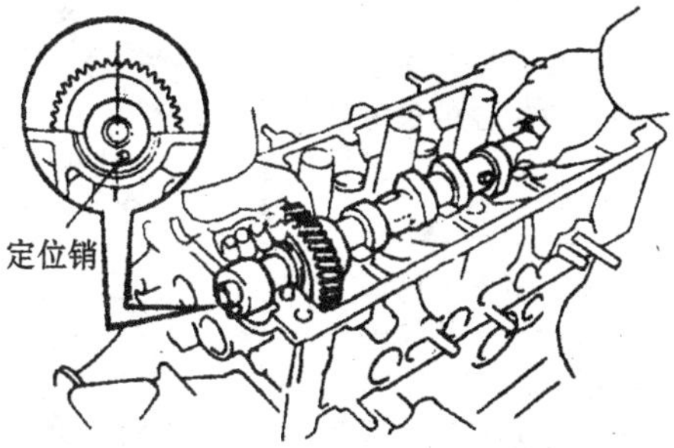 定位销	
		如图所示涂抹密封填料到轴承盖上	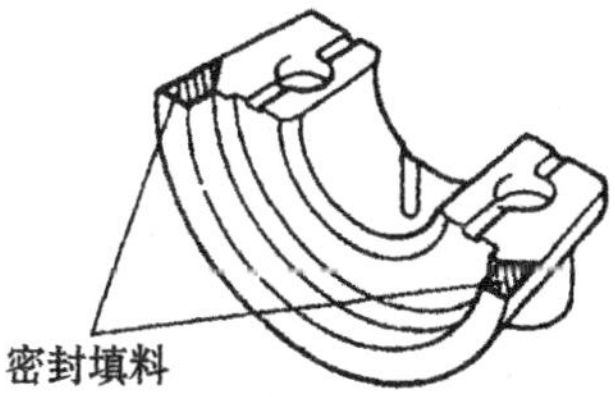 密封填料	
		将5个轴承盖装到各自的位置	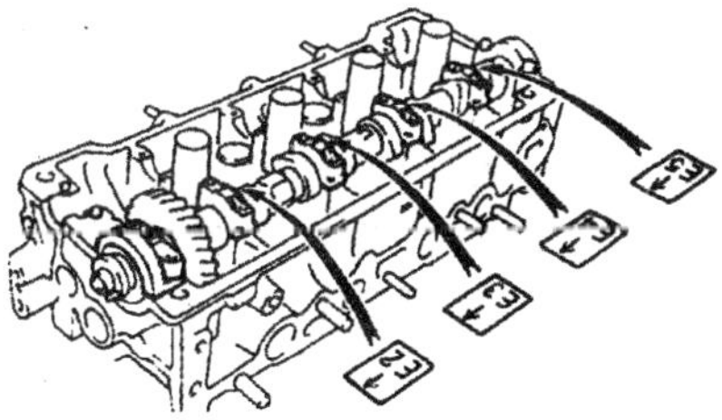	
		在螺纹和轴承盖螺栓头部下面涂一层薄薄的发动机机油 按如图所示顺序安装且均匀紧固10个轴承盖螺栓,拧紧力矩:13 N·m		

笔记

步骤	拆装项目	操作要领	示意图	记录
9	装排气凸轮轴	在新油封唇部上涂MP润滑脂 使用SST装入油封，如图所示。注意：安装时不要把油封唇部的方向弄错。将油封装入气缸盖的最深处	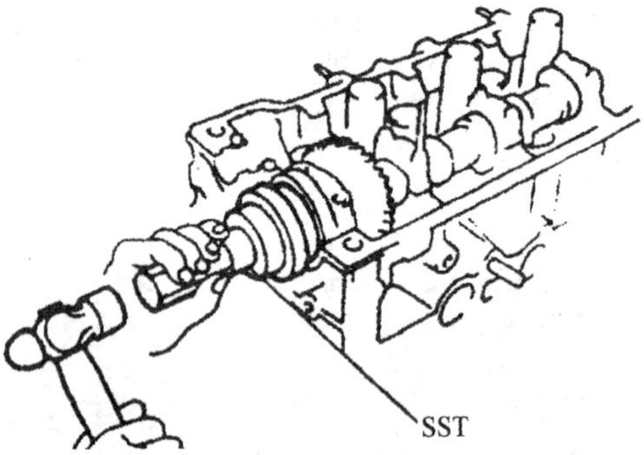 SST	
10	装进气凸轮轴	安装凸轮轴副齿轮。用台钳夹住凸轮轴头部的六角处，如图所示。注意：小心不要损坏凸轮轴。安装凸轮齿轮弹簧、凸轮轴副齿轮和波形垫片。注意：将齿轮上的销子与齿轮弹簧端对齐	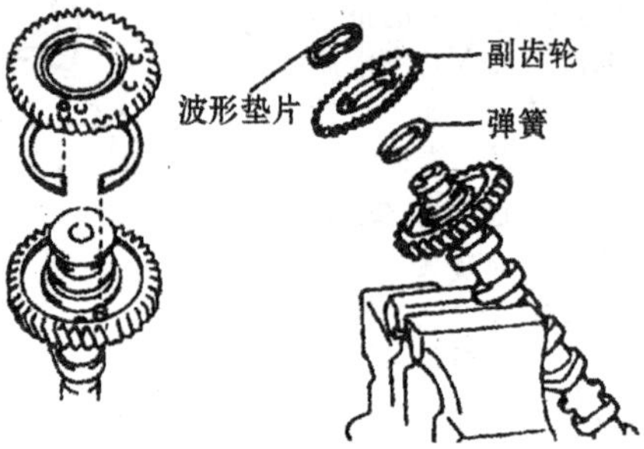 波形垫片　副齿轮　弹簧	
		用卡环钳安装卡环。用SST或相应方法顺时针转动凸轮轴副齿轮，将凸轮轴主齿轮和副齿轮的孔对齐，安装维修螺栓	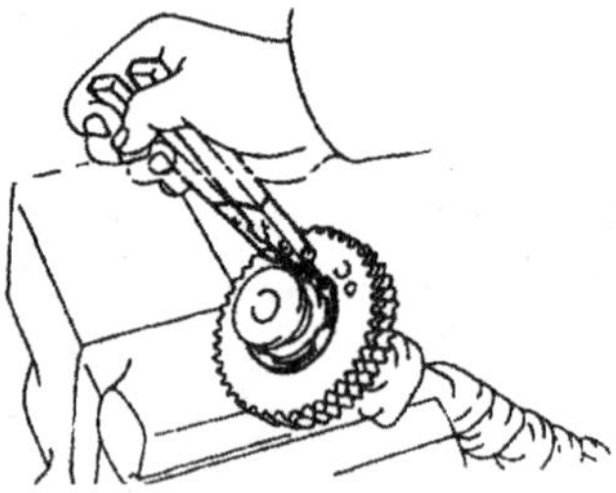 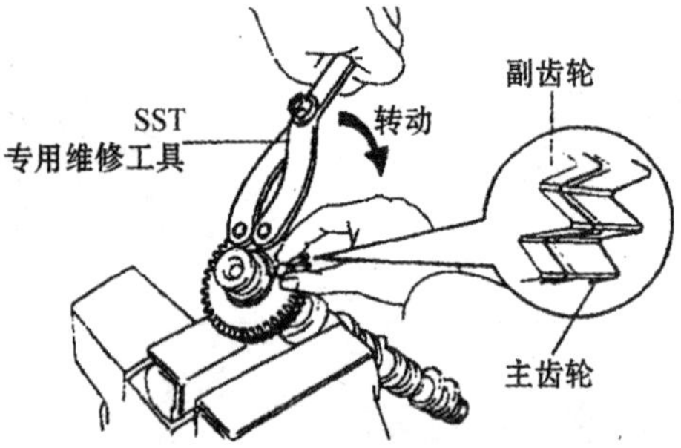 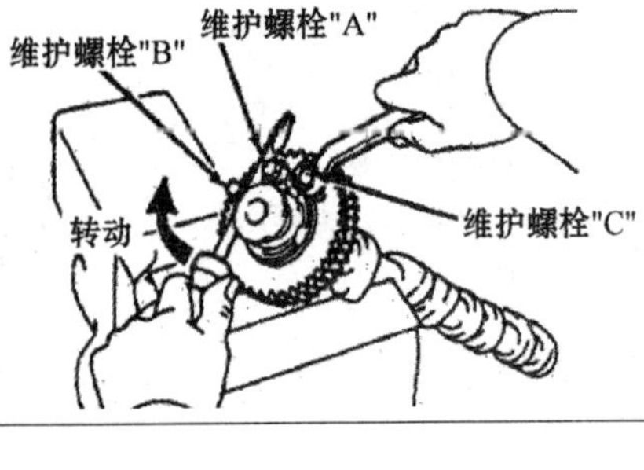 SST专用维修工具　转动　副齿轮　主齿轮　维护螺栓"B"　维护螺栓"A"　维护螺栓"C"　转动	

笔 记

步骤	拆装项目	操作要领	示意图	记录
10	装进气凸轮轴	设置排气凸轮轴使定位销略高于气缸盖顶部	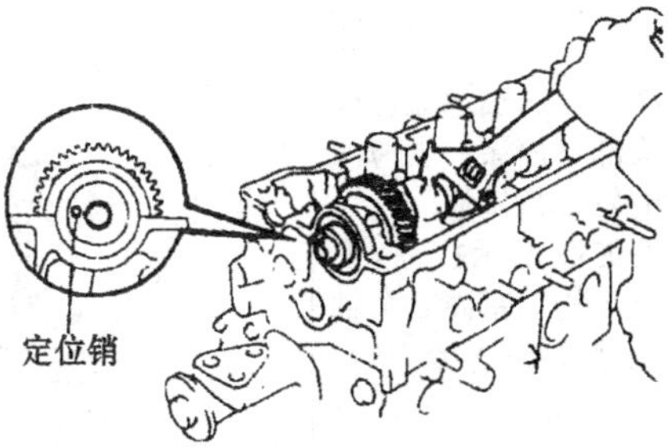 定位销	
		向凸轮轴的推力部位添加 MP 润滑脂。将发动机进气凸轮轴齿轮与排气凸轮轴齿轮相啮合,对齐每个齿轮上的安装记号	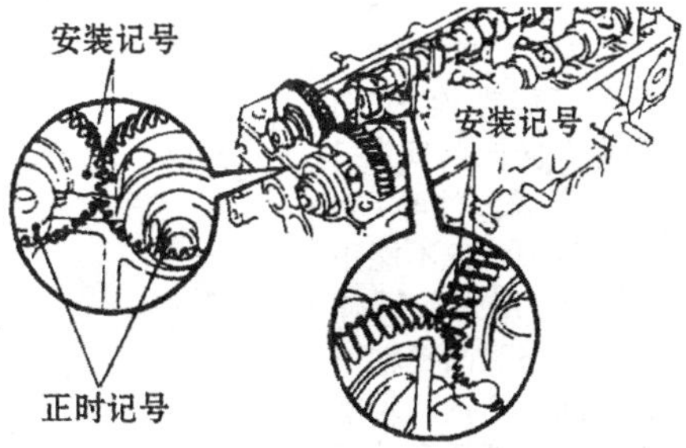 安装记号　安装记号　正时记号	
		注意:如图所示,在每个齿轮上都有正时记号(为上止点设置),不要使用这些记号将齿轮保持互相啮合时,将进气凸轮轴滚下到轴承轴颈上。注意:以上情况允许进气凸轮轴的 1 号缸和 3 号缸凸轮顶部顶到各自的气门挺杆	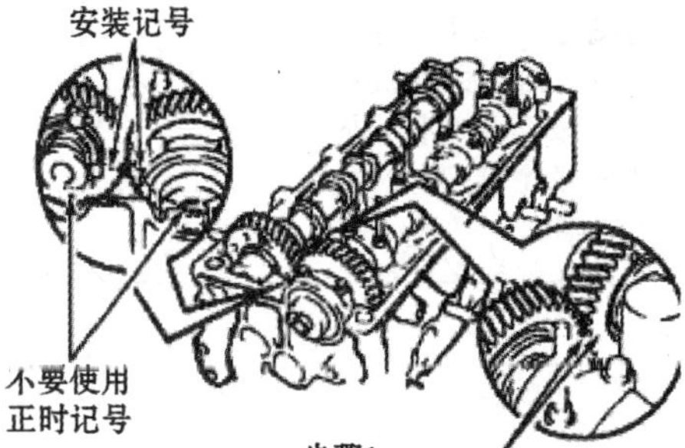 安装记号　不要使用正时记号　步骤1 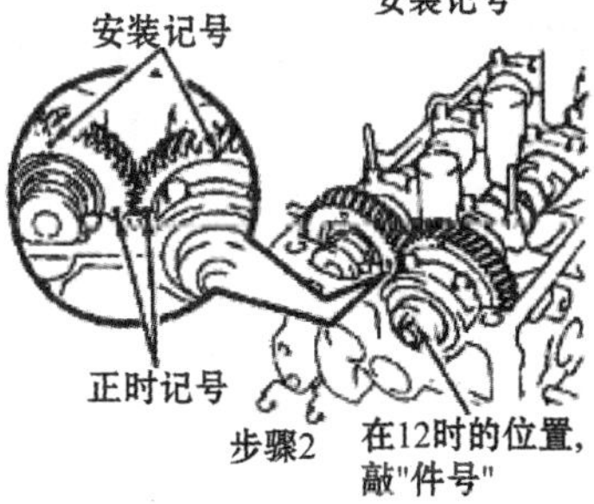　安装记号　安装记号　正时记号　步骤2　在12时的位置,敲"件号"	
		将 4 个轴承盖安装到各自位置	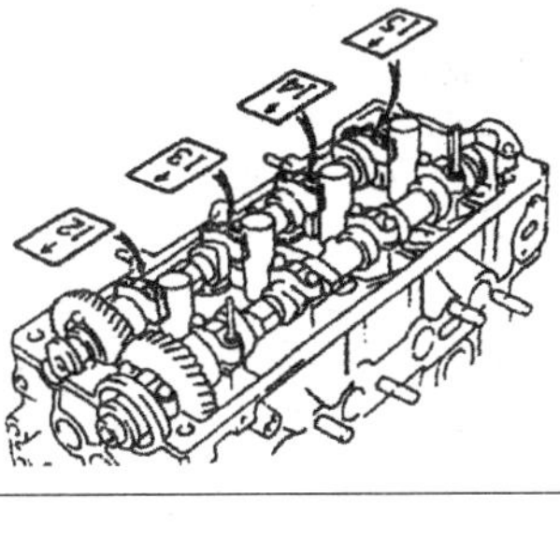	

续　表

步骤	拆装项目	操作要领	示意图	记录
10	装进气凸轮轴	在螺纹和轴承盖螺栓头部下面涂一层薄薄的发动机机油 按如图所示次序,安装且均匀紧固8个轴承盖螺栓,拧紧力矩:13 N·m	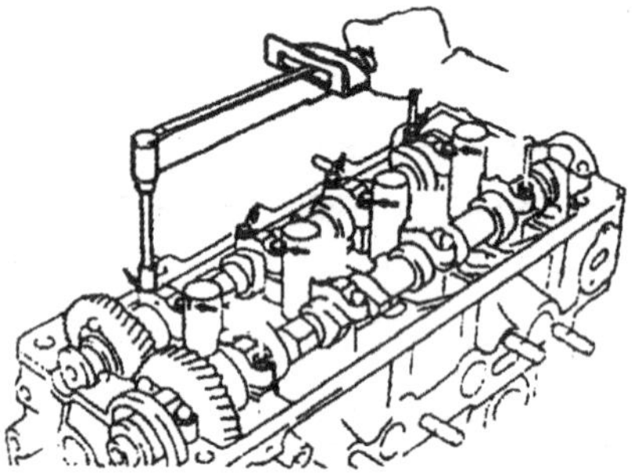	
		拆下维修螺栓。按图箭头方向向前安装1号轴承盖。注意:如果1号轴承盖不能正好装入,用螺丝刀伸入气缸盖和凸轮轴齿轮之间向后推凸轮轴齿轮。在螺纹和轴承盖螺栓头部下面涂一层薄薄的发动机机油。安装且交替紧固2个螺栓,拧紧力矩:13 N·m	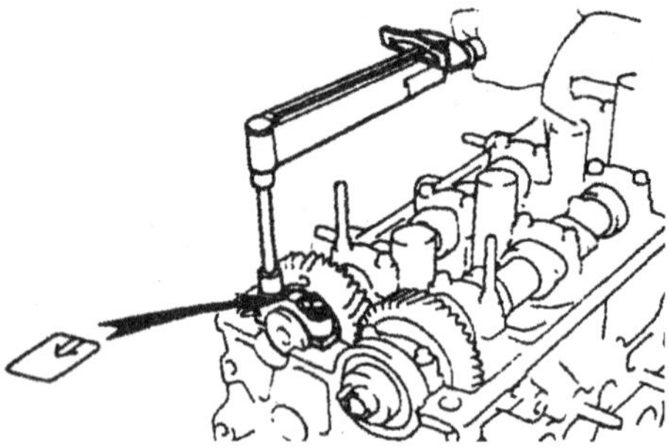	
		顺时针转动排气凸轮轴,同时使定位销朝上	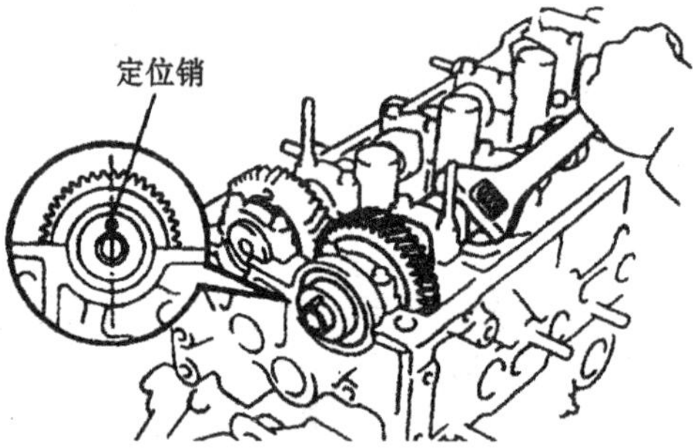 定位销 	
		检查凸轮轴齿轮的正时记号应对齐,如图所示。注意:安装记号在上面	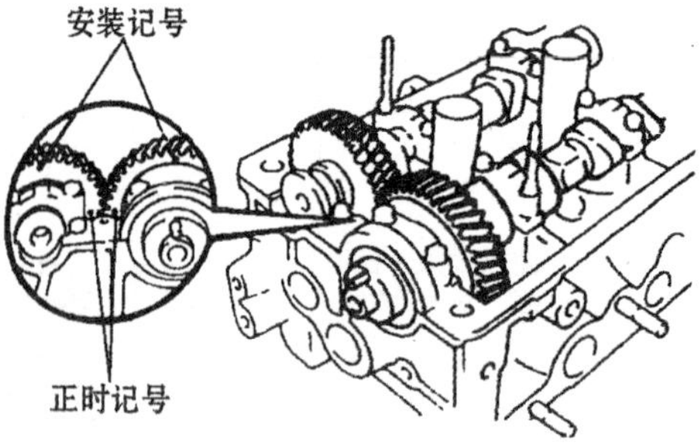 安装记号 正时记号	

续 表

步骤	拆装项目	操作要领	示意图	记录
10	装进气凸轮轴	安装凸轮轴正时皮带轮。注意:凸轮轴正时皮带轮有 2 种形式,即带 1 个或 2 个定位销槽的形式 用扳手扳住凸轮轴头部六角处,紧固正时皮带轮螺栓,拧紧力矩:59 N·m		
		复查气门间隙	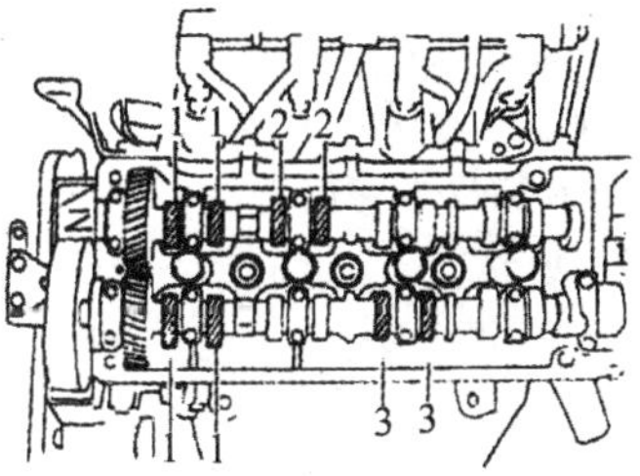 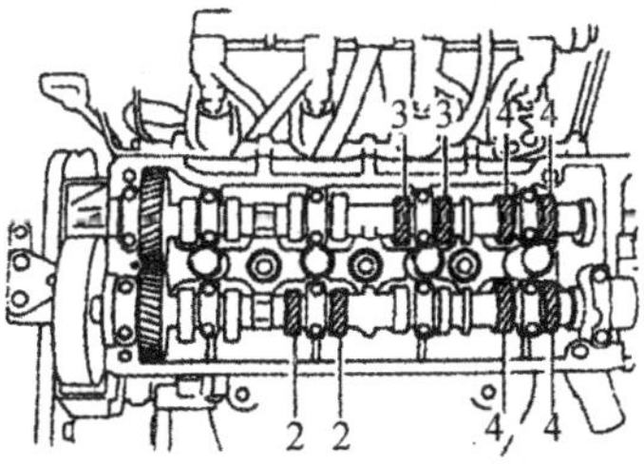	
11	装水泵等	将进水管连接到水泵上。用 2 个螺母安装出水管,拧紧力矩:15 N·m	 凸缘 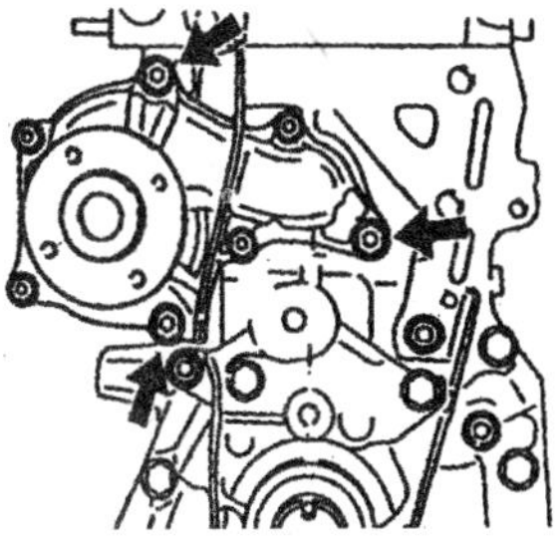	

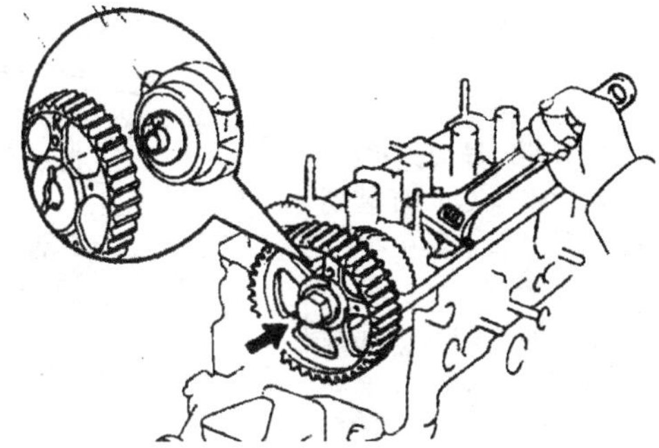

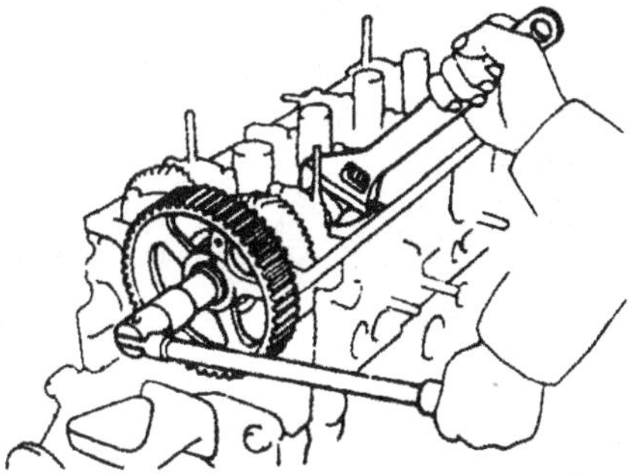

笔记

步骤	拆装项目	操作要领	示意图	记录
11	装水泵等	安装油尺导管,如图所示。将新O形环装到油尺导管上。在O形环上涂肥皂水。将油尺与油尺导管一起推入,然后安装支架螺栓,拧紧力矩:9.3N·m 用2个螺栓安装2号歧管支架,12mm螺栓的拧紧力矩:21 N·m,14mm螺栓的拧紧力矩:43 N·m	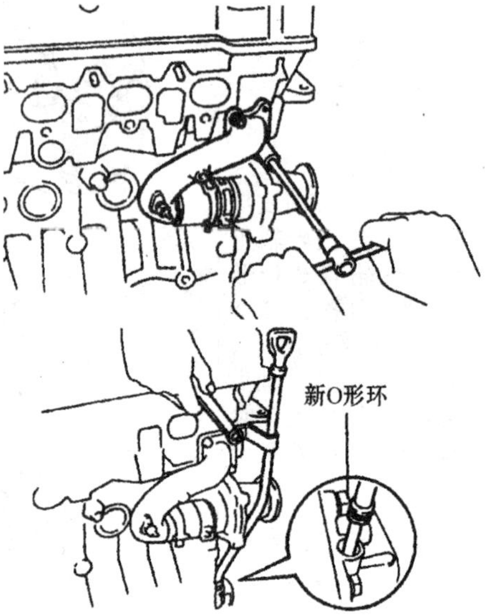 新O形环	
12	安装正时皮带	转动正时皮带轮,将凸轮轴定位销与带有"K"记号的皮带轮的定位销槽对齐	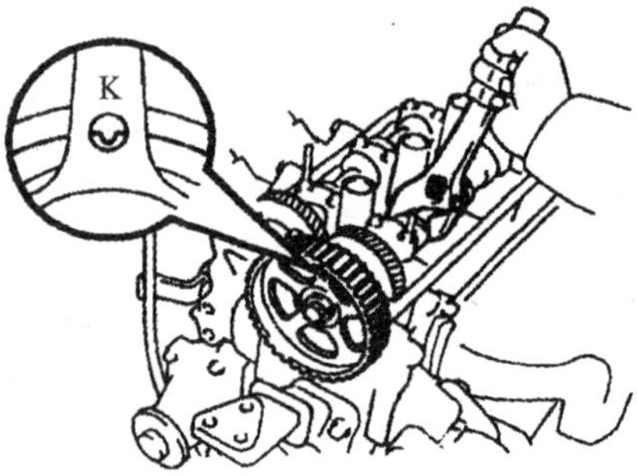	
		安装曲轴正时皮带轮。使用曲轴皮带轮螺栓,转动曲轴。将曲轴正时皮带轮的正时记号与机油泵壳体上的记号对齐	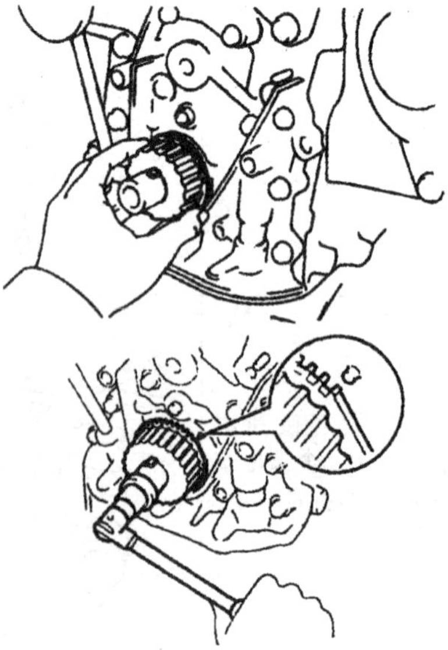	

续　表

步骤	拆装项目	操作要领	示意图	记录
12	安装正时皮带	安装正时皮带。注意：发动机必须是冷机。安装正时皮带，检查曲轴正时皮带轮和凸轮轴正时皮带轮之间的张紧力。注意：如果再使用正时皮带，在拆卸时要作对齐记号。安装皮带时，应按原传动方向装回		
		检查气门正时。慢慢将曲轴从上止点到下上点转动 2 圈。注意：始终顺时针转动曲轴。如图所示，检查每个皮带轮与正时记号对齐。如果正时记号没有对齐，拆下正时皮带，重新安装		
		紧固惰轮螺栓，拧紧力矩：37 N·m。拆下曲轴皮带轮螺栓。检查正时皮带是否变形。检查图所示位置存在的皮带变形量，施加 20 N 力时皮带变形：5～6 mm		
		如果变形最不符合规范，应重新调整惰轮	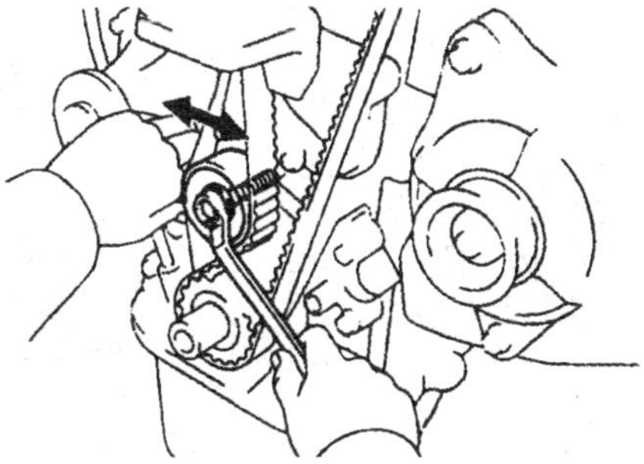	

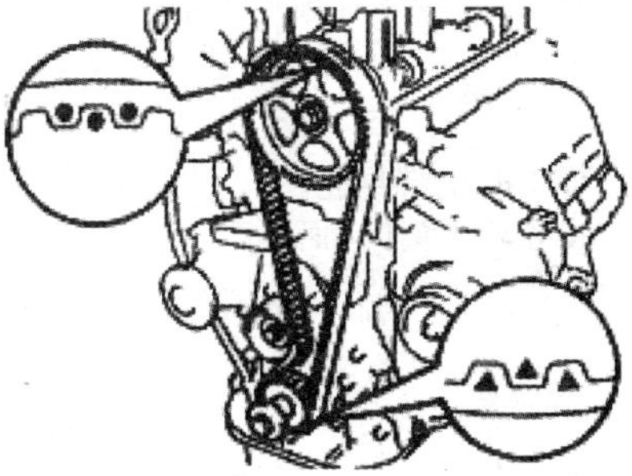

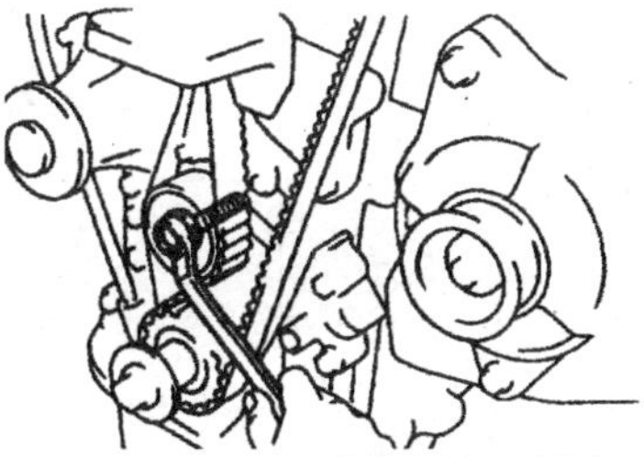

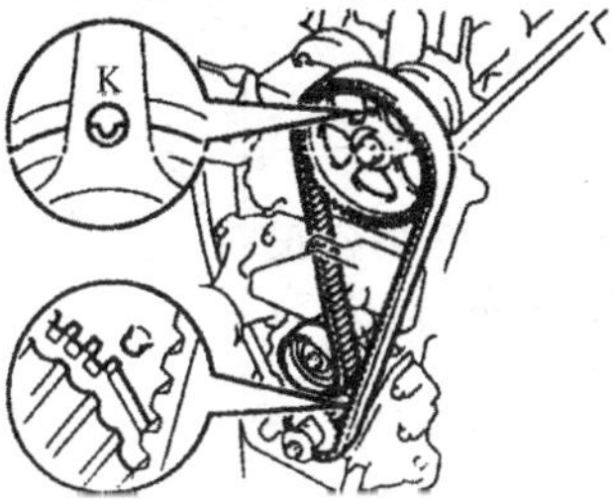

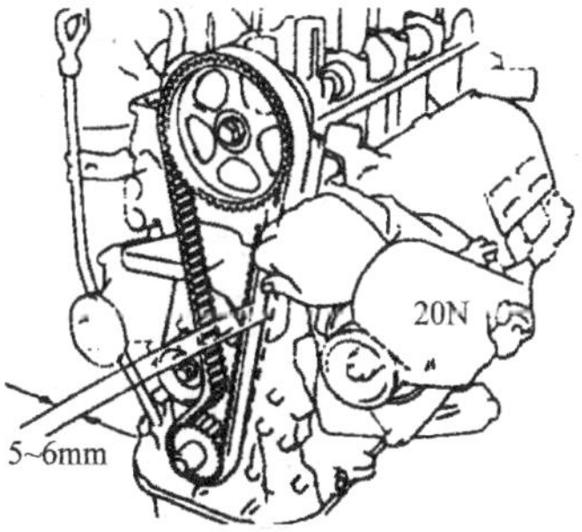

笔 记

步骤	拆装项目	操作要领	示意图	记录
12	安装正时皮带	安装正时皮带导轮。安装导轮,将杯口面向外	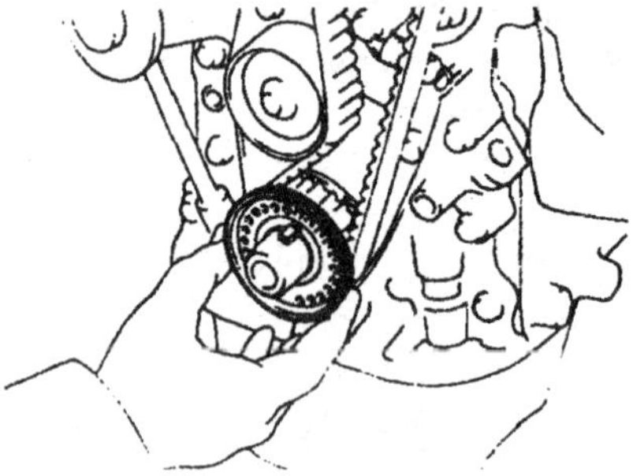	
		由下而上安装各正时皮带盖,拧紧力矩:9.3 N•m	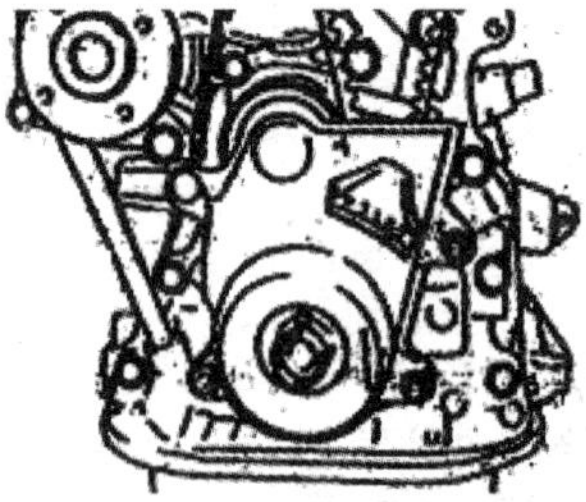 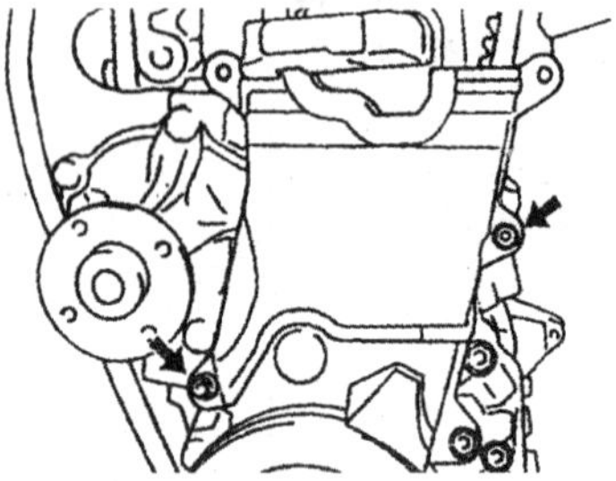 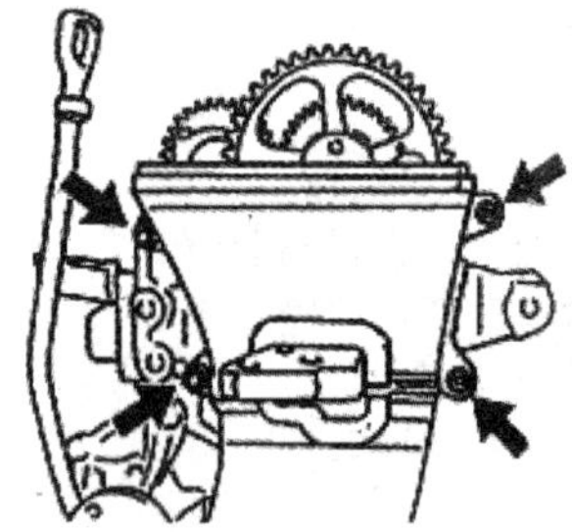	
13	安装曲轴皮带轮	将皮带轮定位键与皮带轮键槽对齐,安装皮带轮。用 SST 安装皮带轮螺栓,拧紧力矩:127 N•m	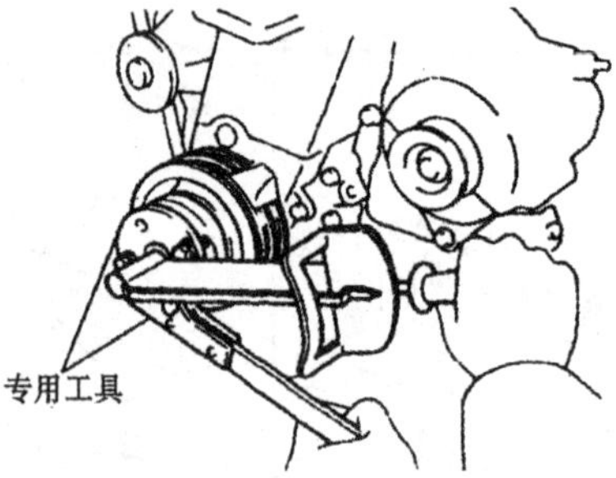 专用工具	

笔 记

续 表

<table>
<tr><th>步骤</th><th>拆装项目</th><th>操作要领</th><th>示意图</th><th>记录</th></tr>
<tr><td>14</td><td>装飞轮或传动板</td><td>(1) 在曲轴上安装前隔离片,倒角侧朝轴的方向
(2) 在曲轴上安装驱动盘和齿圈
(3) 按图所示顺序,安装并均匀紧固安装支架螺栓,拧紧力矩:64 N•m</td><td>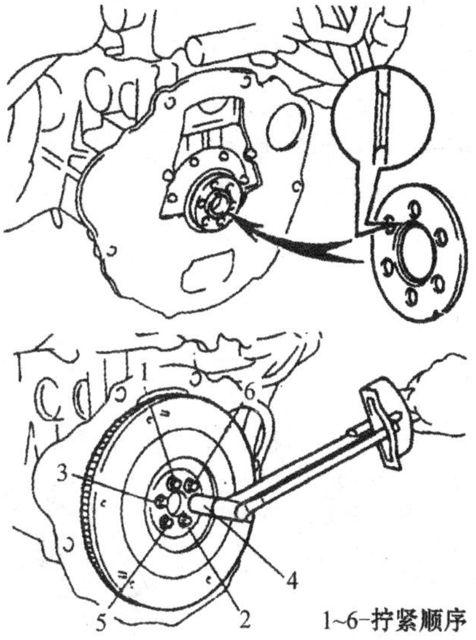1
6
3
4
5
2
1~6-拧紧顺序</td><td></td></tr>
<tr><td>15</td><td>装气门室盖</td><td>向上弯曲通风隔音板,使用螺丝刀取出垫片</td><td>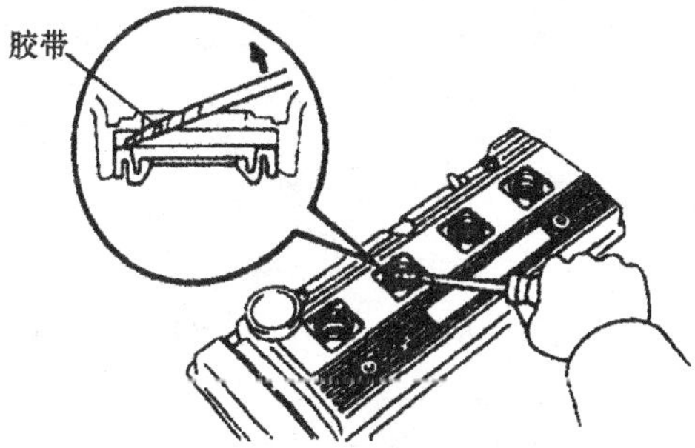胶带</td><td></td></tr>
<tr><td>16</td><td>安装火花塞孔垫片</td><td>用 SST 和锤子,将新的孔垫片如图所示装入。在垫片边上涂一层薄薄的 MP 润滑脂。将通风隔音板装回原位</td><td>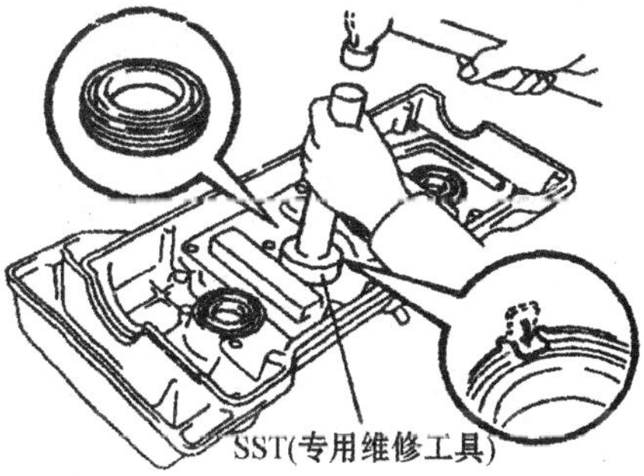SST(专用维修工具)</td><td></td></tr>
<tr><td>17</td><td>安装气门室盖</td><td>换上新的气门室盖垫</td><td>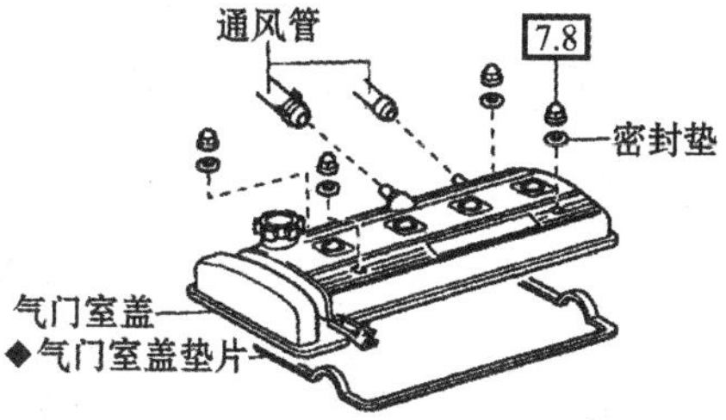通风管
7.8
密封垫
气门室盖
◆气门室盖垫片</td><td></td></tr>
</table>

续 表

笔 记

步骤	拆装项目	操作要领	示意图	记录
17	安装气门室盖	把气门室盖装到缸盖上		
18	装排气歧管	(1) 用 5 个螺母安装新垫片和排气歧管,拧紧力矩:34 N·m (2) 用 2 个螺栓安装排气歧管支撑,拧紧力矩:59 N·m (3) 用 4 个螺栓安装上部隔热板,拧紧力矩:17 N·m	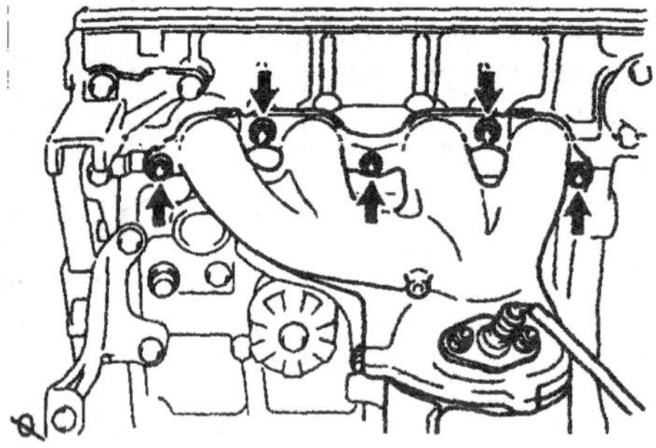	
19	装喷油器和燃油分配管		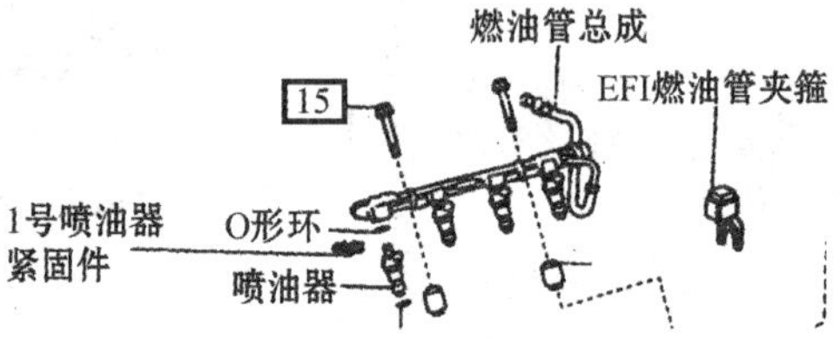 燃油管总成 EFI燃油管夹箍 15 1号喷油器紧固件 O形环 喷油器	
20	装进气歧管总成	(1) 用 7 个螺栓和 2 个螺母安装新垫片和进气歧管,均匀紧固每一处的螺栓和螺母,拧紧力矩:19 N·m (2) 用 2 个螺栓安装进气歧管支撑,12 mm 螺栓拧紧力矩:21 N·m,14 mm 螺栓拧紧力矩:43 N·m	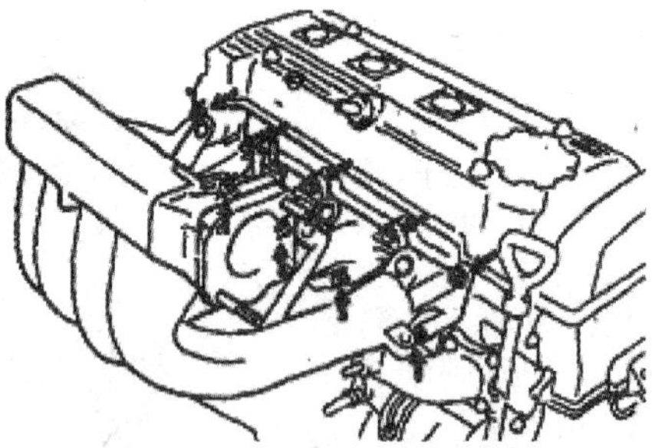	
21	装火花塞、分电器总成及高压线		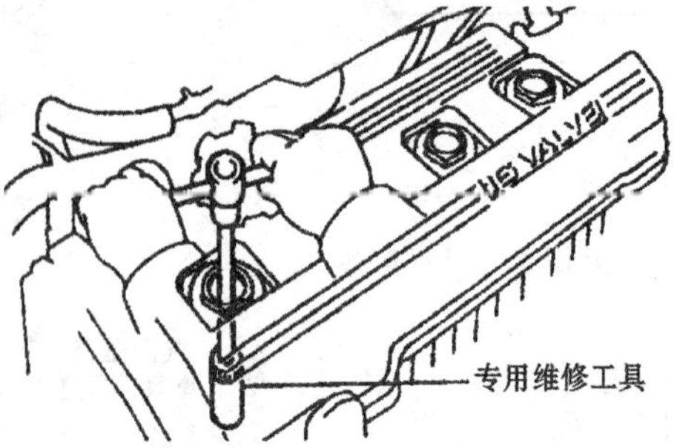 专用维修工具	

续　表

步骤	拆装项目	操作要领	示意图	记录
22	装其他附件	安装水泵和发电机皮带。调整水泵和发电机皮带。通过紧固螺栓C来调整水泵皮带的张力，紧固螺栓A，然后拧紧螺栓，螺栓A的拧紧力矩：18 N•m；螺栓B的拧紧力矩：58 N•m 检查驱动皮带变形和张紧力		
23	检查	吊装发动机，接好相关线束及接头、燃油管路，相应水管接头、变速器操纵机构联动装置、加好机油、冷却液等 检查压缩压力： 在250 r/min标准1.226 kPa以上，极限981 kPa 每个气缸压差98 kPa或以下 A-FE发动机怠速时机油压力应大于49 kPa，转速在3 000 r/min时应为294～539 kPa	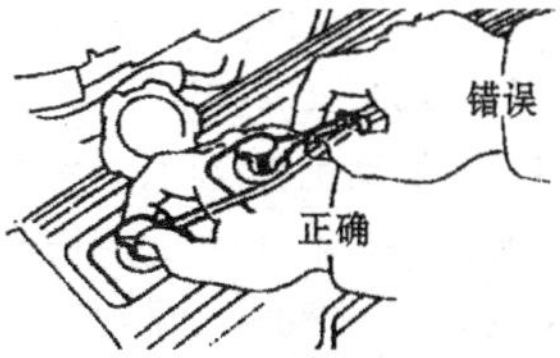 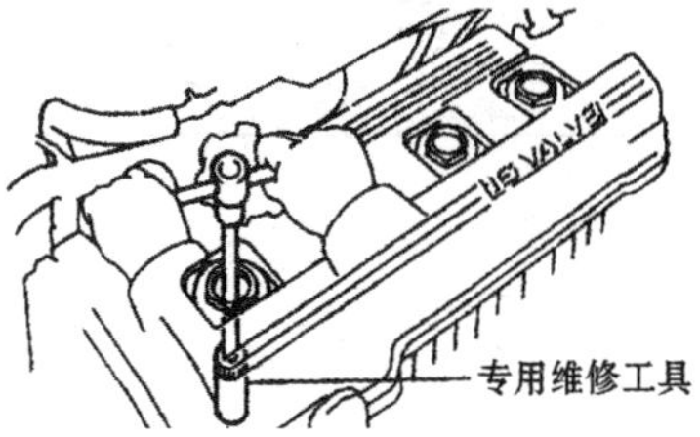  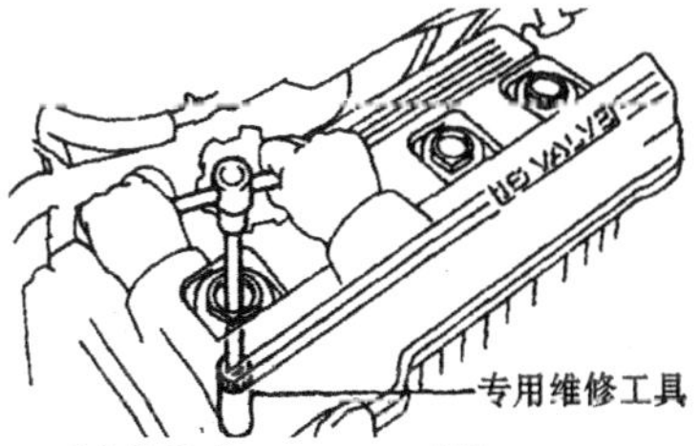 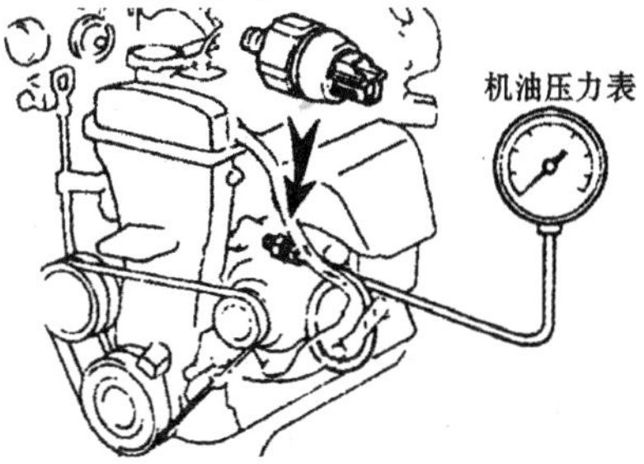	

五、检验评估

在完成拆装作业后,按表1-4-5汽车发动机总装检验与评价表,实施作业质量检验,并进行三方评价。

表1-4-5　汽车发动机总装检验与评价表

检验与评价内容	检验与评价指标	权重	自评	互评	总评
作业质量检验	1. 吊装发动机,接好相关线束及接头、燃油管路,相应水管接头、变速器操纵机构联动装置、加好机油、冷却液等				
	2. 检查压缩压力:在250 r/min标准1.226 kPa或以上,极限981 kPa				
	3. 每个气缸压差98 kPa或以下				
	4. A-FE发动机怠速时机油压力应大于49 kPa,转速在3000 r/min时应为294～539 kPa				
检查任务完成情况	1. 能描述汽车发动机各机构、系统的作用与原理				
	2. 在小组所扮演的角色,对完成任务过程中所起的作用				
职业素养	1. 学习态度:积极主动参与学习				
	2. 团队合作:与小组成员一起分工合作,不影响学习进度				
	3. 现场管理:服从工位安排、执行实训室"5S"管理规定				

笔记

项目二　拆装汽车底盘

Description 项目描述	一辆2007款的一汽丰田花冠车开进维修厂,故障报修是离合器打滑,经过维修技师的检测,是离合器摩擦片损坏,需要更换离合器摩擦片。师傅安排你对该车进行离合器摩擦片的更换,你应该怎么做呢
Objects 项目目标	1. 收集汽车底盘传动系统操作的相关信息,制定汽车底盘传动系统拆装计划 2. 能描述汽车底盘传动系统的传动过程,能分析简单故障 3. 能根据汽车底盘拆装规范,完成传动系统的拆装,实施更换作业
Tasks 项目任务	任务2.1:拆装离合器 任务2.2:拆装变速器 任务2.3:拆装万向传动装置 任务2.4:拆装主减差速器 任务2.5:拆装转向系统 任务2.6:拆装行驶系统 任务2.7:拆装制动系统
Implementation 项目实施	客户报修 → 维修接待 收集信息 → 信息处理 制订计划 → 制订计划 故障排除 → 故障检验 → 实施维修 工作考核 → 检验评估

任务2.1　拆装离合器

任务描述	一辆2007款一汽丰田卡罗拉汽车离合器打滑,进入维修厂进行检修。针对维修接待和车间确认意见,更换离合器摩擦片
任务目标	1. 能描述汽车离合器的结构与原理,分析其结构特点 2. 会查阅汽车离合器的拆装规范,并能更换离合器摩擦片

一、维修接待

按照表2-1-1完成待修车辆的维修接待与接车问诊表。

笔记

表 2-1-1　维修接待与接车问诊表

接 车 问 诊 表

车牌号：_____　　车架号：_____　　行驶里程：_____（km）

用户名：_____　　电　话：_____　　来店时间：_____/_____

用户陈述及故障发生时的状况：**一辆 2007 款一汽丰田卡罗拉汽车离合器打滑，进入维修厂进行检修**
故障发生时的状况提示：**行驶速度、发动机状态、发生频率、发生时间、部位、天气、路面状况、声音描述**
接车员检测确认建议：**需更换离合器摩擦片**
车间检测确认结果及主要故障零部件：**更换离合器摩擦片**
车间检查确认者：_____

外观确认：

（请在有缺陷部位作标识）

功能确认：（工作正常✓　不正常✕）
□音响系统　　□门锁（防盗器）　　□全车灯光　　□工具
□后视镜　　　□顶窗　　　　　　　□座椅　　　　□点烟器
□玻璃升降器　□玻璃

物品确认：（有✓　无✕）
□贵重物品提示
□工具　□备胎　□灭火器
□其他（　　　　　　　）
旧件是否交还用户　□是　□否
用户是否需要洗车　□是　□否

F

E

・检测费说明：本次检测的故障如用户在本店维修，检测费包含在修理费用内；如用户不在本店维修，请您支付检测费。本次检测费：￥_____元。
・贵重物品：在将车辆交给我店检查修理前，已提示将车内贵重物品自行收起并保存好，如有遗失恕不负责。

接车员：_____　　　　　　　用户确认：_____

二、信息收集与处理

如表 2-1-2 所示，收集相关信息，并将相关信息填入表中相应位置。

表 2-1-2　信息收集与处理

传动系统	转向系统	行驶系统	制动系统
			驻车制动装置 行车制动装置 盘式制动器　鼓式制动器

续　表

汽车底盘系统	主要总成部件

1. 汽车传动系统由＿＿＿＿、＿＿＿＿、＿＿＿＿、＿＿＿＿四部分组成。
2. 汽车传动系统的功能有＿＿＿＿、＿＿＿＿、＿＿＿＿、＿＿＿＿等。
3. 列举典型汽车,说明其传动系统的类型:＿＿＿＿＿＿＿＿＿＿＿＿＿＿。
4. 汽车传动系统日常维护保养范围有哪些:＿＿＿＿＿＿＿＿＿＿＿＿。
5. 汽车传动系统布置方式有:＿＿＿＿＿＿＿＿＿＿＿＿＿＿＿。

1. 汽车底盘的概述

汽车的种类繁多,结构各异。乘载汽车一般由发动机、底盘、车身和电气设备等四部分组成。

汽车底盘由传动系统、行驶系统、转向系统和制动系统四大系统组成,见图 2-1-1。

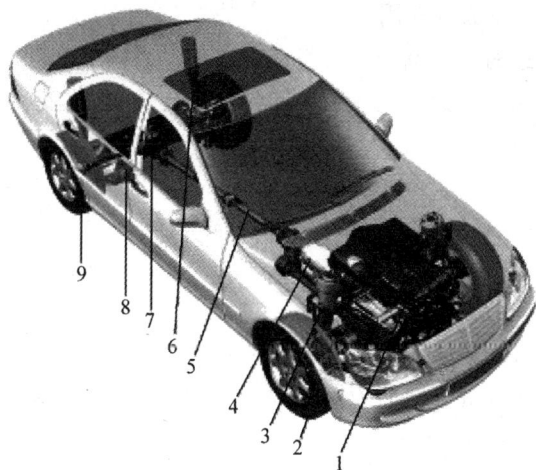

图 2-1-1　汽车底盘构造

1-发动机　2-前轮　3-前悬架　4-方向盘　5-后桥　6-后轮
7-后悬架　8-变速器　9-万向传动装置　10-车架

1) 传动系统

传动系统的功用是将发动机的动力按照需要传递到驱动轮。普通汽车采用的机械式传动系统是由离合器、变速器、万向传动装置、驱动桥等组成;现代汽车越来越多地采用液力机械式传动系,以液力机械变速器取代机械式传动系中的离合器和变速器。

按结构和传动介质不同汽车传动系的形式分为机械式、液力机械式、静液式、电力式等。本书主要介绍目前汽车上普遍采用的机械式传动系。

传动系统的组成与其类型、布置形式及驱动形式等许多因素有关。

(1) 机械式传动系统。图 2-1-2 所示为普通货车上采用的机械式传动系统。发动机纵向布置在汽车前部,后轮为驱动轮。传动系统由离合器、变速器、万向传动装置和驱动桥等组成。安装在驱动桥壳中有主减速器、差速器和半轴等。发动机输出的动力依次经离合器、变速器、万向传动装置、主减速器、差速器和半轴,最后传给驱动轮。

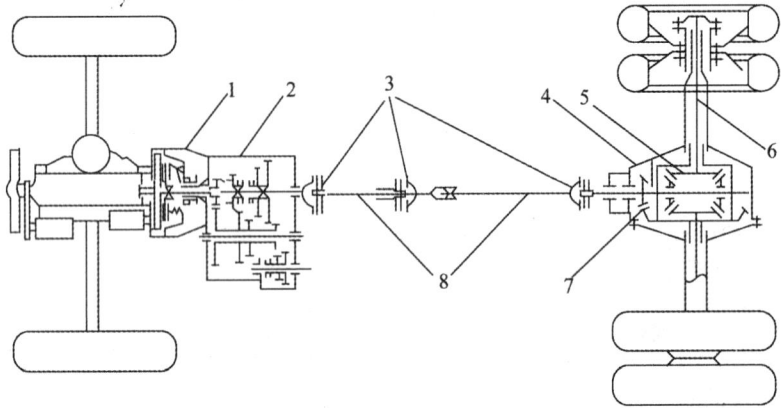

图 2-1-2　发动机前置、后轮驱动汽车的传动系组成

1-离合器　2-变速器　3-万向节　4-驱动桥壳　5-差速器　6-半轴　7-主减速器　8-传动轴

（2）机械式传动系各总成的功用。

离合器。按照需要适时地切断或接合发动机与传动系统之间的动力传递。

变速器。将发动机输出转速按驾驶员所需的传动比传出,改变转速的高低、转矩的大小以及输出轴的旋转方向;也可以切断发动机向驱动轮的动力传递。满足汽车行驶必要时的滑行需要。

万向传动装置。将变速器输出的动力传给驱动桥,并适应两者之间距离和轴线夹角的变化。

驱动桥。降低转速,增大转矩,改变动力的传递方向;实现左、右驱动轮的差速,并将动力传给驱动轮,使驱动轮获得旋转的驱动力。

（3）液力机械式传动系。液力机械式传动系的特点是组合运用液力传动和机械传动,以液力机械变速器取代机械式传动系的摩擦式离合器和普通齿轮式变速器,其他组成部件及布置形式均与机械式传动系相同。

（4）汽车传动系的布置形式。汽车传动系的布置形式主要与发动机的安置及汽车驱动形式有关。

汽车的驱动形式通常用汽车车轮总数×驱动车轮数(车轮数系指轮毂数)来表示;普通汽车一般装有四个车轮:根据车轮总数不同,常见的驱动形式有 $4×2$、$4×4$、$6×6$。

发动机前置、后轮驱动。发动机前置、后轮驱动(FR 型)是目前普通汽车广泛采用的一种传动系统布置形式,如图 2-1-2 所示。它一般是将发动机、离合器和变速器安装在汽车前部,而主减速器、差速器和半轴则安装在汽车后部的后桥壳中,两者之间通过万向传动装置相连这种布置形式。发动机散热条件好,便于驾驶员直接操纵发动机、离合器和变速器,操纵机构简单,维修方便;且后驱动轮的附着力大,易获得足够的牵引力。其变型形式有中桥驱动的 $6×2$ 汽车或中后桥驱动的 $6×4$ 汽车。

发动机前置、前轮驱动。图 2-1-3 所示为发动机前置、前轮驱动(FF 型)的传动系统布置形式示意图,其变速器、主减速器和差速器制为一体,并同发动机、离合器一起集中安装在汽车前部。这种布置形式,除具有发动机散热条件好、操纵方便等优点外,还省去了很长的传动轴,传动系统结构紧凑,整车质心降低,汽车高速行驶稳定性好;但上坡时前轮附着力减小,易打滑,下坡制动时前轮载荷过重,高速时易发生翻车现象。故主要用于质心较低的轿车上。

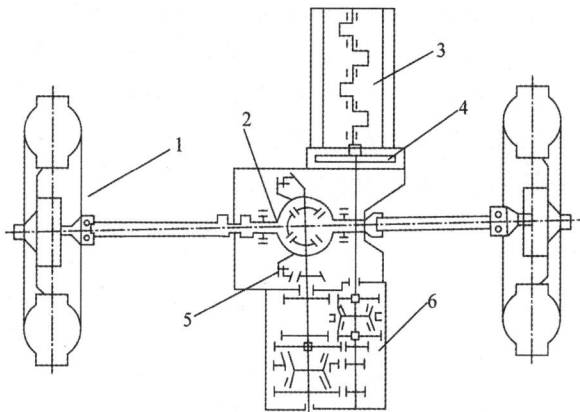

图 2-1-3   发动机前置、前轮驱动的轿车传动系统示意图
1-驱动轮   2-差速器   3-发动机   4-离合器   5-主减速器   6-变速器

发动机后置、后轮驱动。发动机后置、后轮驱动(RR 型)的传动系统是将发动机、离合器和变速器制为一体布置在驱动桥之后。这样可以大大缩短传动轴的长度,传动系结构紧凑,质心有所降低,前轴不易过载,后轮附着力大,并能更充分地利用车厢面积。但由于发动机后置,其散热条件差。发动机、离合器、变速器的远距离操纵使操纵机构变得复杂,维修调整不便。一般用在大型客车上。

2) 行驶系统

汽车行驶系统的功用是安装部件、支承汽车、缓和冲击、吸收振动、传递和承受发动机与地面传来的各种力和力矩,并通过驱动轮与路面间附着作用,产生路面对汽车的牵引力;传递并承受路面作用于车轮上的各种反力及其所形成的力矩;它应尽可能地缓和汽车行驶时由于路面不平对车身造成的冲击和振动,并且与汽车转向系统很好地配合,实现汽车行驶方向的正确控制,从而保证汽车行驶平顺性和操纵的稳定性。

行驶系统由车架、车桥、悬架、车轮等组成,如图 2-1-4 所示。车架 1 是全车的装配和支承的基础,它将汽车的各相关总成连接成一整体。车轮 5 和 4 分别安装在从动桥 6 和驱动桥 3 上。为减少车辆在不平路面上行驶时车身所受到的冲击和振动,在车桥与车架之间又安装了弹性系统——前悬架 7 和后悬架 2 实现连接。在某些非整体式车桥的行驶系统中,两侧车轮的心轴也可分别通过各自的弹性悬架与车架连接,受力作用时互不干扰,即称为独立悬架。

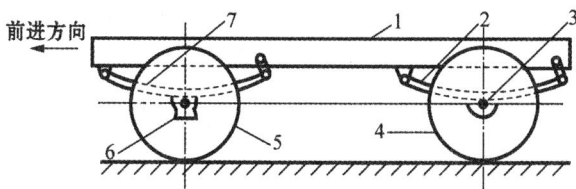

图 2-1-4   行驶系统的组成示意图
1-车架   2-后悬架   3-驱动桥   4-后轮   5-前轮   6-从动桥   7-前悬架

3）转向系统

转向系统的功用是改变和保持汽车的行驶方向。汽车在行驶过程中经常需要改变行驶方向（即转向），这时，驾驶员通过汽车转向系统使汽车转向桥（一般是前桥）上的车轮（转向轮）相对于汽车纵轴线偏转一定角度。另外，当汽车直线行驶时，转向轮往往会受到路面侧向干扰力的作用而自动偏转，改变汽车原来的行驶方向。此时，驾驶员可以通过汽车的转向系统使转向轮向相反的方向偏转，保持汽车原来的行驶方向。

现代汽车转向系统由转向操纵机构、转向器和转向传动机构三个基本部分组成，如图 2-1-5 所示。

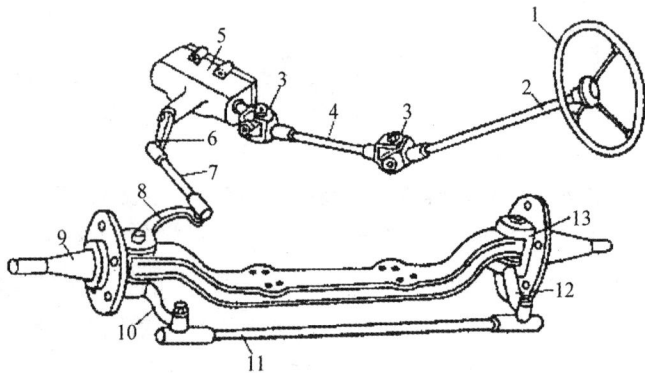

图 2-1-5　机械转向系统

1-方向盘　2-转向轴　3-转向万向节　4-转向传动轴　5-转向器　6-转向摇臂　7-转向主拉杆
8-转向节臂　9-左转向节　10、12-梯形臂　11-转向横拉杆　13-右转向节

（1）转向操纵机构。转向操纵机构是驾驶员操纵转向器的工作机构，主要由转向盘、转向轴、转向管柱等组成。

（2）转向器。转向器是将转向盘的转动变为转向摇臂的摆动或齿条轴的直线往复运动，并对转向操纵力进行放大的机构。转向器一般固定在汽车车架或车身上，转向操纵力通过转向器后一般还会改变力的传动方向。

（3）转向传动机构。转向传动机构是将转向器输出的力和运动传给车轮（转向节），并使左右车轮按照一定关系进行偏转的机构。

4）制动系统

制动系统的功用是使行驶中的汽车按照驾驶员的要求进行强制减速甚至停车，使已停驶的汽车在各种道路条件下（包括在坡道上）稳定驻车，使下坡行驶的汽车速度保持稳定。

对汽车起制动作用的只能是作用在汽车上的方向与汽车行驶方向相反的外力，而作用在行驶汽车上的滚动阻力、上坡阻力、空气阻力虽然都能对汽车起一定的制动作用，但这些外力的大小都是随机的、不可控制的。因此，汽车上必须装设一系列专门装置以实现上述功能。这样一系列的装置总称为制动装置。

一般汽车制动系统应设有行车制动和驻车制动等两套相互独立的制动装置，每一套制动装置由制动器、制动传动装置组成。现代汽车行车制动装置还装设了制动防抱死装置。制动防抱死装置用以提高和改善制动系统的制动性能。制动系统一般由制动操纵机构和制

<<<< --

动器两个主要部分组成,见图2-1-6。

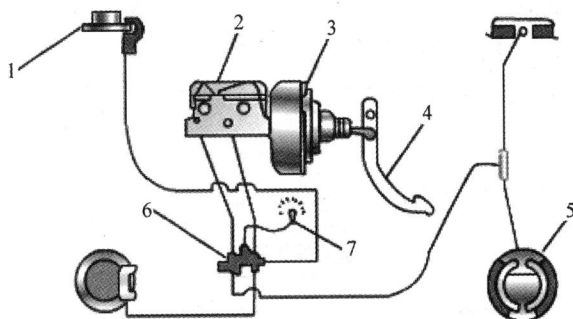

图2-1-6 制动系统的组成示意图

1-前轮盘式制动器 2-制动总泵 3-真空助力器 4-制动踏板机构

5-后轮鼓式制动器 6-制动组合阀 7-制动警示灯

(1)制动操纵机构。产生制动动作、控制制动效果并将制动能量传输到制动器的各个部件,如图2-1-6中的2、3、4、6,以及制动轮缸和制动管路。

(2)制动器。产生阻碍车辆的运动或运动趋势的力(制动力)的部件。汽车上常用的制动器都是利用固定元件与旋转元件工作表面的摩擦而产生制动力矩,称为摩擦制动器。它有鼓式制动器和盘式制动器两种结构型式。

2. 离合器的构造

1) 离合器的组成

离合器由主动部分、从动部分、压紧机构、操纵机构组成,见图2-1-7。

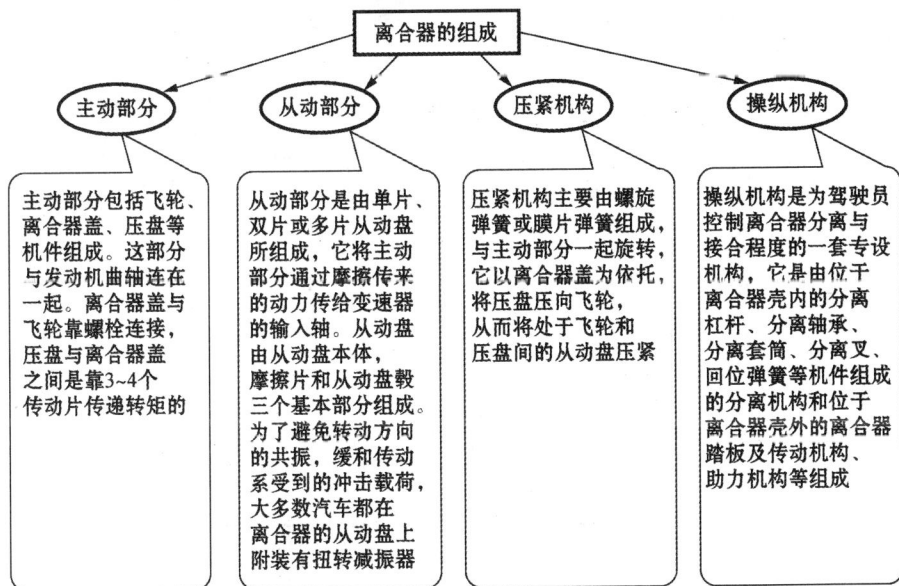

图2-1-7 离合器的组成

2) 离合器的功用

离合器是汽车传动系统中的一个重要部件,主要的功用如下:

（1）保证动力的传递，必要时可以切断动力传递。

（2）保证汽车平稳起步。

（3）保证汽车的平顺换档而不致使发动机熄火。

（4）保护汽车传动系统不致发生过载。

3）离合器的类型

常用的离合器有两种（见图 2-1-8）。

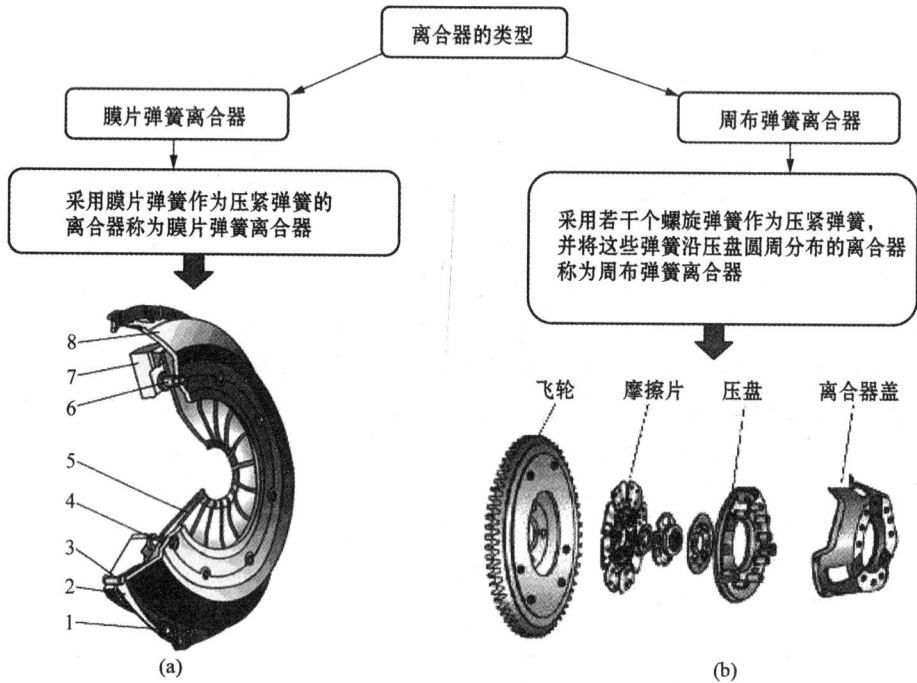

图 2-1-8

（a）膜片弹簧离合器　（b）周布弹簧离合器

1,3-平头铆钉　2-传动片　4-支承环　5-膜片弹簧　6-支承铆钉　7-离合器压盘　8-离合器盖

4）离合器的操纵部分

汽车在起步运转过程中，要频繁地使用离合器来满足工作的需要，这样我们就要设置一套离合器操纵机构来完成离合器的分离与接合工作。

（1）离合器的操纵部分分类（见图 2-1-9）。

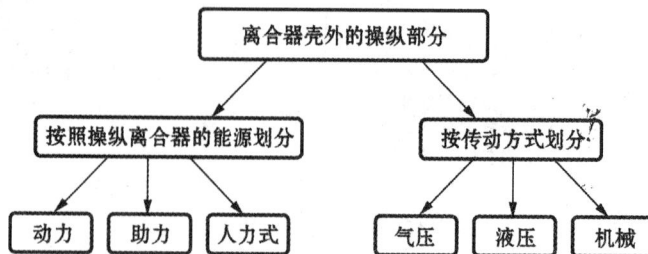

图 2-1-9　操纵部分分类

（2）离合器的机械传动操纵部分组成及控制过程（见图2-1-10）。

组成。离合器的机械传动操纵部分由分离轴承、分离叉、操纵拉索、离合器踏板等组成。

离合器的机械传动操纵部分控制过程。离合器踏板——操纵拉索——分离叉——分离轴承——离合器。

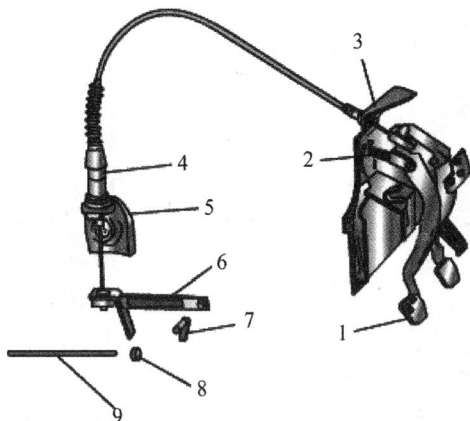

图 2-1-10　机械传动操纵部分组成

1-离合器分离踏板　2-偏心弹簧　3-支承A　4-离合器拉线自动调整机构
5-传动器壳体上的支承B　6-离合器操纵臂　7-离合器分离臂
8-离合器分离轴承　9-离合器分离推杆

5）离合器的工作原理

离合器及液压控制系统是小轿车上常用的控制系统，主要由离合器、离合器总泵、分泵、油压管路、离合器分离踏板及相当一些附属零件组成。整个操纵系统及工作原理如图2-1-11所示。

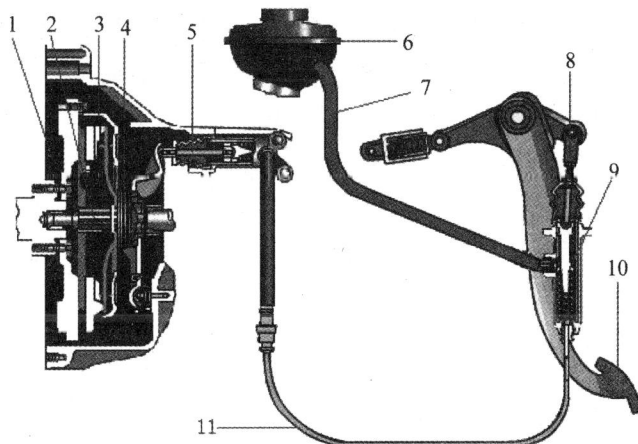

图 2-1-11　离合器整个操纵系统及工作原理

1-飞轮　2-变速器输入轴　3-离合器　4-分离轴承　5-离合器分泵
6-油壶　7、11-油管　8-推杆　9-离合器总泵　10-离合器踏板

• 离合器作用时，总泵建立油压。

- 在油压的作用下,分泵活塞左移。
- 分泵活塞推动推杆左移。
- 通过膜片弹簧使离合器分离。
- 两脚离合增加总泵输出油压。
- 解除离合时,离合器总泵实施回油过程。

机械离合器的动作原理如图 2-1-12 所示。

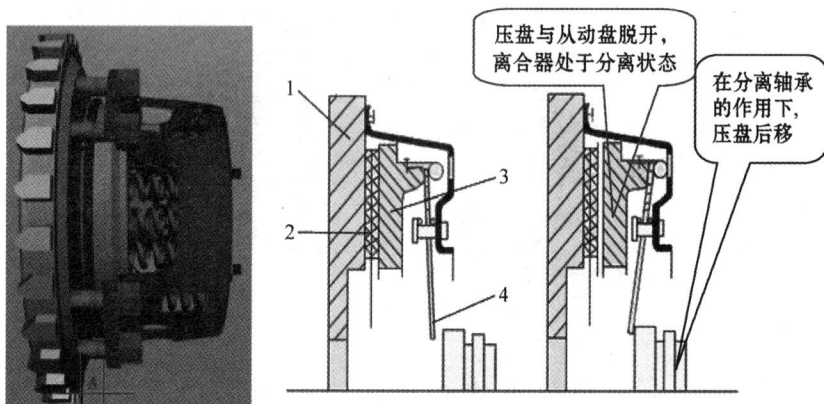

图 2-1-12　机械离合器的动作原理
1-飞轮　2-从动盘　3-压盘　4-膜片弹簧

- 不工作时,离合器从动盘被压盘总成压在飞轮上。发动机的动力由飞轮传到离合器的压盘总成,然后传动到离合器的从动盘。通过从动盘的花键毂传动到变速器的输入轴,发动机与传动系统处于连接状态。
- 踩下离合器踏板时,离合器分离轴承前移,离合器的分离杠杆前移。离合器的压盘后移,离开从动盘。此时发动机的动力不能传动给离合器的从动盘,传动系统的动力被切断。
- 松开离合器踏板时,离合器分离轴承后移。离合器的压盘在压紧弹簧的作用力下前移,压向从动盘。此时发动机的飞轮和离合器的从动盘、压盘总成连接在一起转动。发动机的动力经过离合器传动给传动系统,实现动力传动。

> 提示:
> 　　离合器的主动部分和从动部分借接触面间的摩擦作用,使两者之间可以暂时分离,又可逐渐接合,在传动过程中又允许两部分相互转动。

三、制订计划

离合器的拆装计划见表 2-1-3。

表 2-1-3　制订汽车离合器拆装计划

1. 车辆传动系统类型信息描述	车辆描述	
	离合器类型信息描述	

2. 车辆传动系统结构描述（支起车辆,观察各部件的安装情况,在图上标注部件名称）		
3. 操作安全描述		在汽车传动系统维护之前,认真阅读如下注意事项: 1. 要保证场内(室内)整洁,不要把工具或零件留在你或者其他人有可能踩到的地方。将其放置在工作架或工作台上,立即清理干净任何飞溅的燃油、机油或者润滑油,防止自己或者他人滑倒 2. 工作时要穿安全鞋。因为穿着凉鞋或运动鞋危险,易摔倒并因此降低工作效率。它们还能使穿戴者容易因为偶然掉落的物体而受到伤害 3. 升降台使用前,要先检查升降台的性能是否正常才能使用 4. 使用汽车升降台时,要严格按操作规程操作,做好保险措施,汽车升起后,除老师授意外,严禁在车下站人;实训时,车下尽量少站人。在车底下作业时,应在升降台下加安全保护架,以确保安全 5. 用升降机升起车辆时,初步提升到轮胎稍微离开地面为止。然后,在完全升起之前,确认车辆牢固地支撑在升降机上。车辆升起后,千万不要摇晃车辆,因为这样可能导致车辆跌落,而造成严重伤害 6. 实训过程中,按工艺步骤和要求逐项逐步进行操作。不得私改实训内容,扩大实训范围(如随意乱拆等) 7. 拆装维修汽车零部件时,不许用铁锤直接敲打零件表面,尽量使用专用工具,以免损坏零件,伤人;需要敲打零件时,采用橡胶手锤(或者使用铜棒和手锤配合使用)进行敲打 8. 正确地选择、使用工、量具

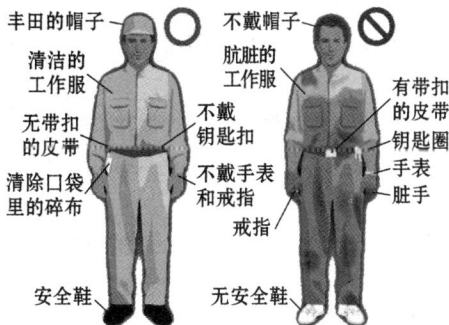

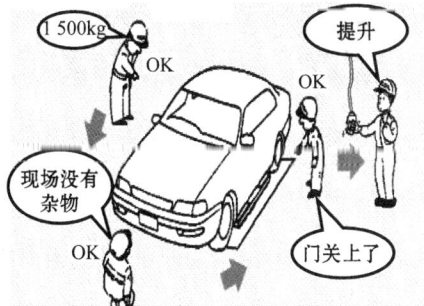

四、任务实施

1. 离合器拆卸

离合器的拆卸分为离合器踏板拆卸,离合器总泵拆卸,离合器总成拆卸,具体见表 2-1-4。

表 2-1-4　离合器拆卸

1. 车辆信息描述	车辆描述	
	车辆变速器类型描述	
2. 汽车变速器的构造描述		

作业项目	操作步骤	操作要领	操作记录
离合器踏板拆卸	(1) 从蓄电池负极端子断开电缆。注意:断开电缆后等待 90 秒钟,以防止气囊展开 (2) 拆卸仪表板装饰板 (3) 拆卸中央仪表板调风器总成 (4) 拆卸仪表组装饰板总成 (5) 拆卸组合仪表总成 (6) 拆卸转向柱装饰板 (7) 拆卸仪表板下装饰板总成 (8) 断开左前车门开口装饰密封条 (9) 拆卸手套箱盖总成 (10) 断开右前车门开口装饰密封条 (11) 断开仪表板线束总成 (12) 拆卸上仪表板分总成 (13) 拆卸仪表板 1 号底罩分总成 (14) 拆卸前照灯光束高度调整 ECU 总成 (15) 分离主车身 ECU(仪表板接线盒) (16) 断开连接器 (17) 拆卸带孔销的离合器主缸推杆 U 形夹 (18) 拆卸离合器踏板支架分总成 (19) 拆卸离合器踏板限位螺栓 (20) 拆卸离合器踏板弹簧 (21) 拆卸离合器踏板分总成 (22) 拆卸离合器踏板垫 (23) 拆卸离合器踏板衬套 (24) 拆卸离合器踏板 1 号缓冲垫 (25) 拆卸离合器主缸推杆 U 形夹衬套 (26) 拆卸离合器开关总成(带巡航控制系统) (27) 拆卸离合器踏板开关总成		

续 表

作业项目	操作步骤	操作要领	操作记录
离合器总泵拆卸	(1) 拆卸 2 号气缸盖罩 (2) 拆卸前刮水器臂端盖 (3) 拆卸左前刮水器臂和刮水片总成 (4) 拆卸右前刮水器臂和刮水片总成 (5) 拆卸发动机盖至前围上板密封 (6) 拆卸前围板右上通风栅板 (7) 拆卸前围板左上通风栅板 (8) 拆卸挡风玻璃刮水器电动机及连杆 (9) 排净制动液 (10) 拆卸前围上外板 (11) 拆卸空气滤清器盖分总成 (12) 拆卸空气滤清器壳 (13) 拆卸空气滤清器壳 (14) 断开离合器储液管 (15) 断开制动管路 (16) 拆卸制动主缸分总成 (17) 拆卸仪表板 1 号底罩分总成 (18) 拆卸制动踏板回位弹簧 (19) 分离制动主缸推杆 U 形夹 (20) 断开真空软管 (21) 拆卸制动助力器总成 (22) 断开离合器储液管 (23) 断开离合器管路 (24) 拆卸离合器主缸总成		
离合器总成拆卸	(1) 拆下手动驱动桥总成 (2) 拆卸离合器分离叉分总成 (3) 拆卸离合器分离叉防尘套 (4) 拆卸离合器分离轴承总成 (5) 拆卸分离叉支撑件 (6) 拆卸离合器盖总成 (7) 拆下离合器盘总成 注意:使离合器盘总成衬片部分、压盘和飞轮分总成表面远离油污和异物		
操作总结			

2. 离合器的检查与调整

离合器检查与调整如表 2-1-5。所示

表 2-1-5　离合器检查与调整

	1) 根据"汽车离合器操纵机构检查与调整流程",结合车辆实际情况,逐个收集相应检修规范等信息,并制订相应作业计划,实行逐个检查 2) 按检修规范和检修计划,逐步进行检修训练,最终完成任务
离合器结构	

检查步骤	检修项目	操作要领	检修记录
汽车离合器外部检查	离合器踏板状态	(1) 离合器踏板是否卡滞 (2) 离合器踏板弹簧是否断裂或弹力不足 (3) 离合器踏板支销是否卡滞,运动不灵活,回位不正常 (4) 离合器踏板自由行程是否过小	
	主缸	(1) 主缸活塞是否卡滞、锈蚀不能回位 (2) 主缸补偿孔是否堵塞	
	主缸推杆	(1) 主缸推杆是否松脱卡死 (2) 主缸推杆是否调整不当,造成踏板自由行程过小	
	工作缸	(1) 工作缸活塞是否卡滞、锈蚀不能回位 (2) 工作缸推杆是否调整不当	
	其他	油管是否堵塞、弯折,变速器固定螺丝是否松动	

离合器内部拆检	如果对汽车离合器外部检查是正常的,则需要对汽车离合器拆检		
	检查对象	检查要领	检查记录
	离合器压盘		
	从动盘		
	飞轮		
	压紧弹簧		
	其他		

	检修项目	操作要领	示意图	检修记录
离合器检查与调整	离合器踏板自由行程检查	(1) 测量离合器踏板高度 ·离合器踏板完全放松 ·用直尺测量踏板至驾驶室地板高度 (将直尺支在驾驶室地板上,其倾斜度以直尺与踏板踏下时的弧线相切为准)		

笔 记

	检修项目	操作要领	示意图	检修记录
离合器检查与调整	离合器踏板自由行程检查	(2) 测量离合器踏板压下后的高度 ·用力轻推离合器踏板,感觉阻力增大时,停止推压,测出被压后的踏板面高度 ·两次测量值之差,即为离合器踏板的自由行程	离合器盘 压板 离合器盖 飞轮 分离轴承 分离叉接头 离合器液储液罐 离合器踏板 离合器总泵 离合器分离泵	
	离合器踏板高度调整	拧松锁紧螺母,转动踏板高度调整螺钉,使踏板高度达到规定值,然后锁死锁紧螺母即可	拧紧锁紧螺母 转动调整螺丝	
	离合器踏板自由行程调整	(1) 调整离合器拉索的长度 首先拧松分离叉一端的拉索上锁紧螺母,转动调整螺母将离合器踏板的自由行程调整到规定值,然后将锁紧螺母锁死	调整螺丝可改变拉索长度	
		(2) 调整主缸活塞与推杆间隙 拧松总泵上推杆的锁紧螺母,调整推杆长度 (3) 调整工作缸推杆的长度 拧松分泵推杆上的锁紧螺母,调整推杆长度	调整推杆长度改变推杆与活塞的间隙 调整推杆长度可改变分离轴承与分离杠杆的间隙	
		(4) 调整离合器盖上螺丝 ·拧紧调整螺丝,分离杠杆高度升高,自由行程减小 ·拧松调整螺丝,分离杠杆高度降低,自由行程增大	拧紧或拧松此螺丝	

续　表

维修质量检验要求	启动发动机,拉紧手刹,变速器挂入二档,放松离合器时发动机应熄火,车辆不能起步,离合器踏板行程不超过 140 mm 情况下,离合器就能彻底分离 离合器踏板高度为 170～190 mm 离合器踏板自由行程大车为 30～40 mm,小车为 15～25 mm 主缸活塞与推杆间隙为 0.5～1.0 mm 分离杠杆端部与分离轴承平面的间隙为 3～6 mm
检修结论与处理措施	

五、检验评估

在完成拆装作业后,按表 2-1-6 离合器拆装检验与评价表,实施作业质量检验,并进行三方评价。

表 2-1-6　离合器拆装检验与评价表

评价指标	检验说明	检验记录
检查项目	(1) 离合器踏板行程 (2) 离合器助力器 (3) 离合器操纵机构 (4) 离合器总泵 (5) 其他	
汽车传动系统运行情况		

评价内容	检验指标	权重	自评	互评	总评
检查任务 完成情况	1. 完成任务过程情况				
	2. 任务完成的质量				
	3. 在小组完成任务过程中所起的作用				
专业知识	1. 能描述汽车离合器的组成				
	2. 能描述汽车离合器的类型				
	3. 能描述汽车离合器的功能				
	4. 会描述汽车离合器的拆装步骤				
	5. 会描述汽车离合器拆装作业安全事项				
职业素养	1. 学习态度:积极主动参与学习				
	2. 团队合作:与小组成员一起分工合作,不影响学习进度				
	3. 现场管理:服从工位安排、执行实训室"5S"管理规定				
综合评议 与建议					

任务 2.2　拆装变速器

任务描述	一辆 2007 款一汽丰田卡罗拉汽车挂档困难,进入维修厂进行检修。针对维修接待和车间确认意见,更换同步器
任务目标	1. 能描述汽车变速器的结构,分析其结构特点 2. 会查阅汽车变速器的维修规范,并能规范更换同步器

一、维修接待

按照表 2-2-1 完成待修车辆的维修接待与接车问诊表。

表 2-2-1　维修接待与接车问诊表

接 车 问 诊 表

车牌号：＿＿＿＿＿＿＿＿　车架号：＿＿＿＿＿＿＿＿　行驶里程：＿＿＿＿＿＿＿＿(km)

用户名：＿＿＿＿＿＿＿＿　电　话：＿＿＿＿＿＿＿＿　来店时间：＿＿＿＿／＿＿＿＿

用户陈述及故障发生时的状况：**一辆 2007 款一汽丰田卡罗拉汽车挂档困难,进入维修厂进行检修**

故障发生时的状况提示：**行驶速度、发动机状态、发生频率、发生时间、部位、天气、路面状况、声音描述**

接车员检测确认建议：**需拆检变速器**

车间检测确认结果及主要故障零部件：**更换同步器**

车间检查确认者：＿＿＿＿＿＿＿＿

外观确认：

（请在有缺陷部位作标识）

功能确认：（工作正常√　不正常×）
□音响系统　　□门锁(防盗器)　□全车灯光　□工具
□后视镜　　　□顶窗　　　　　□座椅　　　□点烟器
□玻璃升降器　□玻璃

物品确认：（有√　无×）
□贵重物品提示
□工具　□备胎　□灭火器
□其他(　　　　　)
旧件是否交还用户　□是　□否
用户是否需要洗车　□是　□否

F

E

- 检测费说明：本次检测的故障如用户在本店维修,检测费包含在修理费用内;如用户不在本店维修,请您支付检测费。本次检测费：￥＿＿＿＿＿元。
- 贵重物品：在将车辆交给我店检查修理前,已提示将车内贵重物品自行收起并保存好,如有遗失恕不负责。

接车员：＿＿＿＿＿＿＿＿＿＿　　　用户确认：＿＿＿＿＿＿＿＿＿＿

二、信息收集与处理

如表 2-2-2 所示完成本次任务的信息收集与处理。

表 2-2-2　信息收集与处理

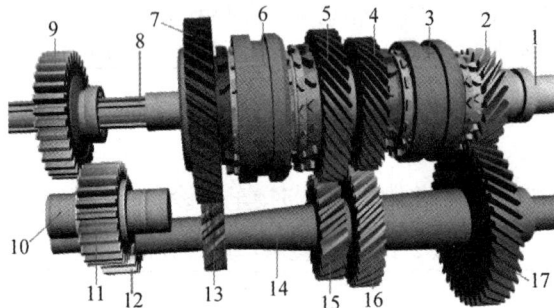

序号	部件名称	作　用
1		
2		
3		
4		
5		
6		
7		
8		
9		
10		
11		
12		
13		
14		
15		
16		
17		

1. 汽车变速器的变速原理：_____
2. 汽车手动变速器类型有：_____
3. 自锁装置的作用：_____
4. 互锁装置的作用：_____

众所周知发动机的转速是相当高的,而它所输出的扭矩范围很小。如果不设置减速增扭机构,它是很难适应大负荷要求的。另外由于路况及行驶等方面的因素,要求汽车的牵引力和车速能在相当的范围内变化。为了解决这些问题,使发动机保持在有利的状况下工作,又能够使汽车适应各种行驶条件,汽车上装了变速器。有变速器后,传动系统的传动比可以发生改变,达到变速的目的。

1. 变速器的功用和分类

（1）变速器的功用。变速器是汽车传动系统的一个重要的部件,其功用如图 2-2-1 所示。

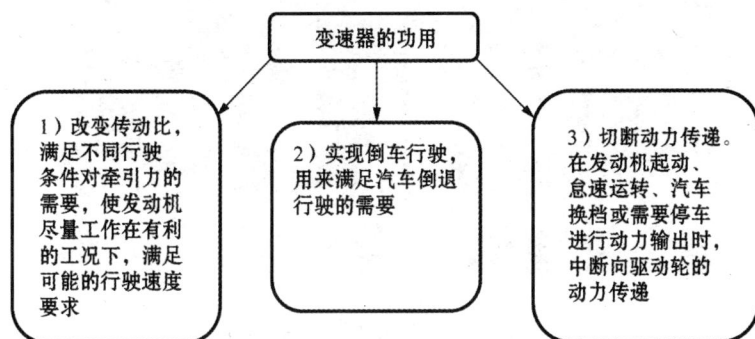

图 2-2-1 变速器的功用

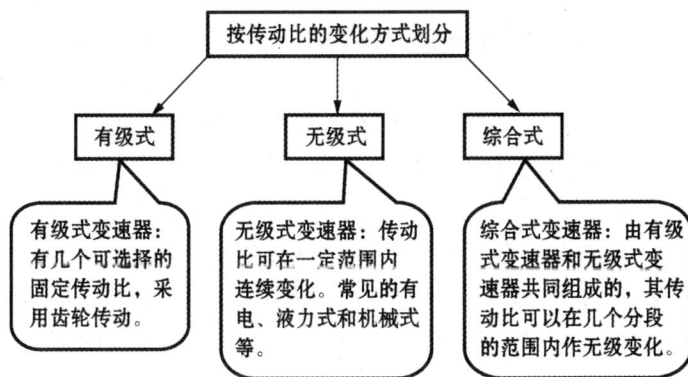

（2）变速器的分类。变速器的分类如图 2-2-2 和图 2-2-3 所示。

变速器的类型较多,本单元着重介绍普通齿轮变速器。普通齿轮变速器主要分为三轴变速器和两轴变速器两种。它们的特点将在下面的变速器传动机构中介绍。

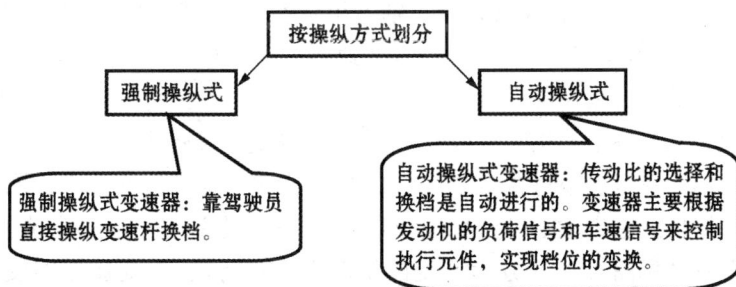

图 2-2-2 变速器的分类（按传动比的变化方式）

图 2-2-3 变速器的分类（按操纵方式划分）

2. 普通齿轮变速器的传动机构

（1）三轴5档变速器的组成。三轴变速器的前进档主要由输入轴（第一轴）、中间轴和输出轴（第二轴）组成。

三轴5档变速器有五个前进档和一个倒档档，由壳体、输入轴（第一轴）、中间轴、输出轴（第二轴）、倒档轴、各轴上齿轮、同步器、操纵机构等部分组成（见图2-2-4）。

图2-2-4　三轴变速器传动机构

1-输入轴　2-中间轴常啮合齿轮　3-3,4同步器　4-3档齿轮　5,6-2档齿轮（1、2同步器）

7-1档齿轮　8-倒档齿轮　9-倒、5同步器　10-5档齿轮　11-中间轴　12-输出轴

第一轴和第一轴常啮合齿轮为一个整体，是变速器的动力输入轴。第一轴前部花键插于离合器从动盘毂中。

在中间轴上装有六个齿轮，作为一个整体而转动。最前面的齿轮与第一轴常啮合齿轮相啮合，称为中间轴常啮合齿轮，从离合器输入第一轴的动力经这一对常啮合齿轮传到中间轴各齿轮上。向后依次称各齿轮为中间轴3档、2档、倒档、1档和5档齿轮。

在第二轴上，通过花键装有三个同步器，通过滚针轴承安装有第二轴各档齿轮。其中从前向后，在第一和第二同步器之间装有3档和2档齿轮，在第二和第三同步器之间装有1档和5档齿轮，它们分别与中间轴上各相应档齿轮相啮合。在同步器的花键毂上分别套着带有内花键的接合套，并设有同步机构。通过接合套的前后移动，可以使花键毂与相邻齿轮上的接合齿圈连接在一起，将齿轮上的动力传给第二轴。其中在第二个接合套上还设有倒档齿轮。第二轴前端插入第一轴齿轮的中心孔内，中心孔内设有滚针轴承。第二轴后端通过凸缘与万向传动装置相连。

当变速器第一轴被离合器从动盘驱动时，第一轴常啮合齿轮通过中间轴常啮合齿轮带动中间轴转动，中间轴上各档齿轮又带动二轴上相应各档齿轮转动。空档时，第二轴上各档齿轮都在第二轴上空转，第二轴不输出动力，变速器处于空档状态；当变速器操纵机构将第二轴上某一档齿轮的接合齿圈与其邻近的花键毂通过接合套接合时，已传到中间轴齿轮的动力经过中间轴和第二轴上的这一对齿轮、接合套及花键毂又传到第二轴上，变速器处于该档工作状态。当第一花键毂通过接合套与前面第一轴常啮合齿轮的接合齿圈接合时，来自输入轴的动力直接传到输出轴上，这时变速器的传动效率最高，这一档位称为直接档。

为了能够在发动机曲轴转动方向不变的情况下倒车行驶，在变速器中设置了倒档轴。倒档齿轮通过轴承活套在倒档轴上。当第二接合套位于中间位置时，其上边齿轮正好与中间轴倒档齿轮相对。用换档拨叉把倒档齿轮拨到与这两个齿轮相啮合位置，中间轴上的动力就会经倒档齿轮、第二接合套上的齿轮和第二花键毂传到第二轴上。倒档齿轮起到了改变转动方向的作用。

（2）三轴 5 档变速器传动路线。三轴 5 档变速器的传动路线如图 2-2-4 所示。

1 档的动力传递路线：输入轴——常啮合齿轮——中间轴——1 档主动齿轮——1 档从动齿轮——1、2 档同步器——输出轴。

2 档的动力传递路线：输入轴——常啮合齿轮——中间轴——2 档主动齿轮——2 档从动齿轮——1、2 档同步器——输出轴。

3 档的动力传递路线：输入轴——常啮合齿轮——中间轴——3 档主动齿轮——3 档从动齿轮——3、4 档同步器——输出轴。

4 档的动力传递路线：输入轴——3、4 档同步器——输出轴。

5 档的动力传递路线：输入轴——常啮合齿轮——中间轴——5 档主动齿轮——5 档从动齿轮——5 档同步器——输出轴。

倒档的动力传递路线：输入轴——常啮合齿轮——中间轴——倒档主动齿轮——惰轮——倒档从动齿轮——输出轴。

（3）两轴变速器的组成。两轴变速器的前进档主要由输入和输出两根轴组成。与传统的三轴变速器相比，由于省去了中间轴，在一般档位只经过一对齿轮就可以将输入轴的动力传至输出轴，所以传动效率要高一些；同样因为任何一档都要经过一对齿轮传动，所以任何一档的传动效率又都不如三轴变速器直接档的传动效率高。

两轴 5 档变速器（见图 2-2-5），这是一个横置式变速器。与纵置式变速器相比，横置式变速器没有成 90°角的动力传递，传动效率要提高 1% 左右。横置式变速器受布置空间的限制，传递功率有限，只适合在中、低级轿车上使用，捷达、本田、丰田等轿车采用这种布置形式。纵置式变速器不受这种限制，适合在中、高级轿车上使用。

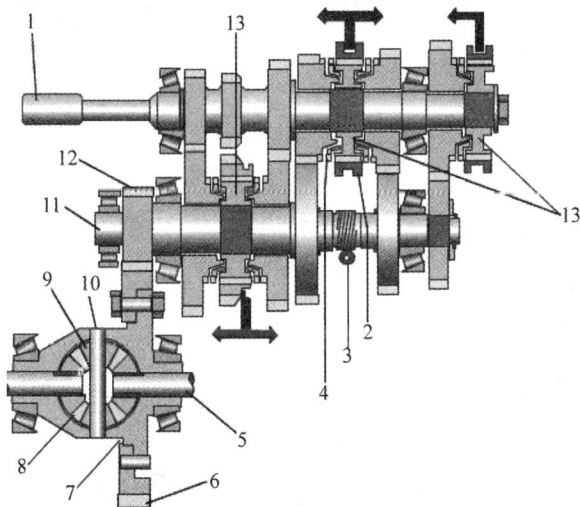

图 2-2-5　两轴五档变速器

1-输入轴　2-接合套　3-里程表齿轮　4-同步环　5-半轴　6-主减速器被动齿轮　7-差速器壳

8-半轴齿轮　9-行星齿轮　10、11-输出轴　12-主减速器主动齿轮　13-花键毂

在输入轴上，从左向右依次排有：1档、倒档、2档、3档、4档和5档齿轮，其中3,4,5档齿轮是过轴承活套在输入轴上的。在3档、4档齿轮之间和5档齿轮之后，都有通过花键与输入轴固装的花键毂。在输出轴上，与输入轴上齿轮对应的有：1档、2档、3档、4档和5档齿轮，其中1、2档齿轮是过轴承活套在输出轴上的。在1档、2档齿轮之间有通过花键与输出轴固装的花键毂，在此花键毂外的接合套上制有倒档从动齿轮。主减速器主动齿轮与输出轴作成一体，位于输出轴最左端。

当三个接合套都位于花键毂中央时，变速器处于空档状态；当变速器操纵机构将输出轴花键毂上接合套向左推时，1档从动齿轮与输出轴连为一体，动力由输入轴经1档主、从动齿轮传到输出轴。当此接合套位于中间位置时，其上边齿轮正好与输入轴倒档齿轮相对。当变速器倒档轴上的倒档齿轮（图中未画出）被拨到与这两个齿轮相啮合位置时，输入轴上的动力就会经倒档齿轮传到输出轴上。挂其余各档的情况与挂一档的情况相类似。

(4) 二轴5档变速器的传动路线（见图2-2-5）如下。

1档的动力传递路线：输入轴——1档主动齿轮——1档从动齿轮——1、2档同步器——输出轴——主减差速器。

2档的动力传动路线：输入轴——2档主动齿轮——2档从动齿轮——1、2档同步器——输出轴——主减差速器。

3档的动力传动路线：输入轴——3、4档同步器——3档主动齿轮——3档从动齿轮——输出轴——主减差速器。

4档的动力传动路线：输入轴——3、4档同步器——4档主动齿轮——4档从动齿轮——输出轴——主减差速器。

5档的动力传动路线：输入轴——5档同步器——5档主动齿轮——5档从动齿轮——输出轴——主减差速器。

倒档的动力传动路线：输入轴——倒档主动齿轮——惰轮——倒档从动齿轮（1、2同步器上）——输出轴——主减差速器。

3. 同步器

(1) 采用同步器的理由。以两轴变速器1、2档间换档过程为例（见图2-2-6），并假设在换档机构中只有接合套而无同步环。

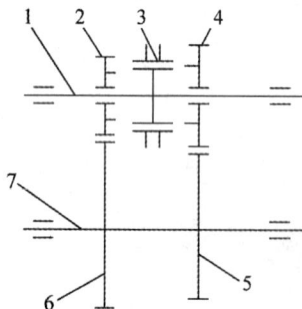

从结构图中可以看出，输出轴1档齿轮6与输入轴1档齿轮2的齿数之比（z_6/z_2）大于输出轴2档齿轮5与输入轴2档齿轮4的齿数之比（z_5/z_4）。由相互啮合传动齿轮的转速与齿数关系（$n_2/n_6=z_6/z_2$，$n_4/n_4=z_5/z_4$），可以得出齿轮2与齿轮6转速之比（n_2/n_6）大于输入轴2档齿轮4与输出轴2档齿轮5转速之比（n_4/n_5）的结论。而输出轴1档齿轮6与齿轮5的转速又是一样的（$n_6=n_5$），所以在传动过程中，齿轮2转速永远比齿轮4转速高，即$n_2>n_4$。当变速器从低速档（1档）换入高速档（2档）时，首先要踩离合器踏板，使离合

图 2-2-6　1、2档间换档过程

1-输入轴　2-输入轴1档齿轮　3-接合套
4-输入轴2档齿轮　5-输出轴2档齿轮
6-输出轴1档齿轮　7-输出轴

器分离,接着通过变速杆等将接合套 3 右移,进入空档位置。在接合套 3 与齿轮 2 刚分离这一时刻,两者转速还是相等的,即 $n_3 = n_2$。而 $n_2 > n_4$,由此可以得出 $n_3 > n_4$,即接合套 3 的转速大于齿轮 4 转速的结论。这时如果立即把接合套 3 推向齿轮 4 上接合齿圈,就会发生打齿现象。

此时,由于变速器处于空档,接合套和齿轮之间没有联系,离合器从动盘又与发动机脱离,所以接合套与齿轮的转速都在分别逐渐降低。因为齿轮与齿轮、输出轴、万向传动装置、驱动桥、行驶系以及整个汽车联系在一起,惯性很大,所以 n_4 下降较慢;而接合套只与输入轴和离合器从动盘相联系,惯性很小,故 n_3 下降较快。

因为 n_3 原先大于 n_4,n_3 下降得又比 n_4 快,所以过一会儿后,必然会有 $n_3 = n_4$(同步)的情况出现。最好能在 $n_3 = n_4$ 的时刻使接合套右移而挂入 4 档。

与接合套联系的一系列零件的惯性越小,则 n_3 下降得越快,达到同步所需时间越少,并且在同样速度差的情况下,齿间的冲击力也小,因此离合器从动部分转动惯量应尽可能小一些。当变速器从高速档(2 档)换入低速档(1 档)时,刚从 2 档推到空档的接合套与齿轮的转速相同,即 $n_3 = n_4$,同时又有 $n_2 > n_4$,所以 $n_2 > n_3$。进入空档后,由于 n_3 下降得比 n_2 快,所以在接合套停下来之前,随着时间的推移,两者(n_2 与 n_3)差值将越来越大。为了使接合套 3 与齿轮 2 的转速达到相同,驾驶员应在此时重新接合离合器,同时踩一下加速踏板,使变速器输入轴及接合套 3 的转速高于齿轮 2 转速,即 $n_3 > n_2$,然后再分离离合器,等待片刻,到 $n_3 = n_2$ 时,即可让接合套 3 与齿轮 2 上接合齿圈相接合,从而挂入 1 档。上述相邻档位相互转换时,应该采取不同操作步骤的道理同样适用于移动齿轮换档的情况,只是前者的待接合齿圈与接合套的转动角速度要求一致,而后者的待接合齿轮啮合点的线速度要求一致,但所依据的速度分析原理是一样的。

以上变速器的换档操作,尤其是从高档向低档的换档操作比较复杂,而且很容易产生轮齿或花键齿间的冲击。为了简化操作,并避免齿间冲击,可以在换档装置中设置同步器。

(2) 同步器的类型和工作原理。

同步器的类型(见图 2-2-7)。

惯性式同步器的功用。惯性式同步器的功用是依靠摩擦作用实现同步的,在其上面设有专设机构保证接合套与待接合的花键齿圈在达到同步之前不可能接触,从而避免了齿间冲击。

惯性同步器按结构又分为锁环式和锁销式两种。下面以锁环式惯性同步器为例讲工作原理。

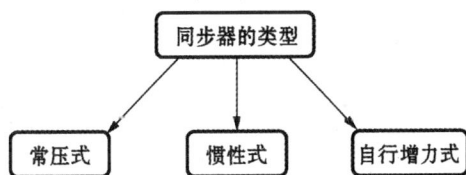

图 2-2-7 同步器的类型

锁环式惯性同步器的工作原理。以北京 BJ212 型汽车 3 档变速器中的 2,3 档同步器(见图 2-2-8)为例说明。花键毂与第二轴用花键连接,并用垫片和卡环作轴向定位。在花键毂两端与齿轮之间,各有一个青铜制成的锁环(也称同步环)。锁环上有短花键齿圈,花键齿的断面轮廓尺寸与齿轮及花键毂上的外花键齿均相同。在两个锁环上,花键齿对着接合套的一端都有倒角(称锁止角),且与接合套齿端的倒角相同。锁环具有与齿轮上的摩擦面锥度相同的内锥面,内锥面上设有细牙的螺旋槽,以便两锥面接触后破坏油膜,增加锥面间的摩擦。三个滑块分别嵌合在花键毂的三个轴向槽内,并可沿槽轴向滑动。在两个弹簧圈的作用下,滑块压向接合套,使滑块中部的凸起部分正好嵌在接合套中部的凹槽中,起到空档定位作用。滑块的两端伸入锁环的三个缺口中。只有当滑块位于缺口的中央时,接合套与锁环的齿方可能接合。

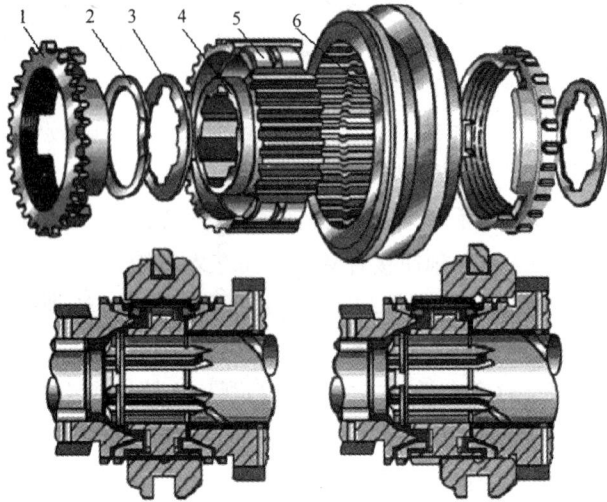

图 2-2-8   2、3 档同步器
1-锁环   2-卡环   3-垫片   4-花键毂   5-滑块   6-接合套

在挂 3 档时,用拨叉拨动接合套并带动滑块一起向左移动(见图 1-2-9)。当滑块左端面与锁环的缺口的端面接触时,便推动锁环压向齿轮,使锁环的内锥面压向齿轮的外锥面。由于两锥面具有转速差($n_1 > n_4$),所以一接触便产生摩擦作用。齿轮即通过摩擦作用带动锁环相对于接合套超前转过一个角度,直到锁环的缺口与滑块的另一侧面接触时,锁环便与接合套同步转动。此时,接合套的齿与锁环的齿错开了约半个齿厚,从而使接合套的齿端倒角面与锁环相应的齿端倒角面正好互相抵触而不能进入啮合(见图 2-3-9)。

当变速器由 2 档换入 3 档(直接档)时,接合套从 2 档退到空档,齿轮和接合套连同锁环都在其本身及其所联系的一系列运动件的惯性作用下,继续沿原方向(如图 2-2-9 中箭头所示)旋转。

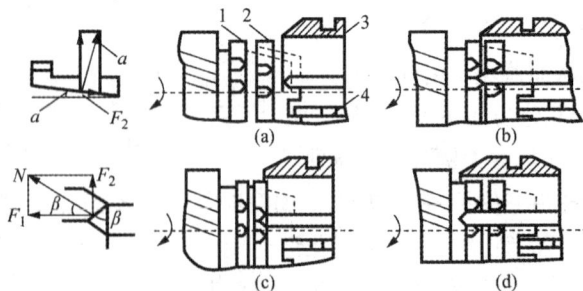

图 2-2-9   2、3 档同步器的工作过程
1-齿轮   2-滑块   3-接合套   4-锁环

在挂 3 档时,用拨叉拨动接合套并带动滑块一起向左移动。当滑块左端面与锁环缺口的端面接触时,便推动锁环压向齿轮,使锁环的内锥面压向齿轮的外锥面。由于两锥面具有转速差($n_1 > n_4$),所以一接触便产生摩擦作用。齿轮即通过摩擦作用带动锁环相对于接合

笔记

套超前转过一个角度,直到锁环的缺口与滑块的另一侧面接触时,锁环便与接合套同步转动。此时,接合套的齿与锁环的齿错开了约半个齿厚,从而使接合套的齿端倒角面与锁环相应的齿端倒角面正好互相抵触而不能进入啮合。

驾驶员的换档操纵力通过接合套作用于锁环的锁止角斜面上,在此斜面上产生的法向压力为 N。法向压力 N 可分解为轴向力 F_1 和切向力 F_2。切向力 F_2 所形成的力矩 M_2 有使锁环相对于接合套向后(用箭头指示 M_2)转动的趋势,称为拨环力矩。轴向力 F_1 则使齿轮通过摩擦锥面对锁环作用一与转动方向同向摩擦力矩 M_1(用箭头指示 M_1)。这一摩擦力矩 M_1 阻止锁环相对接合套向后退转。

如果拨环力矩 M_2 大于摩擦力矩 M_1,则锁环 4 即可相对于接合套向后退转一个角度,以便两者进入接合;若 $M_2 < M_1$(此时还有滑块对锁环缺口一侧的阻挡作用),则两者相对位置不变,不可能进入接合。在设计同步器时,适当地选择锁止角和摩擦锥面的锥角,便能保证在达到同步($n_1 = n_4$)之前,齿轮 1 施加在锁环上的摩擦力矩 M_1 总是大于切向力 F_2 形成的拨环力矩 M_2,不论驾驶员通过操纵机构加在接合套上的轴向推力有多大,接合套齿端与锁环齿端总是互相抵触而不能接合。

锁环对接合套的锁止作用是由于上述摩擦力矩 M_1 造成的。因为此摩擦力矩的作用与锁环(及与之连接的接合套、花键毂、变速器输出轴及整个汽车等)和齿轮(及与之连接的离合器从动部分和变速器内部分齿轮)两部分的转动惯性有关,故称此种同步器为"惯性式"同步器。

继续加力于接合套上,摩擦作用使齿轮与锁环转速很快趋于一致,紧接着两者间的相互转动趋势也迅速降低,摩擦力矩 M_1 也相应迅速降低。当拨环力矩 M_2 大于摩擦力矩 M_1 时,便使锁环相对于接合套向后退转一个角度。在锁环的摩擦带动下,齿轮及与之相连的所有零件跟锁环一起相对于接合套向后退转一个角度。当滑块对正缺口的中央时,接合套花键齿圈与锁环的花键齿圈不再抵触,接合套继续左移,而与锁环的花键齿圈进入接合状态,锁环的锁止作用即行消失。

接合套与锁环接合后,轴向力 F_1 不再存在,锥面间的摩擦力矩也就消失。如果此时接合套花键齿与齿轮的花键齿发生抵触,则接合套花键齿作用在齿轮花键齿端斜面上有切向分力,使齿轮及其相连零件相对于锁环及接合套转过一个角度,使接合套与齿轮 1 进入接合,而最后完成了换入 3 档(由低速档换入高速档)的全过程。

如果是由 3 档(直接档)换入 2 档(由高速档换入低速档),上述过程也适用。但此时齿轮是被加速到与锁环(亦即与接合套)同步,从而使接合套先后与锁环及齿轮进入啮合而完成换档过程。

4. 变速器的操纵机构

变速器的操纵机构见图 2-2-10 和图 2-2-11。变速器操纵机构能让驾驶员使变速器挂上或摘下某一档,从而改变变速器的工作状态。为了保证变速器的可靠工作,变速器操纵机构应能满足以下要求:

挂档后应保证结合套与结合齿圈全部套合(或滑动齿轮换档时,全齿长都进入啮合)。在振动等条件影响下,操纵机构应保证变速器不自行挂档或自行脱档。为此在操纵机构中设有自锁装置。

为了防止同时挂上两个档而使变速器卡死或损坏,在操纵机构中设有互锁装置。

为了防止在汽车前进时误挂倒档,导致零件损坏,在操纵机构中设有倒档锁装置。

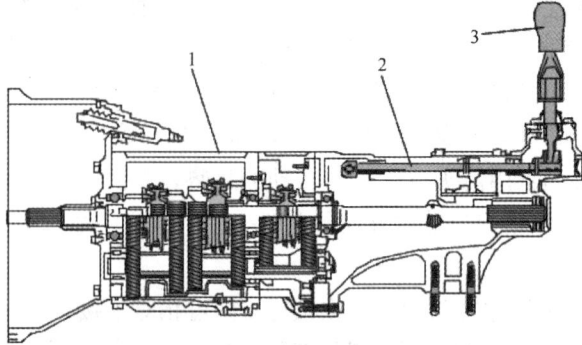

图 2-2-10　前置发动机后轮驱动汽车变速器的外操纵机构
1-变速器壳体　2-变速连动杆　3-变速杆

提示:
　　一般前置发动机后轮驱动汽车的变速器距离驾驶员座位较近,换档杆等外操纵机构多集中安装在变速器箱盖上,结构简单、操纵容易并且准确。

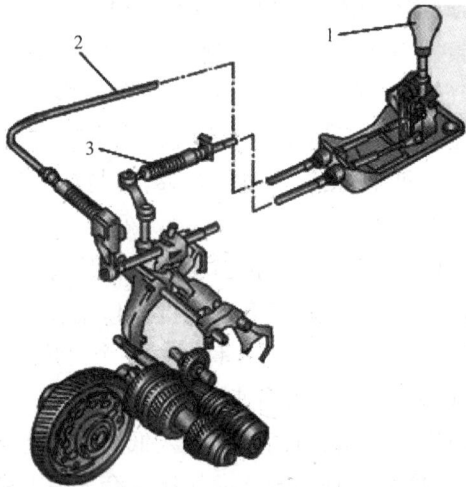

图 2-2-11　变速器远距离外操纵机构
1-变速杆　2-纵向拉线　3-横向拉线

提示:
　　在发动机后置或前轮驱动的汽车上,通常汽车变速器距离驾驶员座位较远,变速杆和变速器之间通常需要用连杆机构联接,进行远距离操纵。

笔记

（1）自锁装置。挂档后应保证结合套与结合齿圈全部套合（或滑动齿轮换档时，全齿长都进入啮合）。在振动等条件影响下，操纵机构应保证变速器不自行挂档或自行脱档。为此在操纵机构中设有自锁装置。如图所示，换档拨叉轴上方有三凹坑，上面有被弹簧压紧的钢珠。当拨叉轴位置处于空档或某一档位置时，钢珠压在凹坑内。起到了自锁的作用（见图2-2-12）。

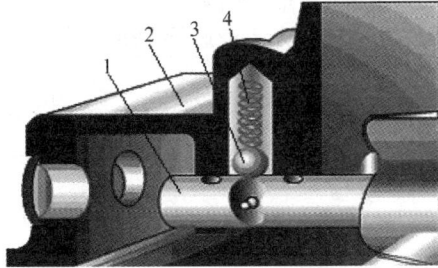

图 2-2-12 自锁装置

1-拨叉轴 2-壳体 3-自锁钢球 4-弹簧

（2）互锁装置。当中间换档拨叉轴移动挂档时，另外两个拨叉轴被钢球锁住。防止同时挂上两个档而使变速器卡死或损坏，起到了互锁作用（见图2-2-13）。

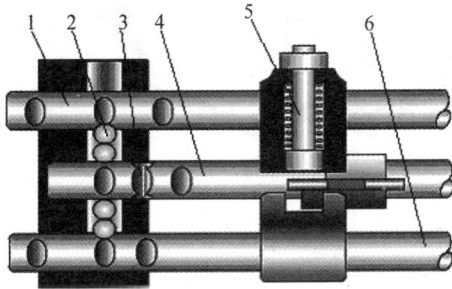

图 2-2-13 互锁装置

1-倒、5档拨叉轴 2-互锁钢球 3-互锁销 4-3、4档拨叉轴 5-倒档锁装置 6-1、2档拨叉轴

（3）倒档锁装置。当换档杆下端向倒档拨叉轴移动时，必须压缩弹簧才能进入倒档拨叉轴上的拨块槽中。防止了在汽车前进时误挂倒档，而导致零件损坏，起到了倒档锁的作用。当倒档拨叉轴移动挂档时，另外两个拨叉轴被钢球锁住（见图2-2-14）。

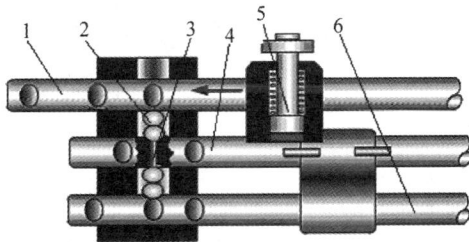

图 2-2-14 倒档锁装置

1-倒、5档拨叉轴 2-互锁钢球 3-互锁销 4-3、4档拨叉轴 5-倒档锁装置 6-1、2档拨叉轴

三、制订计划

汽车变速器拆装计划见表 2-2-3。

表 2-2-3　制订汽车变速器拆装计划

一辆 2006 款一汽丰田卡罗拉汽车(手动变速器)在行驶中,发现换档困难,进入维修厂进行维修。查阅车辆变速器类型信息描述、变速器使用、变速器功能、变速器结构组成等,制订变速器维修计划		
1. 车辆变速器类型信息描述	车辆描述	
	变速器类型描述信息描述	
2. 车辆变速器安全拆装描述		在拆装汽车变速器之前,认真阅读如下注意事项: (1) 从车辆上拆下变速器前,应做好支承车辆工作,检查支承车辆的措施是否牢固可靠,准备好保险架,做好安全保护 (2) 认真阅读安全操作规程 (3) 拆装变速器时应在空档位置上进行 (4) 拆卸拨叉轴时应先两边后中间,装则反之 (5) 严禁用铁锤敲击零件表面,应注意预防机械损伤,避免出现意外事故 (6) 变速器较重,移动时注意相互合作,防止砸下伤人,不要把工具或零件留在你或者其他人有可能踩到的地方,将其放置在工作架或工作台上
3. 车辆变速器功能描述	 (1) 手动变速器功能:_____ (2) 变速器组成:_____ (3) 同步器的作用:_____ (4) 自锁装置的功能:_____ (5) 互锁装置的作用:_____	
4. 汽车变速器拆装计划	• 三轴式变速器拆装 • 丰田二轴式变速器拆装	

四、任务实施

1. 丰田卡罗拉手动变速器分解图

了解汽车变速器拆装作业安全事项,会正确拆装汽车变速器,按图 2-2-15、图 2-2-16、图 2-2-17、图 2-2-18、图 2-2-19、图 2-2-20、图 2-2-21 所示了解变速器的零部件。

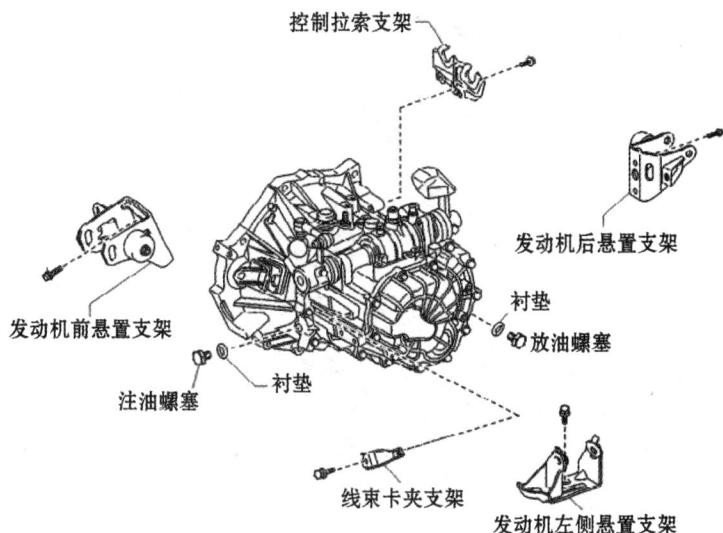

图 2-2-15 变速器外围零部件

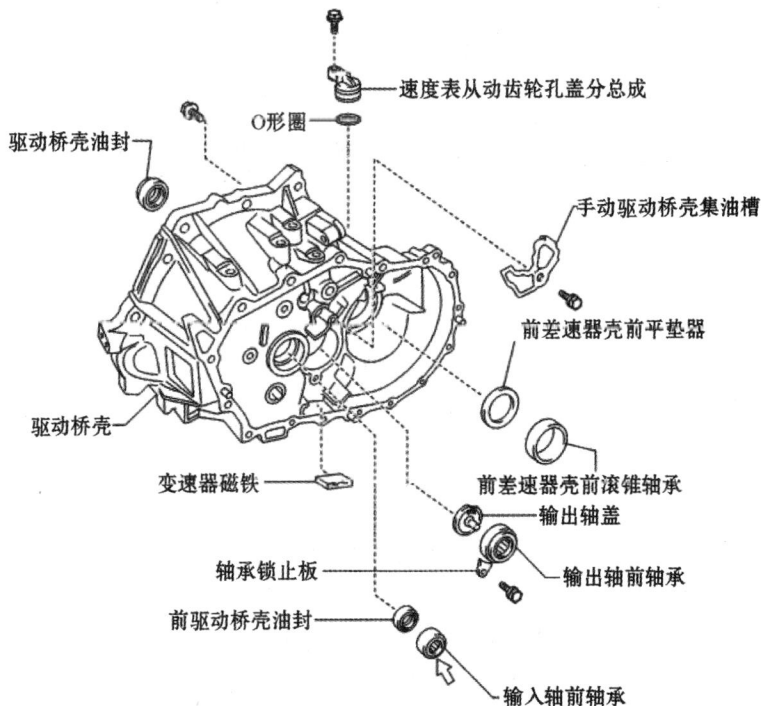

图 2-2-16 变速器油封、轴承零部件

笔 记

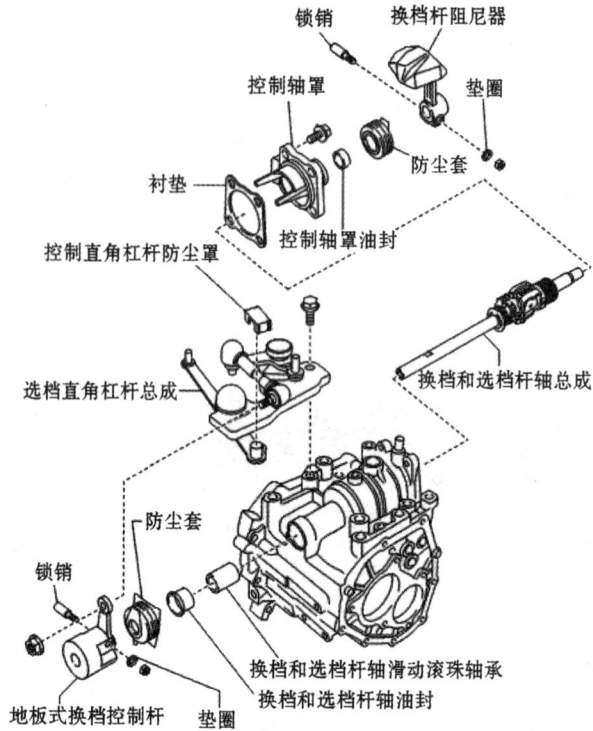

图 2-2-17　变速器操纵机构零部件

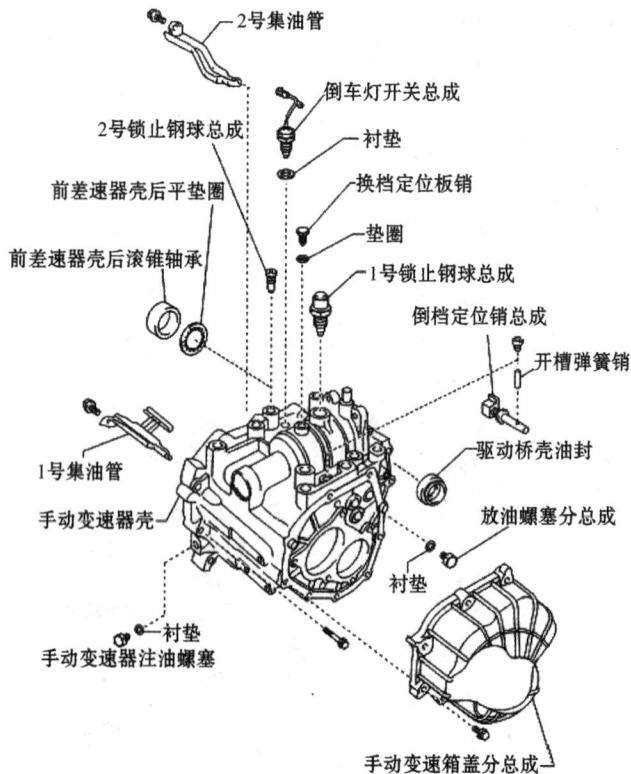

图 2-2-18　变速器附件

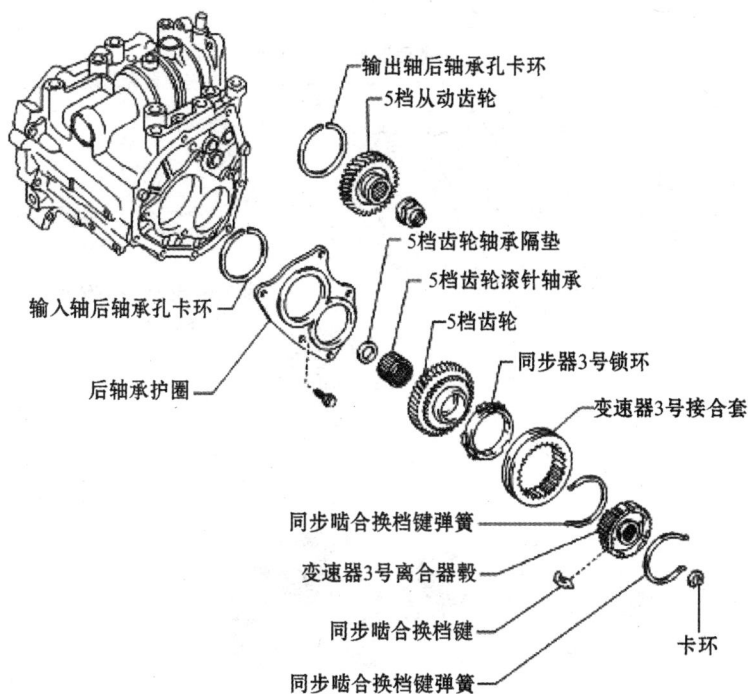

输出轴后轴承孔卡环
5档从动齿轮
5档齿轮轴承隔垫
5档齿轮滚针轴承
5档齿轮
同步器3号锁环
变速器3号接合套
输入轴后轴承孔卡环
后轴承护圈
同步啮合换档键弹簧
变速器3号离合器毂
同步啮合换档键
同步啮合换档键弹簧
卡环

图 2-2-19　变速器齿轮、同步器零部件

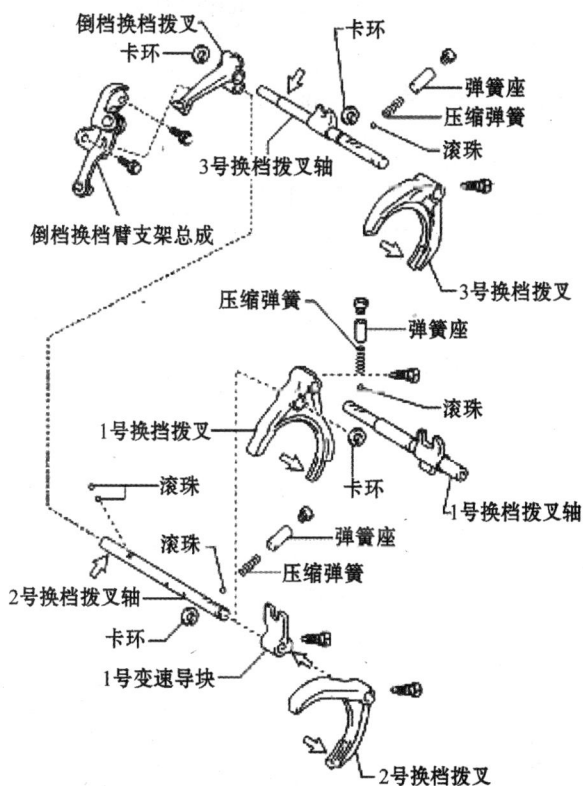

倒档换档拨叉
卡环
卡环
弹簧座
压缩弹簧
滚珠
3号换档拨叉轴
倒档换档臂支架总成
3号换档拨叉
压缩弹簧
弹簧座
滚珠
1号换挡拨叉
卡环
1号换档拨叉轴
滚珠
滚珠
弹簧座
压缩弹簧
2号换档拨叉轴
卡环
1号变速导块
2号换档拨叉

图 2-2-20　变速器内部操纵机构零部件

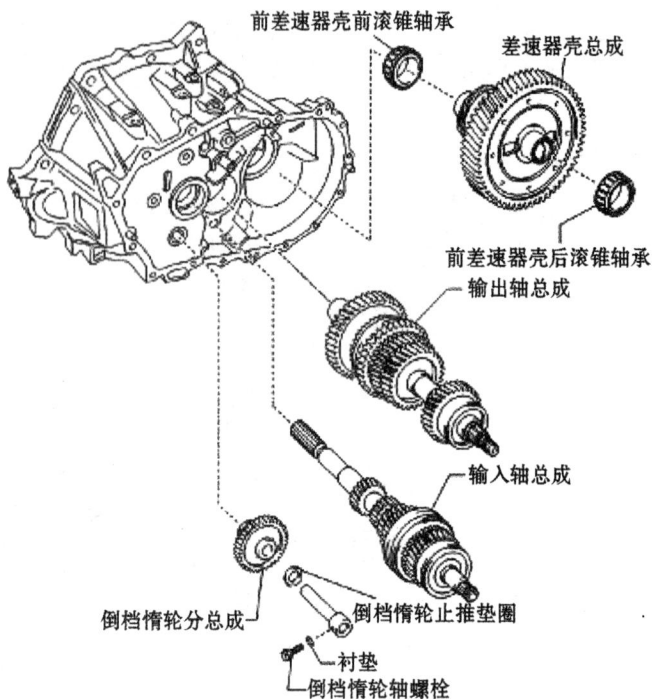

图 2-2-21　变速器齿轮组零部件

2. 汽车变速器拆装作业

了解汽车变速器拆装作业安全事项,会正确拆装汽车变速器,按表 2-2-4 完成汽车变速器拆装作业任务。

表 2-2-4　汽车变速器拆装作业任务

1. 车辆信息描述	车辆描述			
	车辆变速器类型描述			
2. 汽车变速器的构造描述				
3. 汽车变速器拆装	作业项目	操作步骤	操作要领	操作记录
	变速器的就车拆卸	(1) 拆卸传动轴连接螺栓,取下传动轴	做好装配记号	
		(2) 将飞轮壳周围及变速器周围妨碍变速器拆下的部件拆下,如转速表软轴、变速器操纵杆、搭铁线、离合器分泵(或拉索)、倒车灯开关线等		
		(3) 拆下变速器固定螺栓	要防止起动机掉下伤人	
		(4) 将变速器从汽车上拆卸下来	可以用螺丝刀在飞轮与变速器之间撬动使变速器从离合器中脱出,但注意变速器落下伤人	

图中标注：
- 前差速器壳前滚锥轴承
- 差速器壳总成
- 前差速器壳后滚锥轴承
- 输出轴总成
- 输入轴总成
- 倒档惰轮分总成
- 倒档惰轮止推垫圈
- 衬垫
- 倒档惰轮轴螺栓

续　表

笔记

	作业项目		操作步骤	操作要领	操作记录
3. 汽车变速器拆装	五十铃四档变速器总成分解（三轴式）	拆卸	(1) 将操纵机构拨至空档位置	转动输入轴,输出轴不应跟着转动,确认是在空档位置上才进行拆卸	
			(2) 拆卸变速器盖	在空档位置上	
			(3) 拆卸车速表齿轮轴		
			(4) 拆卸倒档灯开关		
			(5) 拆卸输入轴轴承盖与轴承卡簧		
			(6) 拆卸延伸壳	注意:不能用一字刀来撬壳体平面。壳体有专用铜棒间接敲打位置	
			(7) 拆卸中隔板拉出三轴与各档齿轮零部件		
			(8) 拆卸自锁弹簧压盖,取出压紧弹簧与钢球（这些小零件容易滑动丢失要摆放保存好）		
			(9) 拆卸拨叉膨胀锁销取出拨叉轴,拨叉,拨叉轴按原来的方向位置相互连接好摆放好	应先取出两边拨叉轴(注意互锁钢球),然后取出中间拨叉轴,取出拨叉轴时,其他两根拨叉轴要在空档位置	
			(10) 取出倒档齿轮、惰轮,拆卸输出轴锁紧螺母与中间轴锁紧螺母,取下中隔板、中间轴		
			(11) 输入轴与输出轴的零部件分解,先从输出轴取出止推片,1档齿轮及轴承,1/2 同步器,2 档齿轮及轴承。然后倒过来取出输入轴轴承。拆卸卡簧取出 3/4 同步器、3 档齿轮及轴承	零部件按拆卸顺序位置摆放整齐,以备进行检查修理	
		装复	(1) 取出输出轴装上 3 档齿轮、3/4 档同步器、卡簧、轴承、输入轴	装各零件之前要涂上少许机油 3/4 档接合套外部锥面朝前,花键鼓端面有过油槽的朝后	
			(2) 将输入轴、输出轴竖起来（输入轴朝下）装配 2 档齿轮、轴承、1/2 档同步器、1 档齿轮轴承、止推片	1/2 档同步器接合套外部,锥面朝前(即输入轴方向)花键鼓端面有过油槽的朝前 止推片端面有过油槽的朝前	
			(3) 将输入轴、输出轴和中间轴上的齿轮啮合在一起,装上中隔板,锁紧中隔板螺母后摆放好		
			(4) 按顺序装配拨叉,拨叉轴、互锁、自锁装置、拨叉锁销	中间拨叉轴两面均有互锁凹槽,两边拨叉轴只有一面有互锁凹槽,互锁凹槽朝向中间的拨叉轴,自锁凹槽朝向自锁孔 拨叉轴拨至空档位置	

笔 记

作业项目		操作步骤	操作要领	操作记录
五十铃四档变速器总成分解（三轴式）	装复	(5) 装上倒档齿轮	中间轴齿轮的垫片过油槽朝向齿轮,惰轮有倒角朝后	
		(6) 将三轴各档零部件,整体放入壳体内		
		(7) 装配延伸壳	检查壳体平面是否连接到位才可将螺栓对角,分别 2~3 次拧紧	
		(8) 装复车速表齿轮轴,倒档灯开关		
		(9) 装复输入轴轴承卡簧与轴承盖		
		(10) 变速器盖	拨叉轴拨至空档位置 转动输出轴,检查各档齿轮有无异响声	
3. 汽车变速器拆装	丰田变速器的总成分解（二轴式）	(1) 拆下换档连锁板螺栓	 换档联锁板螺栓	
		(2) 拆卸换档和选档拉杆轴	 操纵杆　选档拉杆轴　换档拉杆轴	
		(3) 拆下变速器壳罩	 变速器壳罩　塑料锤	
		(4) 拆下输出轴锁止螺母	 输出轴锁止螺母　5档同步器及齿轮　铜棒　挂档叉轴	

续 表

笔记

作业项目		操作步骤	操作要领	操作记录
3. 汽车变速器拆装	丰田变速器的总成分解（二轴式）	（5）拆卸换档拨叉和毂套	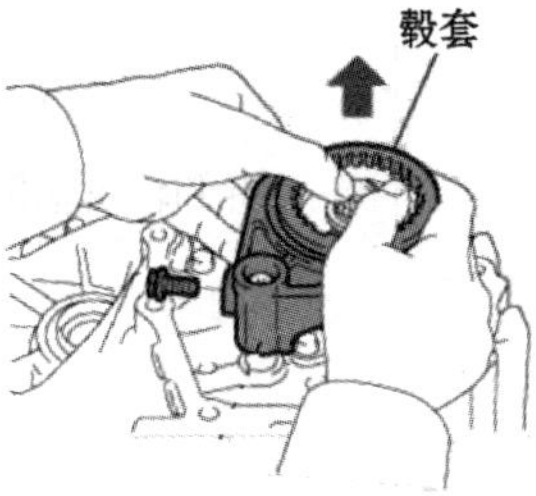 毂套	
		（6）拆卸卡环	卡簧 (2)换档拨叉轴卡环 (4)输出轴卡环 (3)输入轴卡环 (1)离合器毂卡环	
		（7）拆卸5档同步器齿毂和5档齿轮	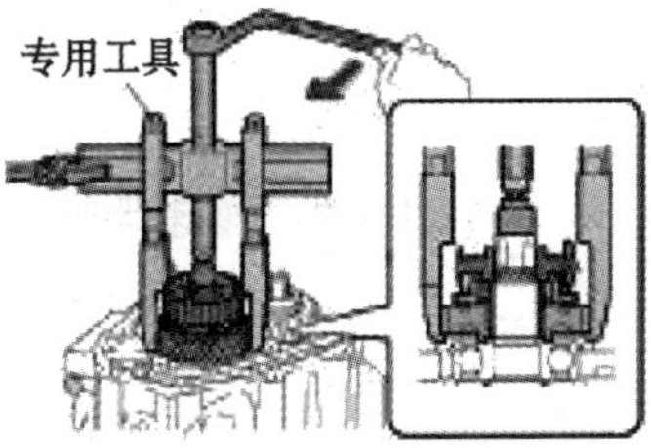 专用工具	
		（8）拆卸轴承挡圈	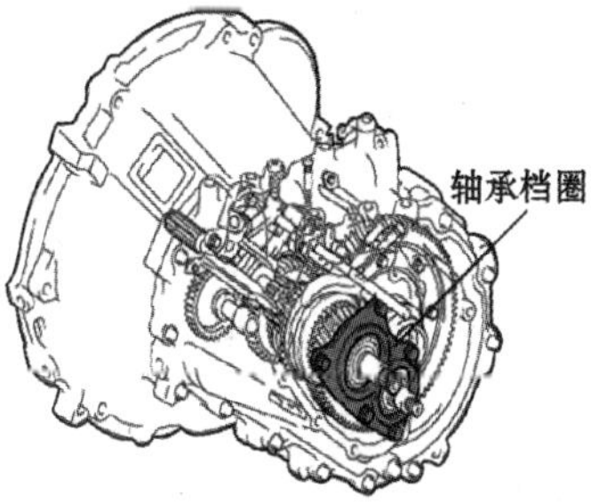 轴承挡圈	
		（9）拆卸轴承卡簧	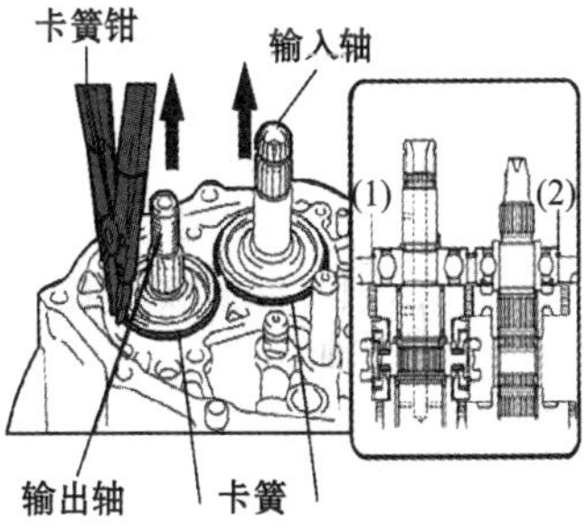 卡簧钳 输入轴 输出轴 卡簧	

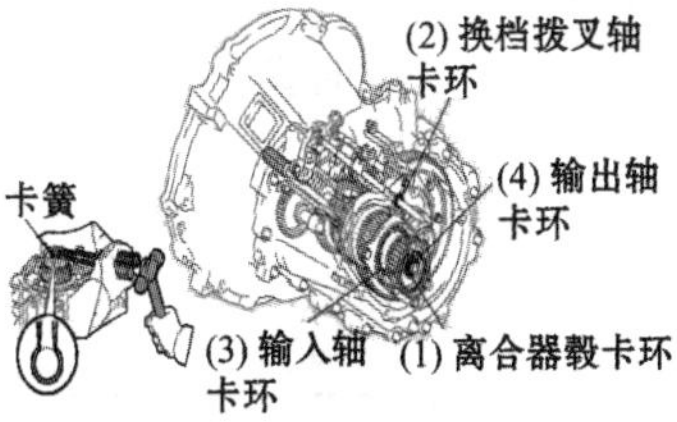

续 表

笔 记

作业项目		操作步骤	操作要领	操作记录
3. 汽车变速器拆装	丰田变速器的总成分解（二轴式）	（10）拆卸输出轴倒档齿轮		
		（11）拆卸换档锁止球和锁止球总成	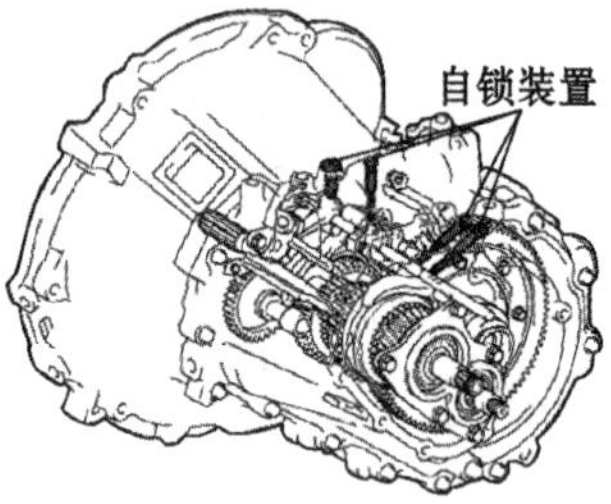 自锁装置	
		（12）拆下变速器壳	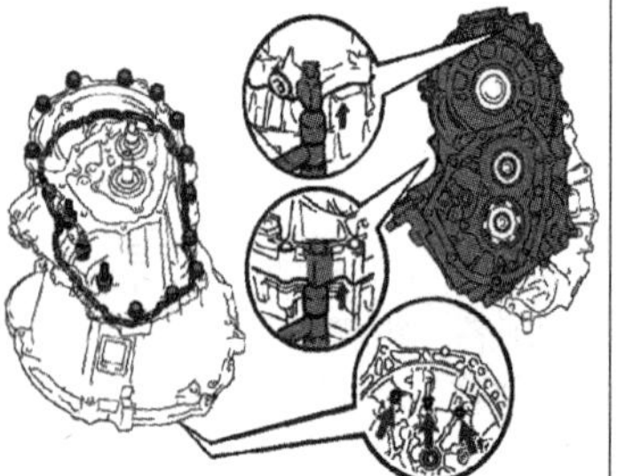 拆卸变速器壳螺丝时,均匀松开,按照对角线顺序松开螺丝	
		（13）倒档惰轮齿轮和轴	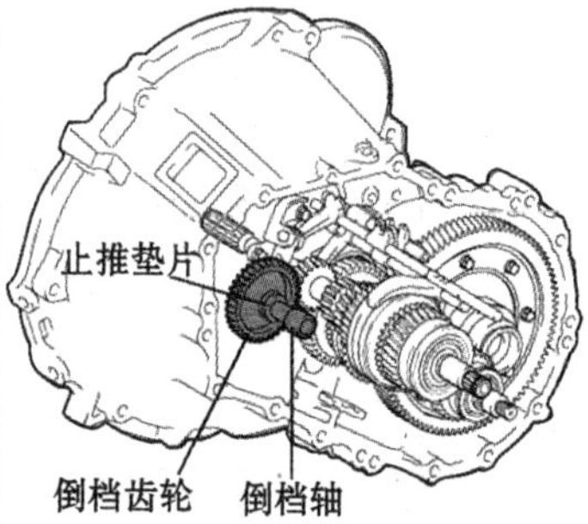 止推垫片　倒档齿轮　倒档轴	
		（14）拆卸换档拨叉和换档拨叉轴	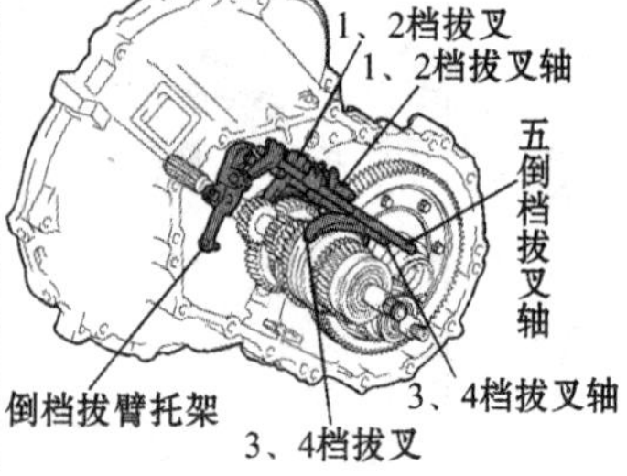 1、2档拨叉　1、2档拨叉轴　五倒档拨叉轴　3、4档拨叉轴　倒档拨臂托架　3、4档拨叉	

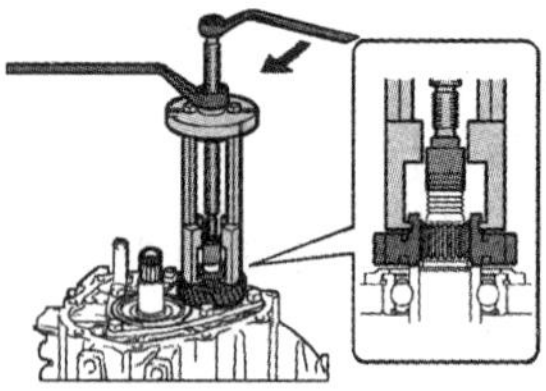

笔记

	作业项目	操作步骤	操作要领	操作记录
3. 汽车变速器拆装	丰田变速器的总成分解（二轴式）	（15）拆卸换档拨叉和换档拨叉轴	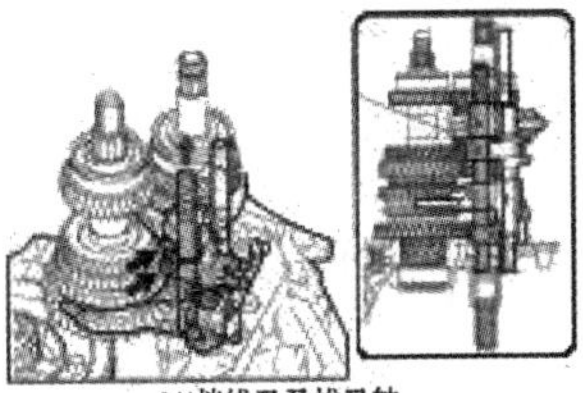 3/4档拨叉及拨叉轴 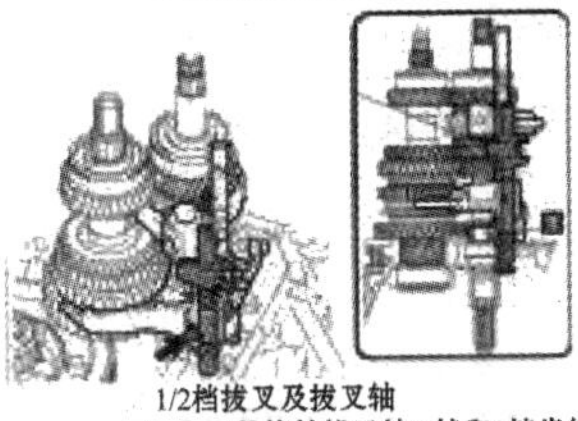 1/2档拨叉及拨叉轴 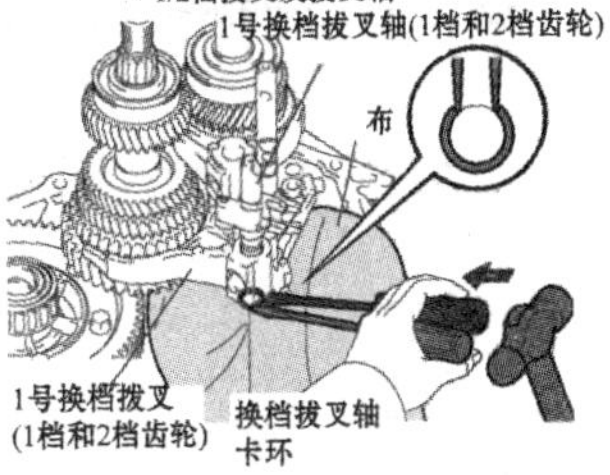 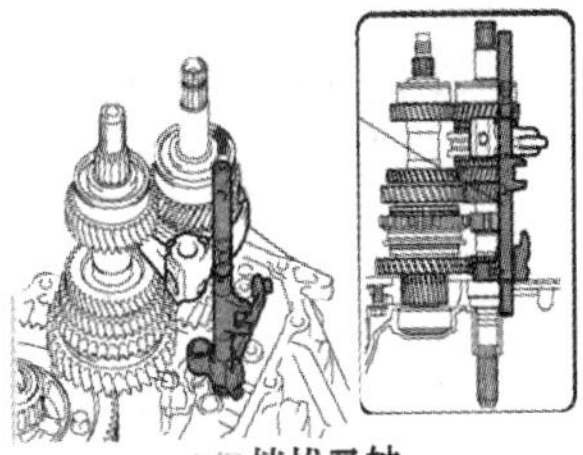 1号换档拨叉轴(1档和2档齿轮) 布 1号换档拨叉(1档和2档齿轮)　换档拨叉轴卡环 5/R档拨叉轴	
		（16）拆卸输入输出轴	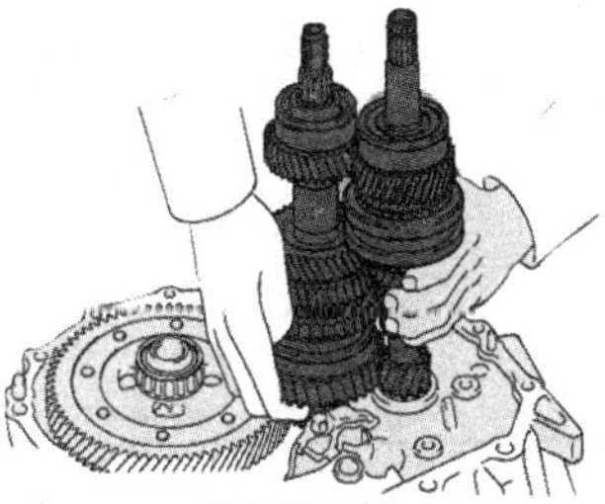 输入/输出轴	
		（17）拆卸输出轴四档齿轮	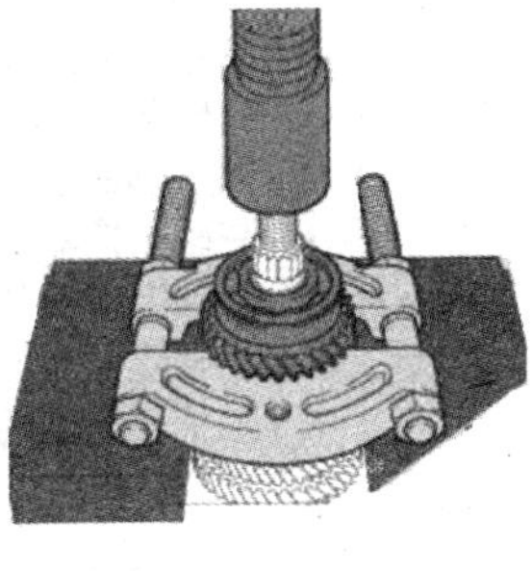	

笔记

	作业项目	操作步骤	操作要领	操作记录
3. 汽车变速器拆装	丰田变速器的总成分解（二轴式）	（18）拆卸输出轴2、3档齿轮		
		（19）拆卸1/2同步器毂卡簧		
		（20）拆卸输出轴1档齿轮和1/2同步器		
操作总结				

五、检验评估

在完成拆装作业后，按表2-2-5变速器拆装检验与评价表，实施作业质量检验，并进行三方评价。

表2-2-5　变速器拆装检验与评价表

评价指标	检验说明	检验记录
操作项目	（1）变速器的组成 （2）变速器变速原理、变向原理 （3）自锁装置、互锁装置的功能 （4）同步器的原理 （5）三轴变速器的档位分析 （6）二轴变速器的档位分析 （7）二轴变速器的拆装 （8）三轴变速器的拆装	
汽车变速器运行情况		

续　表

笔　记

评价内容	检验指标	权重	自评	互评	总评
检查任务完成情况	1. 完成任务过程情况				
	2. 任务完成质量				
	3. 在小组完成任务过程中所起的作用				
专业知识	1. 能描述汽车变速器的组成				
	2. 能描述汽车变速器的应用情况				
	3. 能描述汽车变速器的功能				
	4. 会分析三轴式变速器档位				
	5. 会分析二轴式变速器的档位				
职业素养	1. 学习态度:积极主动参与学习				
	2. 团队合作:与小组成员一起分工合作,不影响学习进度				
	3. 现场管理:服从工位安排、执行实训室"5S"管理规定				
综合评议与建议					

任务 2.3　拆装万向传动装置

任务描述	一辆 2006 款一汽丰田威驰汽车出现交通事故,车辆严重受损,进入维修厂进行维修。针对维修接待和车间确认意见,需进行拆检万向传动装置
任务目标	1. 能描述汽车万向传动装置总体结构,分析其结构特点 2. 能执行维修规范,拆检万向传动装置

一、维修接待

按照表 2-3-1 完成待修车辆的维修接待与接车问诊表。

表 2-3-1　维修接待与接车问诊表

接 车 问 诊 表

车牌号:_____　车架号:_____　行驶里程:_____(km)

用户名:_____　电　话:_____　来店时间:_____/_____

用户陈述及故障发生时的状况:**一辆 2006 款一汽丰田卡罗拉汽车在高速行驶中,发现底盘振动,速度越高振动越严重,进入维修厂进行维修**

故障发生时的状况提示:**行驶速度、发动机状态、发生频率、发生时间、部位、天气、路面状况、声音描述**

接车员检测确认建议:**需进行拆检万向传动装置机**

车间检测确认结果及主要故障零部件:**需进行万向传动装置拆检,必要时需更换相应部件**

车间检查确认者:_____

外观确认:

(请在有缺陷部位作标识)

功能确认:(工作正常√　不正常×)

□音响系统　　□门锁(防盗器)　□全车灯光　□工具
□后视镜　　　□顶窗　　　　　□座椅　　　□点烟器
□玻璃升降器　□玻璃

物品确认:(有√　无×)

□贵重物品提示
□工具　□备胎　□灭火器
□其他(　　　　　　　)
旧件是否交还用户　□是　□否
用户是否需要洗车　□是　□否

F

E

- 检测费说明:本次检测的故障如用户在本店维修,检测费包含在修理费用内;如用户不在本店维修,请您支付检测费。本次检测费:¥_____元。
- 贵重物品:在将车辆交给我店检查修理前,已提示将车内贵重物品自行收起并保存好,如有遗失恕不负责。

接车员:_____　　　　　　用户确认:_____

二、信息收集与处理

按照表 2-3-2 完成本次任务的信息收集与处理。

表 2-3-2　万向传动装置

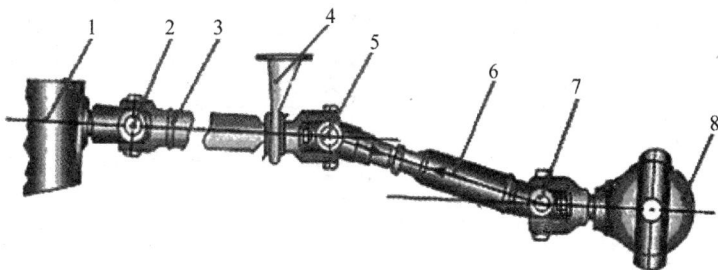

序号	部件名称	作　用
1		
2		
3		
4		
5		
6		
7		
8		

1. 万向传动装置的功用：_____
2. 万向传动装置的组成：_____
3. 万向节的类型：_____
4. 万向节的工作角度：_____
5. 等速万向节的工作原理：_____

　　万向传动装置的工作条件是极其恶劣的，它不仅在高转速下承受着较大力矩和冲击负荷而且要适应车辆在行驶中随着悬架的变形、车架与车桥之间相对位置不断变化引起传动轴之间的夹角变化和传动轴随着悬架的变形，不断地伸长和缩短，所以传动轴要有夹角的传递动力机件，并要改变传动轴轴线之间方向的万向传动装置。

　　1. 万向传动装置的功用及组成和分类

　　1）功用

　　万向传动装置的功用是实现轴间夹角和相对位置经常发生变化的转轴之间的动力传递。

　　2）组成

　　万向传动装置由万向节和传动轴（有时还加装中间支承）所组成。见图 2-3-1。

　　3）分类

　　按万向节在扭转方向上是否有明显的弹性可分为刚性万向节和挠性万向节，见图 2-3-2。刚性万向节又可分为不等速万向节（常用的为十字轴式）、准等速万向节（如双联式、三销式万向节)和等速万向节(如球笼式、球叉式万向节)三种。

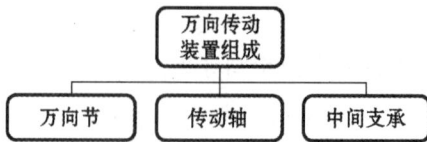

图 2-3-1 万向传动装置组成

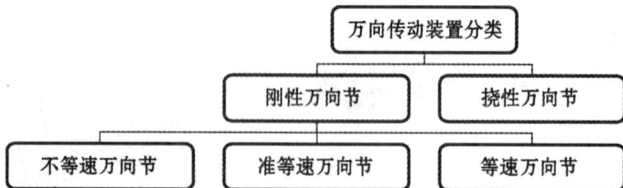

图 2-3-2 万向传动装置分类

十字轴式刚性万向节为汽车上广泛使用的不等速万向节,允许相邻两轴的最大交角为 $15°\sim20°$。

图 2-3-3 所示的十字轴式万向节由一个十字轴,两个万向节叉和四个滚针轴承等组成。两万向节叉 1 和 3 上的孔分别套在十字轴 2 的两对轴颈上。这样当主动轴转动时,从动轴既可随之转动,又可绕十字轴中心在任意方向摆动。在十字轴轴颈和万向节叉孔间装有滚针轴承 5,滚针轴承外圈靠卡环轴向定位。为了润滑轴承,十字轴上一般装有黄油嘴并有油路通向轴颈。润滑油可从黄油嘴注到十字轴轴颈的滚针轴承处。

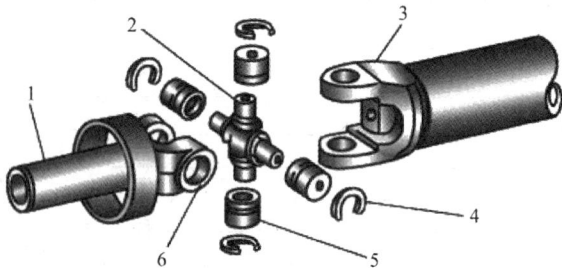

图 2-3-3 十字轴式万向节

1-套筒 2-十字轴 3-传动轴叉 4-卡环 5-轴承外圈 6-套筒叉

十字轴刚性万向节的工作特性:单个万向节在输入轴与输出轴之间有夹角的情况下,两轴的角速度不相等。见图 2-3-4 所示。

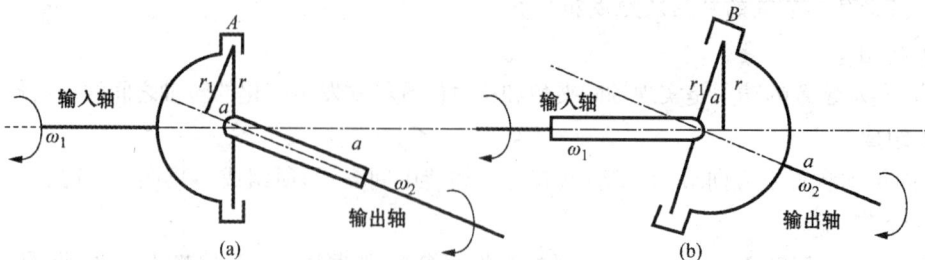

图 2-3-4

　　万向节上 A、B 点同时绕输入轴与输出轴转动，所以 A、B 点的线速度相同，但由于 A、B 点绕输入轴与输出轴转动的半径不同，A、B 绕输入轴转动半径为 r，绕输出轴转动半径为 r_1，在水平位置时，$r_1 = r\cos a$ 如图 2-3-4(a)所示，在垂直位置时，$r_1 = r/\cos a$ 如图 2-3-4(b)所示。它们之间的关系为：

$$V_A = r\omega_1 = r_1\omega_2 = r\omega_2\cos a \quad \omega_1 = \omega_2\cos a \quad \omega_1 < \omega_2$$
$$V_B = r_1\omega_1 = r\omega_2 = r\omega_1\cos a \quad \omega_1 = \omega_2/\cos a \quad \omega_1 > \omega_2$$

　　输入轴与输出轴不断转动，输入轴与输出轴转动半径也在不断交替变化。若发动机以不变的转速驱动万向节，但是由于万向节的角度，输出转速是变化的，每旋转一周转速改变两次。角度越大，转速改变越大（速率），见图 2-3-5 所示。

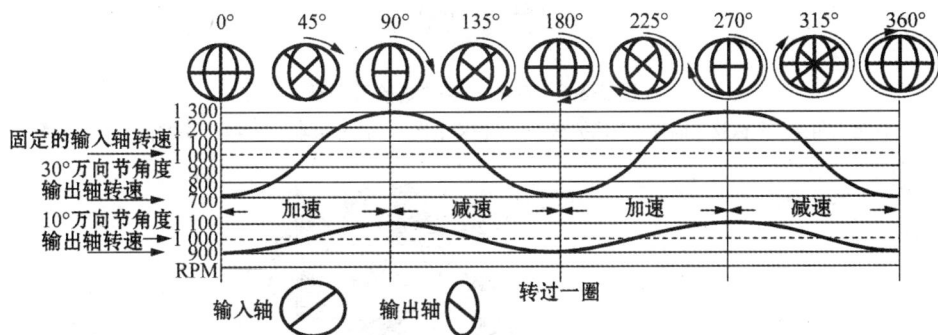

图 2-3-5　万向节输出速度随万向节的转速和角度而变化

　　在图 2-3-5 的底部，输入轴转速固定为 1000 r/min。当万向节的角度仅为 10°的差异时，输出轴转速在 900～1100 r/min 之间变化。在图的顶部，输入轴转速持续为 1000 r/min。当万向节的角度差异改变为 30°时，输出轴转速则在 700～1200 r/min 之间变化。

　　如果在传动系上只使用一个万向节，从动边（输出端）转速的改变将在传动系上产生振动。为了帮助减少振动，在驱动轴的另一端使用另外一个万向节。如果两个万向节的角度几乎相等，一个万向节的加速和减速就通过第二个万向节交替的减速和加速来弥补。两个万向节以大致相等的角度工作，对于防止过度的传动系振动是非常重要的。

拆装提示

　　实现两轴间等角速度传动措施
　　(1) 第一万向节两轴间夹角 a_1 与第二万向节两轴间夹角 a_2 相等。
　　(2) 第一万向节从动叉与第二万向节主动叉处于同一平面内。

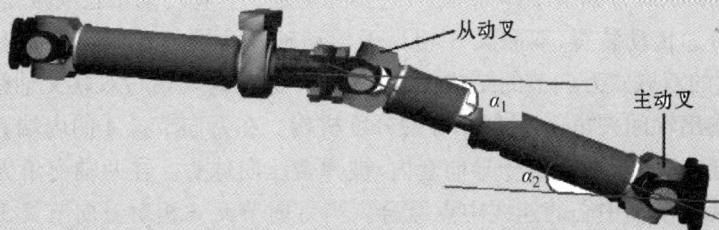

目前小轿车上常用的等速万向节为球笼式万向节,也有采用球叉式万向节或自由三枢轴式的万向节(见图 2-3-6 和图 2-3-7)。

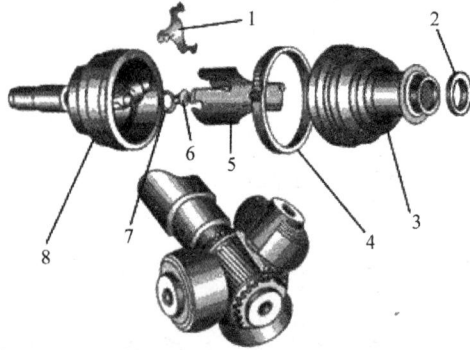

图 2-3-6　自由三枢轴式的万向节

1-锁定三角架　2-橡胶紧固件　3-保护罩　4-保护罩卡箍　5-漏斗形轴　6-推块　7-垫圈　8-外座圈

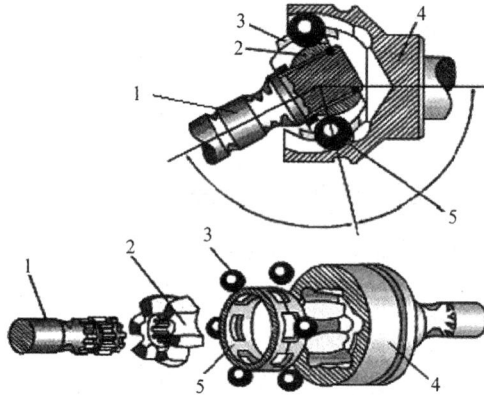

图 2-3-7　球笼式等速万向节组成

1-主动轴　2-星形套(内滚道)　3-钢球　4-保持架(球笼)　5-球形壳(外滚道)

等角速万向节的基本原理是从结构上保证万向节在工作过程中,其传力点永远处于两轴的平分面上,可使万向节旋转的角速度也相等。若万向节的传力点在其交角变化时,始终位于角平分面内,则可使两万向节叉保持等角速的关系。

常见的准等速万向节有双联式和三销轴式两种,它们的工作原理与上述双十字轴式万向节实现等速传动的原理是一样的。

图 2-3-9 为双联式万向节工作原理图,它实际上是一套将传动轴长度减缩至最小的双十字轴式万向节等速传动装置,双联叉 3 相当于传动轴及两端处在同一平面上的万向节叉。在图 2-3-8 所示的双联式万向节的结构实例中,设有保证输入轴与双联叉轴线间夹角 α_1 和双联叉轴线与输出轴间夹角 α_2 近似相等的分度机构。在万向节叉 4 的内端有球头,在万向节叉 1 内端有导向套 2。球碗放于导向套内,被弹簧压向球头。在两轴交角为 0°时,球头与球碗的中心与两十字轴中心的连线中点重合。当万向节叉 4 相对万向节叉 1 摆动时,如果球头与球碗的中心(实际上也是输出轴与输入轴的交点)能沿两十字轴中心连线的中垂线移动,就能够满足 $\alpha_1=\alpha_2$ 的条件,但是球头与球碗的中心(实际上就是球头的中心)只能绕万向

节叉 4 上的十字轴中心做圆弧运动。在当输出轴与输入轴的交角较小时,处在圆弧上的两轴轴线交点离上述中垂线很近(图 2-3-9),使得 α_1 与 α_2 的差很小,能使两轴角速度接近相等,所以称双联式万向节为准等速万向节。

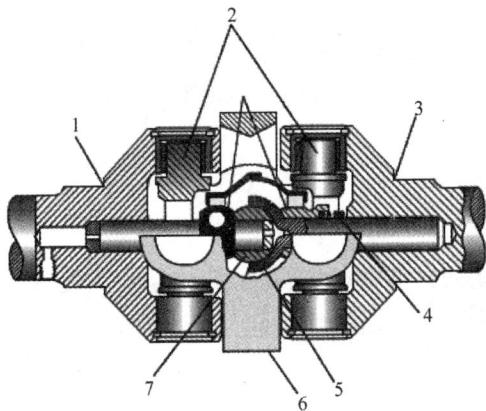

图 2-3-8 双联式万向节

1、4-万向节叉 2-十字轴 3-油封 5-弹簧 6-球碗 7-双联叉 8-球头

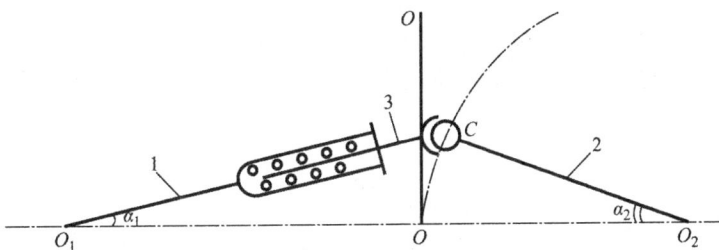

图 2-3-9 双联式万向节工作原理图

1、2-轴 3-双联叉

挠性万向节(见图 2-3-10)是由橡胶件将主、被动轴叉交错连接而成的,依靠橡胶件的弹性变形,能够实现转动轴线的小角度(3°~5°)偏转和微小轴向位移,吸收传动系中的冲击载荷和衰减扭转振动。具有结构简单,无需润滑等优点。

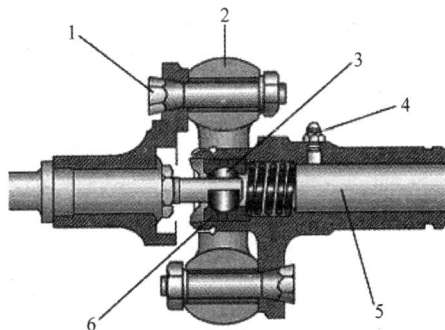

图 2-3-10 挠性万向节

1-螺丝 2-橡胶 3-中心钢球 4-黄油嘴 5-传动凸缘 6-球座

2. 万向传动装置的结构

1) 传动轴及中间支承

在有一定距离的两部件之间采用万向传动装置传递动力时,一般需要在万向节之间安装传动轴。若两部件之间的距离会发生变化,而万向节又没有伸缩功能,则还要将传动轴做成两段,用滑动花键相连接。为减小传动轴花键连接部分的轴向滑动阻力和磨损,需加注润滑油进行润滑(见图2-3-11),也可以对花键进行磷化处理或喷涂尼龙层,或是在花键槽内设置滚动元件。

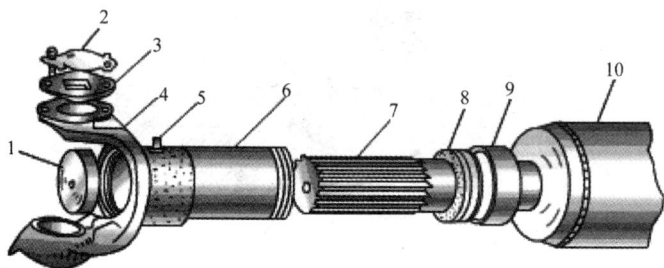

图 2-3-11　滑动花键传动轴

1-盖子　2-盖板　3-盖垫　4-万向节叉　5-加油嘴　6-伸缩套
7-滑动花键槽　8-油封　9-油封盖　10-传动轴管

在采用独立悬架连接的驱动桥上,差速器与驱动轮之间的传动轴又称为驱动半轴(见图2-3-12)。在工作时,差速器与驱动轮之间的距离变化是靠内侧伸缩型万向节来适应的(见图2-3-13)。

图 2-3-12　独立悬架驱动半轴型式

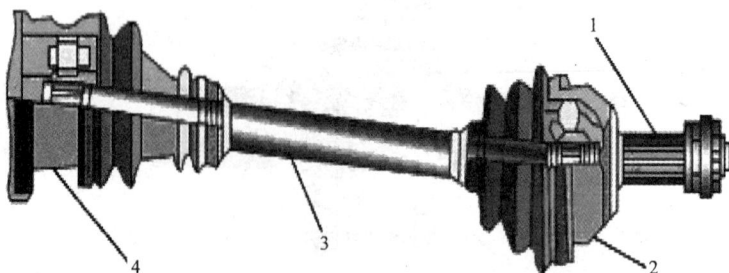

图 2-3-13　等速万向节传动轴

1-短轴　2-外侧等速万向节　3-驱动轴　4-内侧等速万向节

2）传动轴中间支承

在传动距离较长时，往往将传动轴分段，在各段之间增加中间支承。中间支承实际上是一个通过支承座和缓冲胶垫安装在车身（或车架）上的轴承，用来支承传动轴的一端。橡胶缓冲垫可以补偿车身（或车架）变形和发动机振动对于传动轴位置的影响（见图 2-3-14）。

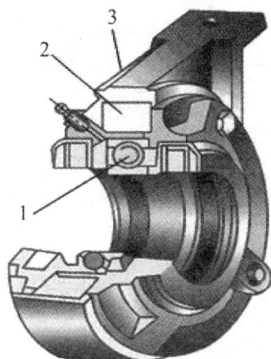

图 2-3-14　传动轴中间支承

1-滚球轴承　2-中间轴承缓冲垫　3-支承座

3）两段万向传动装置总成

在传动距离较长时，往往将传动轴分段，即在传动轴前增加带中间支承的前传动轴（见图 2-3-15）。

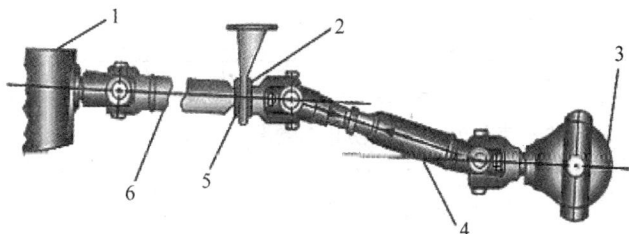

图 2-3-15　两段万向传动装置总成

1-变速器　2-中间支承　3-后驱动桥　4-后传动轴　5-球轴承　6-前传动轴

三、制订计划

根据任务要求，完成表 2-3-3 的万向传动装置拆装计划。

表 2-3-3　制订万向传动装置拆装计划

故障现象	一辆 2006 款一汽丰田卡罗拉汽车在高速行驶中，发现底盘振动，速度越高振动越严重，进入维修厂进行维修。查阅维修资料，了解车辆结构特点，熟悉万向传动装置拆装规范，制订万向传动装置拆装计划	
1. 车辆万向传动装置类型信息描述	车辆描述	
	万向传动装置器类型描述、信息描述	
2. 车辆万向传动装置使用情况描述		

续 表

3. 万向传动装置拆装注意事项和技术要求	(1) _____ (2) _____ (3) _____ (4) _____
4. 万向传动装置装配质量要求	(1) _____ (2) _____ (3) _____
5. 万向传动装置拆装计划	(1) 万向传动装置分解 (2) 万向节的类型 (3) 中间支承的拆装 (4) 十字轴式万向节不等速特性 (5) 万向传动装置装配

四、任务实施

根据教师提供的万向传动装置总成或零件结构图,结合教学实际情况和教材,收集车辆和万向传动装置等相关信息,按表 2-3-4 实施汽车万向传动装置的拆装作业。

表 2-3-4　汽车万向传动装置的拆装作业任务书

1. 车辆信息描述	车辆描述		
	车辆万向传动装置类型描述		
2. 汽车万向传动装置日常使用描述			
	拆装步骤	**拆装方法**	**记录**
3. 就车拆装万向传动装置	首先将车辆固定好	用三角木垫在车轮前后,防止车辆滑动	
	放置空档、放手刹	将档位放置到空档,后驱车辆并放松手刹	
	拆下轮胎	拧松轮胎螺丝,将车辆升起,拆下轮胎	
	拆下横拉杆球头	用专用工具拉拔器拆下横拉杆球头,没有拉拔器,横拉杆球接头也能够通过在横拉杆球接头上面向上撬和用重锤敲击转向节使其从转向节中分离出来。通过打击解除了锥配合,从而松开了横拉杆球接头	

续 表

拆装步骤		拆装方法		记录
3. 就车拆装万向传动装置	冲开半轴螺母锁紧部位	用冲子冲开半轴螺母锁紧部位		
	拆下半轴螺母	用公斤扳手拆下半轴螺母,注意左右螺母的旋向,不要使用冲击式气动扳手拆下轮毂螺母。因为冲击力能够损害轮毂轴承		
	拆下减振器与转向节连接螺丝	用公斤扳手拆下减振器与转向节连接螺丝		
	拆下半轴	用铜棒向内冲击半轴外万向节轴头使其与轮毂脱开,注意制动油管,半轴与轮毂脱开后,应将减振器与转向节连接螺丝装上,防止制动油管被拉断	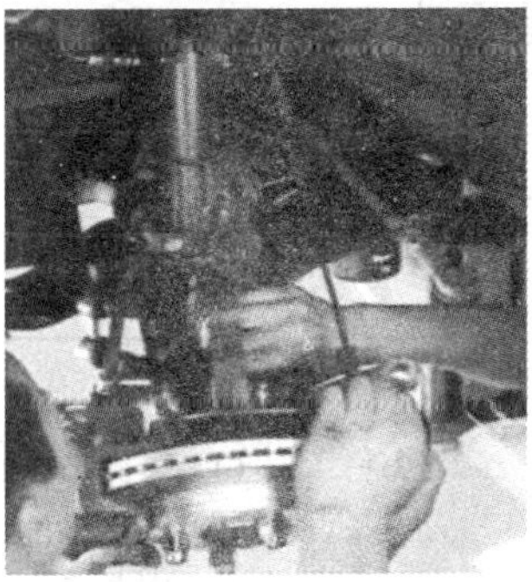	
		用撬棒撬动半轴内万向节使其与变速器脱开,拆下半轴,注意不要损坏万向节的防尘套	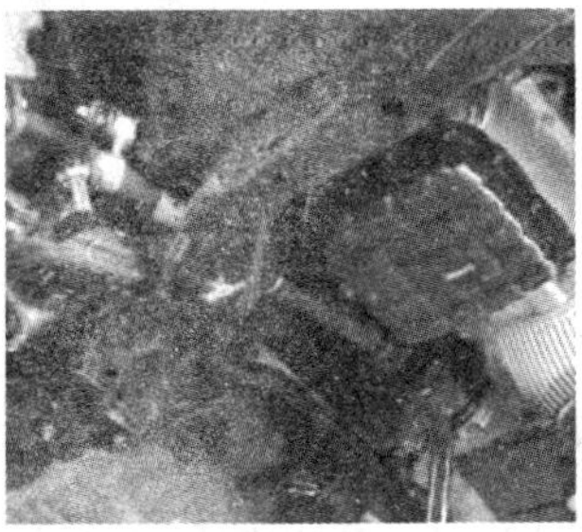	

笔记

	拆装步骤		拆装方法	记录
3. 就车拆装万向传动装置	拆解,清洁		拆解,清洁,检查所有零部件	
	检查		如果有任何零件磨损,应更换整个万向节;装入所有补充给总成或万向节的润滑油,组装万向节和安置护罩。在用卡箍固定护罩上的最后密封之前,确认已排除了气泡,避免护罩加热时膨胀或遇冷收缩时损坏	
	安装		按照拆卸的相反顺序重新安装驱动桥轴	
4. 十字轴式万向传动装置分解	拆卸	拆下万向节定位	用扳手或卡簧钳将每个耳孔的轴承盖定位螺栓或卡簧拆卸	
		拆下凸缘叉	用木块支起传动轴,使传动轴的一端悬空,用铁锤敲打万向节凸缘叉耳根部将一个滚针轴承座震出来,将传动轴转过180°,用同样的方法将凸缘叉座的另一滚针轴承座震出,取下凸缘叉	
		拆下万向节	用铜棒敲击轴承端部,将一个滚针轴承拆下,把传动轴转过180°用同样方法将传动轴叉孔的另一个滚针轴承拆出,并把十字轴取下来	
	安装	十字轴	将十字轴上的黄油嘴朝向传动轴装入凸缘叉孔内	
		轴承	在轴承内加注适量的黄油,轴承放入叉孔内并套在十字轴上,用铜棒或手锤将轴承轻轻敲入叉孔内,并边敲边转动十字轴。然后装好卡簧或盖板,用上述同样的方法装好其他三个轴承	
		要求	十字轴复位后,应在25°范围内上、下、左、右自由转动,手感灵活,阻力一致,两轴上的黄油嘴应偏置180°,以便保持传动轴的平衡 同一轴上的万向节叉平面,应在同一个水平面上	
拆卸与装配结论				

五、检验评估

在完成拆装作业后,按表 2-3-5 万向传动装置拆装检验与评价表,实施作业质量检验,并进行三方评价。

表 2-3-5　万向传动装置拆装检验与评价表

评价指标	检验说明	检验记录
检查项目	(1) 万向节 (2) 传动轴 (3) 中间支承 (4) 定位卡簧 (5) 装配质量	
汽车万向传动装置工作情况		

评价内容	检验指标	权重	自评	互评	总评
检查任务完成情况	1. 完成任务过程情况				
	2. 任务完成质量				
	3. 在小组完成任务过程中所起的作用				

续　表

评价内容	检验指标	权重	自评	互评	总评
专业知识	1. 能描述汽车万向传动装置的组成				
	2. 能描述汽车万向传动装置拆装步骤				
	3. 能描述汽车万向传动装置的作用				
	4. 会描述汽车万向传动装置使用范围				
	5. 会描述汽车万向传动装置装配要求				
职业素养	1. 学习态度:积极主动参与学习				
	2. 团队合作:与小组成员一起分工合作,不影响学习进度				
	3. 现场管理:服从工位安排、执行实训室"5S"管理规定				
综合评议与建议					

笔记

任务2.4　拆装主减差速器

任务描述	一辆2006款一汽丰田面包车在高速行驶中,后桥发出"嗡嗡"声响,速度越高声响越大,进入维修厂进行维修。针对维修接待和车间确认意见,需进行拆检主减差速器
任务目标	1. 能描述汽车主减差速器结构,分析其结构特点 2. 能执行维修规范主减差速器

一、维修接待

按照表2-4-1完成待修车辆的维修接待与接车问诊表。

表2-4-1　维修接待与接车问诊表

接 车 问 诊 表

车牌号:_____	车架号:_____	行驶里程:_____(km)
用户名:_____	电　话:_____	来店时间:____/____

用户陈述及故障发生时的状况:**一辆2006款一汽丰田面包车在高速行驶中,后桥发出"嗡嗡"声响,速度越高声响越大,进入维修厂进行维修**

故障发生时的状况提示:**行驶速度、发动机状态、发生频率、发生时间、部位、天气、路面状况、声音描述**

接车员检测确认建议:**需进行拆检主减差速器**

车间检测确认结果及主要故障零部件:**需进行拆检主减差速器,必要时需更换相应部件**

车间检查确认者:_____

外观确认:

（请在有缺陷部位作标识）

功能确认:（工作正常√　不正常×）
□音响系统　　□门锁(防盗器)　□全车灯光　□工具
□后视镜　　　□顶窗　　　　　□座椅　　　□点烟器
□玻璃升降器　□玻璃

物品确认:（有√　无×）
□贵重物品提示
□工具　□备胎　□灭火器
□其他(　　　　　　)
旧件是否交还用户　□是　□否
用户是否需要洗车　□是　□否

F

E

· 检测费说明:本次检测的故障如用户在本店维修,检测费包含在修理费用内;如用户不在本店维修,请您支付检测费。本次检测费:¥_____元。

· 贵重物品:在将车辆交给我店检查修理前,已提示将车内贵重物品自行收起并保存好,如有遗失恕不负责。

接车员:_____　　　　用户确认:_____

二、信息收集与处理

按照表 2-4-2 完成本次任务的信息收集与处理。

表 2-4-2　信息收集与处理

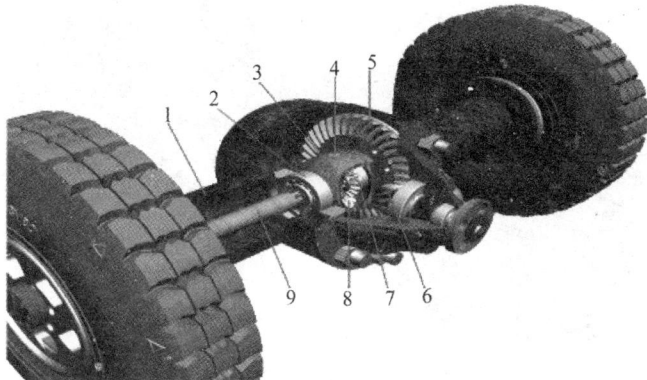

序号	部件名称	作　用
1		
2		
3		
4		
5		
6		
7		
8		
9		

1. 驱动桥的功用：_____
2. 驱动桥的组成：_____
3. 主减速器的类型：_____
4. 差速器的的类型：_____
5. 差速器的工作原理：_____

　　驱动桥是汽车传动系统中的最后一个组成部分,对于前轮驱动的车辆来说前桥即是转向桥又是驱动桥(称为转向驱动桥的)。它由主减速器、差速器、半轴和驱动桥壳等组成。

　　1. 驱动桥的构造功用

　　将驱动桥输入的发动机转矩经降速增扭后,改变传动方向,然后分配给左右驱动轮,且允许左右驱动轮以不同转速旋转。

　　2. 驱动桥的种类及组成

　　驱动桥的种类有断开式驱动桥和整体式驱动桥两种。

　　1) 整体式驱动桥的组成

　　图 2-4-1 所示的非断开式驱动桥也称为整体式驱动桥,它由驱动桥壳 1,主减速器(图中

笔记

包括 5、6)、差速器(图中包括 3、4、7、8)和半轴 9 组成。驱动桥壳 1 由中间的主减速器壳和两边与之刚性连接的半轴套管组成,通过悬架与车身或车架相连。两侧车轮安装在此刚性桥壳上,半轴与车轮不可能在横向平面内做相对运动。

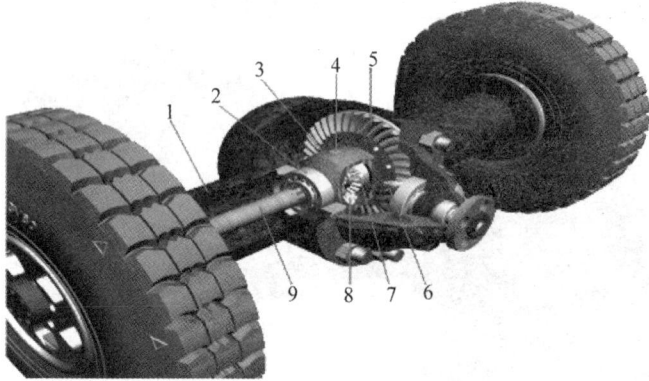

图 2-4-1　整体式驱动桥结构

1-后桥壳　2-轴承　3-差速器壳　4-行星齿轮轴　5-主减差器从动齿轮

6-主减速器主动齿轮　7-差速器半轴齿轮　8-差速器行星齿轮　9-半轴

2) 断开式驱动桥的组成

为了与独立悬架相适应,驱动桥壳需要分为用铰链连接的几段,更多的是只保留主减速器壳(或带有部分半轴套管)部分,主减速器壳固定在车架或车身上,这种驱动桥称为断开式驱动桥。

断开式驱动桥由主减速器、两半轴、弹性元件、减振器、车轮、摆臂、摆臂轴等主减差速器壳固定在车架上。为了适应驱动轮独立上下跳动的需要,差速器与车轮之间的半轴也要分段,各段之间用万向节连接。驱动桥壳应制成分段并通过铰链连接,两侧的驱动轮用弹性独立悬架与车架相联系,两轮可彼此独立地相对于车架上下跳动(见图 2-4-2)。

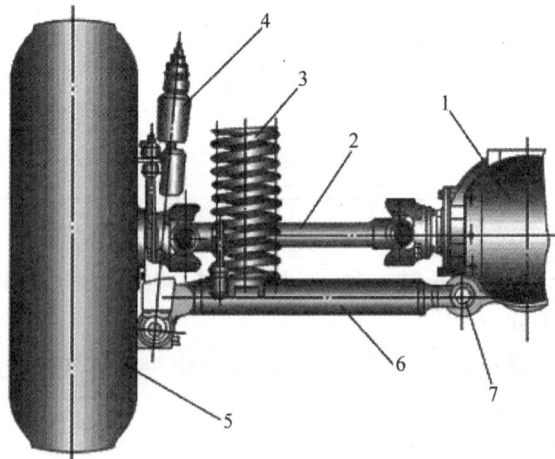

图 2-4-2　断开式驱动桥

1-主减差速器　2-半轴　3-弹性元件　4-减振器　5-车轮　6-摆臂　7-摆臂轴

3. 主减速器

1）功用

（1）将驱动桥传来的发动机的转矩传给差速器；

（2）在动力的传动过程中要将转矩增大并相应降低转速。

2）分类

（1）按参加减速传动的齿轮副的数目分：单级式主减速器（见图 2-4-3）和双级式主减速器（见图 2-4-4）。

除了一些要求大传动比的中、重型车采用双级主减速器外，一般微、轻、中型车基本采用单级主减速器。单级主减速器具有结构简单、体积小、重量轻和传动效率高等优点。

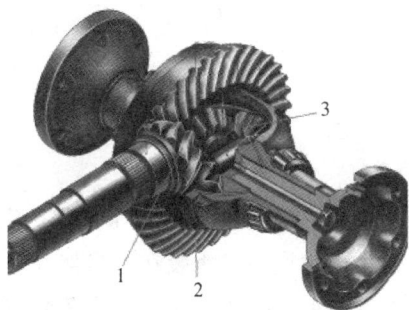

图 2-4-3　单级式主减速器

1-主动圆锥齿轮　2-从动圆锥齿轮　3-差速器

图 2-4-4　双级式主减速器

1-第一级从动圆锥齿轮　2-第一级主动圆锥齿轮

3-第二级主动圆柱齿轮　4-第二级从动圆柱齿轮

（2）按主减速器传动比档数分，可分为单速式和双速式两种。目前，国产汽车基本都采用了传动比固定的单速式主减速器。在双速式主减速器上，设有供选择的两个传动比，这种主减速器实际上又起到了副变速器的作用

（3）按齿轮的形状分，有圆柱齿轮式和圆锥齿轮式。发动机横置前置前驱车辆均采用圆柱齿轮，而前置后驱的车辆传动方向需折转 90°，故均采用圆锥齿轮，圆锥齿轮又分直齿轮、螺旋齿轮和准双曲面齿轮。直齿轮传动噪声大，不平稳，目前车辆很少用来作减速齿轮。准双曲面齿轮工作平稳性更好，弯曲强度和接触强度更高，还可以使主动齿轮轴线相对于从动齿轮轴线偏移。当主动齿轮轴线向下偏移时，可以降低传动轴的位置，从而有利于降低车身及整车重心高度，提高汽车的行驶稳定性（见图 2-4-5）。

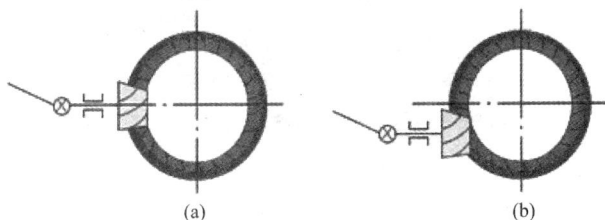

图 2-4-5　圆锥齿轮和准双曲面齿轮

（a）圆锥齿轮　（b）准双曲面齿轮

（4）按安装位置分中央减速器和轮边减速器。大型载重车辆和矿山工程车辆需要较大的传动比和较大的离地间隙时，往往将双级主减速器中的第二级减速齿轮机构制成两套，分别装在后轮轮毂内（行星齿轮减速机构），称为轮边减速器（见图2-4-6）。

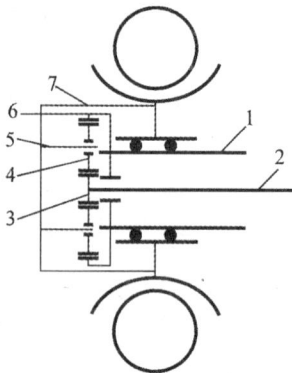

图 2-4-6　轮边减速器结构示意图

1-半轴导管　2-半轴　3-太阳轮　4-行星齿轮　5-行星架　6-齿圈　7-轮毂

太阳轮3用花键与半轴连接，随半轴转动。齿圈6用花键与半轴导管1连接，不能转动。在太阳轮3和齿圈6之间装有三个行星齿轮4，行星齿轮通过轴承装在行星架5上。行星架固定在轮毂7上。动力从半轴2经太阳轮3、行星齿轮4、行星架5传给轮毂7而驱动车轮转动。

3）单级准双曲面齿轮主减速器

如图2-4-7所示为单级主减速器结构，它采用一对准双曲面锥齿轮传动。主动锥齿轮3与输入轴制成一体，用圆锥滚子轴承5和8支承。这两个轴承安装在主减速器壳10的轴承孔内，并被台阶轴向定位，用来承受在主减速器工作时，对主动锥齿轮3产生的轴向和径向力。因为主动锥齿轮3处于圆锥滚子轴承5和8支承点的外面，所以让两轴承的小端相对，这能够增大有效支承点的距离，并使轴承5有效支承点距锥齿轮3更近，有利于增加主动锥

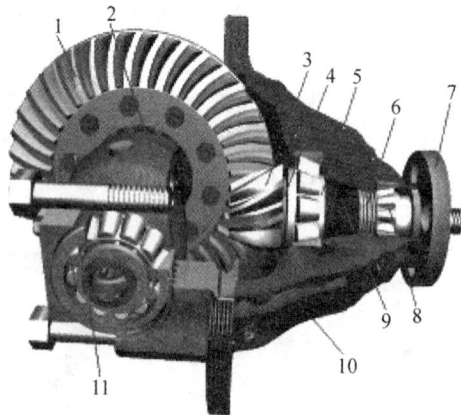

图 2-4-7　单级准双曲面齿轮主减速器

1-从动锥齿轮　2-差速器　3-主动锥齿轮　4、6-调整垫片　5-主动锥齿轮后轴承
7-凸缘叉　8-主动锥齿轮前轴承　9-轴套　10-主减器壳　11-差速器轴承

齿轮的支承刚度。输入轴前端的固定螺母把垫圈、凸缘叉、轴承 8 内圈、预紧调整垫片 6、轴套 9、轴承 5 内圈和齿轮前后位置调整垫片 4 等固定在齿轮 3 的前端面上。

从动锥齿轮 1 被螺栓固定在差速器壳 2 上，差速器壳又被两个圆锥滚子轴承 11 支承在主减速器壳内。因为从动锥齿轮 1 处于两个圆锥滚子轴承之间，所以让两轴承的大端相对，这能够适当减小两轴承有效支承点的距离，对增加从动锥齿轮的支承刚度是有利的。

4）单级圆柱齿轮主减速器

发动机横置前桥驱动的汽车采用的是圆柱齿轮式单级主减速器。主减速器（以及差速器）与变速器连为一体，又总称为"变速驱动桥"（见图 2-4-8）。

图 2-4-8　单级圆柱齿轮主减速器
1-主减速器主动齿轮　2-主减速器从动齿轮　3-差速器

4. 差速器结构与工作原理

当汽车在不平路面或转弯行驶时，两侧车轮所走过的路程是不相等的；即使路面非常平直，但由于轮胎制造尺寸误差，磨损程度不同，承受的载荷不同或充气压力不等，各个轮胎的滚动半径实际上不可能相等，若两侧车轮都固定在同一刚性转轴上，两轮角速度相等，则车轮必然出现边滚动边滑动的现象。

车轮对路面的滑动不仅会加速轮胎磨损，增大汽车行驶阻力，而且可能导致转向和制动性能的恶化。若主减速器从动齿轮通过一根整轴同时带动两侧驱动轮，则两侧车轮只能以同样的转速转动。为了保证两侧驱动轮处于纯滚动状态，就必须改用两根半轴分别连接两侧车轮，而由主减速器从动齿轮通过差速器分别驱动两侧半轴和车轮，使它们以不同角速度旋转。这种装置称为差速器。

1）差速器功用

差速器功用将主减速器传来的动力传给左、右两半轴，并在必要时允许左、右两半轴以不同的转速旋转，以满足两侧驱动轮差速的需要。

2）差速器的分类

（1）按功能分：

① 通差速器 $\begin{cases} 对称式 \\ 不对称式 \end{cases}$

笔记

```
　　　　　　　　　　　　　强制锁止式
② 防滑差速器{　　　　　　　　{变传动比式
　　　　　　　　　　　　自由轮式{滚柱式
　　　　　　　　　　　{　　　　　{牙嵌式
　　　　　　　　自锁式{　　　　　　托森式
　　　　　　　　　　　{　　　　　　粘性联轴式
　　　　　　　　　　　高摩擦式{摩擦片式
　　　　　　　　　　　　　　　　滑块凸轮式
```

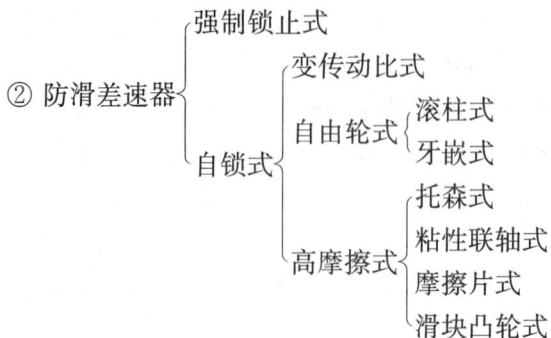

（2）按安装位置分

① 轴间差速器

在多轴驱动汽车的各驱动桥之间，各驱动桥所处的不同路面情况，转动阻力不同使各驱动桥有可能具有不同的转速，因此在各驱动桥之间装设轴间差速器，这样前后传动轴就能以不同的转速转动。

② 轮间差速器

装在同一驱动桥两侧驱动轮之间的差速器。

3）普通差速器的结构

目前汽车大都采用对称式锥齿轮普通差速器。对称式锥齿轮差速器由行星齿轮、半轴齿轮、行星齿轮轴（十字轴或一字轴）和差速器壳等组成（见图 2-4-9）。左半差速器壳 2 和右半差速器壳 8 用螺栓 10 紧固在一起。主减速器的从动齿轮 7 用螺栓（或铆钉）固定在差速器壳右半部 8 的凸缘上。十字形行星齿轮轴 9 安装在差速器壳接合面处所形成的圆孔内，每个轴颈上套有一个直齿圆锥行星齿轮 6，四个行星齿轮的左右两侧各与一个直齿圆锥半轴齿轮 4 相啮合。半轴齿轮的轴颈支承在差速器壳左右相应的孔中，其内花键与半轴外花键相连。与差速器壳一起转动（公转）的行星齿轮带动两侧的半轴齿轮转动，当两侧车轮所受阻力不同时，行星齿轮就会绕自身轴线（十字轴）转动（自转），实现对两侧车轮的差速驱动。

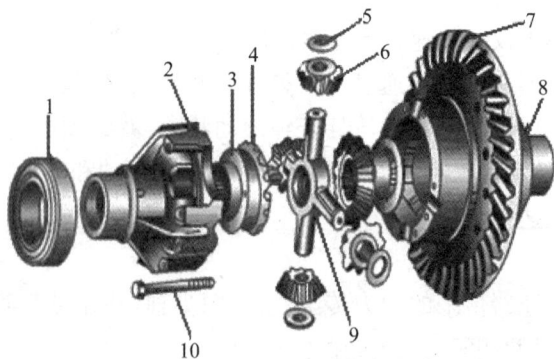

图 2-4-9　中、重型车辆普通差速器的结构

1-轴承　2-差速器左外壳　3-半轴齿轮垫片　4-半轴齿轮　5-行星齿轮垫圈

6-行星齿轮　7-从动齿　8-差速器右外壳　9-十字轴　10-螺栓

行星齿轮的背面和差速器壳相应位置的内表面,均做成球面,这样做能增加行星齿轮轴孔长度,有利于和两个半轴齿轮正确地啮合。

在传力过程中,行星齿轮和半轴齿轮这两个锥齿轮间作用着很大的轴向力,为减少齿轮和差速器壳之间的磨损,在半轴齿轮和行星齿轮背面分别装有平垫片 3 和球面垫片 5。垫片通常用软钢、铜或者聚甲醛塑料制成。

差速器靠主减速器壳内的齿轮油来润滑,因此差速器壳上开有供润滑油进出的窗孔,为了保证行星齿轮与十字轴轴颈之间的润滑,在十字轴轴颈上铣有平面,并在行星齿轮的齿间钻有油孔与中心孔相通。同样,半轴齿轮齿间也钻有油孔,与其背面相通,以加强背面与差速器壳之间的润滑。

工作时,传至差速器壳的动力依次经十字轴、行星齿轮和半轴齿轮传给半轴,再经半轴传给驱动车轮。

一些小型车辆上,因传递的转矩较小,只用两个行星齿轮,相应的行星齿轮轴为一字轴,差速器壳制成一个整体(见图 2-4-10)。

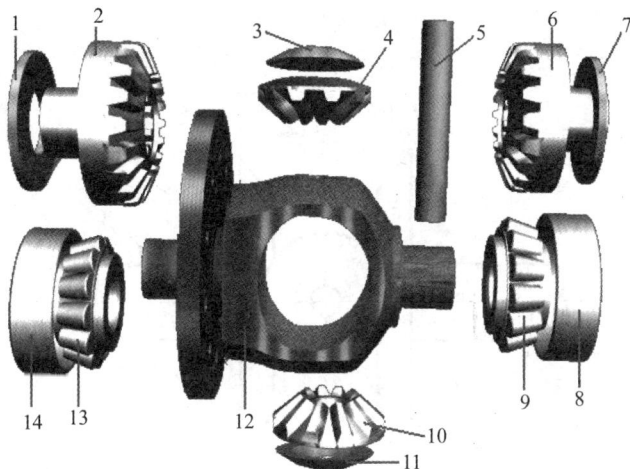

图 2-4-10 轻型车辆普通差速器的结构

1、7-半轴齿轮垫片轴承　2、6-半轴齿轮差速器左外壳　3、11-行星齿轮垫圈

4、10-行星齿轮　5—字轴　8、14-轴承外座圈　9、13-轴承　12-差速器壳

4)差速器的工作原理

工作时,从动圆锥齿轮带动差速器壳与行星齿轮一起转动,是主动件,设其转速为 n_0,左半轴齿轮和右半轴齿轮为从动件,设其转速为 n_1 和 n_2。

当两侧驱动轮没有滑转和滑移趋势或直线行驶时,即两侧车轮转速相等,两侧车轮所受的行驶阻力相等,通过半轴及半轴齿轮反作用于行星齿轮两侧的力 F_1、F_2 也相等。这时行星齿轮相当于一个等臂的杠杆保持平衡,即行星齿轮不自转(见图 2-4-11),而只能随行星齿轮轴及差速器壳一起公转。所以,两半轴无转速差,差速器不起差速作用,即:

$$n_1 = n_2 = n_0$$
$$n_1 + n_2 = 2n_0$$

当两侧车轮有滑转和滑移趋势或转向时,两侧车轮所受的行驶阻力不相等,通过半轴及半轴齿轮反作用于行星齿轮两啮合点的力 F_1、F_2 不相等,F_1 小于 F_2,这样,将破坏行星齿

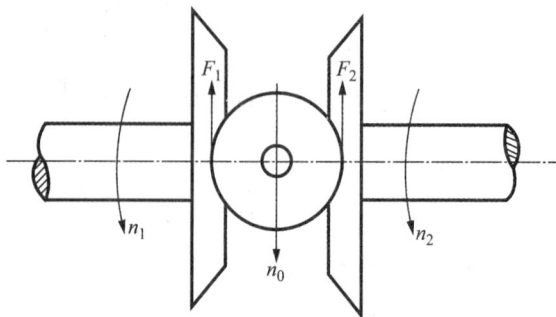

图 2-4-11 差速器不工作示意图

轮的平衡,迫使行星齿轮产生自转(逆时针转动,见图 2-4-12),即行星齿轮除了随差速器壳一起公转外,还要绕行星齿轮轴自转。设其自转速度为 n_a,行星齿轮自转就会使左右半轴齿轮也会产生自转,设其自转速度为 n_b,但左右半轴齿轮的转动方向相反,左半轴齿轮顺着公转转动,转速加快,而右半轴齿轮逆着公转转动,转速减慢。即:

$$n_1 = n_0 + n_b$$
$$n_2 = n_0 - n_b$$
$$n_1 + n_2 = 2n_0$$

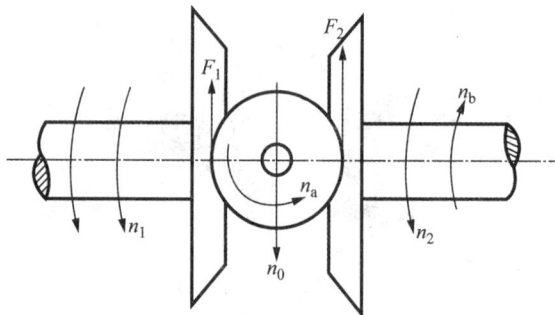

图 2-4-12 差速器工作示意图

这说明差速器无论差速与否,两半轴齿轮转速之和始终等于差速器壳转速的两倍,而与行星齿轮的自转无关。当任何一侧半轴齿轮的转速为零时,另一侧半轴齿轮的转速为差速器壳转速的两倍;当差速器壳的转速为零时,若一侧半轴齿轮受外力作用而转动,则另一侧半轴齿轮即可以相同的转速反向转动。

下面分析差速器的转矩分配,由主减速器传来的转矩 M_0 经差速器壳,行星齿轮轴和行星齿轮传给半轴齿轮。行星齿轮相当于一个等臂杠杆,而两个半轴齿轮的转矩也相等。因此当行星齿轮没有自转时,总是将转矩 M_0 平均分配给左、右两半轴齿轮,即

$$M_1 = M_2 = 1/2M_0$$

当两半轴齿轮不朝相同方向转动时,设左半轴转速 n_1 大于右半轴转速 n_2,则行星齿轮将按图 2-4-13 实线箭头 n_4 的方向绕行星齿轮轴轴颈 3 自转,此时行星齿轮孔与行星齿轮轴轴颈间以及齿轮背部与差速器壳之间都产生摩擦。行星齿轮所受的摩擦力矩 M_4 的方向与转速 n_4 的方向相反,如图 2-4-13 箭头所示。此摩擦力矩使行星齿轮分别对左右半轴齿轮附

加作用了大小相等而方向相反的两个圆周力 F_1 和 F_2，使传到转得快的左半轴上的转矩 M_1 减小，而 F_2 却使传到转得慢的右半轴上的转矩 M_2 增加。因此当左右驱动轮存在转速差时，$M_1 = 1/2(M_0 - M_4)$，$M_2 = 1/2(M_0 + M_4)$。左右车轮上的转矩之差等于差速器的内摩擦力矩 M_4。

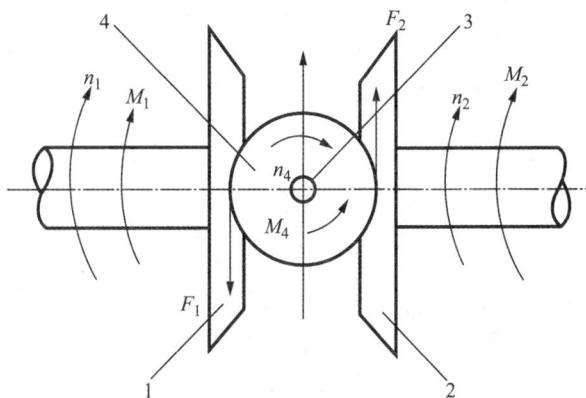

图 2-4-13 差速器的转矩分配
1、2-半轴齿轮 3-行星齿轮轴 4-行星齿轮

由于 M_4 很小可忽略不计，则 $M_1 = M_2 = M_0/2$，可见，无论差速器差速与否，行星锥齿轮差速器都具有转矩等量分配的特性。这对于汽车在好路面行驶是有利的，但汽车在坏路面上行驶时却会严重影响其通过能力。如当汽车一侧驱动轮处于泥泞的路面时，因附着力小而原地打滑，即使另一驱动轮处在附着力大的路面未滑转，汽车也不能行驶。

5）防滑差速器

为了提高汽车通过坏路面的能力，可采用防滑差速器。当一侧驱动轮发生滑转时，差速器的差速作用即被锁止，大部分的转矩分配给未滑转的车轮，以产生足够的牵引力使汽车继续行驶。

（1）强制锁住式差速器。

在路况不好时，通过使用差速锁，使两根半轴连成一体，防止一侧车轮打滑使另一侧车轮不能驱动。

（2）自锁式差速器。

在两半轴转速不等时，行星齿轮自转，差速器所受摩擦力矩与快转半轴旋向相反，与慢转半轴旋向相同，故能够自动地向慢转一方多分配一些转矩。

（3）托森差速器。

托森差速器由差速器壳、6个蜗轮、6根蜗轮轴、12个直齿圆柱齿轮、前后轴蜗杆及前后轴组成（见图2-4-14）。蜗轮3和直齿圆柱齿轮6通过蜗轮轴2安装在差速器壳1上，其中三3个蜗轮与前轴蜗杆7啮合，另外三个蜗轮与后轴蜗杆4啮合，与前、后轴蜗杆相啮合的蜗轮3彼此通过直齿圆柱齿轮相啮合，前轴蜗杆经前轴2与前驱动桥相连，后轴蜗杆经后轴5与后驱动桥相连。汽车直线行驶时，发动机动力经减速器从动齿轮驱动差速器壳1，差速器壳通过蜗轮轴2传到蜗轮3，再传到蜗杆4和7，又经前、后蜗杆轴5和8分别驱动前后桥。由于前后蜗杆轴转速相同，蜗杆与蜗轮、两相啮合的直齿圆柱齿轮之间无相对运动，差速器壳、蜗轮、蜗轮轴、直齿圆柱齿轮、前后轴蜗杆整体同步转动。当汽车转弯时,前、后蜗杆转速不同,前、后蜗杆带动与其相啮合的蜗轮转动,蜗轮两端的直齿圆柱齿轮也随之转动,但两相啮合的直齿圆柱齿轮的转动方向相反(见图 2-4-15),如果前轴蜗杆转速增加,后蜗轮要反转,迫使后轴蜗杆转速减小,反之亦然,实现差速。前后轴蜗杆转速差较小时,蜗轮蜗杆间的摩擦较小,转速差较大时,蜗轮蜗杆间的摩擦较大,如果前轴蜗杆转速升高,会迫使后轴蜗杆转速降低(后蜗轮带动后轴蜗杆反转),由于蜗轮蜗杆间的摩擦较大,阻止后蜗轮反转,限制前轴蜗杆转速升高,蜗轮与蜗杆间的相对转动被阻止,此时,差速器相当于被锁止不起作用,防止车轮打滑。

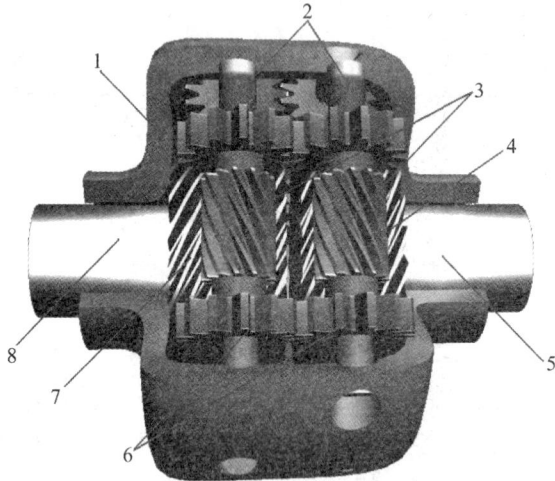

图 2-4-14　托森差速器

1-差速器壳　2-蜗轮轴　3-蜗轮　4-后蜗杆　5-后蜗杆轴　6-直齿圆柱齿轮　7-前蜗杆　8-前蜗杆轴

图 2-4-15　托森差速器工作原理

5. 半轴与桥壳

1) 半轴

半轴用来将差速器半轴齿轮的输出转矩传到驱动轮上。在非断开式驱动桥内,半轴一般是实心的;在断开式驱动桥处,往往采用万向传动装置给驱动轮传递动力;在转向驱动桥内,半轴一般需要分为内半轴和外半轴两段,中间用等角速万向节相连接。

在非断开式驱动桥内,半轴与驱动轮的轮毂在桥壳上的支承型式决定了半轴的受力状况。现代汽车多采用全浮式、半浮式和 3/4 式三种半轴支承型式。中、重型车辆采用全浮式,轻型或微型车辆采用半浮式或 3/4 式。

（1）半轴的全浮式支承。

驱动轮的轮毂通过两个圆锥滚子轴承支承在半轴套管上,半轴外端用螺栓与轮毂连接。由于两个圆锥滚子轴承和半轴套管承受了可能出现的弯矩,半轴"漂浮"在桥壳内,所以半轴外端也不承受弯矩。这种使两端都不受弯矩的半轴支承型式叫做全浮式半轴支承。由于半轴并不支撑车轮,全浮式半轴在汽车静止时是不受力的,因而不用支起车桥就可以卸下半轴。在驱动桥驱动时,半轴只承受扭矩。如图 2-4-16 所示。

图 2-4-16　全浮式车轴支承驱动桥

1-半轴螺丝　2-半轴　3-圆锥滚子轴承　4-桥壳　5-制动底板　6-半轴导管　7-轮毂

（2）半轴的半浮式支承。

内端的支承方法与全浮式相同,半轴内端不受弯矩。半轴外端用轴承支承在桥壳凸缘内。因为这种支承型式只能使半轴内端不受弯矩,轮胎直接装在半轴上,而外端却要承受车身重量,所以称为半浮式支承。在拆下半轴时,必须先拆下车轮。如图 2-4-17 所示。

图 2-4-17　半浮式支承驱动桥

1-半轴螺丝　2-半轴　3-轴承　4-桥壳

笔记

（3）半轴的 3/4 支承。

3/4 支承的半轴与半浮式支承的半轴结构基本相同，只是轴承的安装方式不同，半浮式支承的半轴的轴承装在桥壳上，而 3/4 支承的半轴的轴承装在制动底板上。如图 2-4-18 所示。

图 2-4-18　半轴的 3/4 支承驱动桥
1-半轴螺丝　2-半轴　3-轴承　4-制动底板　5-桥壳

2）桥壳

驱动桥壳一般由桥壳和半轴套管组成。其内部用来安装主减速器、差速器和半轴等；其外部通过悬架与车架相连，两端安装制动底板并连接车轮，承受悬架和车轮传来的各种作用力和力矩。

驱动桥壳可分为整体式桥壳和分段式桥壳两类。

整体式桥壳因强度和刚度性能好，便于主减速器的安装、调整和维修，而得到广泛应用（见图 2-4-19）。

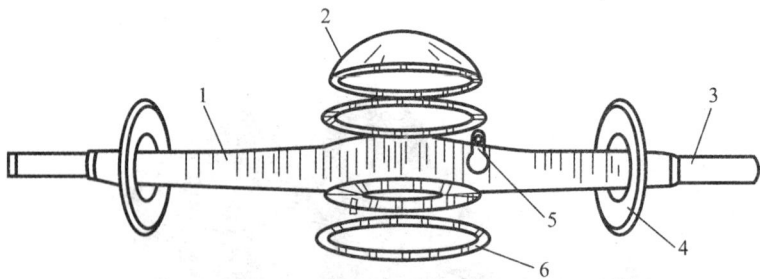

图 2-4-19　整体式桥壳
1-后桥壳　2-后盖　3-半轴导管　4-凸缘盘　5-通气孔　6-垫片

分段式桥壳一般分为两段，由螺栓将两段连成一体（见图 2-4-20）。分段式桥壳比较易于铸造和加工，但当拆检主减速器时，必须把整个驱动桥从汽车上拆卸下来，很不方便，目前较少采用。

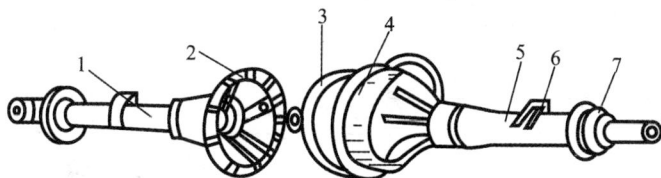

图 2-4-20 分段式桥壳

1-左半轴套管 2-盖 3-垫片 4-主减速器壳 5-右半轴套管 6-弹簧座 7-凸缘盘

三、制订计划

制订驱动桥拆装计划如表 2-4-3 所示。

表 2-4-3 制订驱动桥拆装计划

1. 查阅维修资料,了解车辆结构特点 2. 熟悉驱动桥拆装规范,制订驱动桥拆装计划		
1. 车辆驱动桥类型 信息描述	车辆描述	
	驱动桥器类型描述信息描述	
2. 车辆驱动桥使用 情况描述		
3. 驱动桥拆装注意 事项和技术要求	(1) ＿＿＿＿＿＿＿＿＿＿＿＿＿ (2) ＿＿＿＿＿＿＿＿＿＿＿＿＿ (3) ＿＿＿＿＿＿＿＿＿＿＿＿＿ (4) ＿＿＿＿＿＿＿＿＿＿＿＿＿	
4. 驱动桥拆装步骤	(1) ＿＿＿＿＿＿＿＿＿＿＿＿＿ (2) ＿＿＿＿＿＿＿＿＿＿＿＿＿ (3) ＿＿＿＿＿＿＿＿＿＿＿＿＿ (4) ＿＿＿＿＿＿＿＿＿＿＿＿＿	
5. 驱动桥装配质量 要求	(1) ＿＿＿＿＿＿＿＿＿＿＿＿＿ (2) ＿＿＿＿＿＿＿＿＿＿＿＿＿ (3) ＿＿＿＿＿＿＿＿＿＿＿＿＿	
6. 驱动桥拆装计划	(1) 主减差速器分解 (2) 主减速器的类型 (3) 差速器类型 (4) 差速器工作原理 (5) 主减差速器装配	

四、任务实施

根据教师提供的驱动桥总成或零件结构图,结合教学实际情况和教材,收集车辆和驱动桥等相关信息,按表 2-4-4 所示完成汽车驱动桥拆装作业。

表 2-4-4 驱动桥拆装作业

1. 车辆信息描述	车辆描述	
	车辆驱动桥类型描述	

笔记

2. 汽车驱动桥日常使用描述			
	拆装步骤	拆装方法	记录
3. 就车拆装驱动桥	拧松轮胎螺丝	对角拧松轮胎螺丝	
	放置空档、放手刹	将档位放置到空档,后驱车辆并放松手刹,将车辆升起	
	拆下轮胎	在汽车举升,轮胎离开地面时拆下轮胎,先拆卸轮胎,再将车辆举起	
	放油	拧开放油塞放油,将油装到专用的容器里	
	拆下传动轴	做好记号,拆下传动轴与主减速器连接螺丝,取下传动轴	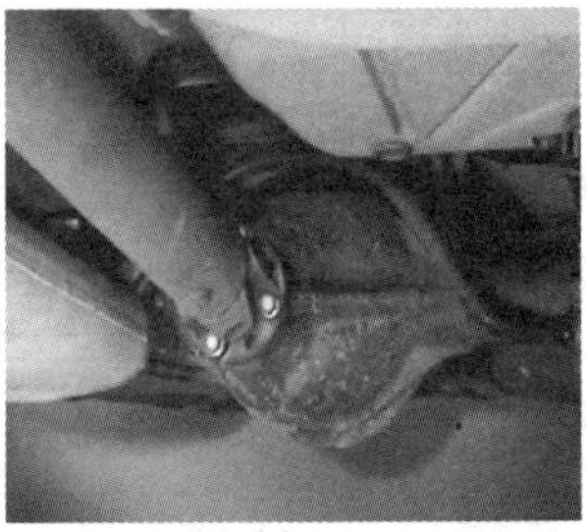
	拆下半轴	取下制动鼓,拆下制动底板四个固定螺丝,取下半轴	
	拆卸主减差速器	拆卸主减差速器与桥壳的连接螺栓,将主减差速器总成从桥壳上取下来	

笔记

续 表

拆装步骤		拆装方法	记录
4. 主减差速器分解	拆下主动齿轮凸缘螺母	用专用工具卡在凸缘螺丝孔内将凸缘固定,用扭力扳手拆下主动齿轮凸缘螺母	
	拆卸差速器轴承调整螺母保险装置	保险片	
	拆下差速器及从动圆锥齿轮	首先检查差速器轴承盖有无记号(如无记号,重新做好记号),拆卸差速器轴承盖螺栓,取下轴承盖、差速器总成、轴承外圈与轴承盖,按原来相互配合位置叠好,放在一起摆好 记号 螺丝	
	拆下从动圆锥齿轮	检查从动锥齿轮与差速器壳记号,如无记号,重新做好记号,用螺丝刀冲开保险,拆下从动锥齿轮与差速器壳连接螺丝	
	拆下行星齿轮与半轴齿轮	用销冲山行星齿轮轴锁销,取出行星齿轮轴,转动半轴齿轮,取下行星齿轮与半轴齿轮及垫片	
5. 拆卸与装配结论			

五、检验评估

在完成拆装作业后,按表 2-4-5 主减差速器拆装检验与评价表,实施作业质量检验,并进行三方评价。

表 2-4-5 主减差速器拆装检验与评价表

评价指标	检验说明	检验记录
检查项目	(1)主减速器拆装 (2)半轴拆装 (3)差速器分解 (4)主减差速装配	
汽车驱动桥工作情况		

笔记

评价内容	检验指标	权重	自评	互评	总评
检查任务 完成情况	1. 完成任务过程情况				
	2. 任务完成质量				
	3. 在小组完成任务过程中所起的作用				
专业知识	1. 能描述汽车驱动桥的组成				
	2. 能描述主减差速器就车拆装步骤				
	3. 能描述主减差速器的作用				
	4. 会描述半轴支承方式				
	5. 会描述汽车驱动桥装配要求				
职业素养	1. 学习态度:积极主动参与学习				
	2. 团队合作:与小组成员一起分工合作,不影响学习进度				
	3. 现场管理:服从工位安排、执行实训室"5S"管理规定				
综合评议 与建议					

笔记

任务2.5 拆装转向系统

任务描述	一辆 2006 款的一汽丰田花冠车开进维修厂,故障报修是转向沉重,经过维修技师的检测,是动力转向油泵损坏,需要更换动力转向油泵。师傅安排你对该车进行动力转向油泵的更换,你应该怎么做呢
任务目标	1. 收集汽车底盘转向系统操作的相关信息,制定汽车底盘转向系统拆装计划 2. 能描述汽车底盘转向系统的传动过程,能分析简单故障 3. 能根据汽车底盘拆装规范,完成转向系统的拆装,实施更换作业

一、维修接待

按照表 2-5-1 完成待修车辆的维修接待与接车问诊表。

表 2-5-1 维修接待与接车问诊表

接 车 问 诊 表

车牌号:_____ 车架号:_____ 行驶里程:_____(km)

用户名:_____ 电 话:_____ 来店时间:____/____

用户陈述及故障发生时的状况:**一辆 2007 款一汽丰田卡罗拉汽车转向沉重,进入维修厂进行检修**

故障发生时的状况提示:**行驶速度、发动机状态、发生频率、发生时间、部位、天气、路面状况、声音描述**

接车员检测确认建议:**需更换动力转向油泵,并对转向系统进行维护**

车间检测确认结果及主要故障零部件:**更换动力转向油泵**

车间检查确认者:_____

外观确认:

(请在有缺陷部位作标识)

功能确认:(工作正常√ 不正常×)
□音响系统 □门锁(防盗器) □全车灯光 □工具
□后视镜 □顶窗 □座椅 □点烟器
□玻璃升降器 □玻璃

物品确认:(有√ 无×)
□贵重物品提示
□工具 □备胎 □灭火器
□其他(   )
旧件是否交还用户 □是 □否
用户是否需要洗车 □是 □否

· 检测费说明:本次检测的故障如用户在本店维修,检测费包含在修理费用内;如用户不在本店维修,请您支付检测费。本次检测费:¥_____元。

· 贵重物品:在将车辆交给我店检查修理前,已提示将车内贵重物品自行收起并保存好,如有遗失恕不负责。

接车员:_____ 用户确认:_____

二、信息收集与处理

按照表 2-5-2 完成本次任务的信息收集与处理。

表 2-5-2 信息收集与处理

序号	部件名称	作　用
1		
2		
3		
4		
5		
6		
7		
8		
9		
10		
11		
12		

1. 转向系统的作用：＿＿＿＿＿＿＿＿＿＿＿＿＿＿＿＿＿＿＿＿
2. 转向系统类型有：＿＿＿＿＿＿＿＿＿＿＿＿＿＿＿＿＿＿＿＿＿
3. 转向系统的工作原理：＿＿＿＿＿＿＿＿＿＿＿＿＿＿＿＿＿＿＿
4. 转向系统主要部件有：＿＿＿＿＿＿＿＿＿＿＿＿＿＿＿＿＿＿＿

1. 转向系统的作用、分类和组成

1）转向系统的作用

汽车上用来改变和保持汽车行驶方向的机构称为转向系统。汽车在行驶过程中经常需要改变行驶方向（即转向），驾驶员通过汽车转向系统使汽车转向桥上的车轮相对于汽车纵向轴线偏转一定角度。另外，当汽车直线行驶时受到路面侧向干扰力的作用自由偏转，改变汽车原来的行驶方向。此时,驾驶员可以通过汽车行驶系统控制转向车轮偏转,恢复汽车原来的行驶方向。

2) 转向系统的分类

汽车转向系统按转向动力源的不同,分为机械转向系统和动力转向系统。

(1) 机械转向系统(见图 2-5-1)。以驾驶员的体力(手力)作为转向能源的转向系统,其所有传动件都是机械的。

图 2-5-1　机械转向系统

1-方向盘　2-安全转向轴　3-转向节　4-转向轮　5-转向节臂
6-转向横拉杆　7-转向减振器　8-机械转向器

(2) 动力转向系统(见图 2-5-2)。兼用驾驶员体力和发动机(或电机)的动力为转向能源的转向系统,动力转向系统是在机械转向系统的基础上加设一套转向加力装置而形成的。

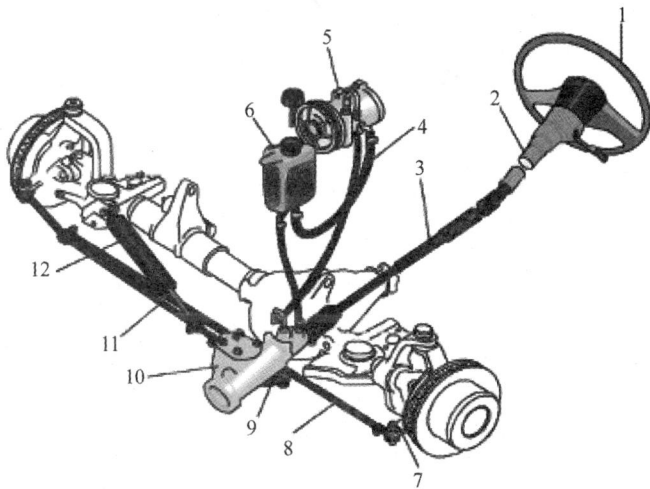

图 2-5-2　动力转向系统的结构

1-方向盘　2-转向轴　3-转向中间轴　4-转向油管　5-转向油泵　6-转向油罐　7-转向节臂
8-转向横拉杆　9-转向摇臂　10-整体式转向器　11-转向直拉杆　12-转向减振器

3）转向系统的组成

汽车转向系统的结构形式多种多样，但都包括转向操纵机构、转向器和转向传动机构三个基本组成部分。

转向操纵机构的作用是将驾驶员转动方向盘的操纵力传给转向器。主要由方向盘、转向轴、转向柱、转向万向节等组成。

转向器是将方向盘的转动变为转向摇臂的摆动或齿条轴的直线往复运动，并对转向操纵力进行放大的机构。

转向传动机构是将转向器输出的力和运动传给车轮（转向节），并使左右车轮按一定关系进行偏转的机构。转向传动机构由转向直拉杆、转向节臂、转向梯形臂、转向横拉杆等组成。

2. 转向操纵机构

转向操纵机构由方向盘、转向轴、转向管柱等组成（见图 2-5-3），其结构图见图 2-5-4。在一些远距离操纵机构中还设有万向节和柔性联轴节，它的作用是将驾驶员转动方向盘的操纵力传给转向器。

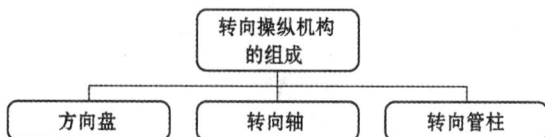

图 2-5-3　转向操纵机构的组成

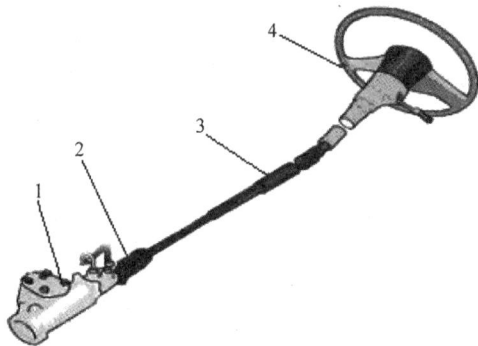

图 2-5-4　转向操纵机构的组成结构图

1-转向器　2-转向万向节　3-转向轴　4-方向盘

（1）方向盘。为了使司机有很好的视野，方向盘上部的空间一般较大，图 2-5-5 为汽车方向盘结构。通常，方向盘用花键连接在转向轴上。为适应不同驾驶者的身材与驾驶位置特点的需要，许多汽车上采用可伸缩的倾斜方向盘装置（见图 2-5-6），它具有调整角度和远近的功能，以适应驾驶者的特殊情况需要。

（2）转向轴。转向轴是将驾驶员作用于方向盘的转向操纵力矩传给转向器的传力轴，它的上部与方向盘固定连接，下部装有转向万向节和转向器。

现代汽车的转向轴除了装有柔性万向节外，有的还装有能改变方向盘的工作角度（转向轴的传动方向）和方向盘的高度（转向轴轴向长度）的机构，以方便不同体型驾驶员的操纵。

笔记

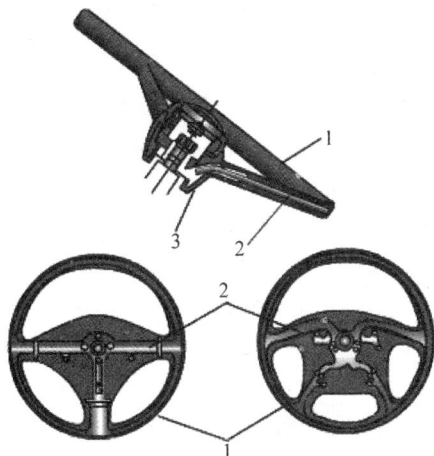

图 2-5-5 汽车方向盘

1-轮圈 2-轮辐 3-轮毂

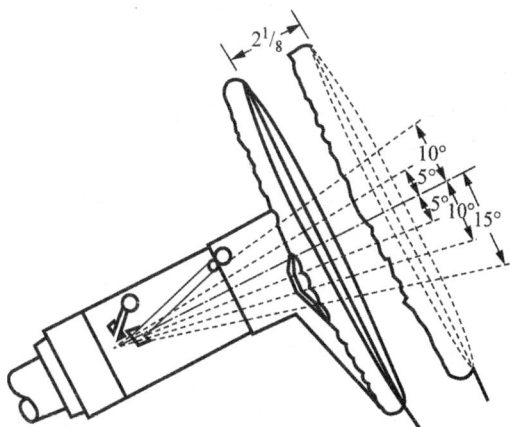

图 2-5-6 伸缩、倾斜方向盘

（3）可分离式安全转向操纵机构。此类转向操纵机构的转向管柱分为上下两段，当发生撞车时，上下两段相互分离或相互滑动，从而有效地防止方向盘对驾驶员的伤害，但转向操纵机构本身不包含吸能装置。

图 2-5-8 所示为奥迪轿车的转向操纵机构。正常行驶时，上、下转向轴 2 和 3 通过销钉 5 配合来传递转向力矩；当撞车时，上、下转向轴及时分开，避免了方向盘随车身后移，从而保证了驾驶员的安全。桑塔纳轿车、红旗轿车的转向操纵机构与此类似。

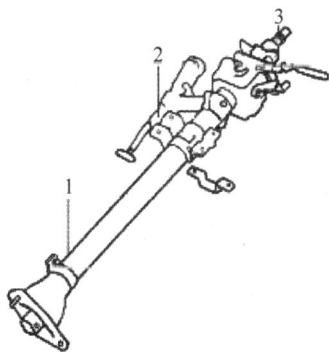

图 2-5-7 转向轴

1-转向轴管 2-方向盘锁 3-转向轴

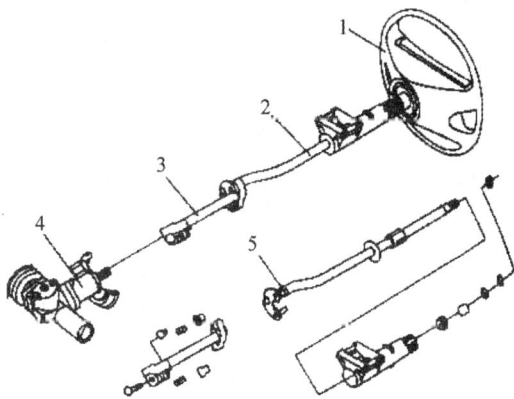

图 2-5-8 奥迪轿车转向操纵机构

1-方向盘 2-上转向轴 3-下转向轴 4-转向器 5-销钉

3. 机械式转向器

转向器的功能是将方向盘的转动变为转向摇臂的摆动或齿条轴的直线运动，降低运动速度，增大转向力矩并改变转向力矩的传动方向。转向器输出端的运动形式有两种，一种是角位移（如循环球式转向器），另一种是线位移（如齿轮齿条式转向器）。

1）循环球式转向器

循环球式转向器一般有两级传动副，第一级是螺杆与螺母传动副，第二级是螺母齿条与扇齿传动副。为了减少转向螺杆与转向螺母之间的摩擦，两者的螺纹并不直接接触，其间装

笔记

有多个钢球,以实现滚动摩擦。在转向器工作时,两列钢球只是在各自的封闭流道内循环,不会脱出。

图 2-5-9 所示为广州 130 型货车的循环球式转向器。转向螺杆 6 的轴颈支承在两个圆锥滚子轴承上,轴承预紧度可用调整垫片调整。转向螺母 5 的下端加工成齿条,齿条与扇齿轴(即摇臂轴)3 里端的扇齿部分啮合。由此可见转向螺母是第一级传动副的从动件,也是第二级传动副(齿条与扇齿传动副)的主动件(齿条)。通过方向盘和转向轴转动转向螺杆时,转向螺母不能转动,只能轴向移动,并驱使扇齿轴转动。

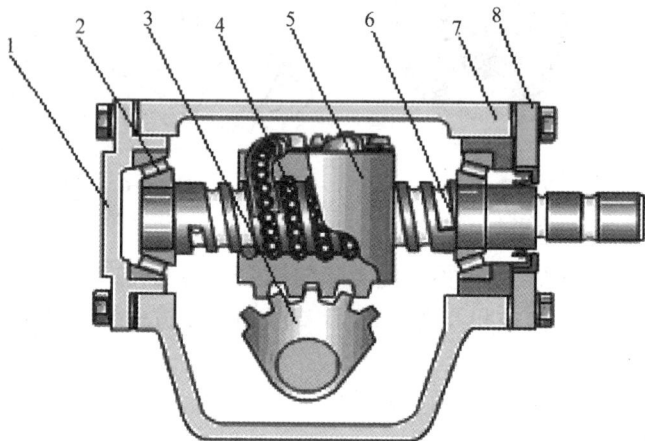

图 2-5-9　广州 130 型货车转向器的结构图
1-下盖　2-轴承　3-扇齿轴　4-钢球　5-螺母　6-螺杆　7-壳体　8-上盖

为了减少转向螺杆和转向螺母之间的摩擦,两者的螺纹并不直接接触,其间装有许多钢球 4,以实现滚动摩擦。转向螺母的内径大于转向螺杆的外径,故能松套在螺杆上。转向螺杆和螺母上都加工出断面轮廓为两段或三段不同心圆弧组成的近似半圆的螺旋滚道。两者的螺旋滚道能配合形成近似圆形断面的螺旋管状通道。螺母侧面有四个通孔,可将钢球从此孔塞入螺旋形通道内,转向螺母外有两根钢球导管,每根导管的两端分别插入螺母侧面的通孔中。导管内也装满钢球(整个转向器共有 64 粒钢球)。这样,两根导管和螺母内的螺旋管状通道组合成两条各自独立的封闭的钢球通道。

2) 齿轮齿条式转向器

齿轮齿条式转向器分两端输出式和中间(或单端)输出式两种。

两端输出的齿轮齿条式转向器如图 2-5-10 所示,作为传动副主动件的转向齿轮轴 11 通过轴承 12 和 13 安装在转向器壳体 5 中,其上端通过花键与万向节 10 和转向轴连接。与转向齿轮啮合的转向齿条 4 的两端通过球头座 3 与转向横拉杆 1 相连。弹簧 7 通过压块 9 将齿条压靠在齿轮上,保证转向器齿轮和转向齿条无间隙啮合。弹簧的预紧力可用调整螺塞 6 调整。当转动方向盘时,转向器齿轮 11 转动,使与之啮合的齿条 4 沿轴向移动,从而使左右横拉杆带动转向节左右转动,使转向车轮偏转,从而实现汽车转向。

中间输出的齿轮齿条式转向器如图 2-5-11 所示,其结构及工作原理与两端输出的齿轮齿条式转向器基本相同,不同之处在于它在转向齿条的中部用螺栓 6 与左右转向横拉杆 7 相连。在单端输出的齿轮齿条式转向器上,齿条的一端通过内外托架与转向横拉杆相连。

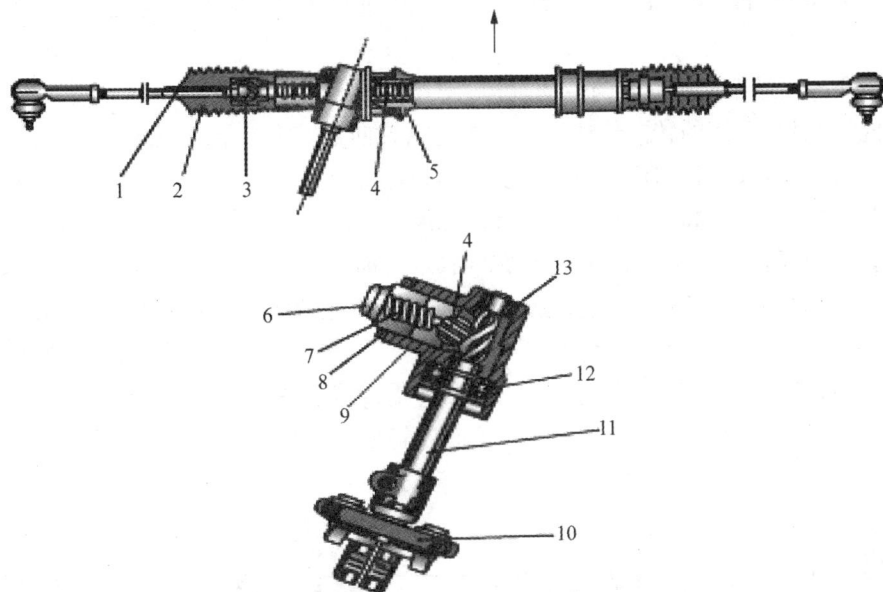

图 2-5-10 齿轮齿条式转向器的结构图(两端输出式)

1-转向横拉杆 2-防尘套 3-球头座 4-转向齿条 5-转向器壳体 6-调整螺塞 7-压紧弹簧

8-锁紧螺母 9-压块 10-万向节 11-转向齿轮轴 12-向心球轴承 13-轴承

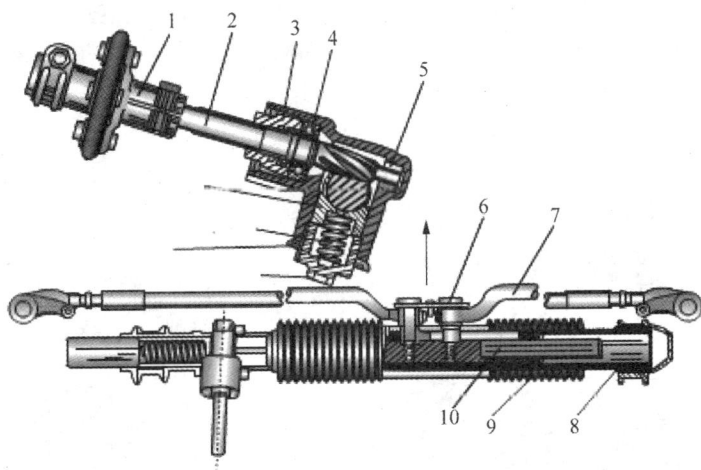

图 2-5-11 齿轮齿条式转向器(中间输出式)

1-万向节叉 2-转向齿轮轴 3-调整螺母 4-向心球轴承 5-轴承 6-固定螺栓 7 转向横拉杆

8-转向器壳体 9-防尘套 10-转向齿条 11-调整螺塞 12-锁紧螺母 13-压紧弹簧 14-压块

汽车的转向系统采用齿轮齿条式转向器,可以使转向传动机构简化(不需要转向摇臂和直拉杆等),齿轮齿条可以实现无间隙啮合,无须调整,而且可逆传动效率很高。齿轮齿条式转向器多用于前轮为独立悬架的轻型及微型轿车上。

4. 转向传动机构

转向传动机构的功用是将转向器输出的力和运动传到转向桥两侧的转向节,使两侧转

笔记

向轮偏转,且两转向轮偏转角按一定关系变化,以保证汽车转向时车轮与地面的相对滑动尽可能小。

1) 与非独立悬架配用的转向传动机构

与非独立悬架配用的转向传动机构主要包括转向摇臂 2、转向直拉杆 3、转向节臂 4 和转向梯形。在前桥仅为转向桥的情况下,由转向横拉杆 6 和左、右梯形臂 5 组成的转向梯形一般布置在前桥之后,如图 2-5-12(a)所示。当转向轮处于与汽车直线行驶相应的中立位置时,梯形臂 5 与横拉杆 6 在与道路平行的平面(水平面)内的交角>90°。在发动机位置较低或转向桥兼充驱动桥的情况下,为避免运动干涉,往往将转向梯形布置在前桥之前,此时上述交角<90°,如图 2-5-12(b)所示。若转向摇臂不是在汽车纵向平面内前后摆动,而是在汽车的横向左右摆动,则可将转向直拉杆 3 横置,并借助球头销直接带动转向横拉杆 6,从而推动两侧梯形臂旋转,如图 2-5-12(c)所示。下面以解放 CA1092 型汽车转向桥为例简要介绍转向传动机构的主要组成零件的结构(见图 2-5-13)。

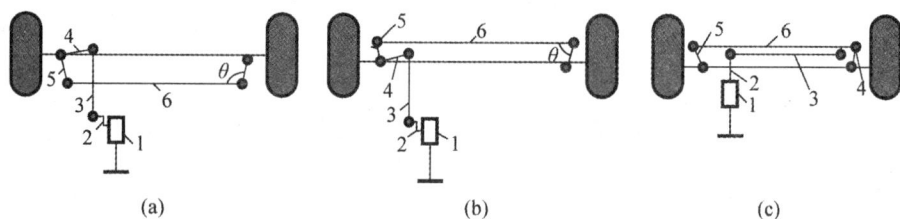

图 2-5-12　与非独立悬架配用的转向传动机构示意图
1-转向器　2-转向摇臂　3-转向直拉杆　4-转向节臂　5-梯形臂　6-转向横拉杆

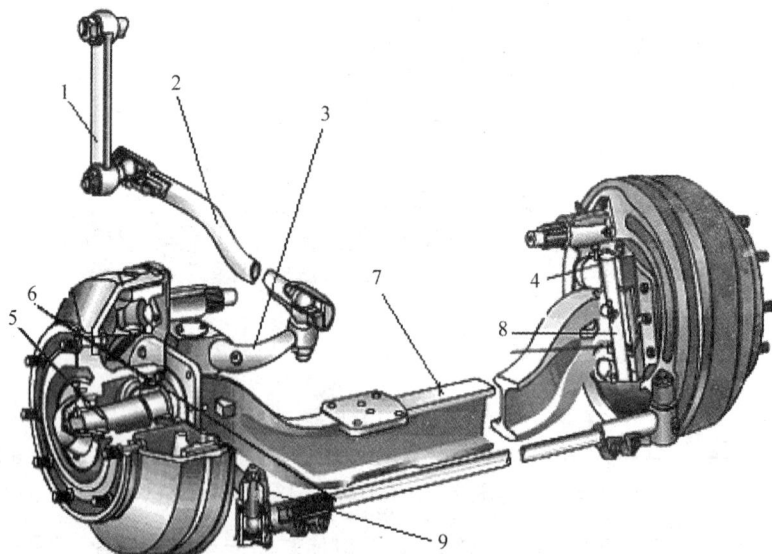

图 2-5-13　解放 CA1092 型汽车转向桥
1-转向摇臂　2-转向直拉杆　3-转向节臂　4、5-转向节　6-转向横拉杆　7-前轴　8-主销　9-梯形臂

(1) 转向摇臂。转向摇臂的作用是把转向器输出的力和运动传给直拉杆或横拉杆,进而推动转向轮偏转。转向摇臂的典型结构如图 2-5-14 所示。

（2）转向直拉杆。转向直拉杆的作用是将转向摇臂传来的力和运动传给转向梯形臂（或转向节臂）。转向直拉杆所受的力既有拉力、也有压力，因此直拉杆都是采用优质特种钢材制造的，以保证工作可靠。直拉杆的典型结构如图 2-5-15 所示，在转向轮偏转或因悬架弹性变形而相对于车架跳动时，转向直拉杆与转向摇臂及转向节臂的相对运动都是空间运动，为了不发生运动干涉，上述三者间的连接都采用球头销。

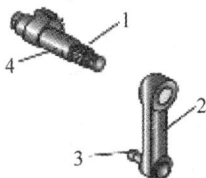

图 2-5-14　转向摇臂
1-带锥度的齿形花键　2-转向摇臂
3-球头销　4-摇臂轴

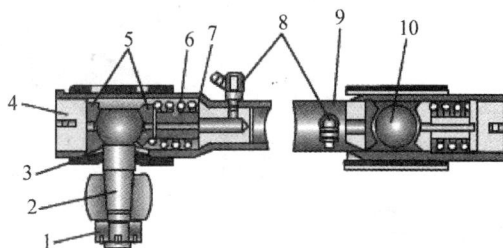

图 2-5-15　转向直拉杆
1-螺母　2-球头销　3-橡胶防尘垫　4-螺塞
5-球头座　6-压缩弹簧　7-弹簧座　8-油嘴
9-直拉杆体　10-转向摇臂球头销

（3）转向横拉杆。转向横拉杆是联系左、右梯形臂并使其协调工作的连接杆，它在汽车行驶过程中反复承受拉力和压力，因此多用高强度冷拉钢管制造。转向横拉杆的结构见图 2-5-16。

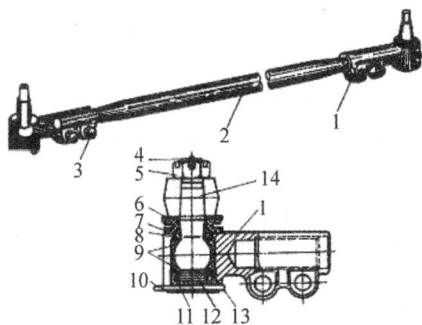

图 2-5-16　解放 CA1091 型汽车转向横拉杆的结构图
1-横拉杆接头　2-横拉杆体　3-夹紧螺栓　4-开口销　5-槽形螺母　6-防尘垫座　7-防尘垫
8-防尘罩　9-球头座　10-限位销　11-螺塞　12-弹簧　13-弹簧座　14-球头销

（4）转向减振器。随着车速的提高，现代汽车的转向轮有时会产生摆振（转向轮绕主销轴线往复摆动，甚至引起整车车身的振动），这不仅影响汽车的稳定性，而且还影响汽车的舒适性、加剧前轮轮胎的磨损。在转向传动机构中设置转向减振器是克服转向轮摆振的有效措施。转向减振器的一端与车身（或前桥）铰接，另一端与转向直拉杆（或转向器）铰接（见图 2-5-2）。

图 2-5-17 所示的是一种转向减振器的结构及零件分解图，其结构和工作原理类似于悬架减振器，这里不再赘述。

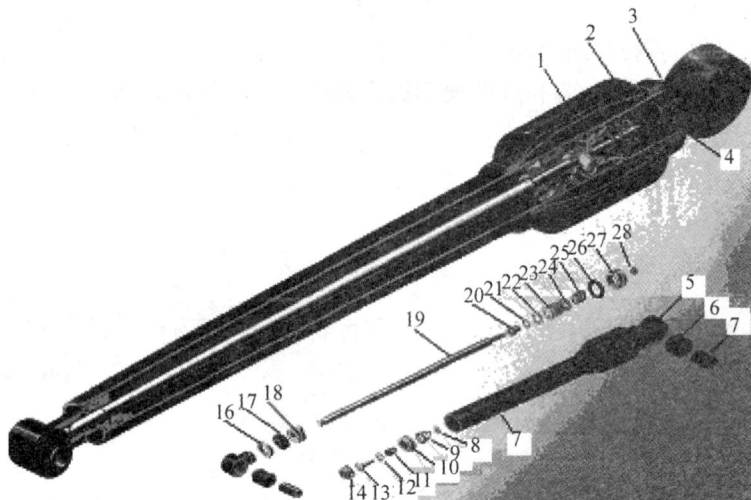

图 2-5-17　转向减振器

1-套筒　2-橡胶储液囊　3-底盖　4、5-吊环　6-橡胶支承圈　7-衬套　8-缸筛　9-垫片　10-锥形弹簧

11-压缩阀体　12-柱形弹簧　13-压缩阀片　14-压缩阀　15-固定垫圈　16-固定垫圈

17-密封圈　18-导向座　19-活塞杆　20-伸张阀杆　21-垫片　22-星形阀片

23-阀片　24-节流阀片　25-伸张阀弹簧　26-活塞环　27-活塞　28-螺母

2) 与独立悬架配用的转向传动机构

当转向轮为独立悬挂时,每个转向轮都需要相对于车架做独立运动,因而转向桥必须采用断开式的。与此相应,转向传动机构中的转向梯形也必须是断开式的。图 2-5-18 所示为几种与独立悬架配用的转向传动机构示意图。其中图 2-5-18(a)、图 2-5-18(b)所示机构与循环球式转向器配用,图 2-5-18(c)、图 2-5-18(d)所示机构与齿轮齿条式转向器配用。

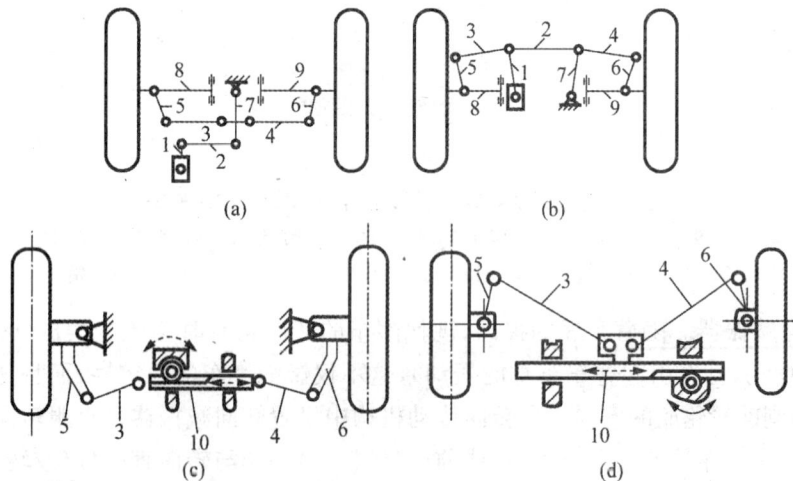

图 2-5-18　独立悬架配用的转向传动机构示意图

1-转向摇臂　2-转向直接杆　3-左转向横拉杆　4-右转向横拉杆　5-左梯形臂　6-右梯形臂

7-摇杆　8-悬架左摆臂　9-悬架右摆臂　10-齿轮齿条式转向器

图 2-5-19 所示轿车的转向传动机构采用了图 2-5-18(d)所示的结构方案。齿轮齿条式转向器 8 固定于车架横梁,齿轮齿条式转向器的中部输出通过左、右横拉杆 6 与转向节 5 连接。转向减振器 7 的一端与车身铰接,另一端与转向器铰接。

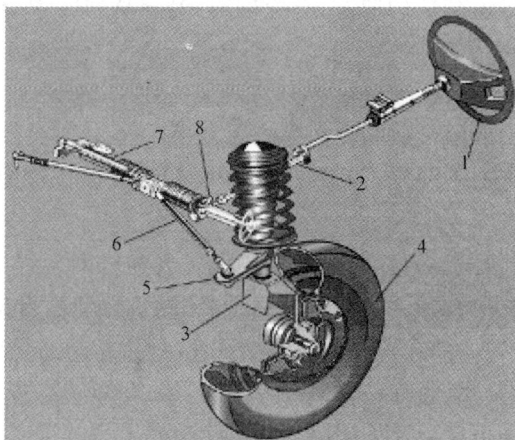

图 2-5-19 机械转向系统

1-方向盘 2-安全转向轴 3-转向节 4-转向轮 5-转向节臂

6-转向横拉杆 7-转向减振器 8-机械转向器

5. 动力转向系统

动力转向系统是在机械式转向系统的基础上加一套动力辅助装置组成的。采用动力转向系统的汽车转向所需的能量在正常情况下,只有小部分是驾驶员提供的体能,而大部分是发动机驱动的油所提供的液压能。

如图 2-5-20 所示,转向油泵 6 安装在发动机上,通过发动机曲轴皮带驱动并向外输出液压油。转向油罐 5 有进、出油管接头,通过油管分别接到转向油泵和转向控制阀 2。转向控制阀用以改变油路。转向器和缸体形成左右两个工作腔,它们分别通过油道接到转向控制阀上。

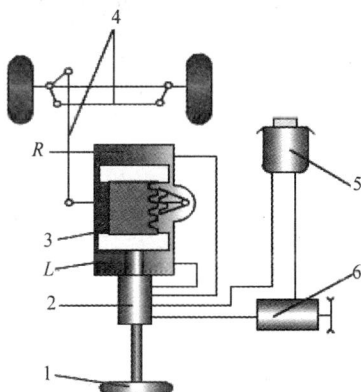

图 2-5-20 动力转向系统示意图

1-转向操纵机构 2-转向控制阀 3-机械转向器与转向动力缸总成

4-转向传动结构 5-转向油罐 6-转向油泵

R-转向动力缸的下腔 L-转向动力缸的上腔

当汽车直线行驶时,转向控制阀2将转向油泵6泵送出来的工作液与油罐相通,转向油泵处于卸荷状态,动力转向器不起助力作用。当汽车需要向右转向时,驾驶员向右转动方向盘,转向控制阀将转向油泵泵送出来的工作液与 R 腔接通,将 L 腔与油罐接通,在油压的作用下,活塞向下移动,通过传动结构使左、右轮向右偏转,从而实现右转向。向左转向时,情况与上述相反。

1) 动力转向器的工作原理

用以将发动机输出的部分机械能转化为液压力能,并在驾驶员控制下,对转向传动装置或转向器中某一传动件施加不同方向的液压作用力,以助驾驶员施力不足的一系列零部件,总称为动力转向器。

根据机械式转向器、转向动力缸和转向控制阀三者在转向装置中的布置和连接关系的不同,液压动力转向装置分为整体式(机械式转向器、转向动力缸和转向控制阀三者设计为一体)、组合式(把机械式转向器和转向控制阀设计在一起,转向动力缸独立)和分离式(机械式转向器独立,把转向控制阀和转向动力缸设计为一体)三种结构型式。

下面以转阀整体式动力转向器为例讲解动力转向器的工作原理。

转阀整体式动力转向器是由机械转向器、转向动力缸和旋转式转向控制阀三者组合成一体的转向器。这种转向器结构紧凑、重量轻、传动效率高、操纵轻便、反应灵敏、使用寿命长,易于调整,但结构复杂,制造要求高。

动力转向器的结构。图2-5-21为北京切诺基汽车使用的转阀整体式动力转向器。北京切诺基汽车动力转向装置的机械转向器部分为循环球式转向器。

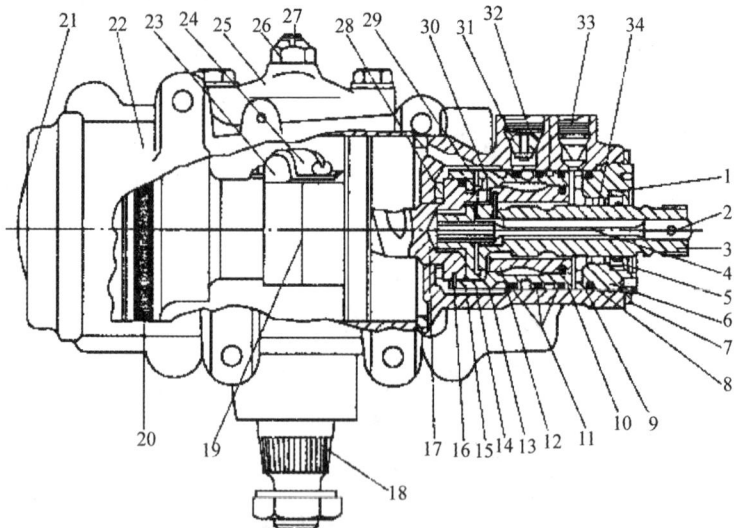

图2-5-21　北京切诺基汽车的转阀整体式动力转向器

1-卡环　2-锁销　3-短轴　4-扭杆　5-骨架油封　6-调整螺塞　7-锁紧螺母　8、10、11、15、20-O形密封圈
9-推力滚针轴承　12-阀芯　13-阀体　14-下端轴盖　16-锁销　17-转向螺杆　18-转向摇臂轴
19-转向螺母(齿条-活塞)　21-转向器端盖　22-壳体　23-循环球导管　24-导管压紧板
25-侧盖　26-锁紧螺母　27-调整螺钉　28-推力滚针轴承　29-锁销　30-定位销
31-止回阀　32-进油口　33-出油口　34-滚针轴承

这种机械转向器有两级传动副。第一级是螺杆与齿条活塞传动副,第二级是齿条与扇齿传动副。齿条是在活塞圆柱面上加工出来的斜齿轮,变齿厚扇齿与转向摇臂轴制成一体。

2) 旋转式控制阀工作原理

旋转式控制阀简称转阀,转阀是动力转向器的核心部件。转阀的控制原理如图2-5-22所示。它主要由阀体3、阀芯5和扭杆4等组成。扭杆4的一端同阀体3连接在转向轴上,另一端通过定位销与阀芯5相连。阀体3和阀芯5上开有相对应的油道,动力缸左腔和右腔分别与阀体上相对两油道相连,阀上还开有回油道。

汽车直线行驶时,阀芯相对于阀体不动,油泵供给的油液流入控制阀进油道,从阀芯和阀体的预开缝隙经回油道回到油罐。动力缸上下两腔压力基本相同,活塞保持其位置基本不变,因此车辆保持原有的行驶方向不变。方向盘右转时,阀体随转向轴向右转动,由于转向阻力的反作用,扭杆与阀芯相连一端不能转动,扭杆被扭转一个角度,这样就使阀芯相对于阀体向右转动一个小角度(5°~8°),从而改变了阀芯与阀体所构成的通道,各部件的位置如图2-5-22所示。此时,从进油道流入的高压油能流向动力缸的前腔,从而使前腔室成为高压区,动力缸后腔室经阀体回油道与回油路相通成为低压区,活塞在压力差作用下向后移动,推动转向轮向右偏转,汽车向右行驶。汽车向左转向时,情况与向右转弯时相近,控制阀改变油道使动力缸前腔成为低压区,后腔变成了高压区,汽车向左行驶。

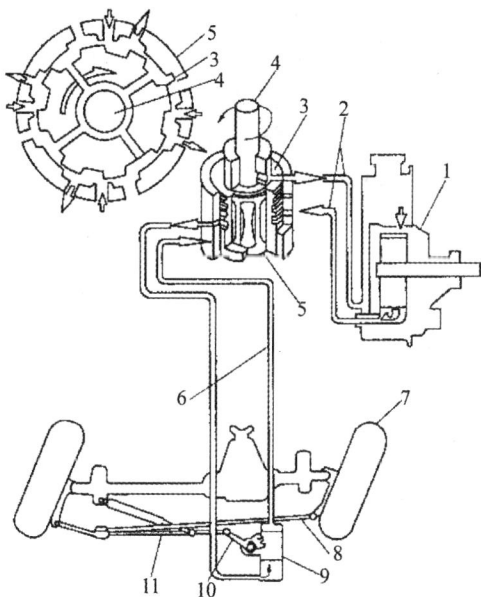

图 2-5-22 北京切诺基汽车旋转式控制阀工作原理

1-转向油泵 2-油管 3-阀体 4-扭杆 5-阀芯 6-油管 7-车轮
8-转向拉杆 9-动力缸 10-转向摇臂 11-转向横拉杆

上述的齿条与扇齿传动副在中间啮合位置时为无间隙啮合,而两侧的啮合间隙逐渐增大。通常汽车小转弯行驶次数多于大转弯,所以传动副中间位置附近的磨损要大于两端的磨损,当中间位置附近的间隙大到一定程度时,必须对间隙重新进行调整。转向器壳体侧盖上装有调整机构,带动扇齿的摇臂轴相对于齿条做轴向移动,即能调整两者的啮合间隙。摇臂轴两端轴颈通过滚针轴承或衬套装在转向器壳体内孔及侧盖孔中,在侧盖上与转向摇臂轴一端装有一个调整螺钉及锁紧螺母(图 2-5-21 中 26、27),拧动调整螺钉可调整转向摇臂轴的轴向移动。将调整螺钉拧进去时,变齿厚扇齿的厚齿部分向齿条靠近,其啮合间隙减小;反之,啮合间隙增大。调整好啮合间隙后应将锁紧螺母拧紧,防止啮合间隙在使用中自动改变。

齿条活塞既是第一级传动副的从动件,也是第二级传动副的主动件,通过操纵装置转动转向螺杆时,齿条活塞不能转动,只能轴向移动,并驱使扇齿轴(即转向摇臂轴)转动。齿条活塞的内径稍大于螺杆外径,在前者的内径上和后者的外径上都制有断面近似半圆的螺旋滚道,两者与螺旋滚道并不直接接触,其间装有 44 颗循环钢球,以实现滚动摩擦。齿条活塞上有一对通孔,齿条活塞外有一根钢球导管,导管两端分别插入齿条活塞通孔中。当转向螺杆转动时,通过钢球将力传给齿条活塞,活塞沿轴向移动的同时,在螺杆和齿条活塞两者与钢球间的摩擦力偶作用下,钢球便在螺旋状滚道内循环滚动。

动力缸具有双向作用型,其作用是利用油压来扩大传送到转向传动机构上的转向力。动力缸活塞即齿条活塞,它以其前段的圆柱面作为导向面与转向器壳体上的缸筒滑动配合,在齿条活塞前端装有密封圈,将缸筒内腔分成前后两腔室,其中前腔室通过转向器壳体下部的油道与控制阀的下部相通,而后腔室通过壳体上部的油道与控制阀上部相通。壳体前端内设有前端盖及油封,壳体前部表面上设有一个前端拆装孔。

动力转向器工作时,由转向螺杆钢球传给齿条活塞的轴向力,以及动力缸的液压作用都需经齿条活塞上的齿条传给扇齿(即转向摇臂轴)。

旋转式转向控制阀位于动力转向器的后部,其基本作用是控制压力油的流动方向。转阀的轴线与转向螺杆同心,转向控制阀起作用时转向器的动作是靠控制阀中阀芯与阀体围绕轴线相对转动来实现的,故其称为旋转式控制阀(简称转阀)。这种转向控制阀灵敏度高、密封件少、结构先进,但材质及制造工艺要求较高。

汽车旋转式控制阀位于动力转向器的上部,主要由阀体、输入轴组件、阀芯及密封件组成,如图 2-5-23 所示。

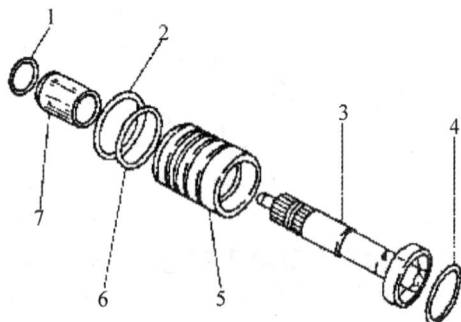

图 2-5-23　旋转式控制阀
1、4、6-O 形密封圈　2-聚四氟乙烯环　3-输入轴　5-阀体　7-阀芯

如图 2-5-22(a)所示,控制阀阀体呈圆桶形,其外圆柱表面上制有六道环槽,其三道中较窄且浅的是密封环槽,另外三道较宽且深的是油环槽。油环槽与密封环槽间隔布置,油环槽

的底部开有与内壁相通的油孔,中间油环槽的四个油孔 6 直径较大,是进油通道,与转向油泵相通;两侧油环槽各有四个直径较小的油孔 1 和 2,分别与动力缸的左右腔相通。密封环槽用于安装密封圈组件(图 2-5-21 中的 11)。阀体的内表面制有八条不贯通的纵槽 7,形成八道槽肩。在阀体下部内表面固定有锁销 8(图 2-5-21 中的 29),此锁销的外端埋在外圆表面以下,内端伸出少许,与扭杆组件下端端盖(图 2-5-21 中的 14)外圆缺口相配合,使两者不能相对转动。转向螺杆(图 2-5-21 中的 17)上端的凸缘部分的外圆滑配在阀体的下端止口中,阀体的下边缘开有矩形缺口 4,此缺口与转向螺杆用锁销(图 2-5-21 中的 16)相配合,形成阀体和驱动螺杆的传力连接。

如图 2-5-24(b)所示,阀芯也制成圆桶形,其外圆表面与阀体滑动配合,两者可以相对转动。阀芯与阀体配合间隙很小,配合精度高,两者组成偶件,不可单独更换。阀芯外表面上也设有八条不贯通的纵槽,并也形成八条槽肩,分别与阀体的槽肩和纵槽配合形成液体流动间隙。在阀芯的不同槽肩上开有四个等间隔的径向通孔 9,用以流通液压油。阀芯的上端外表面开有环槽,用来装 O 形密封圈(图 2-5-21 中的 10)。阀芯下端的内圆柱面开有一个缺口,短轴下端安装的锁销(图 2-5-21 中的 30)即插入此缺口中,以保证短轴和阀芯的同步转动,而不发生相对角位移。阀芯和短轴间留有较大的径向间隙,用以流通回流的油液。

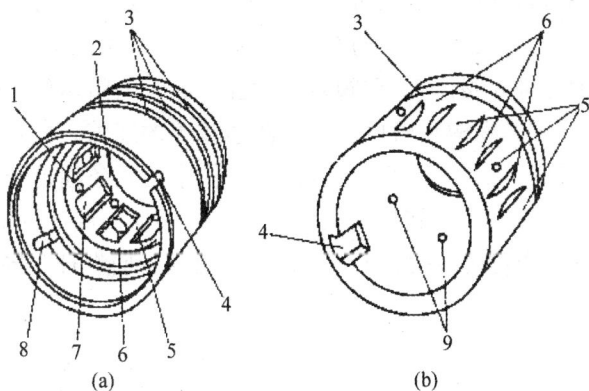

图 2-5-24 阀体及阀芯的结构

1-小孔(通动力缸前腔) 2-小孔(通动力缸后腔) 3-环槽 4-缺口
5-槽肩 6-孔(通进油口) 7-纵槽 8-锁销 9-孔(通回油口)

输入轴组件由短轴、扭杆轴和前端盖组成,如图 2-5-25 所示。短轴为空心管形轴件,其前端为两个间距布置的扇形凸缘。扭杆是在扭矩作用下可产生弹性扭转变形的杆件,前端盖为一盘形元件、圆盘辐板上对称开有两个腰形孔。转向螺杆下端凸缘上两个纵向叉孔稍大于两扇形凸缘,且两扇形凸缘间的间隙又大于转向螺杆上端凸缘的宽度。故在转向过程中当扭杆产生扭转时,在很小的转角范围内,短轴可相对端盖产生旋转运动。

为了对转向控制阀进行轴向定位,并使之具有一定的预紧度,转向器壳体设有调整螺塞 6(如图 2-5-21 所示)。螺塞 6 内部装有滚针轴承 34 支承着短轴,下端装有滚针轴承 9 使阀体可旋转,并且使阀体锁销 29 和 16 与下端轴盖和转向螺杆凸缘盘轴向靠紧。在转向螺杆凸缘盘下面还装有止推轴承 28,以保证螺杆和转阀组件转动灵活和轴向定位。

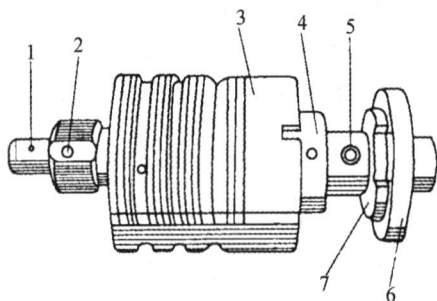

图 2-5-25　输入轴组件

1-扭杆　2-锁销　3-阀体(阀套)　4-阀芯　5-锁销　6-轴盖　7-短轴

在动力转向器上部设有进油口 32 和出油口 33,通过油管分别与转向油泵和转向油罐相连接。在进油口处设有进油阀座和止回阀 31,进油口与阀体的小间环槽相通。出油口和短轴与阀芯形成的回油腔相通。在转向器壳体上开有两条贯通的油道,一条上端与阀体的下油环槽相通,下端与动力缸上腔相通;另一条上端与阀体的上油环槽相通,下端与动力缸的下腔相通。

3) 转阀式动力转向器的工作过程

当汽车直线行驶时,转阀处于中间位置,如图 2-5-26(a)所示。来自转向油泵的工作液从转向器壳体的进油口 B(图 2-5-19 中的 32)流到阀体 13 的中间油环槽中,如图 2-5-26(b)所示,经过其槽底的通孔进入阀体 13 和阀芯 12 之间,此时因阀芯处于中间位置,所以进入的油液分别通过阀体和阀芯纵槽和槽肩形成的两边相等的间隙,再通过阀芯的纵槽以及阀体的径向孔流向阀体外圆上、下油环槽,然后通过壳体中的两条油道分别流到动力缸的上、下腔中去,即左转向动力腔 L 和右转向动力腔 R。流入阀体内腔的油液在通过阀芯纵槽流向阀体上油环槽的同时,通过阀芯槽肩上的径向油孔流到转向螺杆和输入轴之间的空隙中,

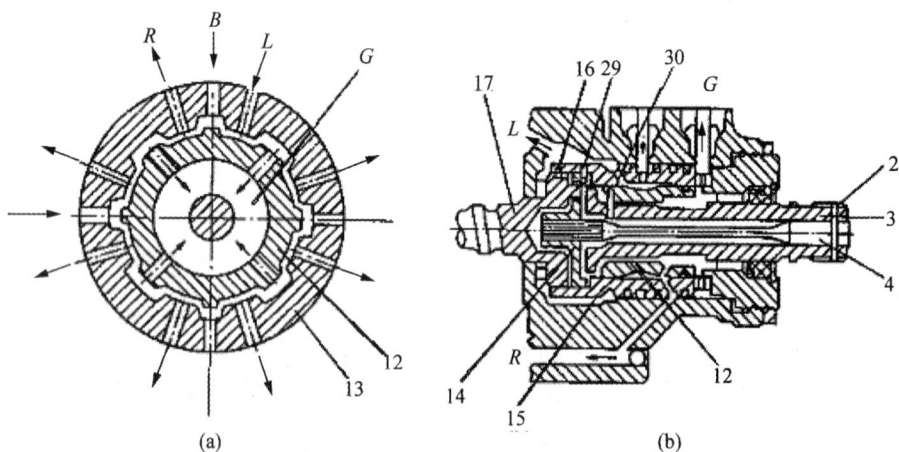

图 2-5-26　汽车直线行驶时转阀的工作情况

(a) 阀芯与阀体的相对位置　(b) 阀芯中的油流情况

R-接右转向动力缸　L-接左转向动力缸　B-接转向油泵　G-接转向油罐

经阀体组件和调整螺塞之间的空隙流到回油口,经油管回到油罐中去,形成了常流式油液循环。此时,上、下腔油压相等且很小,齿条-活塞19既没有受到转向螺杆的轴向推力,也没有受到上、下腔的压力差造成的轴向推力。所以齿条-活塞处于中间位置,动力转向器不工作。

当汽车需要转向时,如左转弯(见图2-5-27),转动方向盘,使短轴逆时针转动,通过其下端轴销子带动阀芯同步转动,这个扭矩也通过具有弹性的扭杆轴传给下端轴盖,下端轴盖边缘上的缺口通过固定在阀体上的销子带动阀体转动,阀体通过其下端缺口和销子,把转向力矩传给螺杆。由于转向阻力的存在,要有足够的转向力矩才能使转向螺杆转动。这个转矩促使扭杆轴发生弹性扭转,造成阀体的转动角度小于阀芯的转动角度,两者产生相对角位移,见图2-5-27(a)所示,通向下动力腔的进油缝隙减小(或封闭),回油缝隙增大,油压降低;通向上动力腔的进油缝隙增大而回油缝隙减小(或关闭),油压升高,上、下动力腔产生油压差,齿条-活塞便在上、下动力腔油压差的作用下移动,产生助力作用。此时,来自转向油泵的压力通过槽隙流向动力缸上腔,动力缸下腔的油则通过阀体径向孔、槽隙、阀芯径向孔和回油口流向储油罐,如图2-5-27(b)所示。

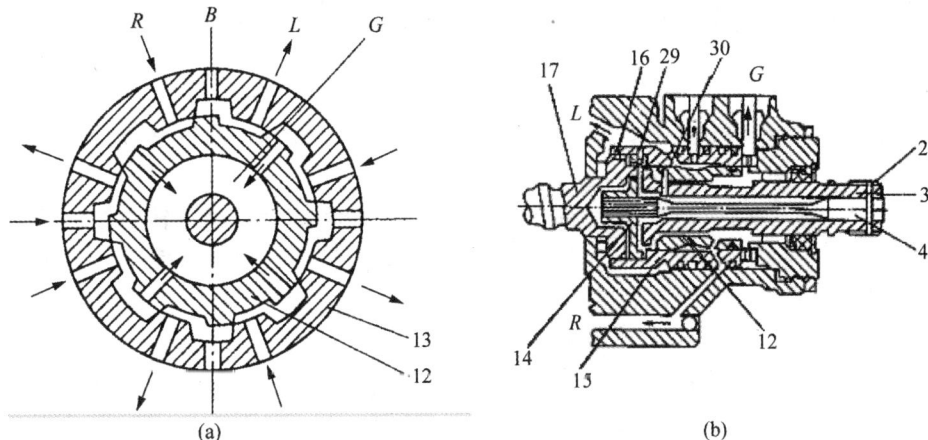

图 2-5-27　汽车左转弯时转阀的工作情况
(a) 阀芯与阀体的相对位置　(b) 阀芯中的油流情况
R-接右转向动力缸　L-接左转向动力缸　B-接转向油泵　G-接转向油罐

汽车右转弯时其工作过程与左转弯时基本相似,如图2-5-28所示。不同的是由于转弯方向相反,造成阀体和阀芯的角位移相反,齿条-活塞下腔油压升高而上腔油压降低,产生右转向助力。

当方向盘停在某一位置不在继续转动时,阀体随转向螺杆在液力和扭杆轴弹力的作用下,沿方向盘转动方向旋转一个角度,使之与阀芯的相对角位移量减小,上、下动力腔油压差减小,但仍有一定的助力作用。此时的助力转矩与车轮的回正力矩相平衡,使车轮维持在某一转向位置上。

在转向过程中,若方向盘转动的速度快,阀体与阀芯的相对角位移量变大,上、下动力腔的油压差也相应加大,前轮偏转的速度也加快,如方向盘转动得慢,前轮偏转得也慢;若方向盘转到某一位置上不变,对应着前轮也转到某一位置上不变,此即称"渐进随动原理",也就是"快转快助,大转大助,不转不助"原理。

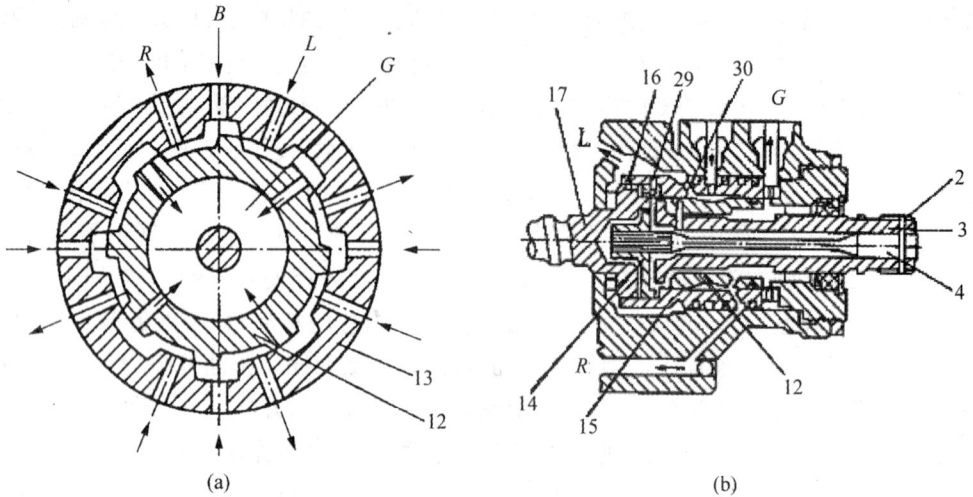

图 2-5-28　汽车右转弯时转阀的工作情况

(a) 阀芯与阀体的相对位置　(b) 阀芯中的油流情况

R-接右转向动力缸　*L*-接左转向动力缸　*B*-接转向油泵　*C*-接转向油罐

转向后需要回正时,如果驾驶员放松方向盘,阀芯回到中间位置,失去了助力作用,此时转向轮在回正力矩的作用下自动回位;若驾驶员同时回转方向盘,则转向助力器助力,帮助车轮回正。

当汽车直线行驶偶遇外界阻力而使转向轮发生偏转时,阻力矩通过转向传动机构、转向螺杆、螺杆与阀体的锁定销作用在阀体上,使之与阀芯之间产生相对角位移,这样使动力缸上、下腔油压不等,产生了与转向轮转向相反的助力作用。在此力的作用下,转向轮迅速回正,保证了汽车直线行驶的稳定性。

一旦液压助力装置失效,该动力转向器即变成机械转向器。此时转动方向盘,带动短轴转动,短轴下端凸缘盘边缘有弧形缺口,转过一定角度后,通过螺杆上端凸缘盘的凸块带动螺杆旋转,以保证汽车转向。不过,这时方向盘的自由行程加大,转向沉重。

奥迪、红旗、捷达、桑塔纳 2000 等轿车采用的转阀整体式动力转向装置,结构和原理与此类似。

4) 转向油泵

转向油泵是动力转向中的主要能源,其作用是将发动机输入的机械能转化为液压能向外输出。转向油泵是助力转向系统的动力源。转向油泵经转向控制阀向转向助力缸提供一定压力和流量的工作油液。目前,转向油泵大多采用双作用式叶片泵。这种油泵有两种结构型式,一种是潜没式转向油泵,另一种为非潜没式转向油泵。潜没式油泵与贮液罐是一体的,即油泵潜没在贮液罐的油液中;非潜没式转向油泵的贮液罐与转向油泵分开安装,用油管与转向油泵相连接。

(1) 潜没式转向油泵。潜没式转向油泵与贮液罐是一体的,即转向油泵潜没在贮液罐的油液中,见图 2-5-29。

(2) 非潜没式转向油泵。非潜没式转向油泵的贮液罐与转向油泵分开安装,用油管与油泵相连接,见图 2-5-30。

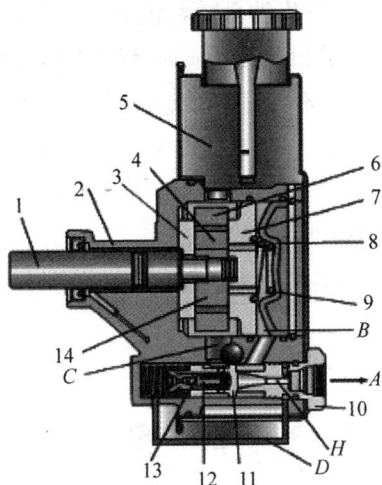

图 2-5-29 潜没式转向油泵

1-驱动轴 2-壳体 3-前配油盘 4-叶片 5-储油罐 6-定子 7-后配油盘
8-后盖 9-弹簧 10-管接头 11-柱塞 12-阀杆 13-钢球 14-转子
A-出油口 *B*-出油腔 *C*-进油腔 *D*-油道 *H*-主量孔

（3）双作用式叶片泵工作原理。图 2-5-31 为一叶片式油泵示意图,它主要由定子 3、转子 5 及叶片 2 等件组成。定子具有圆柱形内表面,转子上均布径向切槽。矩形叶片安装在转子槽内,并可在槽内滑动。矩形叶片两端与配油盘端面滑动配合,形成由转子外表面、定子内表面、叶片和配油盘组成的密封工作容积。转子和定子不同心,有一个偏距,当转子顺时针方向旋转时,叶片在离心力及高压油的作用下紧贴在定子的内表面上。其工作容积开始由小变大,从吸油口吸进油液;而后工作容积由大变小,压缩油液,经压油口向外供油。由于转子每旋转一周,每个工作腔都各自吸、压油两次,故将这种型式的叶片泵称为双作用式叶片泵。双作用叶片泵有两个吸油区和两个排油区,并且各自的中心角是对称的,所以作用在转子上的油压作用力互相平衡。因此,这种油泵也称为卸荷式叶片泵。

图 2-5-30 非潜没式转向油泵

1-皮带轮 2-出油管 3-泵体 4-进油管

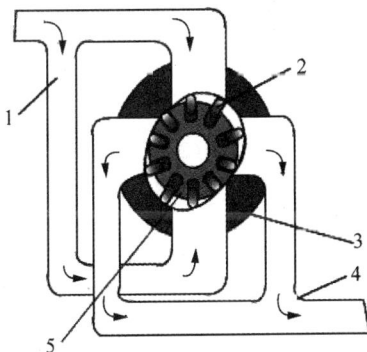

图 2-5-31 叶片式油泵示意图

1-进油口 2-叶片 3-定子 4-出油口 5-转子

叶片式油泵是容积式油泵,其输出油量随着转子转速升高而增大,输出的油压取决于动力转向系统的负荷。为了防止发动机转速较高时输出油压过大而使油压升高,以致损害机件、破坏油封。通常在油泵的进出油道之间还设有流量控制阀和限压阀。

三、制订计划

制订转向系统拆装计划如表 2-5-3 所示

表 2-5-3　制订转向系统拆装计划

1. 查阅维修资料,了解车辆结构特点 2. 熟悉驱动桥拆装规范,制订转向系统拆装计划		
1. 车辆驱动桥类型信息描述	车辆描述	
	转向系统类型描述、信息描述	
2. 车辆驱动桥使用情况描述		
3. 车辆转向系统安全拆装描述		在拆装汽车转向系统之前,认真阅读如下注意事项: (1) 从车辆上拆下转向系统前,应做好支承车辆工作,检查支承车辆的措施是否牢固可靠,准备好保险架,做好安全保护 (2) 认真阅读安全操作规程 (3) 严禁用铁锤敲击零件表面,应注意预防机械损伤;避免出现意外事故 (4) 移动时注意相互合作,防止砸下伤人,不要把工具或零件留在你或者其他人有可能踩到的地方,将其放置在工作架或工作台上
4. 转向系统拆装注意事项和技术要求	(1)__ (2)__ (3)__ (4)__	
5. 转向系统拆装步骤	(1)__ (2)__ (3)__ (4)__	
6. 转向系统装配质量要求	(1)__ (2)__ (3)__	
7. 转向系统拆装计划	(1) 转向器分解 (2) 转向油泵分解 (3) 转向器的类型 (4) 转向器工作原理 (5) 转向油泵工作原理 (6) 转向系统的装配 (7) 转向系统的排空	

四、任务实施

根据教师提供的转向系统或零件结构图,结合教学实际情况和教材,收集车辆和转向等相关信息,按表 2-5-4 所示完成汽车转向系统拆装作业。

表 2-5-4 转向系统拆装作业

1. 车辆信息描述		车辆描述	
		车辆转向类型描述	
2. 汽车转向日常使用描述			
	拆装步骤	拆装方法	记录
3. 车上检查	检查方向盘的自由行程	(1) 停车,使车轮正对前方 (2) 向左和向右慢慢转动方向盘,检查方向盘的自由行程 最大自由行程:30 mm,如果自由行程超过最大值,检查转向系统	
4. 转向操纵机构的拆卸	拆卸方向盘总成	(1) 将前轮转向正前位置 (2) 从蓄电池负极端子断开电缆 注意:从蓄电池的负极(一)端子上断开电缆后,至少等待 90 秒钟,以防止气囊和安全带预紧器激活 (3) 拆卸方向盘 2 号下盖 (4) 拆卸方向盘 3 号下盖 (5) 拆卸方向盘装饰盖 (6) 拆卸方向盘总成	
	拆卸转向柱罩	(1) 拆卸仪表板 1 号底罩分总成 (2) 拆卸仪表板下装饰板分总成 (3) 拆卸下转向柱罩 小心:以错误顺序拆下下转向柱罩会造成下转向柱罩损坏 (4) 拆卸上转向柱罩 (5) 拆卸上转向柱罩	

续　表

	拆装步骤	拆装方法		记录
4. 转向操纵机构的拆卸	拆卸组合仪表总成	(1) 拆卸带螺旋电缆分总成的转向信号开关总成 (2) 拆卸仪表板装饰板 (3) 拆卸中央仪表板调风器总成 (4) 拆卸仪表组装饰板总成 (5) 拆卸组合仪表总成 (6) 拆卸仪表板下装饰板总成 (7) 断开左前门开口装饰密封条 (8) 拆卸手套箱盖总成 (9) 拆卸仪表板 1 号箱盖分总成 (10) 断开右前门开口装饰密封条 (11) 断开仪表板线束总成 (12) 拆卸上仪表板分总成 (13) 拆卸转向柱孔盖消音板	上仪表板分总成 仪表板1号箱盖分总成 组合仪表总成 仪表板下装饰板总成 手套箱盖总成 中央仪表板调风器总成 仪表组装饰板总成	
	拆卸转向柱总成	(1) 拆卸转向柱孔盖消音板 (2) 拆卸防护罩 (3) 分离 2 号转向中间轴总成 (4) 拆卸刹车灯开关总成 (5) 拆卸刹车灯开关座调节器 (6) 拆卸转向柱总成 (7) 拆卸 2 号转向中间轴总成	转向柱总成 刹车灯开关总成 转向柱孔盖消音版	
5. 齿轮齿条式转向器拆卸	将转向机构夹在台虎钳上	使用 SST 将转向机壳固定在台虎钳上	SST	
	拆卸转向横拉杆	(1) 在转向横拉杆的尾端和齿条尾端上做配合记号 (2) 拧松锁紧螺母拆下转向横杆尾端	配合记号	

续　表

拆装步骤		拆装方法	记录
5. 齿轮齿条式转向器拆卸	拆卸压力管	(1) 使用 SST 拆下管子 (2) 拆卸 2 个管接头座	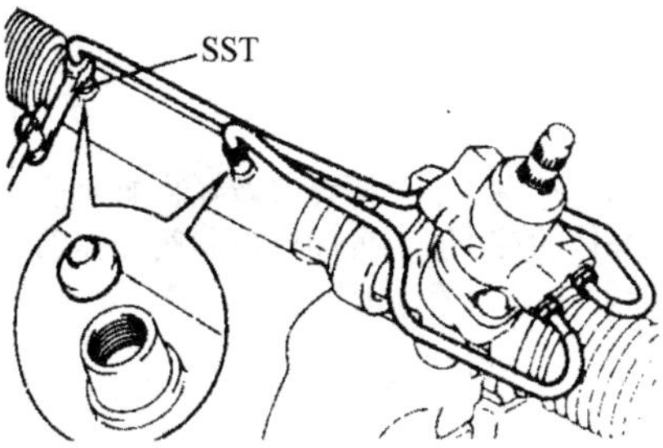
	拆卸齿条尾端和带齿垫圈	(1) 凿松带齿垫圈 注意:不要撞击齿条 (2) 拆下齿条尾端 (3) 拆下带齿垫圈	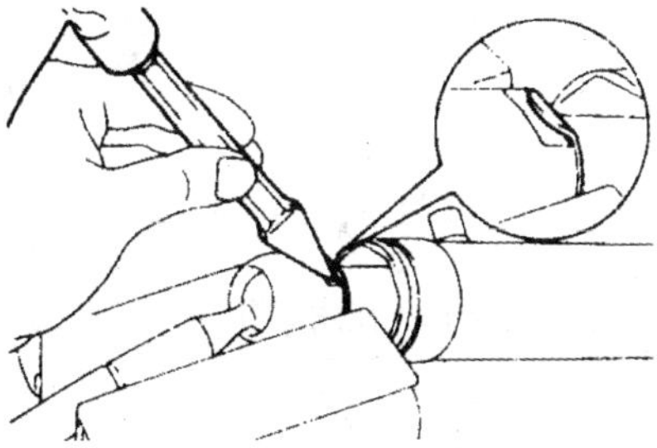 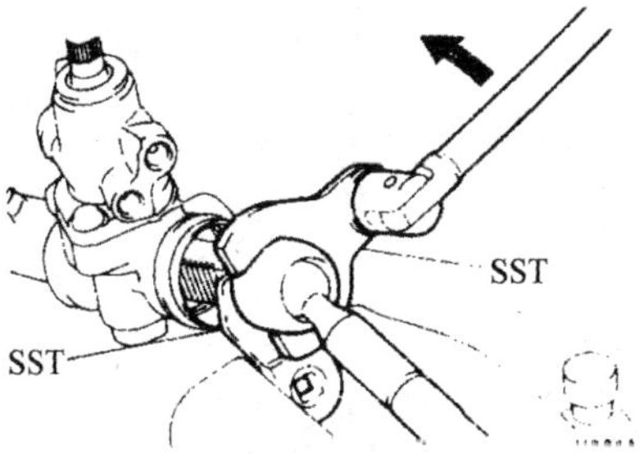
	拆卸齿条导套弹簧帽的锁紧螺母	(1) 使用 SST 将转向机壳固定在台虎钳上 (2) 拆卸齿条导套弹簧帽的锁紧螺母	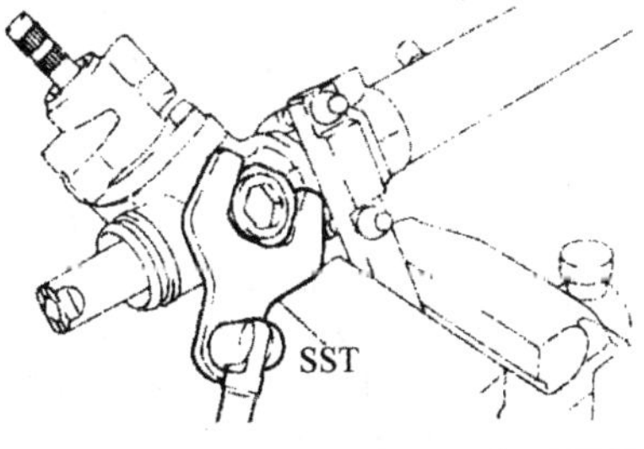
	拆卸齿条导套弹簧帽、弹簧、齿条导套和支座	(1) 拆卸齿条导套弹簧帽 (2) 从齿条壳体中拆下弹簧、齿条导套	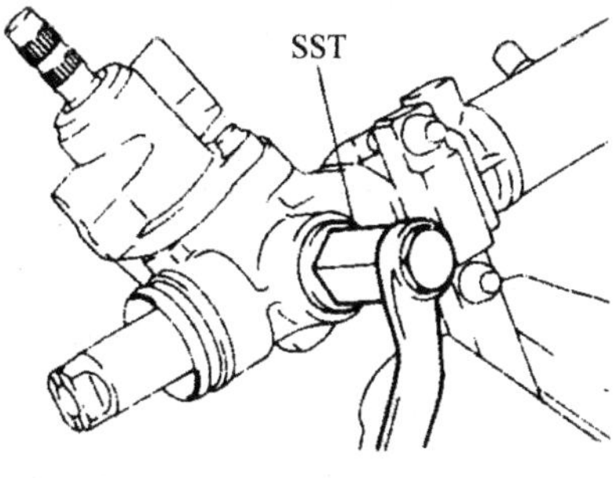

笔 记

	拆装步骤	拆装方法	记录
5. 齿轮齿条式转向器拆卸	拆卸连控制阀壳体的控制阀	(1) 按要求做好装配记号 (2) 拆卸连控制阀壳体的控制阀 配合记号	
	拆下控制阀	(1) 按要求在台虎钳上固定好 (2) 使用 SST 拆下控制阀 SST	
6. 动力转向系统装复后的检查	动力转向系统的排空	(1) 起动发动机,控制发动机的转速在 1 000 r/min,使方向盘在左、右两极限位置之间来回转动,直到储油罐内油面留在规定位置(标记)处而且无气泡冒出为止 (2) 转动方向盘时动力转向系统无异响出现 (3) 然后关闭发动机,并检查储液罐油面高度,其上升位置不应超过标记5 mm	
	动力转向系统密封性检查	起动发动机维持怠速运转,转动方向盘至一极限位置并定位,检查各部位有无渗漏,根据具体情况紧固连接件,更换密封件	
7. 机械循环球式转向器总成拆装工艺	机械循环球式转向器的拆卸	(1) 拆转向器的放油螺栓,将油放到专用的容器中 (2) 对中(左右转动螺杆轴计算总圈数,然后回转总圈数的一半) (3) 将侧盖调整螺栓的锁紧螺母拧松,拆卸侧盖紧固螺栓,取出侧盖、扇齿轴、垫片 (4) 拆卸上下端盖紧固螺栓(注意保管好垫片),取出螺杆轴、螺母齿、支承轴承组合件 (5) 拆卸螺母齿导管,倒出钢球。注意导管两边的钢球要分开,方便装复和检查 1 2 3 4 5 6 7 8 1-上端盖　2-调整螺钉　3-侧盖 4-扇齿轴　5-螺母齿　6-螺杆 7-轴承　8-壳体	

续　表

	拆装步骤	拆装方法	记录
7. 机械循环球式转向器总成拆装工艺	装复调整步骤	机械循环球式转向器的装复步骤应按拆卸的相反顺序进行,装复时要注意以下步骤和调整注意事项: (1) 清洁螺母齿、钢球(64 粒),将钢球均匀放进螺母齿条与螺杆轴的钢球滚道内,因两个钢球滚道的钢球在运动时互不相通,所以钢球不能出现多或少的情况。两条导管的钢球大约都剩下 7～8 粒,分别装到导管上,装配至螺母齿上,锁紧导管夹螺栓 (2) 装螺母齿、螺杆组合件 (3) 装上盖,检查、调整轴承预紧度 ① 正常的轴承预紧度为:用手转动螺杆应转动灵活自如,没有卡滞现象,大力轴向、径向推动螺杆应没有松动的手感间隙 ② 轴承预紧度调整方法是通过上端盖与壳体之间加减垫片进行调整的。如果轴承的预紧度过大,可以在上端盖与壳体之间增加垫片进行调整;如果轴承的预紧度过小,可以在上端盖与壳体之间减小垫片进行调整 (4) 装复扇齿轴、侧盖(转动螺杆使螺母齿处于中间位置,将扇齿轴的调整螺钉尽量退出后装入壳体与螺母齿啮合,侧盖装好,螺栓拧紧) (5) 检查、调整螺母齿与扇齿的啮合间隙 ① 将调整螺钉旋进至齿轮啮合间隙为零时(有紧手的感觉),然后退回 1/4 或 1/2 左右 ② 正常的啮合间隙要求:在扇齿轴不动时,用手转动螺杆,应有 8°～10° 的自由转动角度(即扇齿轮与螺母齿轮的啮合间隙为 0.10～0.20 mm,扇形齿轴与调整螺钉配合间隙为 0.03～0.07 mm) ③ 啮合间隙的调整方法是通过侧盖的调整螺钉来调整。如果啮合间隙过大,可以将调整螺钉拧进去;如果啮合间隙过小,则反之 ③ 正常的啮合间隙是转动螺杆时应转动灵活、自如,没有卡滞现象,且螺杆的自由转角在 8°～10°;如果转动一定角度出现卡滞应微调大些。	
	拆卸与装配结论		

五、检验评估

在完成拆装作业后,按表 2-5-5 转向系统拆装检验与评价表,实施作业质量检验,并进行三方评价。

表 2-5-5　转向系统拆装检验与评价表

评价指标	检验说明	检验记录
检查项目	(1) 方向盘自由行程 (2) 齿轮齿条式转向器的拆装 (3) 循环球式转向器的拆装 (4) 动力转向系统的排空 (5) 其他	
汽车转向系统运行情况		

评价内容	检验指标	权重	自评	互评	总评
检查任务完成情况	1. 完成任务过程情况				
	2. 任务完成质量				
	3. 在小组完成任务过程中所起的作用				

续　表

评价内容	检验指标	权重	自评	互评	总评
专业知识	1. 能描述汽车转向系统的组成				
	2. 能描述汽车转向系统的类型				
	3. 能描述汽车转向器的组成				
	4. 会描述汽车转向系统的拆装步骤				
	5. 会描述汽车转向系统拆装作业安全事项				
职业素养	1. 学习态度:积极主动参与学习				
	2. 团队合作:与小组成员一起分工合作,不影响学习进度				
	3. 现场管理:服从工位安排、执行实训室"5S"管理规定				
综合评议与建议					

笔记

任务2.6　拆装行驶系统

任务描述	一辆2006款的一汽丰田花冠车开进维修厂,故障报修是行驶跑偏,经过维修技师的检测,是车轮定位出故障,需要进行四轮定位检测,并按要求进行检测与调整。师傅安排你对该车进行处理,你应该怎么做呢
任务目标	1. 收集汽车底盘行驶系统操作的相关信息,制订汽车底盘行驶系统拆装计划 2. 能描述汽车底盘行驶系统的组成和相互关系,能分析简单故障 3. 能根据汽车底盘拆装规范,完成行驶系统的拆装与调整,实施更换作业

一、维修接待

按照表2-6-1完成待修车辆的维修接待与接车问诊表。

表 2-6-1　维修接待与接车问诊表

1. 通过询问客户了解传动系统使用情况,填写接车问诊表
2. 车间检测初步确认结果:车轮定位失准

接 车 问 诊 表

车牌号:＿＿＿＿＿＿＿　　车架号:＿＿＿＿＿＿＿　　行驶里程:＿＿＿＿＿＿＿(km)

用户名:＿＿＿＿＿＿＿　　电　话:＿＿＿＿＿＿＿　　来店时间:＿＿＿＿/＿＿＿＿

用户陈述及故障发生时的状况:**一辆2007款一汽丰田卡罗拉汽车行驶跑偏,进入维修厂进行检修**

故障发生时的状况提示:**行驶速度、发动机状态、发生频率、发生时间、部位、天气、路面状况、声音描述**

接车员检测确认建议:**需更换动力转向油泵,并对转向系统进行维护**

车间检测确认结果及主要故障零部件:**更换动力转向油泵**

车间检查确认者:＿＿＿＿＿＿＿

外观确认:

(请在有缺陷部位作标识)

功能确认:(工作正常√　不正常×)
□音响系统　　□门锁(防盗器)　□全车灯光　□工具
□后视镜　　　□顶窗　　　　　□座椅　　　□点烟器
□玻璃升降器　□玻璃

物品确认:(有√　无×)
□贵重物品提示
□工具　□备胎　□灭火器
□其他(　　　　　　)
旧件是否交还用户　□是　□否
用户是否需要洗车　□是　□否

- 检测费说明:本次检测的故障如用户在本店维修,检测费包含在修理费用内;如用户不在本店维修,请您支付检测费。本次检测费:￥＿＿＿＿元。
- 贵重物品:在将车辆交给我店检查修理前,已提示将车内贵重物品自行收起并保存好,如有遗失恕不负责。

接车员:＿＿＿＿＿＿＿　　　　　　用户确认:＿＿＿＿＿＿＿

二、信息收集与处理

如表 2-6-2 所示完成本次任务的信息收集与处理。

表 2-6-2　信息收集与处理

序号	部件名称	作　用
1		
2		
3		
4		
5		
6		
7		
8		
9		

1. 汽车行驶系统的作用：_____
2. 汽车行驶系统类型有：_____
3. 四轮定位的参数：_____
4. 汽车悬架的类型：_____

1. 行驶系的组成

汽车行驶系由车架、车桥、车轮、悬架等组成（见图 2-6-1）。行驶系的功用是接受传动系的动力，通过驱动轮与路面的作用产生牵引力，使汽车正常行驶承受汽车的总重量和地面的反力；缓和不平路面对车身造成的冲击，衰减汽车行驶中的振动，保持行驶的平顺性；与转向系配合，保证汽车操纵稳定性。

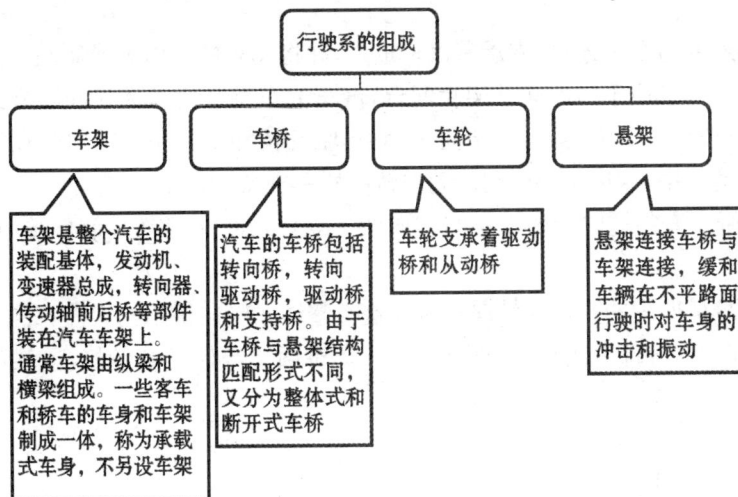

图 2-6-1 行驶系的组成

1）车架

车架是汽车上各部件的安装基础。如发动机、变速器、车身或驾驶室通过弹性支承安装于车架上；前、后桥通过悬架连接在汽车车架上；而转向器则直接安装在车架上。通常车架由纵梁和横梁组成，如图 2-6-2 所示。车架的组成形式见图 2-6-3。

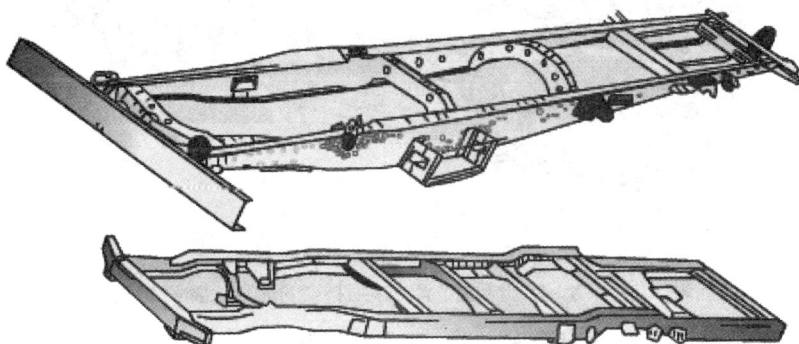

图 2-6-2 汽车车架

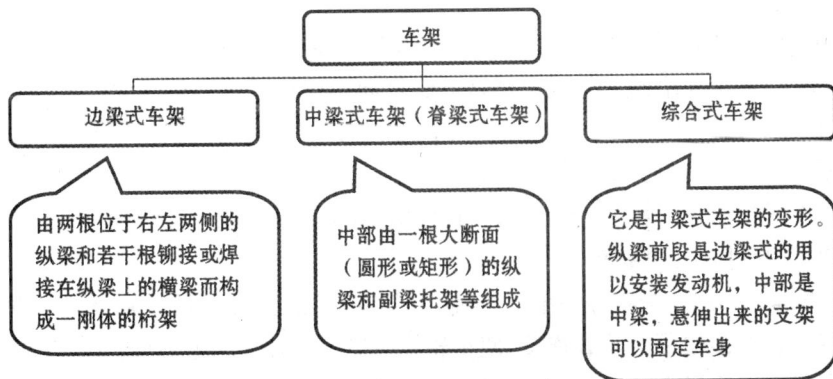

图 2-6-3 车架的组成形式

2) 车桥

车桥通过悬架与车架连接,支承着汽车重量,并将车轮的牵引力或制动力以及侧向力经悬架传给车架。为了便于与不同悬架相配合,汽车的车桥分为整体式和断开式两种。按使用功能划分,车桥又可分为转向桥、转向驱动桥、驱动桥和支持桥。转向驱动桥和驱动桥的内容已放在传动系中,这里主要介绍从动的转向桥和支持桥。

(1) 转向桥。安装转向轮的车桥叫转向桥。现代汽车一般都是前桥转向,也有少数是多桥转向的。

与非独立悬架匹配的整体式转向车桥。这类整体式转向桥结构大体相同,主要由前梁、转向节、主销和轮毂等部分组成(见图 2-6-4)。车桥两端与转向节铰接,前梁的中部为实心或空心梁。

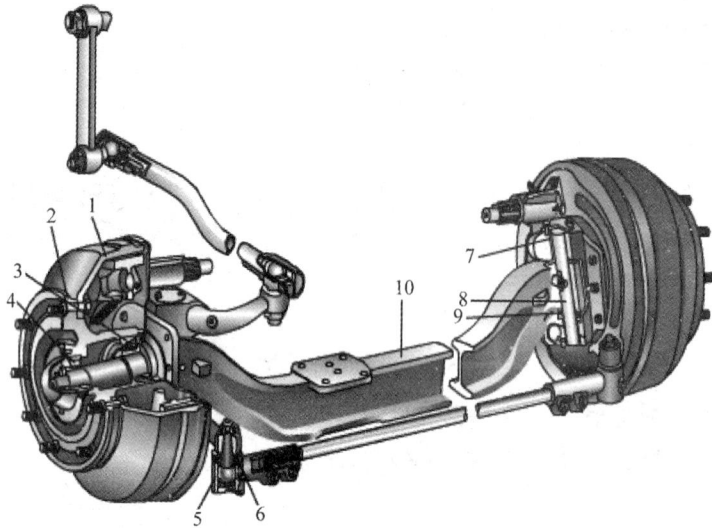

图 2-6-4　汽车整体式转向桥

1-制动鼓　2-轮毂　3、4-轮毂轴承　5-转向节臂　6-油封　7-衬套　8-主销　9-止推轴承　10-前轴

轮毂外端的接合盘与车轮用螺栓连接,其内端是制动鼓 1。轮毂轴承通过润滑油润滑。为防止润滑油侵入制动鼓而影响制动功能,在内端轴承内侧装油封 6。外轴承外端装有轮毂盖,防止灰尘进入。

轮毂轴承的预紧是需调整的,其方法是将调整螺母拧紧,使轮毂转动困难,再将螺母退回 1/6~1/4 圈,转动轮毂感到转动灵活,轴向、径向推拉轮毂无手感间隙即可。调好后装好防松垫圈,将锁紧螺母锁紧即可。前梁工作时主要承受垂直弯矩,因而前梁采用工字形断面,以提高前梁的抗弯强度,同时减轻质量。

前梁还要承受扭矩,因此从弹簧处向外逐渐由工字形断面过渡到方形断面,以提高其扭转刚度,同时保持断面强度相等。

转向节臂 5 有两个,左右各一个,其上两耳部有通孔,通过主销分别将前梁两端连接起来。转向节通过滚锥轴承与轮毂连接,使车轮绕主销偏转,而实现汽车转向。转向节内端两耳部通孔内压入青铜衬套,销孔端部用盖封住,并通过转向节上的黄油嘴注入黄油润滑。下耳与前梁拳部之间装有止推轴承,减少转向阻力。上耳与前梁拳部之间装有调整垫片,以调整转向节叉的轴向间隙。靠转向节拳耳部有一方形突缘,用以固定制动底板。左转向节两耳上端的锥形孔是安装转向节上臂,下端的锥形孔分别是用以安装左右转向节臂的。为使转向灵活,转向节下拳耳与前梁拳部之间装有止推轴承。

与独立悬架匹配的断开式转向桥。断开式转向桥的作用与非断开式转向桥一样,所不同的是断开式转向桥与独立悬架匹配,断开式车桥为活动关节式结构,见图 2-6-5。

(2)支持桥。转向桥和支持桥都属于从动桥,支持桥是起支承车架(或车身)作用的车桥。发动机前置前驱动轿车的后桥也属于支持桥,见图 2-6-6。

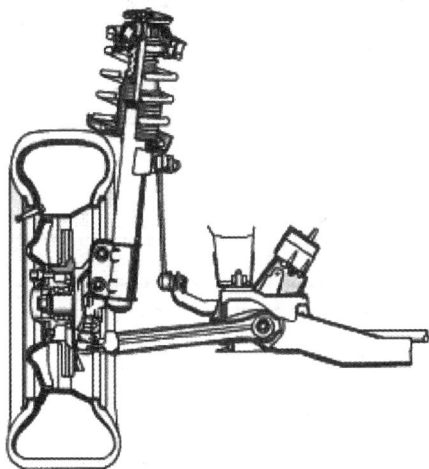

图 2-6-5 汽车断开式转向桥

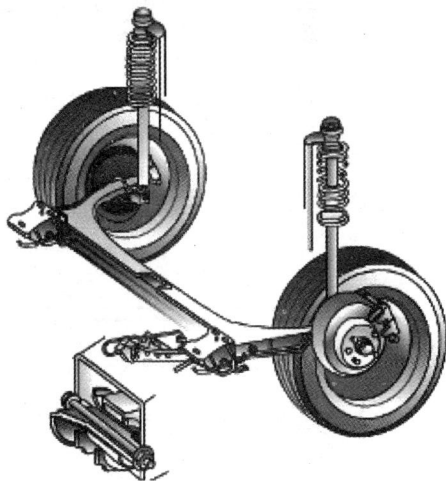

图 2-6-6 支持桥

3)车轮与轮胎

车轮与轮胎对汽车行驶性能有很重要的作用。它们的功用主要是:支承汽车车体重量,缓和由于路面不平引起的冲击力,接受和传递制动力和驱动力,轮胎具有抵抗侧滑和自动回正的能力,使汽车正常转向,保持汽车直线行驶。

车轮由轮毂、轮辋和它们间的连接件轮辐所组成。轮胎安装在轮辋上,直接与路面接触,它的作用是承受汽车的重力,与悬架共同起缓和冲击的作用,保证与路面有良好的附着性,传递驱动力和制动力,保持汽车行驶的稳定性。轮胎的性能与其结构、材料、气压、花纹等因素有关。

(1)车轮。现代的汽车车轮不但是安装轮胎的骨架,也是将轮胎和车轴连接起来的旋转部件,通常车轮由轮毂、轮辋以及这两元件之间的连接部分(称轮辐)的元件所组成(见图 2-6-7)。

按照轮辐的结构,车轮可分为辐板式和辐条式,目前在轿车和货车上广泛采用辐板式车轮。此外,根据车轮材质不同又有铝合金、镁合金、钢车轮之分。

(2)充气轮胎。充气轮胎的构造见图 2-6-8,其结构简图见图 2-6-9。

有内胎的充气轮胎。有内胎的充气轮胎的组成和组件的功用见图 2-6-10 和图 2-6-11。

无内胎的充气轮胎。这种轮胎外观上与普通轮胎相似,但胎圈外侧上有若干道同心环形槽纹,在轮胎内空气压力作用下,槽纹能使胎圈紧贴在轮辋边缘上,使之与轮辋保证良好气密性。为了保证轮辋本身的气密性,气门嘴直接固定在轮辋上;其间垫以密封用的橡胶衬垫。空气通过气门嘴直接压入外胎中,见图 2-6-12。

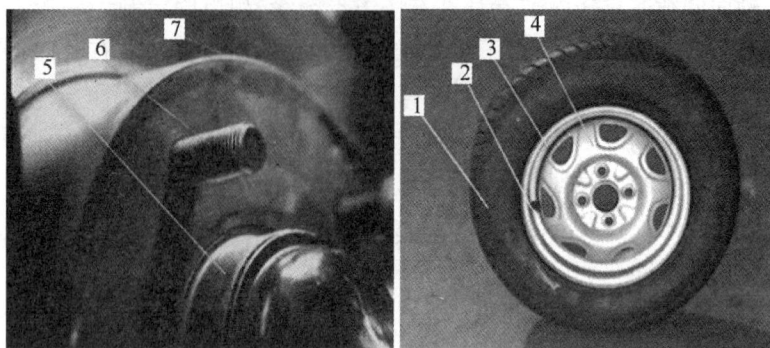

图 2-6-7　车轮

1-轮胎　2-气嘴　3-轮辋　4-轮盘　5-轮毂　6-螺栓　7-制动盘

图 2-6-8　充气轮胎的组成

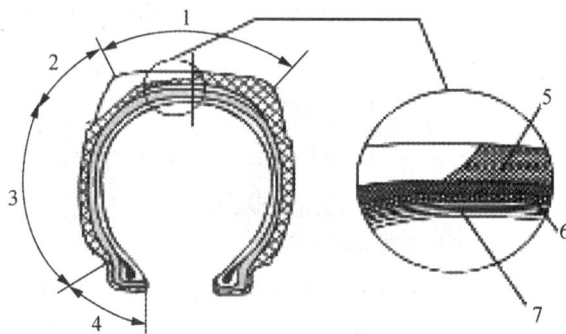

图 2-6-9　轮胎结构简图

1-胎冠　2-胎肩　3-胎侧　4-胎圈　5-胎面　6-缓冲层（带束层）　7-帘布层

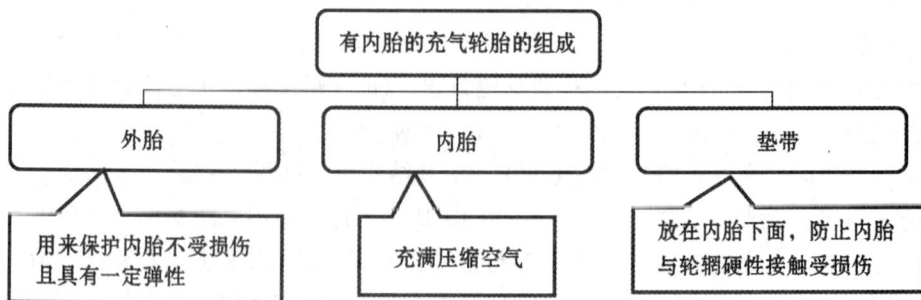

图 2-6-10　有内胎的充气轮胎

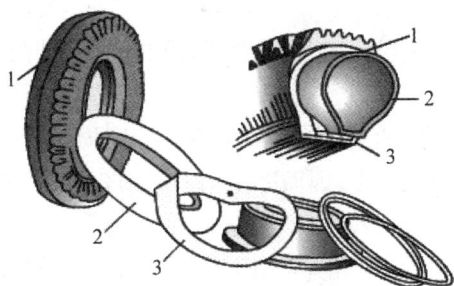

图 2-6-11　充气轮胎的组成

1-外胎　2-内胎　3-垫带

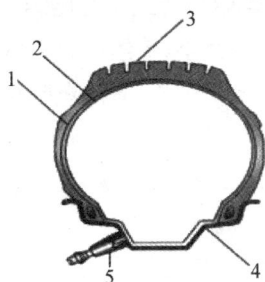

图 2-6-12　充气轮胎的组成

1-橡胶密封层　2-自粘层　3-槽纹　4-轮辋　5-气门嘴

（3）普通斜交轮胎。帘布层和缓冲层各相邻层帘线交叉排列，各层帘线与胎冠中心线成 $35°\sim40°$ 的交角，因而叫斜交轮胎。斜交轮胎的结构见图 2-6-13。

帘布层是外胎的骨架，使胎体具有必要的强度，并固定轮胎外缘的形状和尺寸。帘布层数越多强度就越大，但弹性会下降。在外胎表面注有帘布层数。帘布层的帘线材质可不同，棉线帘布价格低，但强度差，需要多层帘布，在受热后强度下降，不能很好承受轮胎工作时产生的交变载荷。采用人造丝做帘布可以减少层数，因为人造丝有较好的抗变形能力，耐久性比棉布层轮胎高 $60\%\sim70\%$。但它的不足处是吸湿性较大，吸湿后强度会下降，残余伸长变形而使其不能与橡胶更好结合。还有采用尼龙线或钢丝帘线，在轮胎承载能力一样时，层数可减少，减小轮胎质量，在外胎表面注有层数。

缓冲层位于胎面与帘布层之间，用胶片和数层挂上胶的稀帘布做成，它具有较大的弹性，可缓和汽车行驶的冲击载荷，并防止汽车在紧急制动时胎面与帘布层脱离。

（4）子午线轮胎。轮胎的帘线与胎面中心线呈 $90°$ 或接近 $90°$ 角排列，帘线分布如地球的子午线，因而称为子午线轮胎。子午线轮胎的结构见图 2-6-14。

子午线轮胎帘线强度得到充分利用，它的帘布层数小于普通斜交轮胎帘布层数，使轮胎质量可以减小，胎体较柔软。子午线胎采用了与胎面中心线夹角较小（$10°\sim20°$）的多层缓冲层，用强力较高、伸张力小的结构帘布或钢丝帘布制造，可以承担行驶时产生的较大的切向力。带束层像钢带一样，紧紧镶在胎体上，极大地提高胎面的刚性、驱动性和耐磨性。

图 2-6-13　斜交轮胎

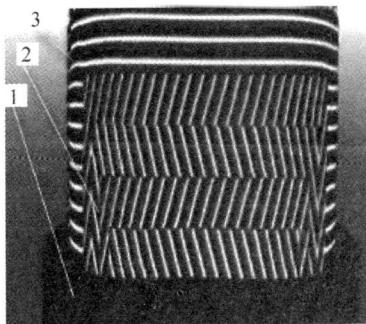

图 2-6-14　子午线及斜线轮胎的结构

1-外胎面　2-束带　3-帘布层

子午线轮胎与普通斜交胎相比有许多优越性：

① 滚动阻力小，节约燃料。由于子午线轮胎帘布层少，行驶温度低，散热好，滚动阻力比斜交胎低 $25\sim30\%$，油耗降低 $6\%\sim8\%$。

② 耐磨性好，寿命长。轮胎滚动时胎面要变形会产生滑移，从而加剧轮胎磨损，而子午线轮胎胎冠刚度大，胎面宽，与地面接触面积大，单位压力小，因而减少胎面磨损，延长寿命，行程比斜交胎高 $30\sim50\%$。

③ 安全性能好。由于子午线轮胎本身结构的原因，因此其高速旋转时，产生驻波的临界速度比斜交胎高，提高了行驶中的安全性。

④ 子午线轮胎还具有减振性好、附着性能高的特点，其承载能力比斜交胎高 14%。子午线轮胎胎面耐穿刺，在恶劣条件下行驶，轮胎不易爆破。

子午线轮胎越来越多地在现代汽车上得到广泛应用，但它也有缺点，如胎侧薄，变形大，胎侧与胎圈受力比普通斜交胎大很多，容易在胎侧和与轮辋接触处发生裂纹。因胎侧变形大，其侧面稳定性较差。另外，子午线轮胎成本也较高。

注意：
子午线胎与斜交胎不能混装于一辆车上。

4) 悬架

汽车车架(或车身)若直接安装于车桥(或车轮)上，由于道路不平，受地面冲击会使货物损坏和人会感到十分不舒服，这是因为没有悬架装置的原因。

汽车悬架是车架(或车身)与车轴(或车轮)之间的弹性联结装置的统称。它的作用是弹性地连接车桥和车架(或车身)，缓和行驶中车辆受到的冲击力，保证货物完好和人员舒适，衰减由于弹性系引起的振动，使汽车行驶中保持稳定的姿势，改善操纵稳定性。同时，悬架系统承担着传递垂直反力、纵向反力(牵引力和制动力)和侧向反力，这些力所形成的力矩作用到车架(或车身)上，以保证汽车行驶平顺。并且当车轮相对车架跳动时，特别在转向时，车轮运动轨迹要符合一定的要求，因此悬架还起到使车轮按一定轨迹相对车身跳动的导向作用。

悬架结构形式和性能参数的选择合理与否，直接对汽车行驶平顺性、操纵稳定性和乘坐舒适性有很大的影响，由此可见悬架系统在现代汽车上是重要的总成之一。

悬架一般由弹性元件、导向机构、减振器和横向稳定杆组成(见图 2-6-15)。弹性元件用来承受并传递垂直载荷，缓和由于路面不平引起的对车身的冲击。弹性元件包括钢板弹簧、螺旋弹簧、扭杆弹簧、油气弹簧、空气弹簧和橡胶弹簧。减振器用来衰减由于弹性系统引起的振动，减振器的类型有筒式减振器、阻力可调式新式减振器、充气式减振器。导向机构用来传递车轮与车身间的力和力矩，同时保持车轮按一定运动轨迹相对车身跳动。通常导向

图 2-6-15 悬架的组成

机构由控制摆臂式杆件组成,有单杆式和多连杆式两种。钢板弹簧作为弹性元件时,可不另设导向机构,它本身兼起导向作用。有些轿车和客车上,为防止车身在转向等情况下发生过大的横向倾斜,在悬架系统中加设横向稳定杆,目的是提高横向刚度,使汽车具有良好的转向特性,改善汽车的操纵稳定性和行驶平顺性。

根据汽车导向机构不同悬架种类,悬架又可分为独立悬架和非独立悬架,如图 2-6-16 所示。

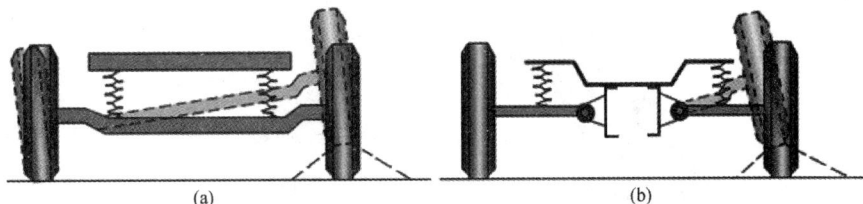

图 2-6-16　独立悬架与非独立悬架示意图

(a) 独立悬架　(b) 非独立悬架

(1) 非独立悬架。两侧车轮安装于一整体式车桥上,当一侧车轮受冲击力时会直接影响到另一侧车轮上。非独立悬架优点是结构简单、载质量比较大,缺点是高速行驶时悬架受到冲击载荷比较大,平顺性较差。目前,非独立悬架被广泛用于小货车和客车的前后悬架。有的轿车的后悬架也采用非独立悬架。非独立悬架的结构见图 2-6-17。

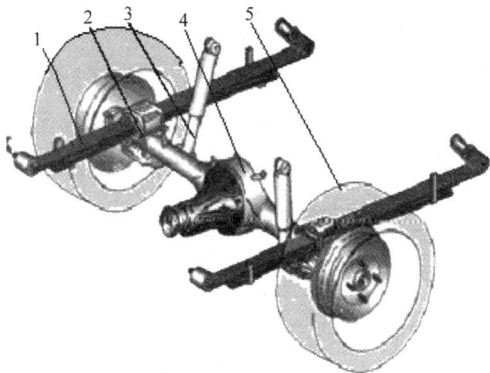

图 2-6-17　非独立悬架

1-钢板弹簧　2-U 形螺栓　3-减振器　4-桥壳　5-车轮

① 钢板弹簧式非独立悬架。钢板弹簧被用作非独立悬架的弹性元件,由于它兼起导向机构的作用,使得悬架系统大为简化。

螺旋弹簧式非独立悬架。因为螺旋弹簧作为弹性元件,只能承受垂直载荷,所以其悬架系统要加设导向机构和减振器。

② 空气弹簧式非独立悬架。汽车在行驶时由于载荷和路面的变化,要求悬架刚度随着变化。当空车时车身被抬高,满载时车身则被压得很低,会出现撞击缓冲块的情况,因而对于不同类型汽车提出不同的要求。矿山及大型客车要求其空车与满载时的车身高度变化不大;轿车要求在好路上降低车身高度,提高车速行驶;在坏路上提高车身,可以增大通过能力,因而要求车身高度随使用要求可以调节。空气弹簧式非独立悬架可以满足这样的要求。

(2) 独立悬架。两侧车轮安装于断开式车桥上,两侧车轮分别独立地与车架(或车身)

笔记

弹性地连接,当一侧车轮受冲击,其运动不直接影响到另一侧车轮。这样使得发动机可放低安装,有利于降低汽车重心,并使结构紧凑。独立悬架允许前轮有大的跳动空间,便于选择软的弹簧元件。同时独立悬架在高速行驶时悬架受到的冲击载荷比较小,使平顺性得到改善,同时可提高汽车车轮的附着性。独立悬架的结构见图2-6-18。

图 2-6-18　独立悬架的结构

1-弹性元件　2-纵向推力杆　3-减振器　4-横向推力杆　5-横向稳定杆

　　根据导向机构不同的结构特点,独立悬架可分为:双横臂、单横臂、纵臂式、单斜臂、多杆式及滑柱(杆)连杆(摆臂)式等,见图2-6-19。目前采用较多的有以下四种形式:双横臂式、滑柱连杆式、多杆式及滑柱(杆)连杆(摆臂)式(见图2-6-20、图2-6-21和图2-6-22)。

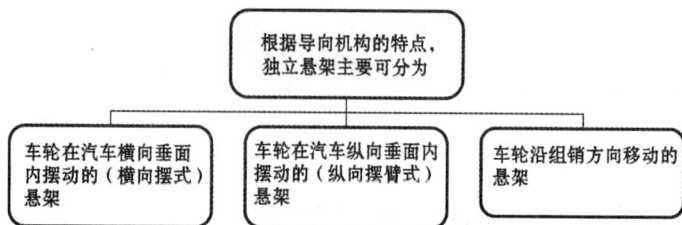

图 2-6-19　独立悬架的种类

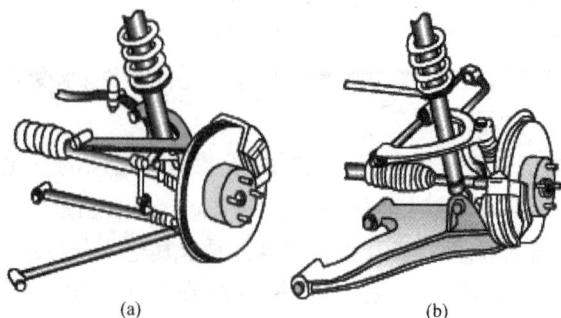

图 2-6-20　双横臂式独立悬架

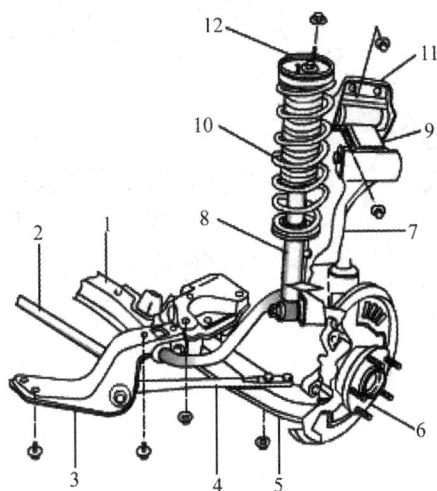

图 2-6-21 多杆前悬架系统

1-前悬架横梁 2-前稳定杆 3-拉杆支架 4-粘滞式拉杆 5-下连杆 6-轮毂转向节总成
7-第三连杆 8-减振器 9-上连杆 10-螺旋弹簧 11-上连杆支架 12-减振器隔振块

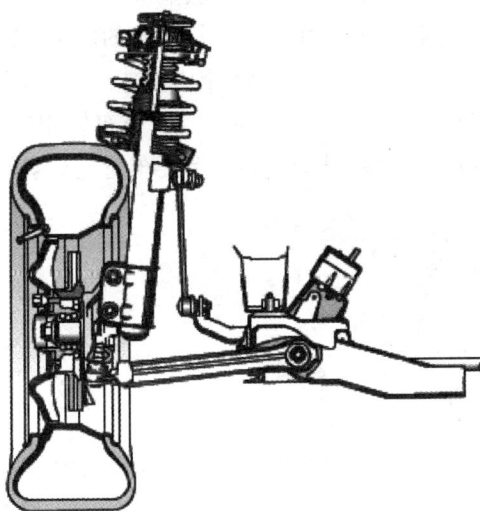

图 2-6-22 滑柱摆臂式独立悬架

按采用不同的弹性元件,独立悬架分为:螺旋弹簧式、扭杆弹簧式、气体弹簧式。目前,采用更多的是螺旋弹簧式。

(3)弹性元件。能对地面冲击起到缓冲作用,悬架上采用的弹性元件有钢板弹簧、螺旋弹簧、扭杆弹簧、空气弹簧、油气弹簧、橡胶弹簧等。

① 钢板弹簧。钢板弹簧又叫叶片弹簧,它是由若干不等长的合金弹簧片叠加在一起组合成一根近似等强度的梁,如图 2-6-23 所示。钢板弹簧3的第一片(最长的一片)称为主片,其两端弯成卷耳1,内装青铜或塑料或橡胶。粉末冶金制成的衬套,用弹簧销与固定在车架上的支架或吊耳作铰链连接。钢板弹簧的中间用U形螺栓与车桥固定。

钢板弹簧本身还兼起导向机构的作用,可不必单设导向装置,使结构简化,并且由

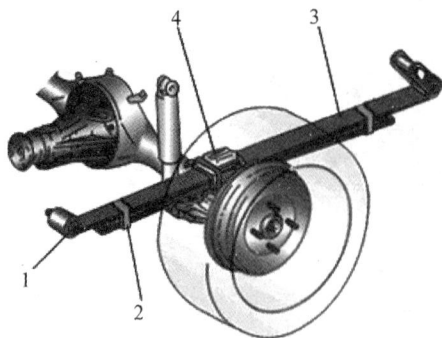

图 2-6-23 非对称式钢板弹簧

1-卷耳 2-弹簧夹 3-钢板弹簧 4-中心螺栓

于弹簧各片之间摩擦引起一定减振作用。有些高级轿车的后悬架采用钢板弹簧作弹性元件。目前一些国家汽车上采用变厚度的单片或二至三片的钢板弹簧,可以减少片与片间的干摩擦,减小动刚度,还提高使用应力,同时减轻质量。

② 螺旋弹簧。螺旋弹簧是用弹簧钢钢棒料卷制而成,有刚度不变的圆柱形螺旋弹簧和刚度可变的圆锥形螺旋弹簧两种。

螺旋弹簧大多应用在独立悬架上,尤以前轮独立悬架采用广泛。有些轿车后轮非独立悬架采用螺旋弹簧作弹性元件。由于螺旋弹簧只承受垂直载荷,它用作弹性元件的悬架要加设导向机构和减振器。与钢板弹簧相比,螺旋弹簧具有不需润滑、防污性强、占用纵向空间小,弹簧本身质量小的特点,因而在现代轿车上广泛采用(见图 2-6-24)。

③ 扭杆弹簧。扭杆弹簧总成用铬钒合金弹簧钢制成,它的表面经过加工很光滑。通常为保护扭杆表面,在其上涂有环氧树脂,并包一层玻璃纤维,再涂一层环氧树脂,最后涂上沥青和防锈油漆,以防磨蚀和损坏表面,从而提高扭杆弹簧的使用寿命。

如图 2-6-25 所示,扭杆弹簧是一根由弹簧钢制成的杆 1。扭杆断面常为圆形,少数是矩形或管形,扭杆一端固定在车架上,另一端上的摆臂 2 与车轮相连。当车轮跳动时,摆臂便绕着扭杆轴线摆动,使扭杆产生扭转弹性变形,以保证车轮与车架的弹性连接。

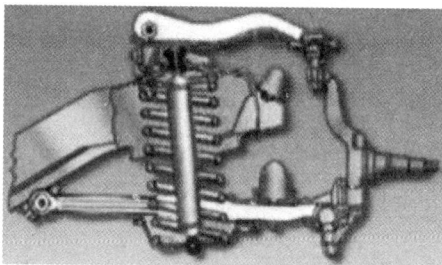

图 2-6-24 螺旋弹簧

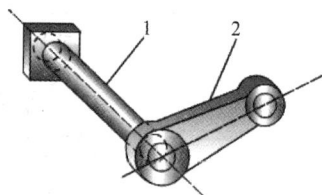

图 2-6-25 扭杆弹簧

1-扭杆 2-摆臂

扭杆弹簧在制造时,经热处理后施加一定的扭转力矩载荷,使它有一个永久变形,而具有一定的预应力,这样可以在实际工作中减小车辆行驶时的应力,有利于延长扭杆弹簧的寿命。但应注意左右扭杆由于施加的应力有方向性,装在车上后承受工作载荷时扭转的方向应与所预加在扭杆上的扭转方向相一致,因而左右扭杆做有标记,安装时应加以注意。采用扭杆弹簧作弹性元件的悬架要设导向机构和减振器。与钢板弹簧相比,扭杆弹簧质量小于钢板弹簧,而且不需润滑,保养维修简便。

④ 油气弹簧。油气弹簧以气体(氮-惰性气体)作为弹性介质,用油液作为传力介质。油气弹簧类型有简单式油气弹簧、不带隔膜式油气弹簧、带隔膜式油气弹簧。带隔膜式油气弹簧将气体和液体分开,便于充气并防止油液乳化。如图 2-6-26 所示是带反压气室式油气弹

簧,它有一个反压气室,相当于在简单油气弹簧上加上一个方向相反的小型简单的油气弹簧,用以提高空载时的弹簧刚度,使空载满载自然振动频率变化不大。目前此种弹簧多用在重型车和部分小客车上。

(4)减振器。悬架系统中由于弹性元件受冲击产生振动,为改善汽车行驶平顺性,悬架中与弹性元件并联安装减振器,为衰减振动。汽车悬架系统中采用的减振器多是液力减振器,其工作原理是:当车架(或车身)和车桥间受振动出现相对运动时,减振器内的活塞上下移动,减振器腔内的油液便反复地从一个腔经过不同的孔隙流入另一个腔内。此时孔壁与油液间的摩擦和油液分子间的内摩擦对振动形成阻尼力,使汽车振动能量转化为油液热能,再由减振器吸收散发到大气中。在油液通道截面因素不变时,阻尼力随车架与车桥(或车轮)之间的相对运动速度增减,并与油液黏度有关。

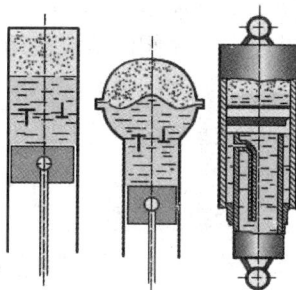

图 2-6-26　油气弹簧简图

减振器与弹性元件承担着缓和冲击和减振的任务,阻尼力过大,将使悬架弹性变坏,甚至使减振器连接件损坏。因而要调节弹性元件和减振器这一矛盾。

• 在压缩行程(车桥和车架相互靠近),减振器阻尼力较小,以便充分发挥弹性元件的弹性作用,缓和冲击。这时,弹性元件起主要作用。

• 在悬架伸张行程中(车桥和车架相互远离),减振器阻尼力较大,以迅速减振。

• 当车桥(或车轮)与车桥间的相对速度过大时,要求减振器能自动加大液流量,使阻尼力始终保持在一定限度之内,以避免承受过大的冲击载荷。

在汽车悬架系统中广泛采用的是筒式减振器,且在压缩和伸张行程中均能起减振作用,因此称为双向作用式减振器。有的汽车采用新式减振器,如充气式减振器和阻力可调式减振器。减振器多为液力式,其工作原理如图 2-6-27 所示。

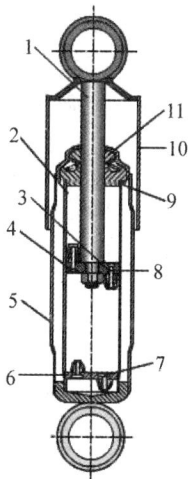

图 2-6-27　双向作用筒式减振器示意图

1-活塞杆　2-工作缸筒　3-活塞　4-伸张阀
5-储油缸筒　6-压缩阀　7-补偿阀　8-流通阀
9-导向座　10-防尘罩　11-油封

当车架(或车身)和车桥间相对振动时,带动减振器内的活塞上下移动,使减振器腔内的油液要经过活塞(或其他阀)上的孔隙,向活塞(或其他阀)的另一侧来回流动,此时孔壁与油液间的摩擦和油液分子间的内摩擦便对上下移动的活塞形成阻尼力,使汽车振动能量转化为油液热能,再经减振器壳散发到大气中。

在压缩行程时,当汽车车轮移近车身,减振器受压缩,此时减振器内活塞 3 向下移动。活塞下腔室的容积减少,油压升高,油液流经流通阀 8 流到活塞上面的腔室(上腔)。上腔被活塞杆 1 占去了一部分空间,因而上腔增加的容积小于下腔减小的容积,一部分油液于是就推开压缩阀 6,流回贮油缸 5。减振器内的阀门起节流作用,从而形成悬架受压缩运动的阻尼力。减振器在伸张行程时,车轮相当于远离车身,减振器受拉伸。这时减振器的活塞向上移动。活塞上腔油压升高,流通阀 8 关闭,上腔内的油液推开伸张阀 4 流入下腔。由于活塞杆的存在,自上腔流来的油液不足以充满下腔增加的容积,使下腔产生一真空度,这时储油缸中的油液推开补偿阀 7 流进下腔进行补充。这些阀的节流作用对悬架在伸张运动时起到阻尼作用。

　　由于伸张阀弹簧的刚度和预紧力大于压缩阀,在同样压力作用下,伸张阀及相应的常通缝隙的通道截面积总和小于压缩阀及相应常通缝隙通道截面积总和。这使得减振器的伸张行程产生的阻尼力大于压缩行程的阻尼力,达到迅速减振的要求。

　　(5) 横向稳定杆(器)。横向稳定杆可以防止车身发生过大的横向倾斜,用横向稳定杆调整悬架的横向角刚度,可使汽车具有转向稳定特性,改善汽车的操纵稳定性。

　　现代轿车悬架很软,即固有频率很低,为提高悬架的侧倾角刚度,减小横向倾斜,常在悬架中添设横向稳定杆(器),保证良好操纵稳定性(见图 2-6-28 和图 2-6-29)。

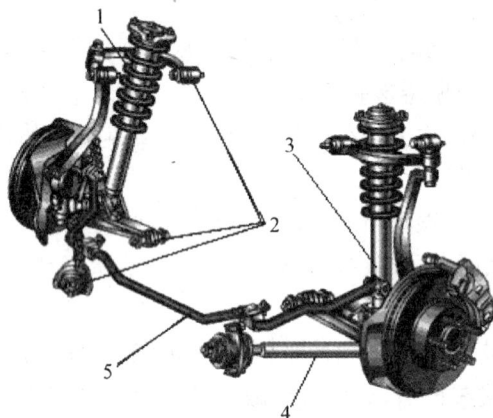

图 2-6-28　转向桥上的杆式横向稳定杆
1-横向推力杆　2-横向稳定杆　3-减振器
4-纵向推力杆　5-弹性元件

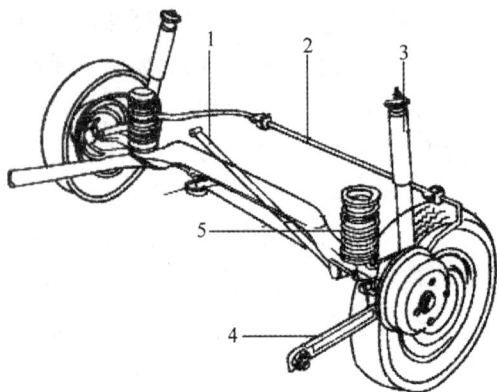

图 2-6-29　后桥上的杆式横向稳定杆
1-横向推力杆　2-横向稳定杆　3-减振器
4-纵向推力杆　5-弹性元件

　　弹簧钢制成的横向稳定杆 2 呈扁平的 U 形,横向安装在汽车前端或后端(也有轿车前后都装横向稳定杆的)。杆 3 的两端自由地支承在两个橡胶套筒内,套筒固定于车架上。横向稳定杆的两侧纵向部分的末端通过支杆与悬架下摆臂上的弹簧支座相连。

　　当两侧悬架变形相同时,横向稳定杆不起作用。当两侧悬架变形不等时,即车身相对路面横向倾斜时,车架一侧移近弹簧支座,稳定杆的同侧末端就随车架向上移动,而另一侧车架远离弹簧座,相应横向稳定杆的末端相对车架下移,横向稳定杆中部对于车架没有相对运动,而稳定杆两边的纵向部分向不同方向偏转,于是稳定杆被扭转。弹性稳定杆产生扭转的内力矩就阻碍悬架弹簧的变形,减少了车身的横向倾斜和横向角振动。

　　2. 前轮定位

　　为了保证汽车稳定的直线行驶,前轮具有自动回正作用,减小轮胎和机件的磨损,应使主销和转向节保持一定的安装角度,称为前轮定位。这些定位参数有:主销后倾角、主销内倾角、前轮外倾角和前轮前束。

（1）前轮前束。

前轮安装时，同一轴两端车轮的旋转平面不平行，前端略向内束，这种现象称为前轮前束。左右轮后方距离 A 与前方距离 B 之差（$A-B$）称之为前束值。当 $A-B>0$ 时，前束值为正，反之则为负（见图 2-6-30）。

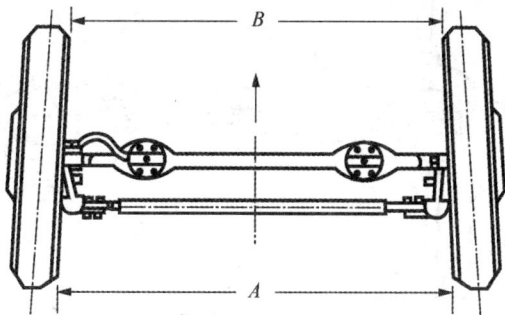

图 2-6-30　前轮前束

前轮有了外倾角后，在滚动时类似于滚锥。两侧车轮有向外滚开的趋势，由于车桥和转向横拉杆的约束，两前轮在向外侧滚动的同时向内侧滑动，其结果使车轮磨损增加。前轮前束的作用就是使锥体重心前移，消除车轮外倾带来的这种不良后果。因此，前束与外倾相互关联，属性相同地成对出现。前轮前束可通过改变横拉杆的长度来调整，使两轮的前后距离差值符合规定要求，一般此值小于 $0\sim12$ mm。由于外倾角有的为负值，而前束是为了协调外倾的不良后果，因此，有些车可能出现负前束值。

（2）前轮外倾角。

如图 2-6-31 所示，当汽车水平停放时，在汽车的横向垂面内，车轮平面与地面垂线的夹角为前轮外倾角。如果空车时车轮的安装正好垂直于路面，则满载时车桥因承载变形而可能出现车轮内倾，这样将加速车胎的磨损。另外，路面对车轮的垂直反力沿轮毂的轴向分力将使轮毂压向外端的小轴承，加重了外端小轴承及轮毂紧固螺母的负荷，降低它们的寿命。因此，前轮要有一个外倾角。但是外倾角也不宜过大，否则也会使轮胎产生偏磨损。

在一些独立悬架的现代轿车上，有些前轮出现负的外倾角，这是为了减小在高速转向时车身的侧倾。

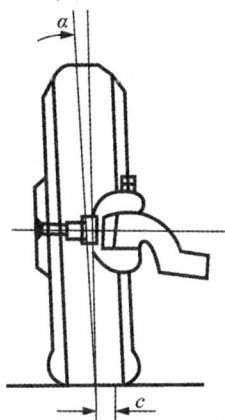

图 2-6-31　前轮外倾角

（3）主销内倾角。

当汽车在水平停放时，在汽车的横向垂面内，主销轴线上部向内倾斜一个角度 β，称为主销内倾角。主销内倾角的作用是使车轮自动回正。通常车轮轴线不在水平面，为了方便说明，这里假设直线行驶时车轮轴线在水平面上。对于车轮轴线不在水平面的情况，只要把图 2-6-32 的水平面改为锥面，考虑该水平面上和主销有交点的直线，主销与这些直线的夹角有一个最大值。而汽车直线行驶时，车轮轴线与主销的交角恰为这个最大值。车轮轴线与主销夹角在转向过程中是不变的，当车轮转过一个角度，车轮轴线就离开水平面往下倾斜，致使车身上抬，势能增加。这样汽车本身的重力就有使转向轮回复到原来中间位置的效果。

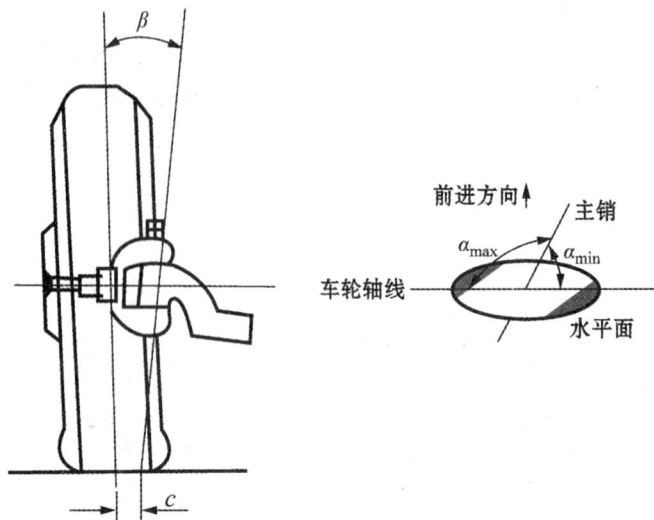

图 2-6-32　主销内倾角

（4）主销后倾角。

当汽车水平停放时，在汽车的纵向垂面内，主销上部向后倾斜一个角度 γ，称为主销后倾角。如图 2-6-32 所示，当主销具有后倾角时，主销轴线与路面交点 A 将位于车轮与路面接触点的前面。当汽车直线行驶时，若转向轮偶然受到外力作用而稍有偏转（例如向右偏转，如图 2-6-33 中箭头所示），将使汽车行驶方向向右偏离。这时由于汽车本身离心力的作用，在车轮与路面接触点 B 处，路面对车轮作用着一个侧向反作用力 Y。

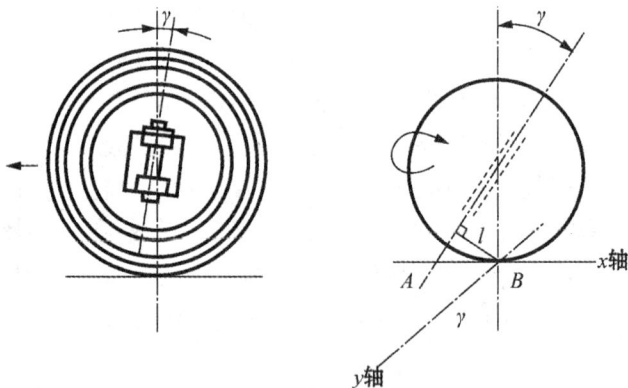

图 2-6-33　主销后倾角

反作用力 Y 对车轮形成绕主销轴线作用的力矩 Y_1，其方向正好与车轮偏转方向相反。在此力矩作用下，将使车轮回复到原来的中间位置，从而保证汽车能稳定地直线行驶，故此力矩称为稳定力矩（回正力矩）。但此力矩也不宜过大，否则在转向时为了克服此稳定力矩，驾驶员须在转向盘上施加较大的力（即所谓转向盘沉重）。因稳定力矩的大小取决于力臂 l 的数值，而力臂又取决于后倾角 γ 的大小，因此，为了使转向盘不沉重，主销后倾角 γ 不宜过大。现在一般采用不超过 $2°\sim3°$ 的后倾角。现代高速汽车由于轮胎气压降低、弹性增加，而引起稳定力矩增加，因此 γ 可以减小至接近于零，甚至为负角。

（5）相关的定义。

• 回正力矩。与车轮偏转方向相反，能使车轮回复到原来的中间位置，从而保证汽车具有能稳定地直线行驶的力矩，称为稳定力矩（又称回正力矩）。

• 拖距。车轮接地点 B 与主销延长线与地面交点 A 在前后方向的距离称为拖距。

• 偏置距 e。车轮接地点 B 与主销延长线与地面交点 A 在左右方向的距离（A 点在 B 点内侧为正，A 点在 B 点外侧为负），称为偏置距。

三、制订计划

制订行驶系统拆装计划如表 2-6-3 所示。

表 2-6-3   制订转向系统拆装计划

1. 查阅维修资料，了解车辆结构特点 2. 熟悉驱动桥拆装规范，制订行驶系统拆装计划		
1. 车辆驱动桥类型信息描述	车辆描述	
	行驶系统类型描述、信息描述	
2. 车辆驱动桥使用情况描述		
3. 车辆转向系统安全拆装描述		在拆装汽车行驶系统之前，认真阅读如下注意事项： （1）进行行驶系统检查作业前，应做好支承车辆工作，检查支承车辆的措施是否牢固可靠，准备好保险架，做好安全保护 （2）认真阅读安全操作规程 （3）严禁用铁锤敲击零件表面，应注意预防机械损伤，避免出现意外事故 （4）移动时注意相互合作，防止砸下伤人，不要把工具或零件留在你或者其他人有可能踩到的地方，将其放置在工作架或工作台上
4. 行驶系统拆装注意事项和技术要求	（1）_____ （2）_____ （3）_____ （4）_____	
5. 行驶系统拆装步骤	（1）_____ （2）_____ （3）_____ （4）_____	
6. 四轮定位检测	（1）_____ （2）_____ （3）_____	
7. 转向系统拆装计划	（1）行驶系统的类型 （2）行驶系统各部件的分解 （3）四轮定位参数 （4）四轮定位检测 （5）行驶系统检查	

四、任务实施

　　根据教师提供的行驶系统或零件结构图,结合教学实际情况和教材,收集车辆和行驶系统等相关信息,如表 2-6-4 所示完成汽车行驶系统拆装作业。

表 2-6-4　行驶系统拆装作业

1. 车辆信息描述		车辆描述	
		行驶系统类型描述	
2. 汽车行驶系统日常使用描述			
3. 悬架的拆卸	拆装步骤	拆装方法	记录
	拆卸前悬架支座防尘罩	(1) 拆卸前刮水器臂端盖 (2) 拆卸左侧挡风玻璃刮水器臂和刮水片总成 (3) 拆卸右侧挡风玻璃刮水器臂和刮水片总成 (4) 拆卸发动机盖至前围上板密封 (5) 拆卸右前围板上通风栅板 (6) 拆卸左前围板上通风栅板 (7) 拆卸挡风玻璃刮水器电动机及连杆 (8) 拆卸前围上外板 (9) 拆卸前轮 (10) 拆卸前悬架支座防尘罩	
	分离前稳定杆连杆总成	从带螺旋弹簧的前减振器上拆下螺母并分离稳定杆连杆总成 提示: 如果球节随螺母一起转动,则使用六角扳手(6 mm)固定双头螺栓	
	分离前轮转速传感器	拆下螺栓和卡夹,并分离前轮转速传感器 小心: 确保将前轮转速传感器从带螺旋弹簧的前减振器上完全分离	
	分离前挠性软管	拆下螺栓并分离前挠性软管	

续　表

	拆装步骤	拆装方法		记录
3. 悬架的拆卸	拆卸带螺旋弹簧的前减振器	（1）松开前减振器的前支架至前减振器螺母 小心： ① 不要拆下前支架至前减振器螺母 ② 当带螺旋弹簧的前减振器需要拆解时，仅松开螺母	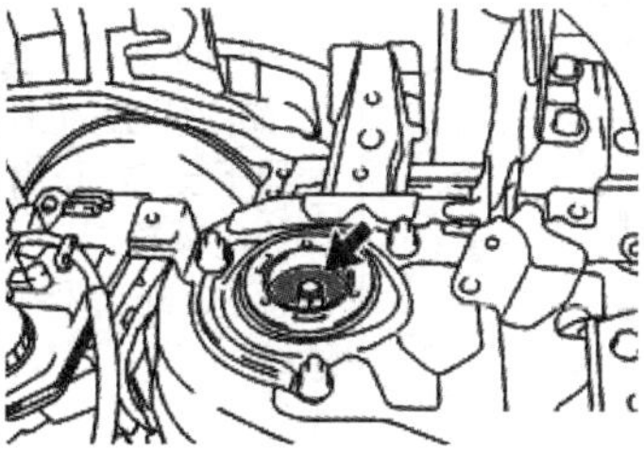	
		（2）用千斤顶和木块来支撑前桥	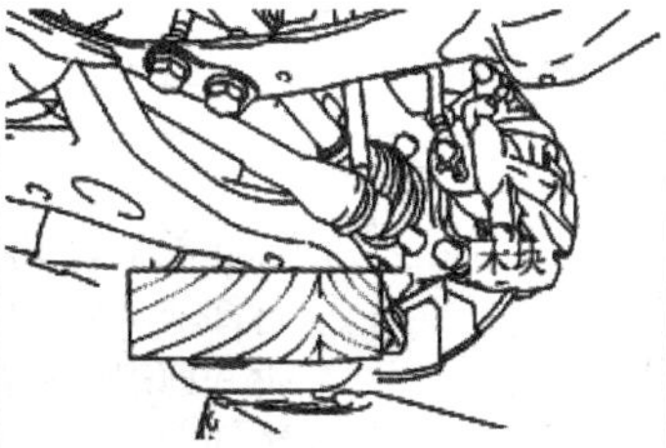	
		（3）拆下 2 个螺栓和 2 个螺母，并从转向节上分离带螺旋弹簧的前减振器（下部）	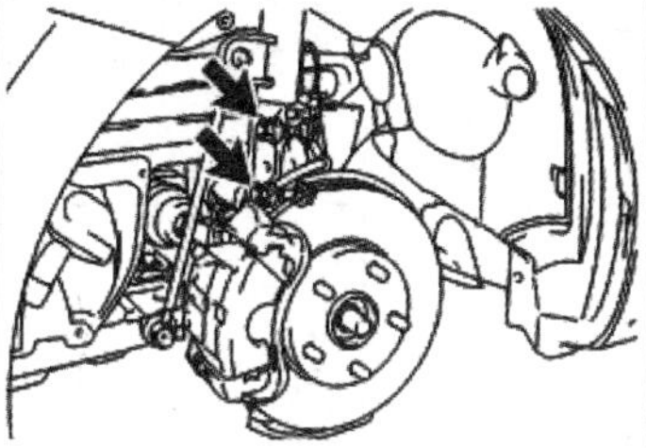	
		（4）拆下 3 个螺母和带螺旋弹簧的前减振器 小心： 确保将前轮转速传感器从带螺旋弹簧的前减振器上完全分离		
	拆解减振器	（1）固定带螺旋弹簧的前减振器，用 SST 压缩前螺旋弹簧	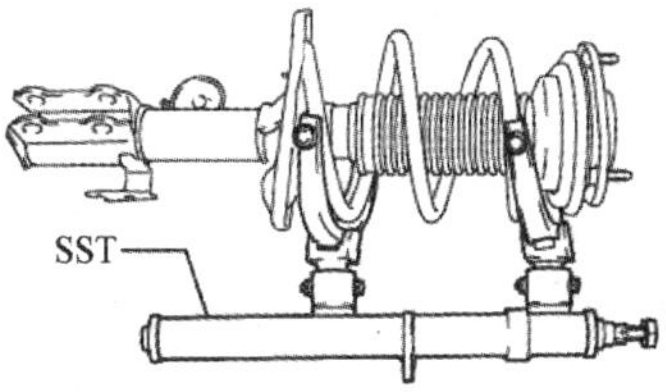	

笔　记

拆装步骤		拆装方法	记录
3. 悬架的拆卸	拆解减振器	（2）拆卸前支架至前减振器螺母 ① 如图所示，将螺栓和螺母安装至减振器下支架，并用台钳固定带螺旋弹簧的前减振器 ② 检查并确保前螺旋弹簧被完全压缩 小心： 不要使用冲击扳手。这会损坏 SST ③ 拆下前支架至前减振器螺母	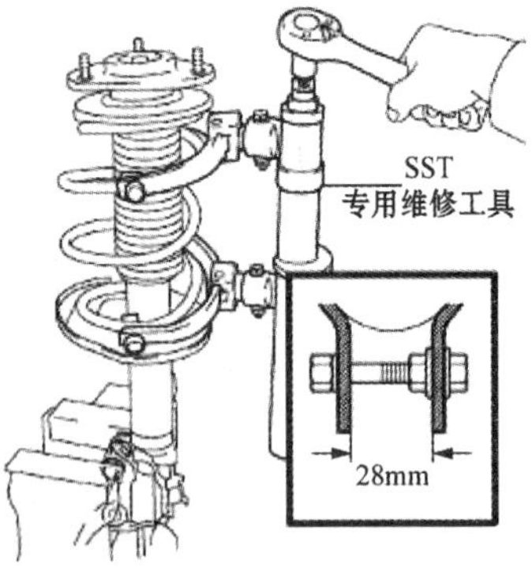
		④ 拆卸前悬架支座分总成 ⑤ 拆卸前悬架支座防尘密封圈 ⑥ 拆卸前螺旋弹簧上座 ⑦ 拆卸前螺旋弹簧上隔振垫 ⑧ 拆卸前螺旋弹簧 ⑨ 拆卸前弹簧缓冲块 ⑩ 拆卸前螺旋弹簧下隔振垫	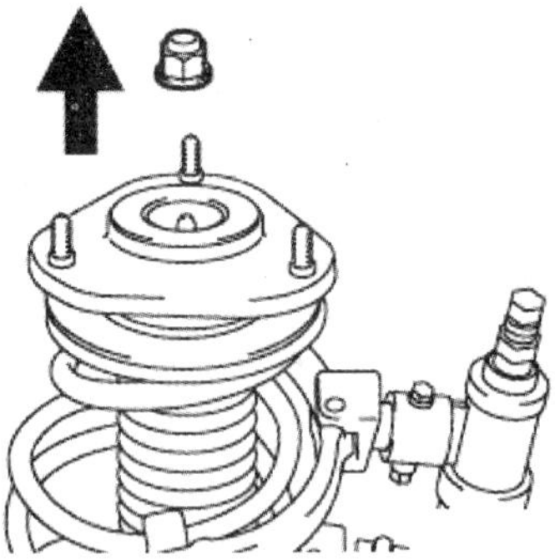
	检查前减振器	压缩并伸长减振器杆 4 次或更多次 标准： 无异常阻力或声音且操作阻力正常 提示： 如果有任何异常，换上新的前减振器	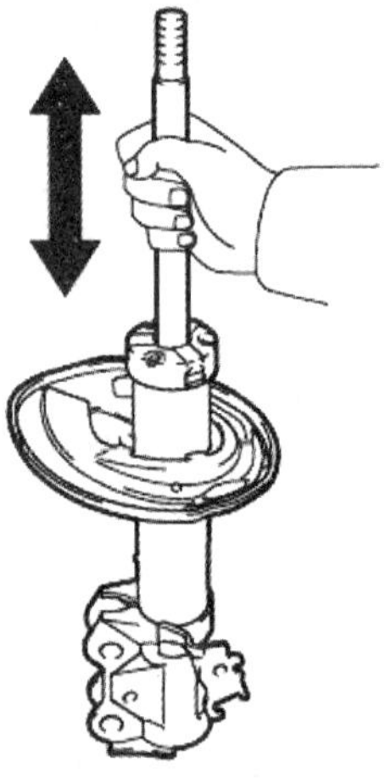
	拆卸前悬架下臂	（1）拆卸前轮 （2）拆卸发动机底罩 （3）松开左、右前悬架下臂，松开螺栓 小心： 因为螺母有它自己的挡块，所以不要转动螺母。松开螺栓时要把螺母固定住	

续 表

	拆装步骤	拆装方法	记录
3. 悬架的拆卸	拆卸前悬架下臂	(4) 分离左、右前悬架下臂 (5) 拆卸左、右前悬架下臂,从前悬架横梁上拆下 2 个螺栓、螺母和左前悬架下臂 小心: 因为螺母有它自己的挡块,所以不要转动螺母。松开螺栓时要把螺母固定住 前下悬架臂	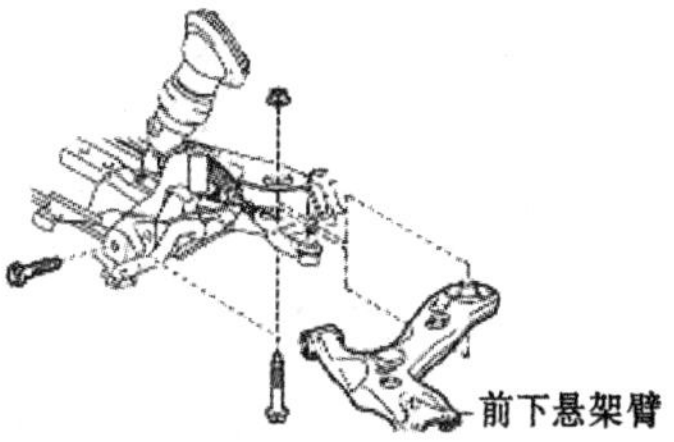
	拆卸左、右前稳定杆连杆总成	(1) 拆下螺母,并从前稳定杆上分离左、右稳定杆连杆总成 小心: 如果球节随螺母一起转动,则使用六角扳手(6 mm)固定双头螺栓 (2) 分离左、右侧横拉杆接头分总成 固定 转动	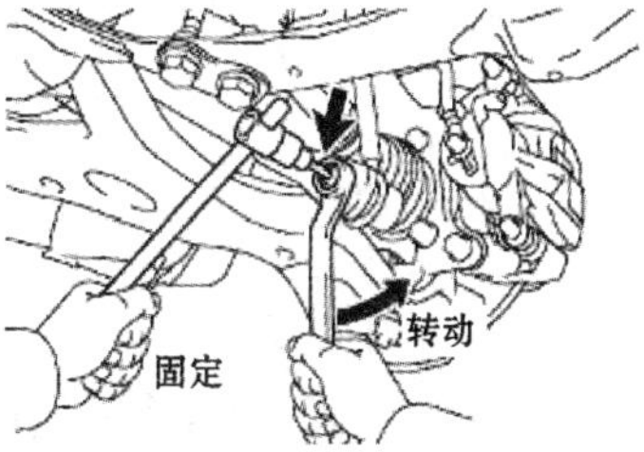
4. 车轮定位检查与调整	车轮与轮胎的检查	(1) 检查轮胎 检查轮胎是否磨损和充气压力是否正常	前轮:220(2.2,32)kPa(kgf/cm², psi) 后轮:220(2.2,32)kPa(kgf/cm², psi)
		(2) 用百分表检测轮胎的径向跳动 轮胎径向跳动: 1.4 mm 或更小	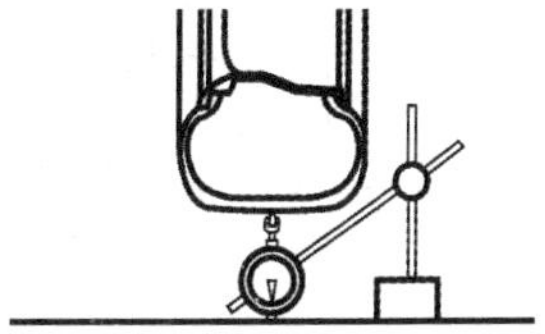
		(3) 轮胎换位 如图所示使轮胎换位	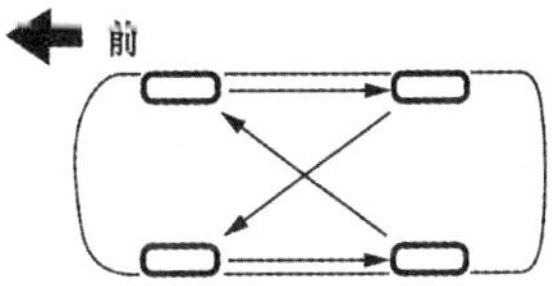 前
		(4) 检查车轮平衡情况 检查并调整车轮的车下平衡情况 调整后不平衡度: 8.0 g 或更小	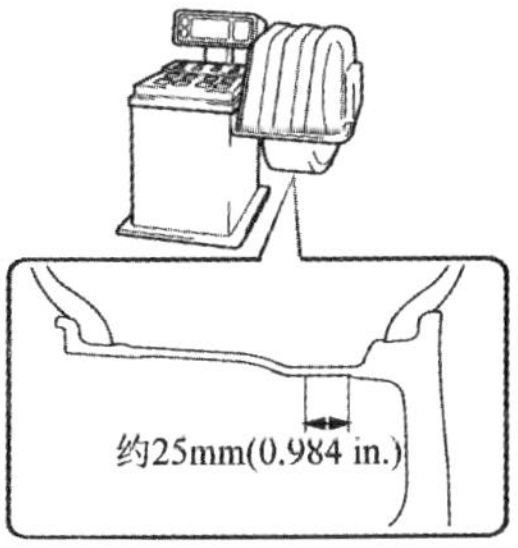 约25mm(0.984 in.)
		(5) 检查前桥轮毂轴承松弛度 (6) 检查后桥轮毂轴承松弛度 (7) 检查前桥轮毂径向跳动 (8) 检查后桥轮毂径向跳动	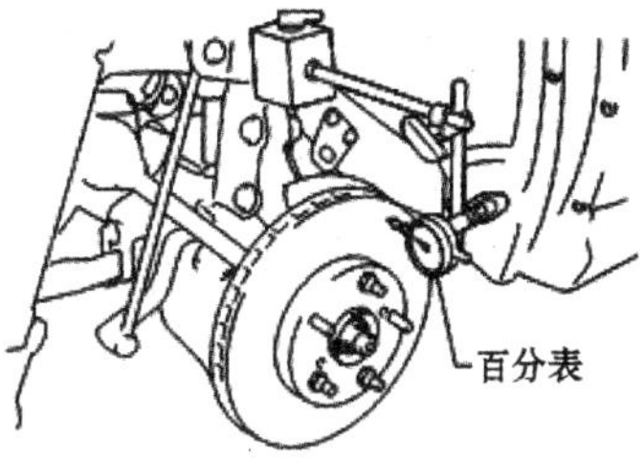 百分表

续　表

笔记

拆装步骤	拆装方法		记录
调整前束	(1) 确保左、右齿条接头的长度基本相同 标准差异： 1.5 mm(0.06 in.)或更小 (2) 拆下 2 个防尘套卡子 (3) 松开横拉杆接头锁紧螺母 (4) 等量转动左、右齿条接头，以调整前束至中间值 (5) 拧紧横拉杆接头锁紧螺母 扭矩：74 N•m(755 kgf•cm,55 ft.•lbf) (6) 将防尘套放到座椅上并安装防尘套卡子 提示： 确保防尘套未发生扭曲	差值 转动　松开	
4. 车轮定位检查与调整 调整外倾角与主销内倾角	(1) 拆下前轮 (2) 拆下前减振器下侧的 2 个螺母 小心： 保持螺栓插入 (3) 清洁前减振器和转向节的安装表面 (4) 暂时安装 2 个螺母 (5) 按所需的调整方向将前桥轮毂推到底或拉到底 (6) 拧紧螺母 扭矩：240 N•m 小心： 拧紧螺母时防止螺栓转动 (7) 安装前轮 扭矩：103 N•m (8) 检查外倾角 如果测量值不在规定范围内，用下面的公式计算所需的调整量 外倾角调整量＝规定值范围的中间值－测量值 检查安装螺栓的组合。从下表选择适当的螺栓将外倾角调整至规定值 提示： 尽量将外倾角调整到规定值的中间值	 	

续　表

拆装步骤		拆装方法		记录
4. 车轮定位检查与调整	调整主销后倾角	(1) 用千斤顶支起汽车 (2) 将校正隔圈置于下摆臂和车架的弹簧座之间,然后放下汽车 (3) 松开固定螺栓,利用专用工具拨动摆臂轴,仅拨动一端可调整后倾角 (4) 调整后,必须拧紧固定螺栓,再检查调整情况,若符合定位角参数标准规定,再取下隔圈		

五、检验评估

在完成拆装作业后,按表 2-6-5 行驶系统拆装检验与评价表,实施作业质量检验,并进行三方评价。

表 2-6-5　行驶系统拆装检验与评价表

评价指标	检验说明	检验记录
检查项目	(1) 悬架的拆装 (2) 四轮定位的检测与调整 (3) 轮胎的平衡	
汽车转向系统运行情况		

评价内容	检验指标	权重	自评	互评	总评
检查任务完成情况	1. 完成任务过程情况				
	2. 任务完成质量				
	3. 在小组完成任务过程中所起的作用				
专业知识	1. 能描述汽车行驶系统的组成				
	2. 能描述汽车行驶系统的类型				
	3. 能描述汽车悬架的组成				
	4. 会描述汽车行驶系统的拆装步骤				
	5. 会描述汽车行驶系统拆装作业安全事项				
职业素养	1. 学习态度:积极主动参与学习				
	2. 团队合作:与小组成员一起分工合作,不影响学习进度				
	3. 现场管理:服从工位安排、执行实训室"5S"管理规定				
综合评议与建议					

任务2.7　拆装制动系统

任务描述	一辆2006款的一汽丰田花冠车开进维修厂,故障报修是制动效能下降,经过维修技师的检测,是汽车制动器故障,需要进行四轮保养,并按要求进行制动系统的调整。师傅安排你对该车进行处理,你应该怎么做呢
任务目标	1. 收集汽车底盘制动系统操作的相关信息,制订汽车底盘行驶系统拆装计划 2. 能描述汽车底盘制动系统的组成和相互关系,能分析简单故障 3. 能根据汽车底盘拆装规范,完成行驶系统的拆装与调整,实施更换作业

一、维修接待

按照表2-7-1完成待修车辆的维修接待与接车问诊表。

表2-7-1　维修接待与接车问诊表

接 车 问 诊 表

车牌号:＿＿＿＿＿＿＿＿　车架号:＿＿＿＿＿＿＿＿　行驶里程:＿＿＿＿＿＿＿＿(km)

用户名:＿＿＿＿＿＿＿＿　电话:＿＿＿＿＿＿＿＿　来店时间:＿＿＿＿／＿＿＿＿

用户陈述及故障发生时的状况:**一辆2007款一汽丰田卡罗拉汽车制动效能下降,进入维修厂进行检修**

故障发生时的状况提示:**行驶速度、发动机状态、发生频率、发生时间、部位、天气、路面状况、声音描述**

接车员检测确认建议:**进行四轮保养,并对制动系统进行调整**

车间检测确认结果及主要故障零部件:**更换摩擦片**

车间检查确认者:＿＿＿＿＿＿＿＿

外观确认:

（请在有缺陷部位作标识）

功能确认:（工作正常✓　不正常✗）
□音响系统　　□门锁(防盗器)　□全车灯光　□工具
□后视镜　　　□顶窗　　　　　□座椅　　　□点烟器
□玻璃升降器　□玻璃

物品确认:（有✓　无✗）
□贵重物品提示
□工具　□备胎　□灭火器
□其他(　　　　　)
旧件是否交还用户　□是　□否
用户是否需要洗车　□是　□否

F
E

· 检测费说明:本次检测的故障如用户在本店维修,检测费包含在修理费用内;如用户不在本店维修,请您支付检测费。本次检测费:￥＿＿＿＿＿＿元。

· 贵重物品:在将车辆交给我店检查修理前,已提示将车内贵重物品自行收起并保存好,如有遗失恕不负责。

接车员:＿＿＿＿＿＿＿＿　　　　　　用户确认:＿＿＿＿＿＿＿＿

笔 记

二、信息收集与处理

如表 2-7-2 所示完成本次任务的信息收集与处理。

表 2-7-2 信息收集与处理

序号	部件名称	作　用
1		
2		
3		
4		
5		
6		
7		

1. 汽车行驶系统的作用：_____
2. 汽车行驶系统类型有：_____
3. 四轮定位的参数：_____
4. 汽车悬架的类型：_____

1. 液压制动系统的工作原理

汽车上用以使外界(主要是路面)在汽车某些部分(主要是车轮)施加一定的力,从而对其进行一定程度的强制制动的一系列专门装置,统称为制动系统。其作用是:使行驶中的汽车按照驾驶员的要求进行强制减速甚至停车;使已停驶的汽车在各种道路条件下(包括在坡道上)安全、稳定驻车;使下坡行驶的汽车速度保持稳定。

目前,轿车的行车制动系统都采用了液压传动装置,主要由制动总泵(制动主缸)、液压管路、后轮鼓式制动器中的制动分泵(制动轮缸)、前轮盘式制动器中的液压缸等组成,如图 2-7-1 所示。

总泵(主缸)与分泵(轮缸)间的连接油管除用金属管(铜管)外,还采用特制的橡胶制动软管。各液压元件之间及各段油管之间还有各种管接头。制动前,液压系统中充满制动液。踩下制动踏板 4,制动总泵 5 　　　　液压入制动分泵 6 和制动钳 2,将制动块推向制动鼓和

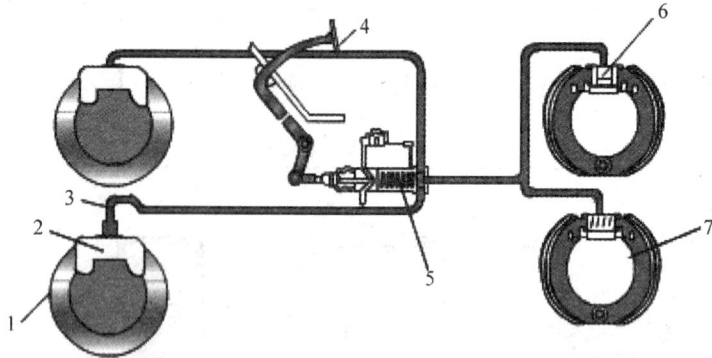

图 2-7-1　液压传动装置组成示意图

1-前轮制动器　2-制动钳　3-制动管路　4-制动踏板机构

5-制动总泵(主缸)　6-制动分泵(轮缸)　7-后轮制动器

制动盘。在制动器间隙消失并开始产生制动力矩时,液压与踏板力方能继续增长直到完全制动。此过程中,由于在液压作用下,油管的弹性膨胀变形和摩擦元件的弹性压缩变形,踏板和分泵活塞都可以继续移动一段距离。放开踏板,制动蹄和分泵活塞在回位弹簧作用下回位,制动液压回到制动总泵。

1)制动系统的一般工作原理

制动系统的一般工作原理是:利用与车身(或车架)相连的非旋转元件和与车轮(或传动轴)相连的旋转元件之间的相互摩擦来阻止车轮的转动或转动的趋势。制动系统的工作原理如图 2-7-2 所示。

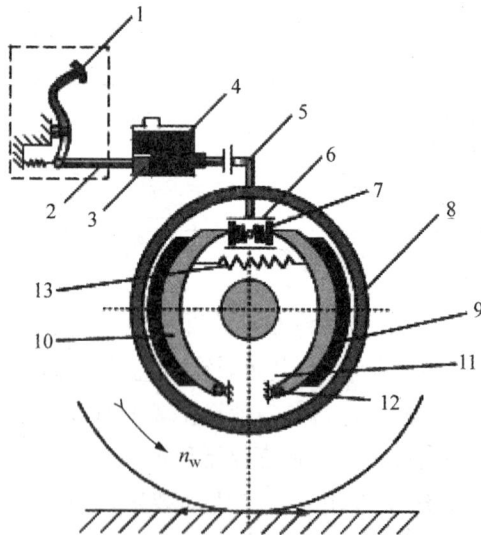

图 2-7-2　制动系统工作原理示意图

1-制动踏板　2-推杆　3-主缸活塞　4-制动主缸　5-油管　6-制动轮缸　7-轮缸活塞

8-制动鼓　9-摩擦片　10-制动蹄　11-制动底板　12-支承销　13-制动蹄回位弹簧

一个以内圆面为工作表面的金属制动鼓固定在车轮轮毂上，随车轮一同旋转。在固定不动的制动底板上，有两个支承销，支承着两个弧形制动蹄的下端。制动蹄的外圆面上装有摩擦片。制动底板上还装有液压制动轮缸，用油管5与装在车架上的液压制动主缸4相连通。主缸中的活塞3可由驾驶员通过制动踏板机构来操纵。

当驾驶员踏下制动踏板，使活塞压缩制动液时，轮缸活塞在液压的作用下将制动蹄片压向制动鼓，使制动鼓减小转动速度，或保持不动。

2）轿车典型制动系统的组成

图2-7-3为一种轿车典型制动系统的组成示意图，可以看出，制动系统一般由制动操纵机构和制动器两个主要部分组成。

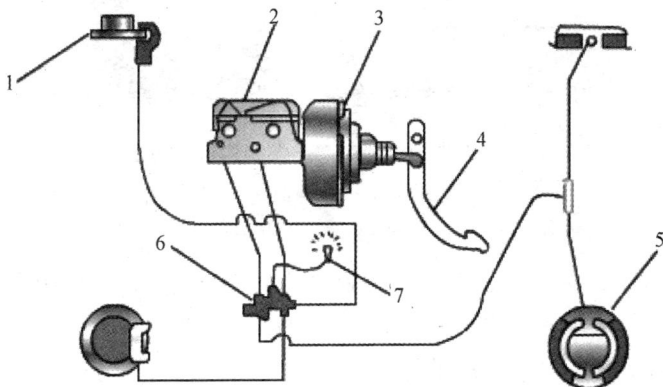

图2-7-3　制动系统的组成示意图
1-前轮盘式制动器　2-制动总泵　3-真空助力器　4-制动踏板机构
5-后轮鼓式制动器　6-制动组合阀　7-制动警示灯

（1）制动操纵机构。产生制动动作、控制制动效果并将制动能量传输到制动器的各个部件，如图中的2、3、4、6，以及制动轮缸和制动管路。

（2）制动器。产生阻碍车辆的运动或运动趋势的力（制动力）的部件。汽车上常用的制动器都是利用固定元件与旋转元件工作表面的摩擦而产生制动力矩，称为摩擦制动器。摩擦制动器有两种结构型式，分别是鼓式制动器和盘式制动器。

2. 双腔液压制动总泵的构造

1）双腔液压制动总泵的组成及作用

（1）双腔液压制动总泵的组成。双腔液压制动总泵由缸体、进出油管、活塞、回位弹簧、皮碗、止动螺钉、大螺母、止回阀等组成（见图2-7-4和图2-7-5）。

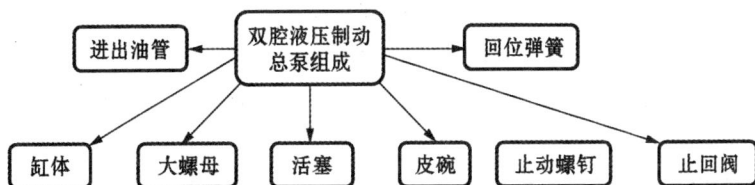

图2-7-4　双腔液压制动总泵的组成

图 2-7-5　双腔液压制动总泵的构造实物图

1-大螺母　2-缸体　3-进油口　4-出油口　5-皮碗　6-进油管

7-出油管　8-回位弹簧　9-活塞　10-止动螺钉　11-止回阀

（2）双腔液压制动总泵作用。双腔液压制动总泵的作用是通过踏板的作用力建立油压输送到制动器分泵，为制动系统提供制动油压。

2）双腔液压制动总泵的工作原理

双腔液压制动总泵的工作原理如图 2-7-6 所示。

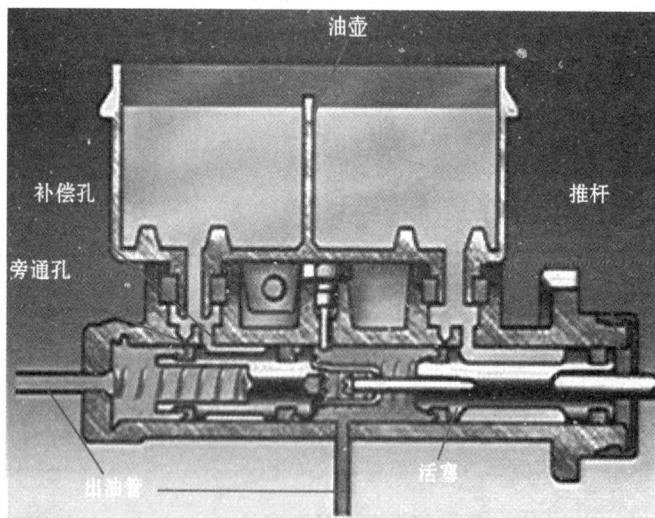

图 2-7-6　双腔液压制动总泵的工作原理图

（1）司机踩制动踏板，总泵活塞前移关闭旁通孔，活塞前面建立油压。然后通过管路将油压输送到制动分泵。

（2）松开制动踏板时，总泵活塞在油压力和回位弹簧的作用下回位，制动系统的压力下降。活塞回到位后，多余的油回到油壶。

（3）两脚制动时，油壶的油从补偿孔进到活塞前面，使活塞前面的油增多。然后在踩制动时,制动力增大。

3. 真空助力器的构造和原理

1) 真空助力器的构造

真空助力器装在液压制动总泵与制动踏板之间,其作用是利用真空与大气压力的压力差帮助司机减轻踩踏板的力。真空助力器主要由调整叉、控制阀推杆、过滤环、大气阀座、阀门、膜片座、反作用圆盘、控制阀、导向螺栓、回位弹簧、密封套、毛毡滤网、控制阀推杆弹簧、阀门弹簧、控制阀柱塞、壳体、膜片、制动总泵推杆等组成,见图2-7-7。

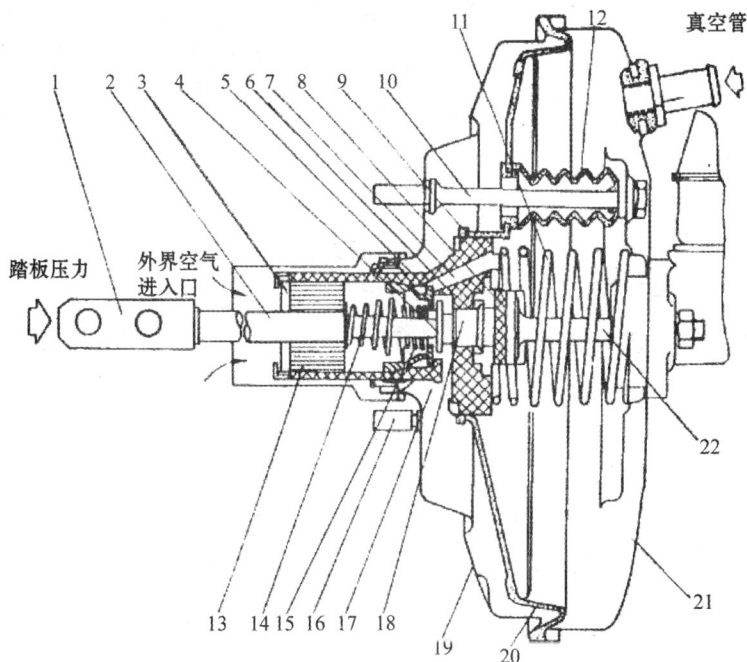

图 2-7-7 真空助力器

1-调整叉 2-控制阀推杆 3-过滤环 4-大气阀座 5-阀门 6-膜片座 7、17-通道
8-反作用圆盘 9-控制阀 10-导向螺栓 11-回位弹簧 12-密封套 13-毛毡滤网
14-控制阀推杆弹簧 15-阀门弹簧 16-螺栓 18-控制阀柱塞
19-壳体 20-膜片 21-前腔体 22-制动总泵推杆

2) 真空助力器的工作原理

真空助力器的工作原理见图2-7-8。

不制动时,进气阀门关闭,真空阀门打开。真空助力器的前腔体与后腔体相通,通向真空源,没有压力差。此时处于不制动状态。

制动时,司机踩制动踏板,推杆前移推动控制阀使真空阀门关闭,进气阀门打开。真空助力器的前腔体与后腔体隔开,前腔体通真空,后腔体通大气。前、后腔体形成压力差,此时处于制动助力状态。制动助力的压力随压力差的变大而增大。

解除制动时,司机松开踏板,控制阀在回位弹簧的作用下回位。进气阀门关闭,真空阀门打开,真空助力器的前腔体与后腔体相通,通向真空源,后腔体的空气被抽走。膜片托盘在回位弹簧的作用力回位,此时处于解除制动状态。

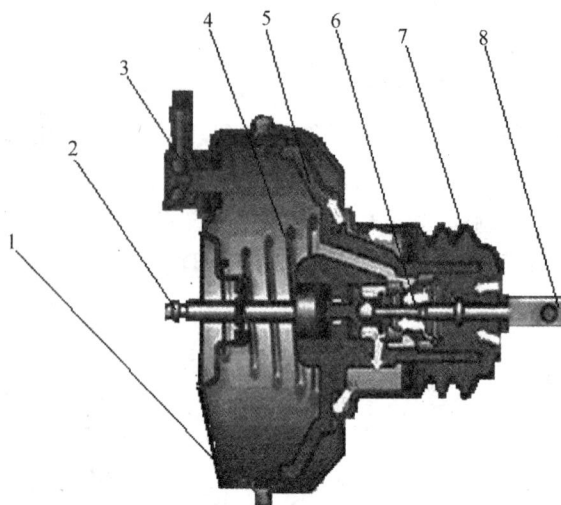

图 2-7-8　真空助力器原理图

1-壳体　2-推杆　3-真空管　4-回位弹簧　5-膜片　6-控制阀　7-调整叉

维持制动时,当司机踩踏板踩到某一位置时不动,此时属于维持制动状态。真空助力器的进气阀门关闭,真空阀门也不打开,处于双阀关闭状态,压力差保持不变,处于维持制动状态。

4. 真空增压器的构造

真空增压器装在液压制动总泵与制动分泵之间,其作用是利用真空与大气压力的压力差增加制动系统的制动压力,满足载质量较大车辆的制动要求。真空增压器由前腔体、后腔体、膜片、托盘、回位弹簧、推杆、控制阀、空气滤清器、辅助缸、活塞、导向柱塞、密封圈座、活塞限位座等组成,见图 2-7-9。

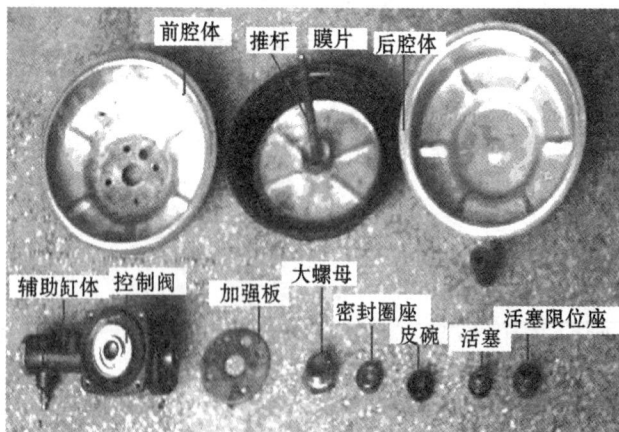

图 2-7-9　真空增压器的组成

真空增压器的工作原理如图 2-7-10 所示。

不制动时,空气阀门关闭,真空阀门打开。真空增压器的前腔体与后腔体相通,通向真空源,没有压力差。此时处于不制动状态。

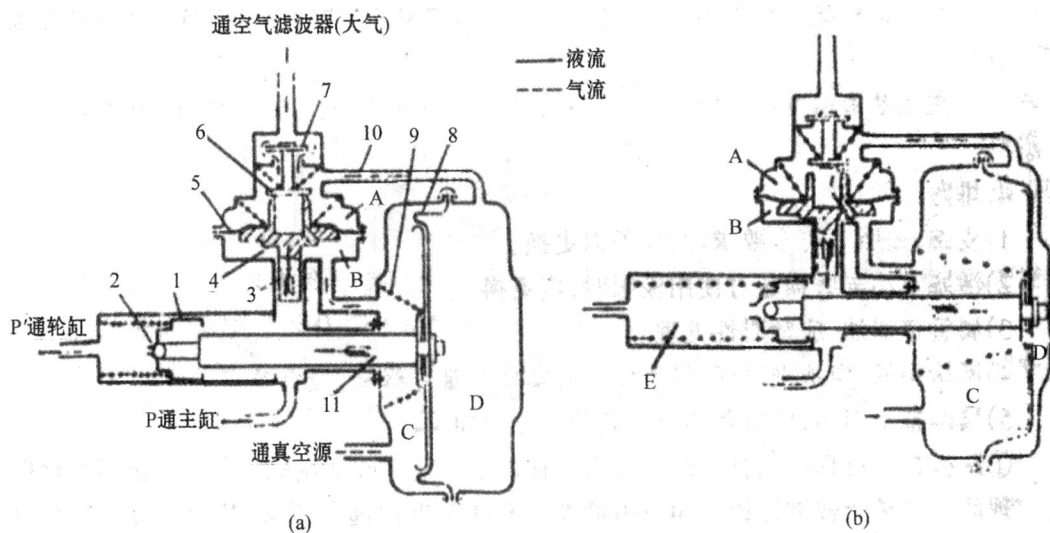

图 2-7-10 真空增压器的工作原理

(a) 踏下制动踏板时 (b) 抬起制动踏板时

1-辅助缸活塞 2-单向球阀 3-控制阀活塞 4-膜片座 5-控制阀膜片 6-真空阀
7-空气阀 8-加力气室膜片 9-膜片回位弹簧 10-通气管 11-推杆
A、B-控制阀 C、D-加力气室 E-辅助缸

制动时,司机踩制动踏板,来自制动总泵的油压推动控制阀上移使真空阀门关闭,空气阀门打开。真空增压器的前腔体与后腔体隔开,前腔体通真空,后腔体通大气。前、后腔体形成压力差,此时处于制动助力状态。制动助力的压力随压力差的变大而增大。

解除制动时,司机松开踏板,控制阀在回位弹簧的作用下回位。进气阀门关闭,真空阀门打开,真空增压器的前腔体与后腔体相通,通向真空源,后腔体的空气被抽走。膜片托盘推杆在回位弹簧的作用力回位,此时处于解除制动状态。

维持制动时,当司机踩踏板踩到某一位置时不动,此时属于维持制动状态。真空增压器的进气阀门关闭,真空阀门也不打开,处于双阀关闭状态,压力差保持不变,处于维持制动状态。

5. 气压制动系统组成

以发动机的动力驱动空气压缩机作为制动器制动的唯一能源,而驾驶员的体力仅作为控制能源的制动系统称之为气压制动系统。气压制动系统的组成如图 2-7-11 所示。

1)空气压缩机的作用

如图 6-2-1 所示,由发动机驱动的空气压缩机 1 将压缩空气经单向阀 4 首先输入湿储气罐 6,压缩空气在湿储气罐内冷却、并进行油水分离之后,分成两个回路,一个回路经储气罐 14、双腔制动阀 3 的后腔通向后制动器室 10。当其中一个回路发生故障失效时,另一个回路仍能继续工作,以保证汽车具有一定的制动能力,从而提高了汽车行驶的安全性。

2) 湿储气罐

如图 2-7-11 所示,湿储气罐除向两主储气罐充气外,还向气喇叭 21 等供气。当湿储气罐中的压力达到 0.7~0.74 Mpa 时,调压阀 19 控制空气压缩机卸荷空转。

笔记

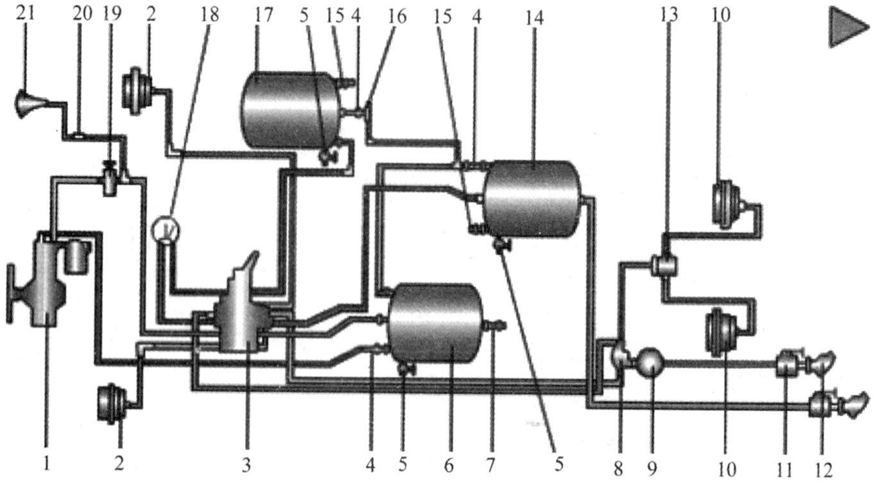

图 2-7-11 气压制动系统的组成

1-空气压缩机 2-前制动气室 3-双腔制动阀 4-储气罐单向阀 5-放水阀 6-湿储气罐 7-安全阀
8-梭阀 9-挂车制动阀 10-后制动气室 11-挂车分离开关 12-接头 13-快放阀
14-主储气罐(供前制动器) 15-低压报警器 16-取气阀 17-主储气罐(供后制动器)
18-双针气压表 19-调压器 20-气喇叭开关 21-气喇叭

3) 快放阀的作用

如图 2-7-11 所示,快放阀 13 的作用是:当松开制动踏板时,使后轮制动气室放气回路线和时间缩短,保证后轮制动器迅速解除制动。双针气压表 18 的两个指针也可分别指示前、后储气罐的压力。梭阀只让压力较高腔的压缩空气输入挂车制动阀 9,后者输出的气压又控制装在挂车上的继动阀,使挂车产生制动。

6. 气压总阀的构造

1) 作用

用以接通或切断储气罐与制动气室的气路,并控制压缩空气的流量,以将车速控制在理想速度。

2) 组成

气压制动总阀由拉臂、推杆、上盖、平衡弹簧总成、回位弹簧、上体、中体、大活塞、小活塞、阀门、下体等组成(见图 2-7-12)。

3) 工作原理

气压制动总阀的工作原理见图 2-7-13。

(1) 不制动时,进气阀门关闭,排气阀门打开。制动器的管路通过排气阀门与大气相通,储气罐的压缩空气不能进入制动器管路,此时处于不制动状态。

(2) 制动时,司机踩制动踏板,拉臂动作使推杆下移推动平衡弹簧总成。平衡弹簧总成克服回位弹簧的阻力,先关闭排气通道,再打开进气阀门。此时储气罐的压缩空气经过气压制动总阀进入制动器管路,此时处于制动状态。制动的压力随进气阀门的变大而增大。

(3) 解除制动时,司机松开踏板,平衡弹簧总成在回位弹簧的作用下回位。进气阀门关闭,排气阀门打开,制动器管路的压缩空气通过排气通道直接排到大气。此时处于解除制动状态。

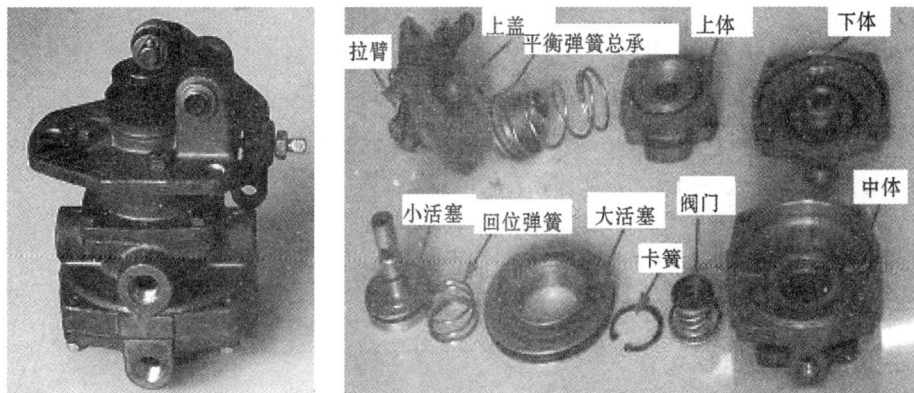

图 2-7-12　CA1091 气压制动总阀组成

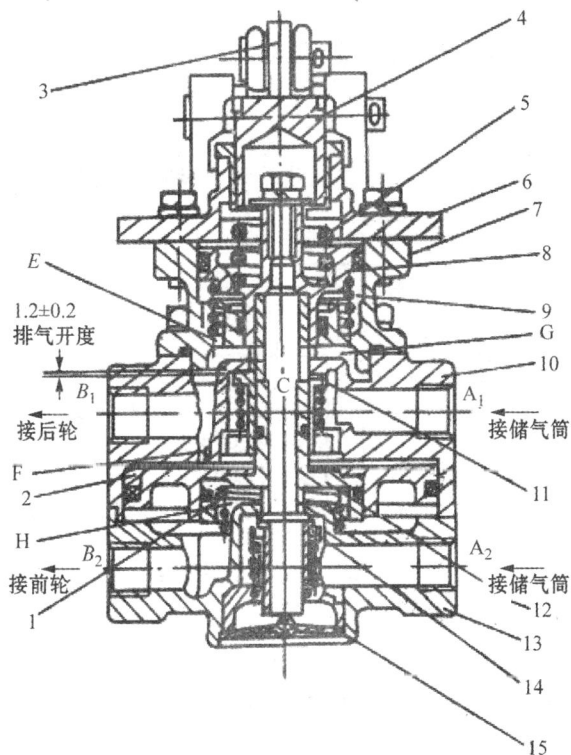

图 2-7-13　CA1091 气压制动总阀

1-小活塞回位弹簧　2-大活塞　3-滚轮　4-推杆　5-平衡弹簧　6-上盖　7-上阀体
8-上活塞总成　9-上活塞回位弹簧　10-中阀体　11-上腔阀门
12-下腔小活塞　13-下阀体　14-下腔阀门　15-防尘片
A_1、A_2-进气口　B_1、B_2-出气口　C-排气口　D-上腔排气口　E、F-通气孔

（4）维持制动时，当司机踩踏板踩到某一位置时不动，此时属于维持制动状态。气压制动总阀的进气阀门关闭，排气阀门也不打开，处于双阀关闭状态。制动系统既不进气也不排气，处于维持制动状态。

7. 制动器

一般制动器都是通过其中的固定元件对旋转元件施加制动力矩,使旋转元件的旋转角速度降低,同时依靠车轮与地面的附着作用,产生路面对车轮的制动力以使汽车减速。凡利用固定元件与旋转元件工作表面的摩擦而产生制动力矩的制动器都成为摩擦制动器。制动器的类型有盘式和鼓式,见图 2-7-14。

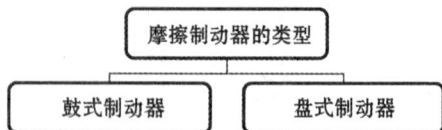

图 2-7-14　摩擦制动器类型

车轮制动器:旋转元件固定安装在车轮或半轴上,即制动力矩直接分别作用于两侧车轮上的制动器称为车轮制动器。

中央制动器:旋转元件固定安装在传动系的传动轴上,其制动力矩经过驱动桥再分配到两侧车轮上的制动器称为中央制动器。

1) 盘式制动器构造

盘式制动器按其结构一般分为全盘式制动器和钳盘式制动器两类,见图 2-7-15。

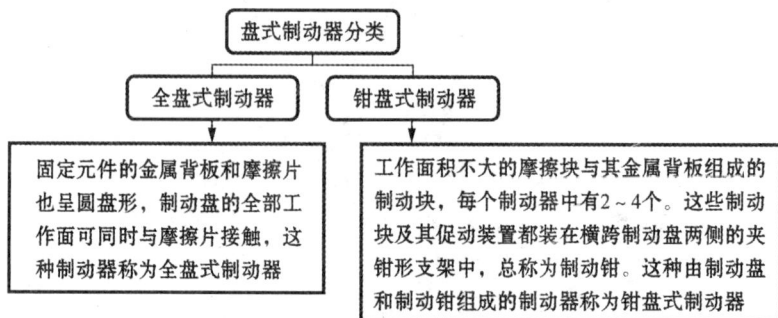

图 2-7-15　盘式制动器分类

全盘式制动器由于其散热条件差,只有少数汽车(主要是重型汽车)采用为车轮制动器。钳盘式制动器由于其特性好,目前被各级轿车用作车轮制动器。在此仅介绍钳盘式制动器。钳盘式制动器又可分为定钳盘式和浮钳盘式两类。

(1) 定钳盘式制动器。

定钳式制动器结构如图 2-7-16、图 2-7-17 所示。

如图 2-7-6 所示,跨置在制动盘 1 上的制动钳体 5 固定安装在车桥 6 上,它不能旋转也不能沿制动盘轴线方向移动,其内的两个活塞 2 分别位于制动盘 1 的两侧。制动时,制动油液由制动总泵(制动主缸)经进油口 4 进入钳体中两个相通的液压腔中,将两侧的制动块 3 压向与车轮固定连接的制动盘 1,从而产生制动。

这种制动器存在着以下缺点:油缸较多,使制动钳结构复杂;油缸分置于制动盘两侧,必须用跨越制动盘的钳内油道或外部油管来连通,这使得制动钳的尺寸过大,难以安装在现代化轿车的轮辋内;热负荷大时,油缸和跨越制动盘的油管或油道中的制动液容易受热汽化;若要兼用于驻车制动,则必须加装一个机械促动的驻车制动钳。

笔记

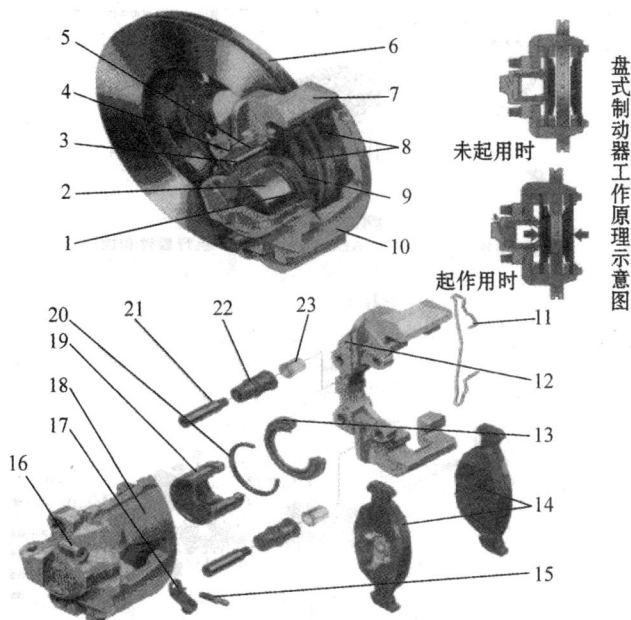

图 2-7-16　定钳盘式制动器解剖图

1-油封　2-螺栓　3-活塞　4-橡胶衬套　5-塑料套　6-制动盘　7-制动钳支架　8-摩擦块

9-活塞防尘罩　10-制动钳壳体　11-保持弹簧　12-制动钳支架　13-活塞防尘罩

14-摩擦块　15-排气螺钉　16-排气孔座　17-防尘帽　18-动钳壳体

19-活塞　20-油封　21-螺栓　22-橡胶衬套　23-塑料套

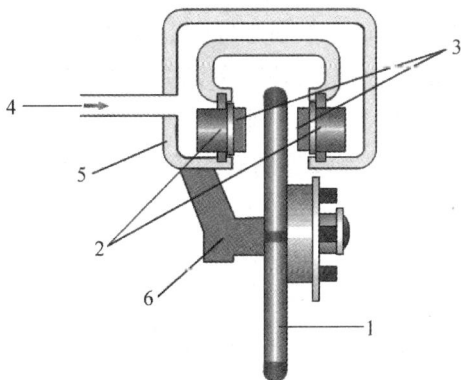

图 2-7-17　定钳盘式制动器的结构图

1-制动盘　2-活塞　3-摩擦块　4-进油口　5-制动钳体　6-车桥部

（2）浮钳盘式制动器。

浮钳盘式制动器的结构如图 2-7-18 所示。

制动钳体 2 通过导向销 6 与车桥 7 相连，可以相对于制动盘 1 轴向移动。制动钳体只在制动盘的内侧设置油缸，而外侧的制动块则附装在钳体上。制动时，液压油通过进油口 5 进入制动油缸，推动活塞 4 及其上面的摩擦块向右移动，并压到制动盘上，使得油缸连同制动钳体整体沿销钉向左移动，直到制动盘右侧的摩擦块也压到制动盘上夹住制动盘并使其制动。

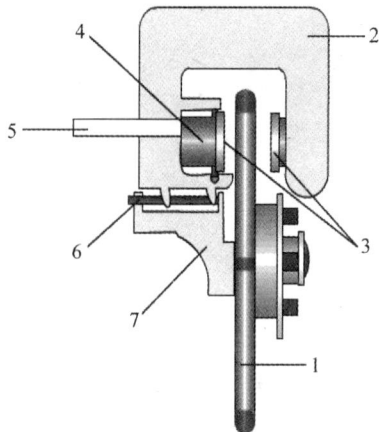

图 2-7-18　浮钳盘式制动器的结构图

1-制动盘　2-制动钳　3-摩擦块　4-活塞　5-进油口　6-导向销　7-车桥

与定钳盘式制动器相反,浮钳盘式制动器轴向和径向尺寸较小,而且制动液受热汽化的机会较少。此外,浮钳盘式制动器在兼充行车和驻车制动器的情况下,只须在行车制动钳油缸附近加装一些用以推动油缸活塞的驻车制动机械传动零件即可。故自 70 年代以来,浮钳盘式制动器逐渐取代了定钳盘式制动器。

（3）盘式制动器的特点。

与鼓式制动器相比,盘式制动器有以下优点:

一般无摩擦助势作用,因而制动器效能受摩擦系数的影响较小,即效能较稳定;浸水后效能降低较少,而且只须经一两次制动即可恢复正常。在输出制动力矩相同的情况下,尺寸和质量一般较小;制动盘沿厚度方向的热膨胀量极小,不会像制动鼓的热膨胀那样使制动器间隙明显增加而导致制动踏板行程过大;较容易实现间隙自动调整,其他保养修理作业也较简便。对于钳式制动器而言,因为制动盘外露,还有散热良好的优点。

盘式制动器的不足之处。盘式制动器的效能较低,故用于液压制动系统时所需制动促动管路压力较高,一般要用伺服装置。

目前,盘式制动器已广泛应用于轿车,现在普通的轿车上一般采用前轮为盘式制动器,而后轮采用鼓式制动。一些高性能轿车采用四轮盘式制动器,以期汽车制动时有较高的方向稳定性。在货车上,盘式制动器也有采用,但离普及还有相当距离。

2）鼓式制动器的构造

鼓式车轮制动器有内张式和外张式两种。汽车上采用的鼓式车轮制动器多为内张式。但因制动蹄张开机构的型式、张开力作用点和制动蹄支点的布置方面等不同,使得制动器的工作性能也不同。根据制动时两制动蹄对制动鼓作用的径向力是否相同,鼓式制动器分为:领从蹄式制动器、双向双领蹄式制动器、双从蹄式制动器、单向自增力式制动器、双向自增力式制动器。

（1）领从蹄式制动器

图 2-7-19 为领从蹄式制动器示意图,设汽车前进时制动鼓旋转方向（称为制动鼓正向旋转）如图中箭头所示。

沿箭头方向看去,制动蹄 1 的支承点 3 在其前端,制动轮缸 6 所施加的促动力作用于其后端,因而该制动蹄张开时的旋转方向与制动鼓的旋转方向相同。具有这种属性的制动蹄称为领蹄。与此相反,制动蹄 2 的支承点 4 在后端,促动力加于其前端,其张开时的旋转方向与制动鼓的旋转方向相反。具有这种属性的制动蹄称为从蹄。

当汽车倒驶,即制动鼓反向旋转时,蹄 1 变成从蹄,而蹄 2 则变成领蹄。这种在制动鼓正向旋转和反向旋转时,都有一个领蹄和一个从蹄的制动器即称为领从蹄式制动器。图 2-7-20 为领从蹄式制动器受力示意图。

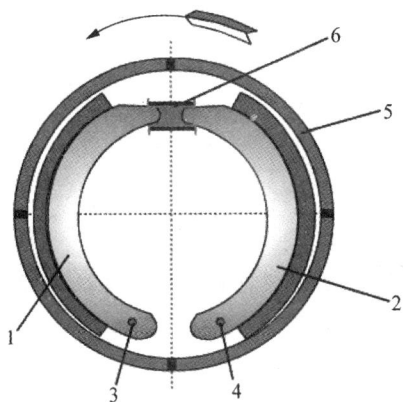

图 2-7-19　领从蹄式制动器示意图

图 2-7-20　领从蹄式制动器受力示意图

1-领蹄　2-从蹄　3-支承销　4-支承销
5-制动鼓　6-制动轮缸

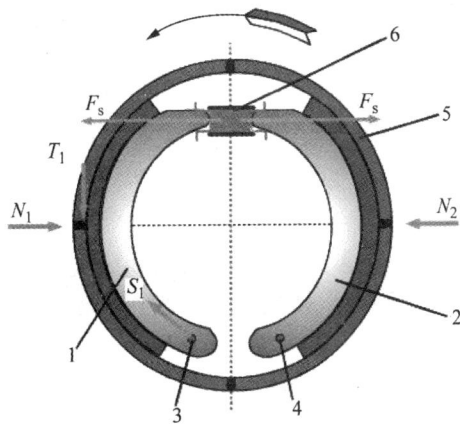

如图 2-7-20 所示,制动时两活塞施加的促动力是相等的。制动时,领蹄 1 和从蹄 2 在促动力 F_s 的作用下,分别绕各自的支承点 3 和 4 旋转紧压到制动鼓 5 上。旋转着的制动鼓即对两制动蹄分别作用着法向反力 N_1 和 N_2,以及相应的切向反力 T_1 和 T_2,两蹄上的这些力分别为各自的支点 3 和 4 的支点反力 S_1 和 S_2 所平衡。

可见,领蹄上的切向合力 T_1 所造成的绕支点 3 的力矩与促动力 F_s 所造成的绕同一支点的力矩是同向的。所以力 T_1 的作用结果是使领蹄 1 在制动鼓上压得更紧从而力 T_1 也更大。这表明领蹄具有"增势"作用。相反,从蹄具有"减势"作用。故二制动蹄对制动鼓所施加的制动力矩不相等。

倒车制动时,虽然蹄 2 变成领蹄,蹄 1 变成从蹄,但整个制动器的制动效能还是同前进制动时一样。在领从式制动器中,两制动蹄对制动鼓作用力 N_1' 和 N_2' 的大小是不相等的,因此在制动过程中对制动鼓产生一个附加的径向力。

凡制动鼓所受来自二蹄的法向力不能互相平衡的制动器称为非平衡式制动器。

① 单向双领蹄式制动器。在制动鼓正向旋转时,两蹄均为领蹄的制动器称为双领蹄式制动器,其结构示意图如图 2-7-21 所示。

双领蹄式制动器与领从蹄式制动器在结构上主要有两点不相同,一是双领蹄式制动器的两制动蹄各用一个单活塞式轮缸,而领从蹄式制动器的两蹄共用一个双活塞式轮缸;二是双领蹄式制动器的两套制动蹄、制动轮缸、支承销在制动底板上的布置是中心对称的,而领

笔记

从蹄式制动器中的制动蹄、制动轮缸、支承销在制动底板上是轴对称布置的。

② 双向双领蹄式制动器。无论是前进制动还是倒车制动,两制动蹄都是领蹄的制动器称为双向双领蹄式制动器。双向双领蹄式制动器的结构如图 2-7-22 所示。

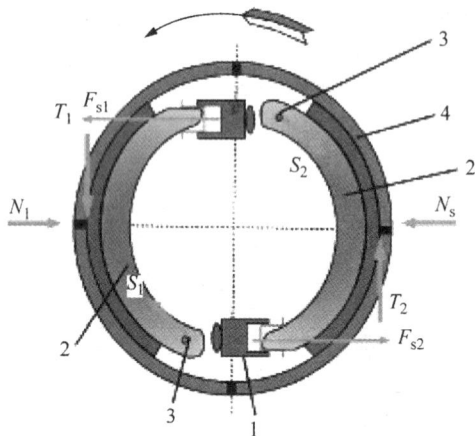

图 2-7-21　双领蹄式制动器受力示意图
1-制动轮缸　2-制动蹄　3-支承销　4-制动鼓

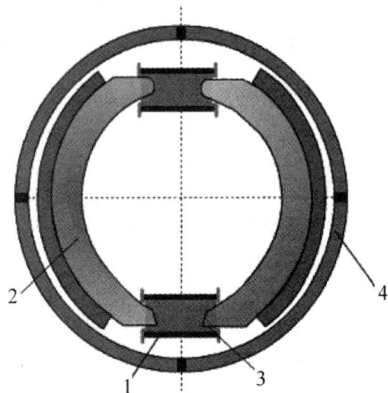

图 2-7-22　双向双领蹄式制动器示意图
1-制动轮缸　2-制动蹄　3-活塞　4-制动鼓

与领从蹄式制动器相比,双向双领蹄式制动器在结构上有三个特点,一是采用两个双活塞式制动轮缸;二是两制动蹄的两端都采用浮式支承,且支点的周向位置也是浮动的;三是制动底板上的所有固定元件,如制动蹄、制动轮缸、回位弹簧等都是成对的,而且既按轴对称、又按中心对称布置。

图 2-7-23 是一种双向双领蹄式制动器的具体结构。

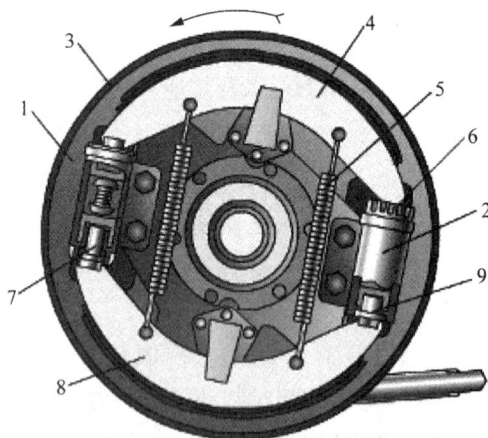

图 2-7-23　双向双领蹄式制动器
1-制动鼓　2-制动轮缸　3-制动底板　4、8-制动蹄　5-回位弹簧　6-调整螺母　7-可调支座　9-支座

在前进制动时,所有的轮缸活塞都在液压作用下向外移动,将两制动蹄 4 和 8 压靠到制动鼓 1 上。在制动鼓的摩擦力矩作用下,两蹄都绕车轮中心朝箭头所示的车轮旋转方向转动,将两轮缸活塞外端的支座 9 推回,直到顶靠到轮缸端面为止。此时两轮缸的支座 9 成为制动蹄的支点,制动器的工作情况和上面的制动器一样。

倒车制动时,摩擦力矩的方向相反,使两制动蹄绕车轮中心逆箭头方向转过一个角度,将可调支座 7 连同调整螺母 6 一起推回原位,于是两个支座 7 便成为制动蹄的新支承点。这样,每个制动蹄的支点和促动力作用点的位置都与前进制动时相反,其制动效能同前进制动时完全一样。

③ 双从蹄式制动器。前进制动时两制动蹄均为从蹄的制动器称为双从蹄式制动器(见图 2-7-24)。

(2) 单向自增力式制动器。

单向自增力式制动器的结构原理如图 2-7-25 所示。

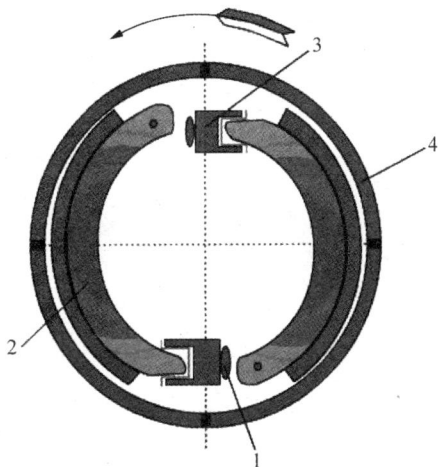

图 2-7-24　双从蹄式制动器示意图

1-支承销　2-制动蹄　3-制动轮缸　4-制动鼓

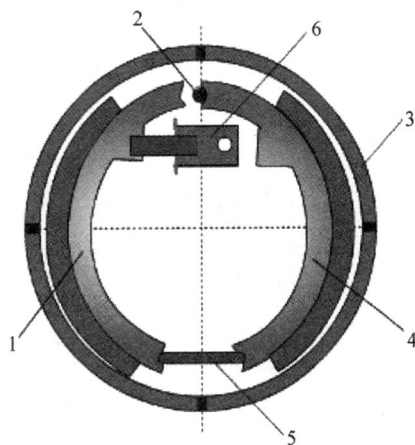

图 2-7-25　单向自增力式制动器

1-第一制动蹄　2-支承销　3-制动鼓

4-第二制动蹄　5-可调顶杆体　6-制动轮缸

第一制动蹄 1 和第二制动蹄 4 的下端分别浮动支承在浮动的顶杆 5 的两端。

汽车前进制动时,单活塞式轮缸将促动力 F_{S1} 施加于第一蹄,使其上压靠到制动鼓 3 上。第一蹄是领蹄,并且在各力作用下处于平衡状态。顶杆 5 是浮动的,将与力 F_{S1} 大小相等、方向相反的促动力 F_{S2} 施于第二蹄。故第二蹄也是领蹄。作用在第一蹄上的促动力和摩擦力通过顶杆传到第二蹄上,形成第二蹄促动力 F_{S2}。对制动蹄 1 进行受力分析可知,$F_{S2} > F_{S1}$。此外,力 F_{S2} 对第二蹄支承点的力臂也大于力 F_{S1} 对第一蹄支承的力臂。因此,第二蹄的制动力矩必然大于第一蹄的制动力矩。倒车制动时,第一蹄的制动效能比一般领蹄的低得多,第二蹄则因未受促动力而不起制动作用。

图 2-7-26 为一种单向自增力式制动器的具体结构。

第一蹄 1 和第二蹄 6 的上端被各自的回位弹簧 2 拉拢,并以铆于腹板上端两侧的夹板 3 的内凹弧面支靠着支承销 4。两蹄的下端分别浮动支承在可调顶杆两端的直槽底面上,并用弹簧 8 拉紧。受法向力较大的第二蹄摩擦片的面积做得比第一蹄的大,使两蹄的单位压力相近。在制动鼓尺寸和摩擦系数相同的条件下,单向自增力式制动器的前进制动效能不仅高于领从蹄式制动器,而且高于双领蹄式制动器。倒车时整个制动器的制动效能比双从蹄式制动器的效能还低。

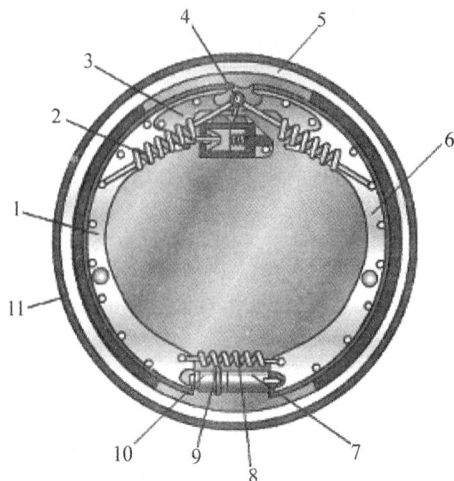

图 2-7-26　单向自增力式制动器

1-第一制动蹄　2-制动蹄回位弹簧　3-夹板　4-支承销　5-制动鼓　6-第二制动蹄
7-可调顶杆体　8-拉紧弹簧　9-调整轮　10-顶杆套　11-制动轮

（3）双向自增力式制动器。

双向自增力式制动器的结构原理如图 2-7-27 所示。其特点是制动鼓正向和反向旋转时均能借蹄鼓间的摩擦起自增力作用。它的结构不同于单向自增力式之处主要是采用双活塞式制动轮缸 4，可向两蹄同时施加相等的促动力 F_S。

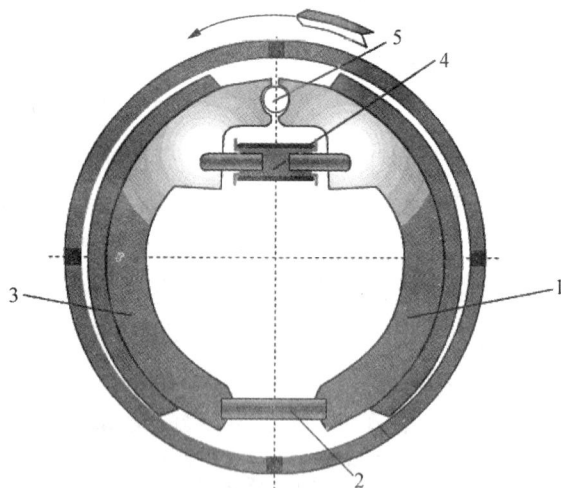

图 2-7-27　双向自增力式制动器示意图

1-后制动蹄　2-顶杆　3-前制动蹄　4-轮缸　5-支撑销

制动鼓正向（如箭头所示）旋转时，前制动蹄 3 为第一蹄，后制动蹄 1 为第二蹄；制动鼓反向旋转时则情况相反。由图可见，在制动时，第一蹄只受一个促动力 F_S，而第二蹄则有两个促动力 F_S 和 S，且 $S > F_S$。考虑到汽车前进制动的机会远多于倒车制动，且前进制动时制动器工作负荷也远大于倒车制动，故后蹄 1 的摩擦片面积做得较大。

图 2-7-28 所示的制动器即属于双向自增力式制动器。

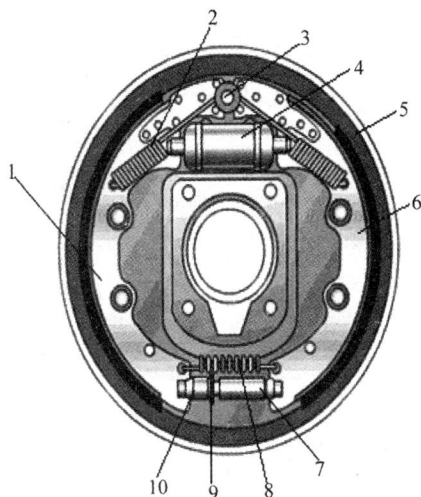

图 2-7-28 双向自增力式制动器实物

1-第一制动蹄　2-制动蹄回位弹簧　3-支承销　4-分泵　5-制动鼓
6-第二制动蹄　7-可调顶杆体　8-拉紧弹簧　9-调整轮　10-顶杆套

不制动时,两制动蹄的上端在回位弹簧的作用下浮支在支承销上,两制动蹄的下端在拉簧的作用下浮支在浮动的顶杆两端的凹槽中。

汽车前进制动时,制动轮缸的两活塞向两端顶出,使前后制动蹄离开支承销并压紧到制动鼓上,于是旋转着的制动鼓与两制动蹄之间产生摩擦作用。由于顶杆是浮动的,前后制动蹄及顶杆沿制动鼓的旋转方向转过一个角度,直到后制动蹄的上端再次压到支承销上。此时制动轮缸促动力进一步增大。由于从蹄受顶杆的促动力大于轮缸的促动力,从蹄上端不会离开支承销。汽车倒车制动时,制动器的工作情况与上述相反。

3）凸轮式制动器

目前,所有国产汽车及部分外国汽车的气压制动系统中,都采用凸轮促动的车轮制动器,而且大多设计成领从蹄式。制动时,制动调整臂在制动气室的推杆作用下,带动凸轮轴转动,使得两制动蹄压靠到制动鼓上而制动。由于凸轮轮廓的中心对称性及两蹄结构和安装的轴对称性,凸轮转动所引起的两蹄上相应点的位移必然相等。图 2-7-29 为凸轮式制动器工作原理示意图。

前、后制动蹄 1、2 在凸轮 6 的作用下,压向制动鼓 5,制动鼓 5 对制动蹄 1、2 产生摩擦作用。在摩擦力的作用下,前制动蹄 1 有离开凸轮 6 的趋势,致使凸轮 6 对制动蹄 1 的压力有所减弱;后制动蹄 2 有向凸轮 6 靠拢的趋势,致使凸轮 6 对制动蹄 2 的压力有所增强。

由于前制动蹄 1 有领蹄作用,后制动蹄 2 有从蹄作用,又有凸轮 6 对前制动蹄 1 促动力较小,对后制动蹄 2 促动力较大这一因素,所以,前后制动蹄片 1、2 的制动效果是接近的。

制动时,制动调整臂在制动气室的推杆作用下,带动凸轮轴转动,使得两制动蹄压靠到制动鼓上而制动。由于凸轮轮廓的中心对称性及两蹄结构和安装的轴对称性,凸轮转动所引起的两蹄上相应点的位移必然相等。

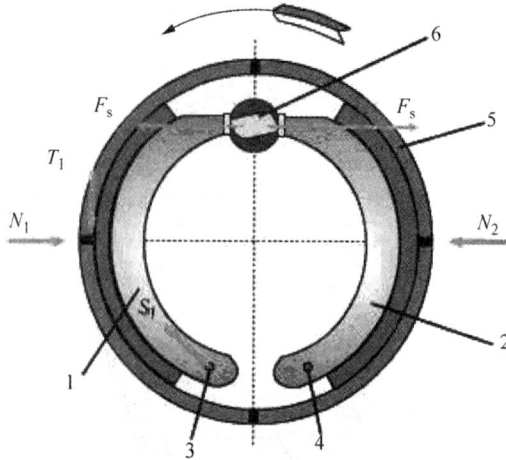

图 2-7-29　凸轮式制动器工作原理示意图
1-前制动蹄　2-后制动蹄　3、4-前、后制动蹄支点　5-制动鼓　6-凸轮

　　就制动效能而言,在基本结构参数和轮缸工作压力相同的条件下,自增力式制动器由于对摩擦助势作用利用得最为充分而居首位,以下依次为双领蹄式、领从蹄式、双从蹄式。但蹄鼓之间的摩擦系数本身是一个不稳定的因素,随制动鼓和摩擦片的材料、温度和表面状况(如是否沾水、沾油,是否有烧结现象等)的不同可在很大范围内变化。自增力式制动器的效能对摩擦系数的依赖性最大,因而其效能的热稳定性最差。

　　总之,制动器就制动效能而言,在基本结构参数和轮缸工作压力相同的条件下,自增力式制动器由于对摩擦助势作用利用得最为充分而居首位,以下依次为双领蹄式、领从蹄式、双从蹄式。但蹄鼓之间的摩擦系数本身是一个不稳定的因素,随制动鼓和摩擦片的材料、温度和表面状况(如是否沾水、沾油,是否有烧结现象等)的不同可在很大范围内变化。自增力式制动器的效能对摩擦系数的依赖性最大,因而其效能的热稳定性最差。以上介绍的各种鼓式制动器各有利弊。

　　8. 驻车制动装置

　　根据在汽车上安装位置的不同,驻车制动装置分中央驻车制动装置和车轮驻车制动装置两类。前者的制动器安装在传动轴上,称为中央制动器;后者和行车制动装置共用一套制动器,结构简单紧凑,图 2-7-30 的盘鼓组合式制动器已在轿车上得到普遍应用。

　　这种制动器将一个作行车制动器的盘式制动器和一个作驻车制动器的鼓式制动器组合在一起。双作用制动盘的外缘盘作盘式制动器的制动盘,中间的鼓部作鼓式制动器的制动鼓。

　　进行驻车制动时,将驾驶室中的手动驻车制动操纵杆拉到制动位置,经一系列杠杆和拉绳传动,将驻车制动杠杆的下端向前拉,使之绕平头销转动,其中间支点推动制动推杆左移,将前制动蹄推向制动鼓。待前制动蹄压靠到制动鼓上之后,推杆停止移动,此时制动杠杆绕中间支点继续转动。于是制动杠杆的上端向右移动,使后制动蹄压靠到制动鼓上,施以驻车制动。

　　解除制动时,将驻车制动操纵杆推回到不制动的位置,制动杠杆在卷绕拉绳回位弹簧的作用下回位,同时制动蹄回位弹簧将两制动蹄拉拢。

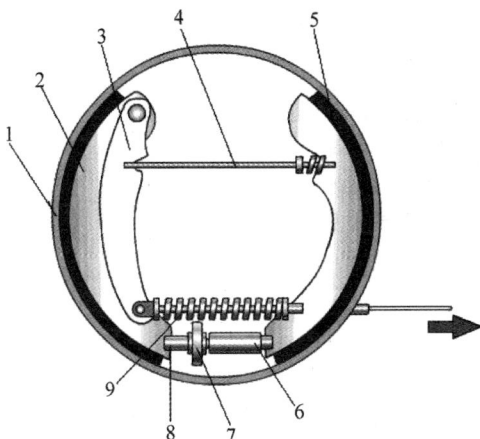

图 2-7-30　盘鼓组合式制动器

1-制动盘　2-第一制动蹄　3-拉臂　4-推杆　5-第二制动蹄　6-可调顶杆体　7-调整轮　8-顶杆套

三、制订计划

制订制动系统拆装计划如表 2-7-3 所示。

表 2-7-3　制订转向系统拆装计划

1. 查阅维修资料,了解车辆结构特点 2. 熟悉制动系统拆装规范,制订制动系统拆装计划		
1. 车辆制动系统类型信息描述	车辆描述	
	制动系统类型描述信息描述	
2. 车辆制动系统使用情况描述		
3. 车辆制动系统安全拆装描述		在拆装汽车制动系统之前,认真阅读如下注意事项: (1) 进行制动系统检查作业前,应做好支承车辆工作,检查支承车辆的措施是否牢固可靠,准备好保险架,做好安全保护 (2) 认真阅读安全操作规程 (3) 严禁用铁锤敲击零件表面,应注意预防机械损伤,避免出现意外事故 (4) 移动时注意相互合作,防止砸下伤人,不要把工具或零件留在你或者其他人有可能踩到的地方,将其放置在工作架或工作台上
4. 制动系统拆装注意事项和技术要求	(1) _____ (2) _____ (3) _____ (4) _____	
5. 制动系统拆装步骤	(1) _____ (2) _____ (3) _____ (4) _____	

笔记

6. 制动系统的排空步骤	(1) _____ (2) _____ (3) _____
7. 制动系统拆装计划	(1) 制动系统的类型 (2) 制动系统各部件的分解 (3) 制动系统的排空 (4) 制动系统检查

四、任务实施

制动系统的拆装如表 2-7-3 所示。

2-7-4　制动系统的拆装

1. 车辆信息描述	车辆描述	
	制动系统类型描述	
2. 汽车制动系统日常使用描述		

拆装步骤	拆装方法	记录
3. 制动液车上检查　检查储液罐中的制动液液位	(1) 检查液位 如果制动液液位低于 MIN 线,检查是否泄漏,并检查盘式制动器衬块。如有必要,维修或更换后重新向储液罐加注制动液 制动液:SAE J1703 或 FMVSS No. 116 DOT 3 更换提示: 如果对制动系统执行了任何操作或怀疑制动管路中有空气,应对制动系统进行放气 小心: ① 对制动系统进行放气前,将换挡杆移至 P 位置并拉紧驻车制动器 ② 对制动系统进行放气的同时,添加制动液使储液罐的液面保持在 MIN 和 MAX 线之间 ③ 如果制动液泄漏到任何涂漆表面上,应立即将其清洗干净	 MAX MIN
制动总泵的排空	(1) 将塑料管连接至放气螺塞 (2) 踩下制动踏板数次,然后踩住踏板松开放气螺塞 (3) 制动液不再溢出时,紧固放气螺塞,然后松开制动踏板 (4) 重复(2)和(3)直至制动液中的气体完全放出 (5) 完全紧固放气螺塞	

笔 记

	拆装步骤	拆装方法	记录
3. 制动液车上检查	制动系统的排空	(1) 添加制动液使储液罐的液面保持在 MIN 和 MAX 线之间 (2) 将塑料管连接至任一个放气螺塞 (3) 踩下制动踏板数次,然后踩住制动踏板时松开连接在塑料管上的放气螺塞 (4) 制动液不再溢出时,紧固放气螺塞,然后松开制动踏板 (5) 重复(3)和(4)直至制动液中的气体完全放出 (6) 完全紧固放气螺塞 (7) 对每个制动器均重复上述程序,从而对制动管路进行放气 (8) 检查制动液液位 检查制动液液位,如有必要添加制动液	
4. 拆卸与调整制动踏板	拆卸制动踏板	(1) 拆卸上仪表板 (2) 拆卸仪表板 1 号底罩分总成 (3) 拆卸制动踏板回位弹簧 (4) 分离制动主缸推杆 U 形夹 (5) 拆卸制动踏板支架分总成 (6) 拆卸制动踏板灯开关总成 (7) 拆卸制动踏板灯开关座调节器 (8) 拆卸制动踏板分总成 (9) 拆卸制动踏板衬套 (10) 拆卸制动踏板垫	
	制动踏板调整	(1) 检查并调整制动踏板高度 (2) 从前围消声器固定架上的开口处翻转前围消声器 (3) 测量制动踏板表面和地板踏板之间的最短距离 踏板距离地板踏板的高度:145.8~155.8 mm	
		(1) 调整制动踏板高度 小心: 不要踩下制动踏板	

续　表

拆装步骤		拆装方法	记录
4. 拆卸与调整制动踏板	制动踏板调整	(1) 关闭发动机。多次踩下踏板直至制动助力器内无真空。松开制动踏板 (2) 踩下踏板直至感觉到轻微的阻力。如图所示测量距离。踏板自由行程:1.0～6.0 mm	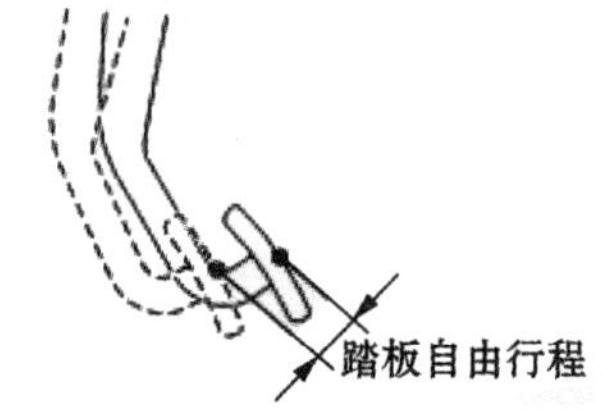
5. 拆卸制动总泵	制动总泵的就车拆装	(1) 制动总泵的就车拆卸步骤。先拆下搭铁线、拆下转向盘、主轴和转向盘柱支架,断开车速表传动软轴及仪表接头,拆下组合仪表,拆下空气输送管,吸出制动液,拆下制动管道和制动贮液室软管,拆下制动总泵 注意:吸出制动液时,不要让制动液泄漏到油漆表面,否则应立即抹干净 (2) 制动总泵的就车装复步骤。制动总泵的就车装复步骤按拆的相反顺序进行	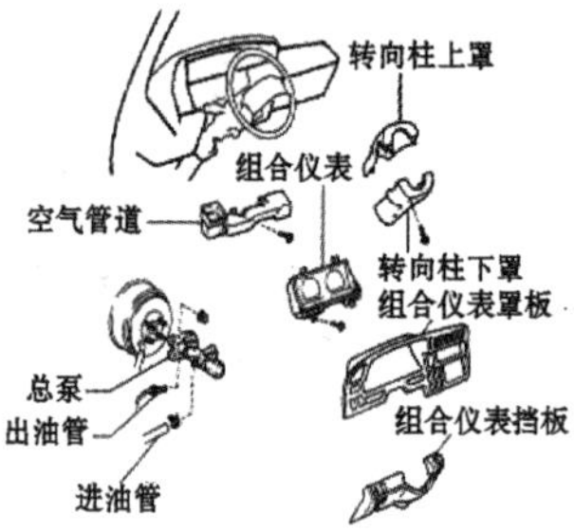
	拆卸双腔液压压制动总泵	(1) 拆卸出油塞,取出止回阀、回位弹簧,保管好接头密封垫片 (2) 拆卸进油塞,保管好接头密封垫片 (3) 拆卸限位螺栓 (4) 拆卸泵体卡簧,用压缩空气将前、后活塞、回位弹簧从壳体拆出来 注意: (1) 弄清制动总泵的前、后方向,以免零件的方向错装 (2) 前活塞的限位螺钉装配到活塞中间空档位置上,否则会将活塞卡住 (3) 零部件的清洗只能用酒精或同一牌号的制动液来进行清洗,不能接触其他油类,如:汽油、煤油、机油、黄油等。进行总泵总成分解时应注意工作台面的环境清洁	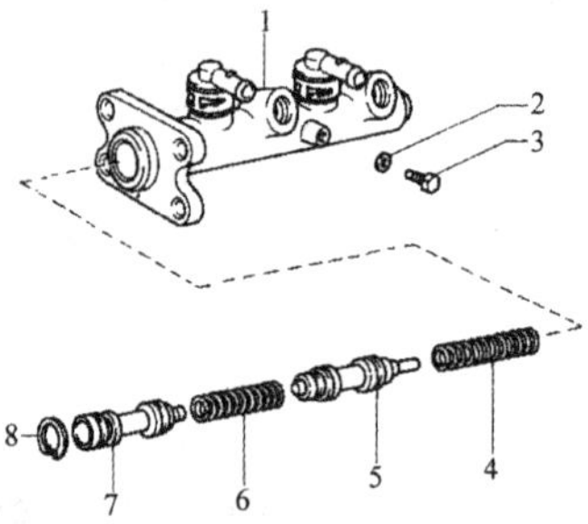
6. 拆卸双腔活塞式制动总阀	拆卸串联双腔活塞式制动总阀	(1) 拆卸拉臂与上盖之间的连接螺栓,取下拉臂及滚轮	

HIACE 双腔液压制动总泵实物图
1-缸体　2-垫片　3-止动螺钉
4、6-回位弹簧　5、7-活塞　8-卡簧

续 表

	拆装步骤	拆装方法	记录
6. 拆卸双腔活塞式制动总阀	拆卸串联双腔活塞式制动总阀	(2) 拆卸上盖与上壳体之间的连接螺栓 注意： 在未拆卸完螺栓之前,用力边压住上盖边拆卸螺栓,当取下上盖时注意平衡弹簧活塞座弹射出来	
		(3) 取出上盖、平衡弹簧活塞、回位弹簧	
		(4) 拆卸上壳体的螺栓,取下上壳体 注意： 上体与中体必须做好装配记号	
		(5) 拆卸中壳体与下壳体之间连接螺栓,取下大活塞、小活塞	
		(6) 拆卸中壳体的两用阀门卡簧,取出两用阀门座 (7) 将以上拆卸下的零部件按顺序摆放齐整,以备检查修理(一般密封圈不拆卸尽可能保持教具完整) 注意： 拆卸下壳体的两用阀门座,可以参照中壳体的两用阀门座的拆法	
7. 拆卸检查制动器	盘式制动器的拆卸	(1) 排净制动液 (2) 拆卸前轮 (3) 拆卸前挠性软管	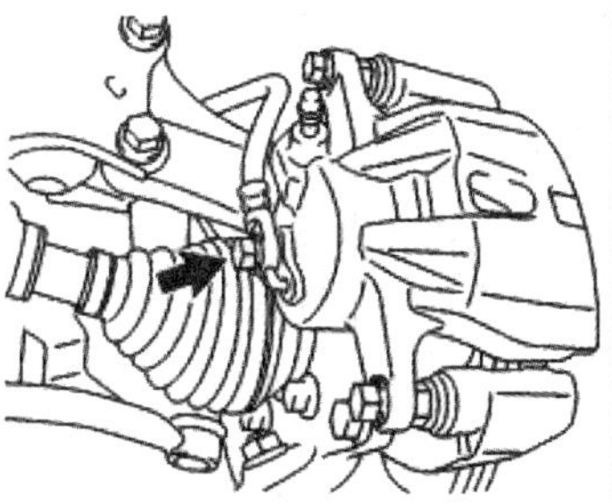

笔 记

拆装步骤		拆装方法		记录
7. 拆卸检查制动器	盘式制动器的拆卸	（4）拆卸盘式制动器制动缸总成	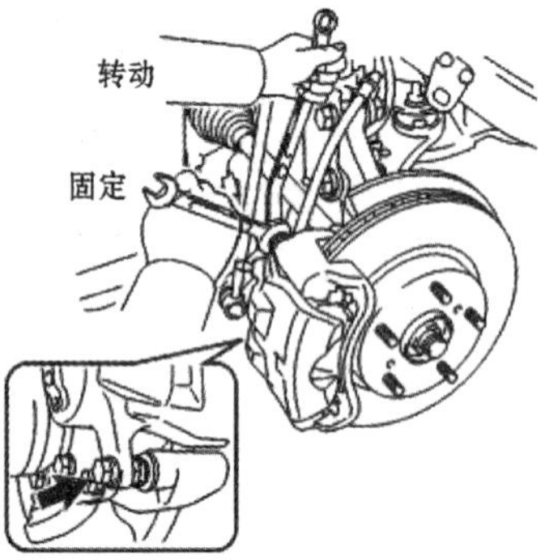	
		（5）拆下前盘式制动器衬块 （6）拆卸前消音垫片	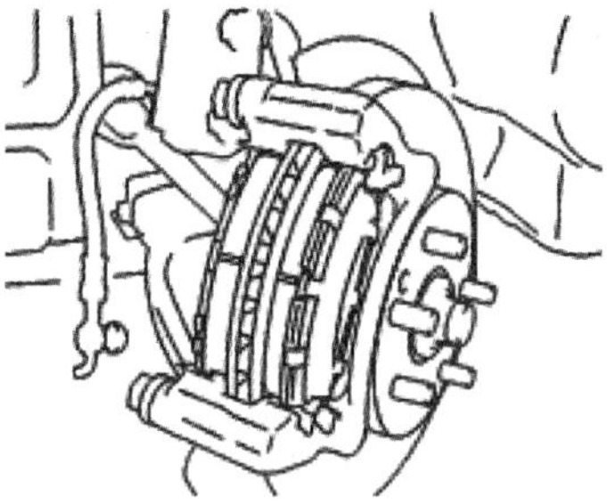	
		（7）拆卸前盘式制动器衬块支撑板	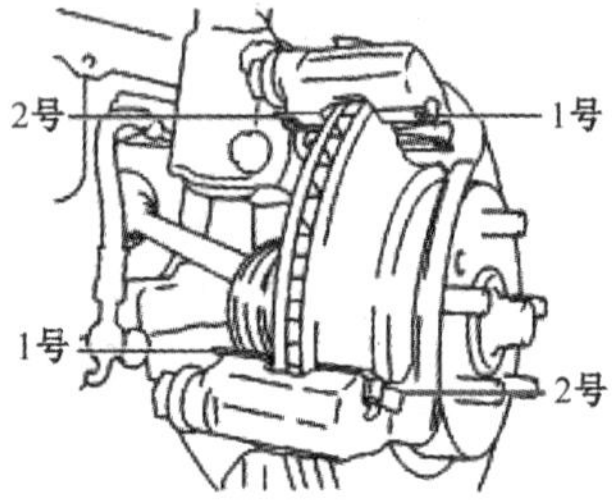	
		（8）拆卸前盘式制动器制动缸滑销	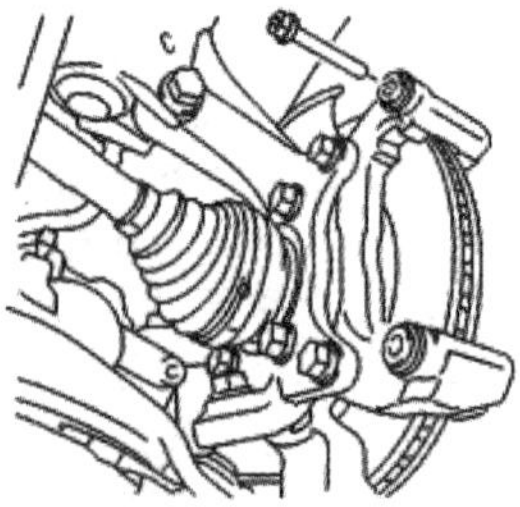	
		（9）拆卸前盘式制动器制动缸 2 号滑销	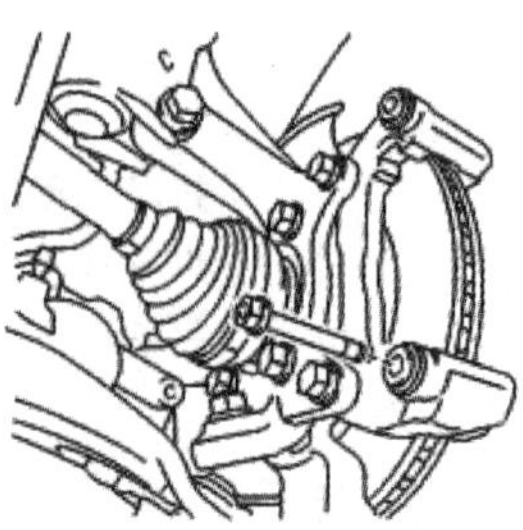	

续　表

笔　记

拆装步骤		拆装方法		记录
7. 拆卸检查制动器	盘式制动器的拆卸	（10）拆卸前盘式制动器制动缸滑套	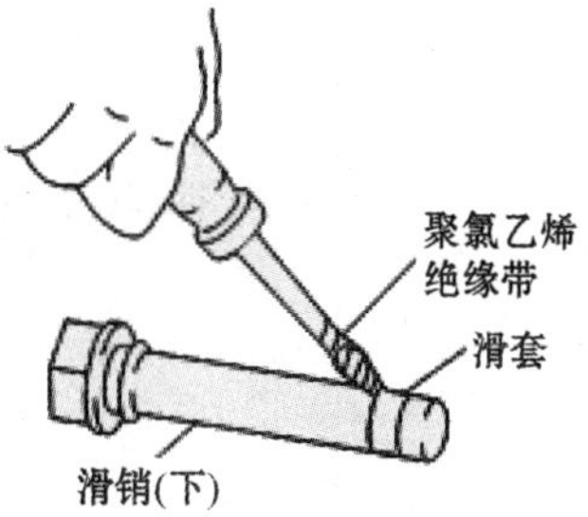 聚氯乙烯绝缘带 滑套 滑销(下)	
		（11）拆卸前盘式制动器衬套防尘罩	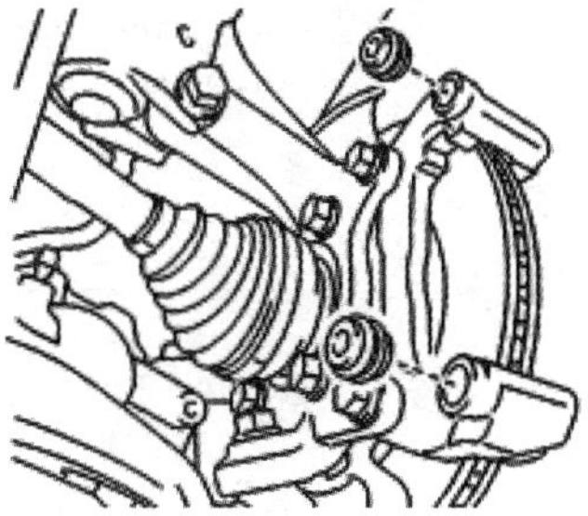	
		（12）拆卸前盘式制动器制动缸固定架	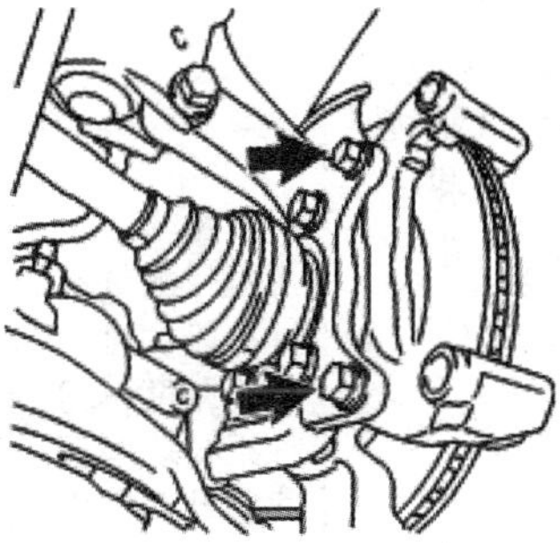	
		（13）拆卸前制动盘	 装配标记	
		（14）拆卸制动缸防尘罩	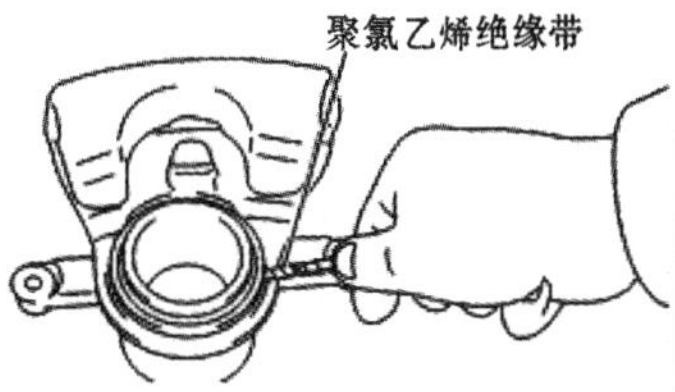 聚氯乙烯绝缘带	

笔 记

拆装步骤		拆装方法	记录
7. 拆卸检查制动器	盘式制动器的拆卸	(15) 拆卸前盘式制动器活塞 布	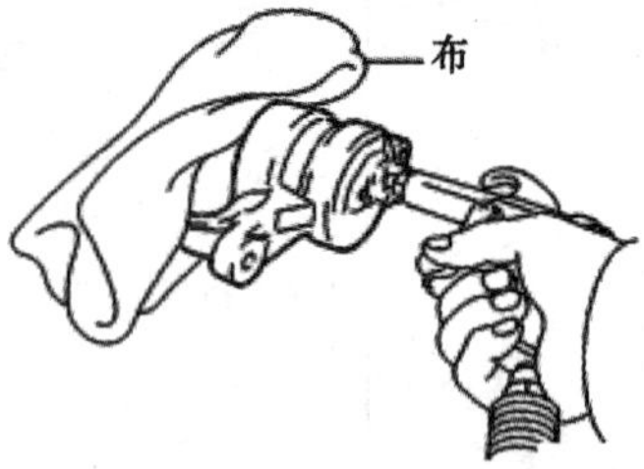
		(16) 拆卸活塞密封 (17) 拆卸前盘式制动器放气螺塞 聚氯乙烯绝缘带	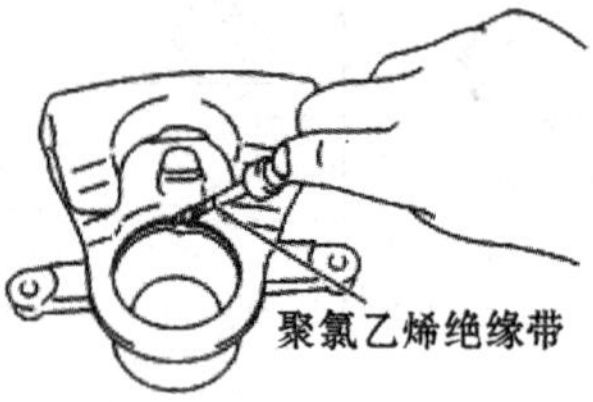
		(18) 检查制动缸和活塞 聚氯乙烯绝缘带	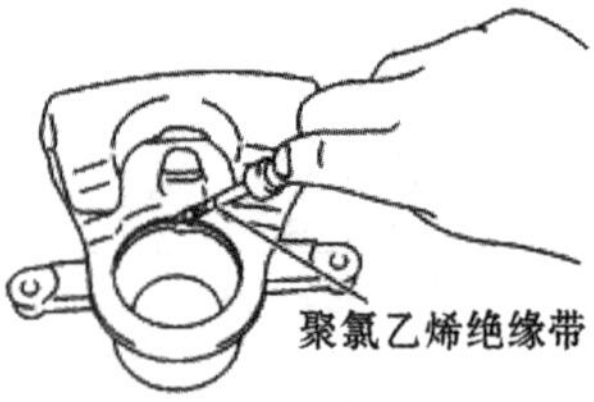
		(19) 检查衬块厚度 用直尺测量衬块厚度 标准厚度:12.0 mm 最小厚度:1.0 mm 如果衬块厚度小于最小厚度,更换盘式制动器衬块 直尺	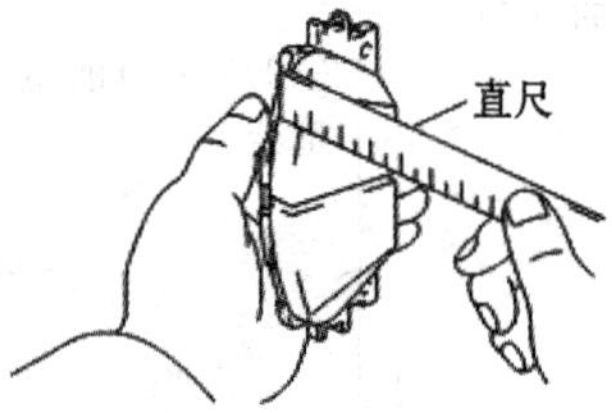
		(20) 检查制动盘厚度 标准厚度:22.0 mm 最小厚度:19.0 mm 如果制动盘厚度小于最小值,更换前制动盘 螺旋测微器	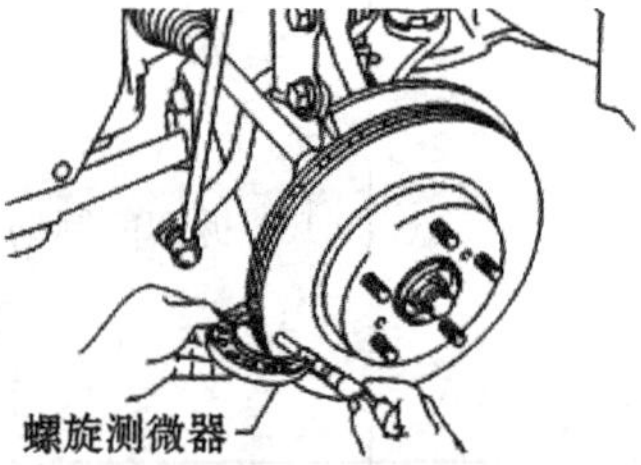
		(21) 检查制动盘径向跳动 制动盘最大径向跳动:0.05 mm 百分表	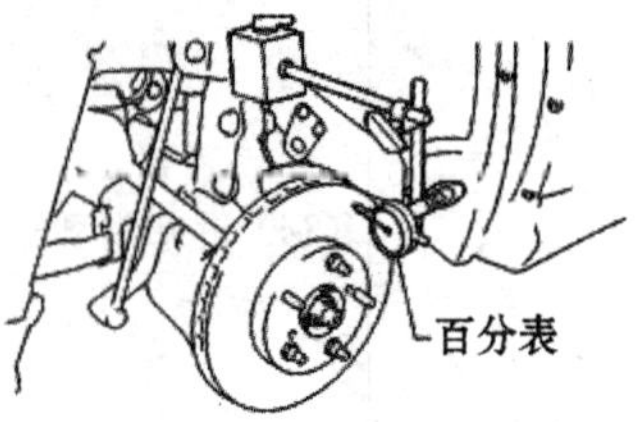

续 表

	拆装步骤	拆装方法		记录
8. 拆卸鼓式制动器	拆卸鼓式制动器总成	(1) 拆松轮胎螺栓,将汽车平稳支撑起来,拆下轮胎 (2) 拆卸半轴与轮毂的连接螺栓,取下半轴 注意: 拆松轮胎螺栓时,注意螺栓的旋向和特征		
		(3) 拆卸锁紧螺母、取出保险垫片、调整螺母 注意: 调整螺母和锁紧螺母不同,调整螺母比锁紧螺母多出一个定位销,要注意区分		
		(4) 取下轮毂外轴承 注意: 取下轮毂轴承时,要防止轴承掉地和制动鼓滑下来		
		(5) 抱下制动鼓、轮毂 注意: 两手张开抱住制动鼓,不要用手指握住制动鼓内壁,防止滑下来伤人		
		(6) 拆下轮毂内轴承和油封 注意: 轮毂轴承有固定的方向和位置,装的时候要留意	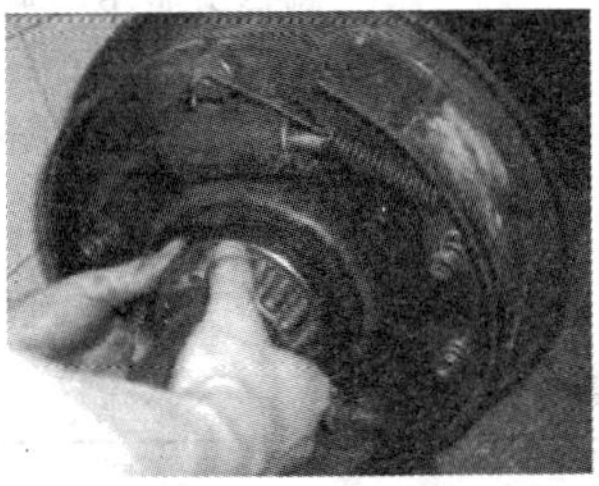	

笔 记

拆装步骤		拆装方法		记录
8. 拆卸鼓式制动器	拆卸鼓式制动器总成	(7) 用螺丝刀将右制动蹄的回位弹簧拆下来 注意： 拆制动蹄的回位弹簧时，注意安全，不要划伤手		
		(8) 用同样的方法拆卸左制动蹄的回位弹簧 注意： 制动蹄的回位弹簧是下钩的，在装复的时候要注意，不要错装		
		(9) 拆卸右制动蹄的压紧装置，取下右制动蹄、拉紧弹簧和调整器 注意： 左、右制动蹄的摩擦片是长短不一样的(左长右短)，要注意区分		
		(10) 用同样的方法拆卸左制动蹄		
		(11) 拆制动分泵 注意： 检修分泵不漏油，可以不拆；制动底板不拆 (12) 拆卸下来的零部件按顺序摆放齐整，以备检查		
	拆卸与装配结论			

五、检验评估

在完成拆装作业后,按表 2-7-5 制动系统拆装检验与评价表实施作业质量检验,并进行三方评价。

表 2-7-5 制动系统拆装检验与评价表

评价指标	检验说明	检验记录
检查项目	(1) 汽车制动系统 (2) 制动踏板的拆装 (3) 制动总泵的拆装 (4) 制动器的拆装 (5) 制动系统的排空	
汽车转向系统运行情况		

评价内容	检验指标	权重	自评	互评	总评
检查任务完成情况	1. 完成任务过程情况				
	2. 任务完成的质量				
	3. 在小组完成任务过程中所起的作用				
专业知识	1. 能描述汽车制动系统的组成				
	2. 能描述汽车制动系统的类型				
	3. 能描述汽车制动器的组成				
	4. 会描述汽车制动系统的拆装步骤				
	5. 会描述汽车制动系统拆装作业安全事项				
职业素养	1. 学习态度:积极主动参与学习				
	2. 团队合作:与小组成员一起分工合作,不影响学习进度				
	3. 现场管理:服从工位安排、执行实训室"5S"管理规定				
综合评议与建议					

项目三　拆装汽车车身电器

Description 项目描述	一辆 2006 款一汽丰田威驰汽车出现交通事故,车辆严重受损,进入维修厂进行维修。你是一名汽车维修钣金学徒工,如何开展维修工作
Objects 项目目标	1. 收集汽车底盘电气相关信息,制定汽车电气各部件拆装计划 2. 能描述汽车电气系统的拆装规范,完成拆装作业
Tasks 项目任务	任务 3.1:拆装汽车仪表 任务 3.2:拆装前照灯 任务 3.3:拆装刮水器和喷洗器 任务 3.4:拆装电动座椅 任务 3.5:拆装电动车窗 任务 3.6:拆装空调
Implementation 项目实施	

流程:客户报修 → 维修接待；收集信息 → 信息处理；制订计划 → 制订计划；故障排除 → 实施维修；故障检验；工作考核 → 检验评估

任务 3.1　拆装汽车仪表

任务描述	一辆 2006 款一汽丰田威驰汽车出现交通事故,车辆严重受损,进入维修厂进行维修。针对维修接待和车间确认意见,拆装汽车仪表
任务目标	1. 能描述汽车仪表的结构,会分析其结构特点 2. 能认识汽车仪表,并根据其拆装规范进行拆装作业

一、维修接待

按照表 3-1-1 所示,通过询问客户了解车辆发生事故的情况,填写接车问诊表,并根据车间检测初步确认结果,进行拆装作业。

表 3-1-1　维修接待与接车问诊表

接 车 问 诊 表

| 车牌号：_____ | 车架号：_____ | 行驶里程：_____（km） |
| 用户名：_____ | 电　话：_____ | 来店时间：___/___ |

用户陈述及故障发生时的状况：**一辆 2006 款一汽丰田威驰汽车出现交通事故，车辆严重受损，进入维修厂进行维修**

故障发生时的状况提示：**行驶速度、发动机状态、发生频度、发生时间、部位、天气、路面状况、声音描述**

接车员检测确认建议：**根据车辆受损情况，拆装汽车仪表**

车间检测确认结果及主要故障零部件：**拆装汽车仪表**

车间检查确认者：_____

外观确认：

（请在有缺陷部位作标识）

功能确认：（工作正常√　不正常×）
- □音响系统　□门锁（防盗器）　□全车灯光　□工具
- □后视镜　□顶窗　□座椅　□点烟器
- □玻璃升降器　□玻璃

物品确认：（有√　无×）
- □贵重物品提示
- □工具　□备胎　□灭火器
- □其他（　　　　）
- 旧件是否交还用户　□是　□否
- 用户是否需要洗车　□是　□否

F
E

- 检测费说明：本次检测的故障如用户在本店维修，检测费包含在修理费用内；如用户不在本店维修，请您支付检测费。本次检测费：¥_____元。
- 贵重物品：在将车辆交给我店检查修理前，已提示将车内贵重物品自行收起并保存好，如有遗失恕不负责。

接车员：_____　　　　用户确认：_____

二、信息收集与处理

按照表 3-1-2 的提示，收集相关信息，并将相关信息填入表中相应位置。

表 3-1-2　信息收集与处理

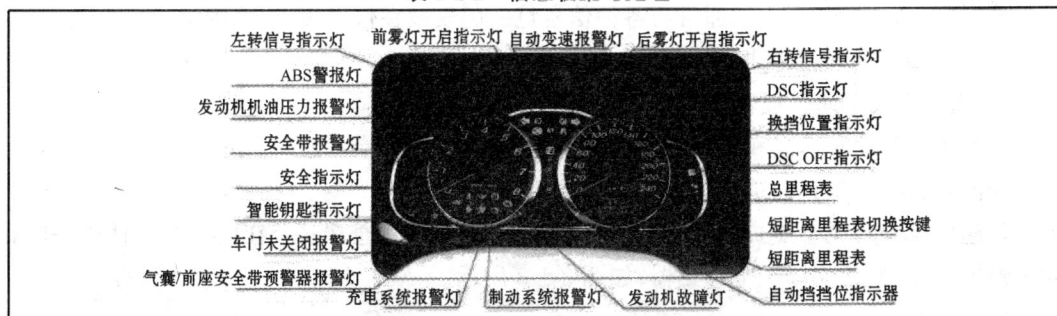

左转信号指示灯　前雾灯开启指示灯　自动变速报警灯　后雾灯开启指示灯　右转信号指示灯
ABS警报灯　DSC指示灯
发动机机油压力报警灯　换挡位置指示灯
安全带报警灯　DSC OFF指示灯
安全指示灯　总里程表
智能钥匙指示灯　短距离里程表切换按键
车门未关闭报警灯　短距离里程表
气囊/前座安全带预警器报警灯　自动挡挡位指示器
充电系统报警灯　制动系统报警灯　发动机故障灯

笔 记

续　表

序号	部件名称	作　用
1		
2		
3		
4		
5		
6		
7		

　　为了使驾驶员能够掌握汽车及各系统的工作情况,在汽车驾驶室内的仪表板上装有各种指示仪表、指示灯及各种报警信号装置。如图 3-1-1 所示。

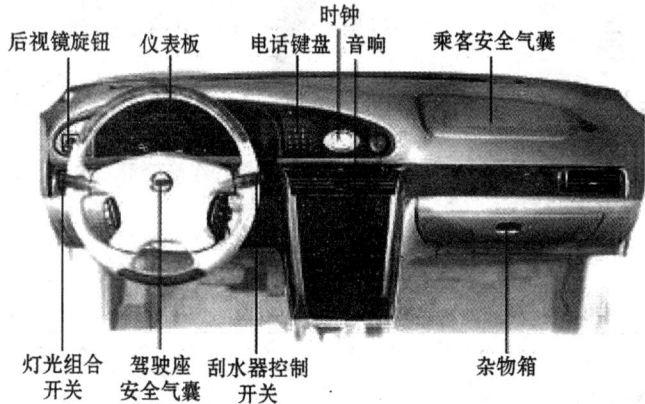

图 3-1-1　汽车驾驶室内的仪表板及各种报警信号装置

　　如图 3-1-2 所示,汽车上常用的仪表有车速里程表、发动机转速表、机油压力表、燃油表、冷却液温度(水温)表等,它们通常与各种信号灯一起安装在仪表板上,称为组合仪表。

　　1. 车速里程表及车速报警装置

　　1) 磁感应式车速里程表

　　车速里程表由车速表和里程表两部分组成,车速表用来指示汽车瞬时行驶速度,里程表可记录汽车行驶总里程和短程里程。

　　车速里程表有磁感应式和电子式两种,车速表和里程表通常安装在同一个壳体中,并由同一根轴驱动,或使用同一个传感器,如图 3-1-3 所示。

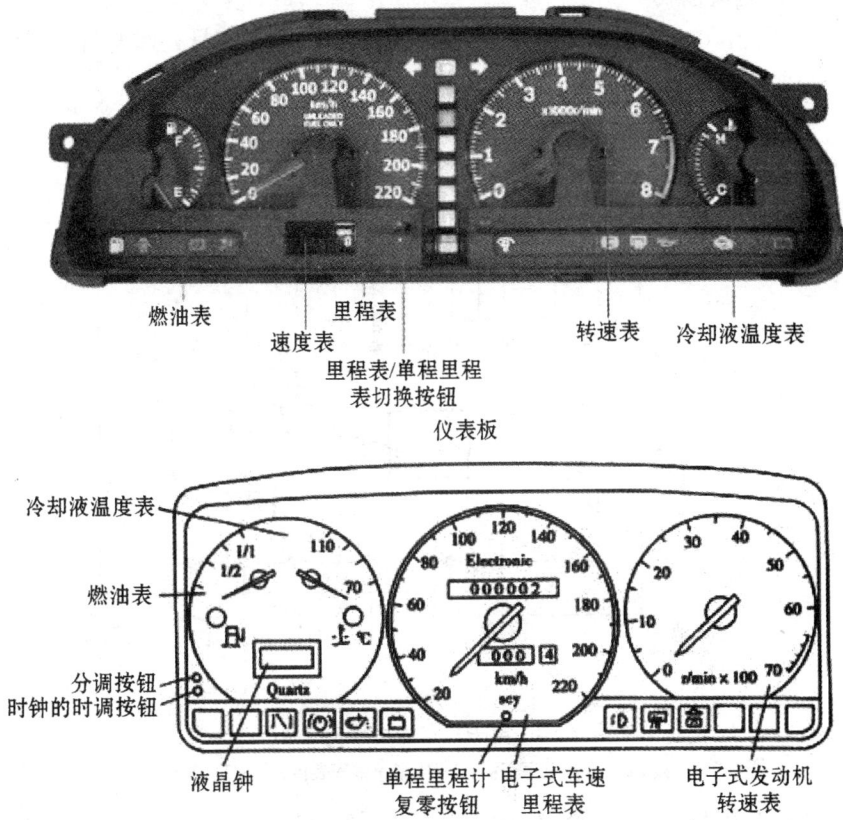

图 3-1-2　汽车组合仪表

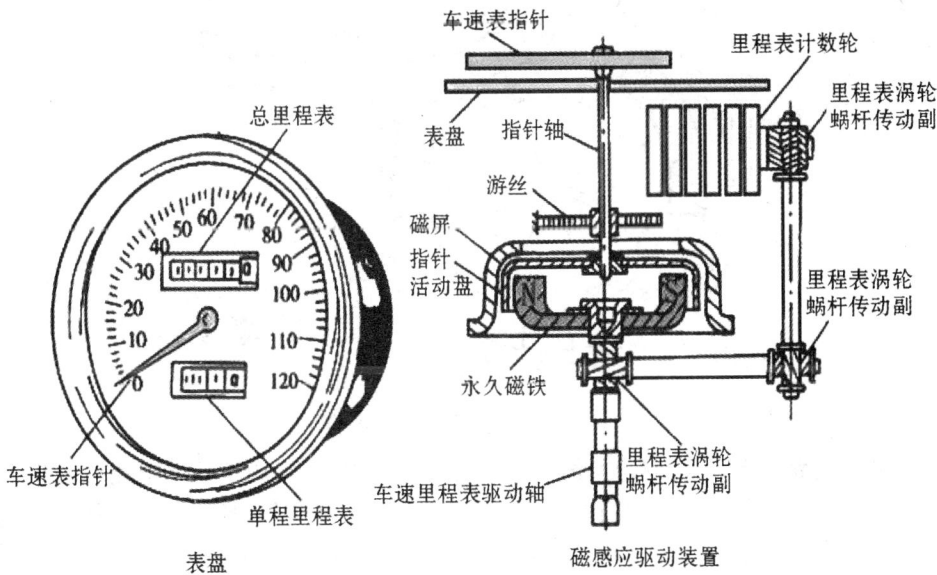

图 3-1-3　磁感应式车速里程表

2) 电子式车速里程表

如图 3-1-4 所示,电子式车速里程表由车速里程表传感器、信号处理电路、车速表和里程表组成。

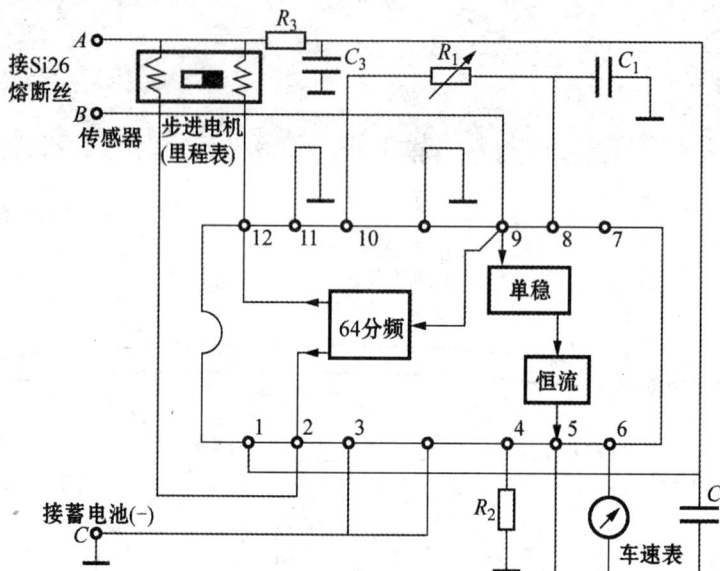

图 3-1-4   电子式车速里程表电路图

A—接 12 V 直流电源正极;B—接车速里程表传感器;C—搭铁

车速里程表传感器安装在组合仪表内,由变速器经软轴驱动,汽车行驶时它产生正比于汽车行驶速度的信号。如图 3-1-5 所示,它由具有一对或几对触点的舌簧开关和转子组成。

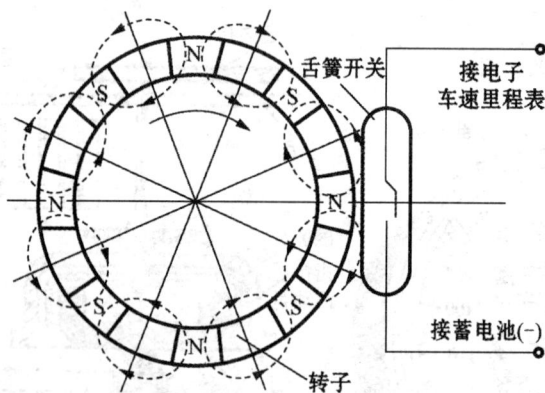

图 3-1-5   车速里程表传感器

信号处理电路由单稳态触发电路、恒流电路、64 分频电路、功率放大电路以及电源稳压等电了电路组成。汽车运行时,它将车速传感器输入的脉冲信号,整形和处理转变为电流信号,并加以放大,以驱动车速表指示车速;同时它还将脉冲信号经分频和功率放大,转变为一定频率的脉冲信号,以驱动里程表步进电机的轴转动,记录汽车的行驶里程。

车速表以一个磁电式电流表作为指示表。汽车以不同的车速运行时,信号处理电路将车速传感器输入的脉冲信号,转变为与车速成比例的电流信号,使电流表的指针偏转,指示出相应的车速。

里程表由步进式电动机、六位十进制计数器及内传动齿轮等组成。汽车运行时车速传感器输出的脉冲信号,经信号处理电路分频和功率放大,转变为一定频率的脉冲信号,作用于步进电动机的电磁线圈。步进电机将这一脉冲信号转变为角位移信号,使电动机轴转动,驱动里程表十进制计数器的六个计数轮依次转动,记录汽车行驶的总里程和单程行驶里程。当需要消除短程里程时,只需按一次复位杆,短里程表就会归零。

3) 车速报警装置

为了保证行车安全,一些车型的车速表电路中装有速度音响报警装置。如图 3-1-6 所示,当汽车行驶速度达到或超过某一限定车速(例如 100 km/h)时车速表内的速度开关接通蜂鸣器的电路,蜂鸣器发出声响提醒驾驶员,车速已超过限定值。

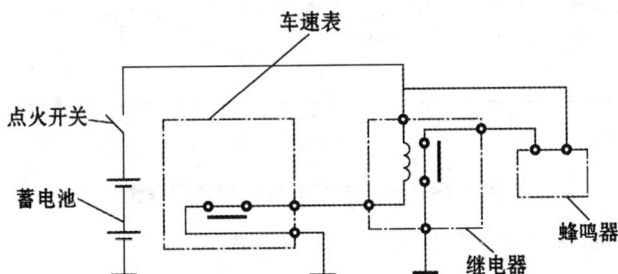

图 3-1-6 车速报警装置电路原理图

2. 发动机转速表

发动机转速表可以直观地指示发动机的转速,是发动机工况信息的指示装置,便于驾驶员选择发动机的最佳速度范围,把握好换档时机,以及充分利用经济车速等。

发动机转速表有机械式和电子式两种。机械式转速表的结构和工作原理与上述磁感应式车速表基本相同。电子式转速表由于结构简单、指示准确、安装方便等优点在现代车辆中应用广泛。

电子式发动机转速表如图 3-1-7 所示,有汽油机用和柴油机用两种类型。前者的转速信号来自于点火系统的脉冲电压,后者的转速信号来自于曲轴传感器。

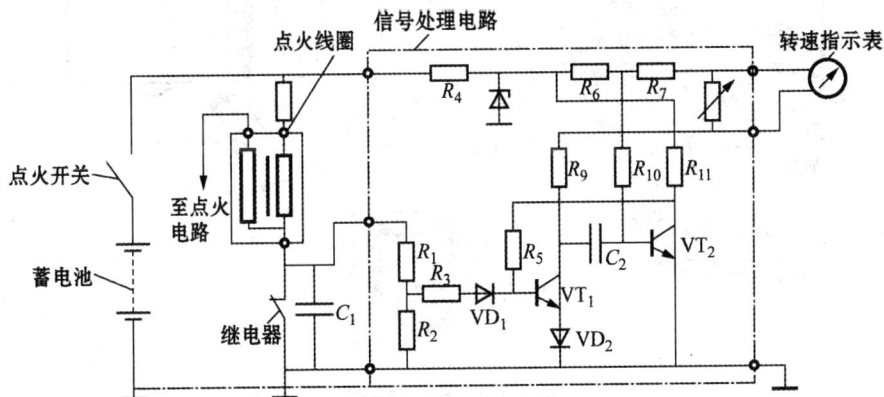

图 3-1-7 电子式发动机转速表原理图

目前，一些车型上使用的发动机转速表，如图 3-1-8 所示，采用专用集成电路芯片实现信号的采集和处理，芯片的体积很小，可以安装在转速表内。

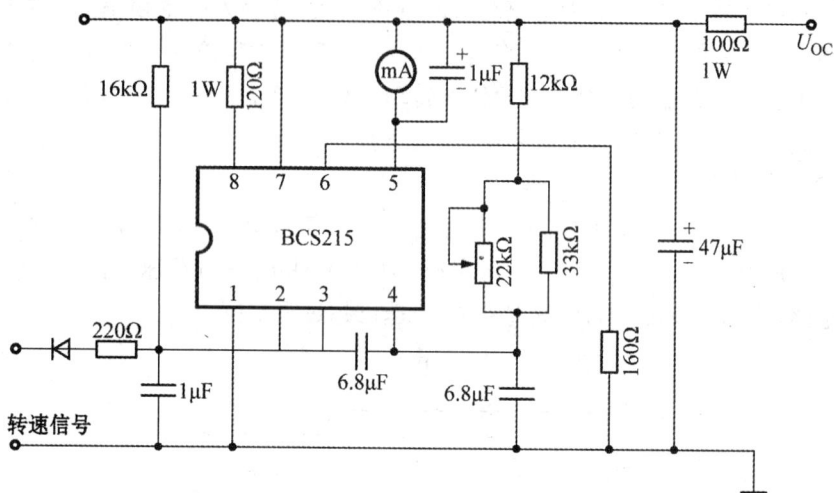

图 3-1-8　集成电路转速表电路原理图

3. 机油压力表、机油压力报警装置和油压指示系统

1）机油压力表

在发动机工作时，机油压力表指示发动机润滑系统主油道中机油压力的大小。如图 3-1-9 所示，它由油压指示表和油压传感器组成。机油压力指示表安装在仪表板上，机油压力传感器安装在发动机主油道或机油粗滤器上，两者通过导线相连。常用机油压力表有双金属式油压表和双金属式油压传感器、电磁式油压表和电阻式油压传感器等不同形式，双金属式油压表应用较为广泛。

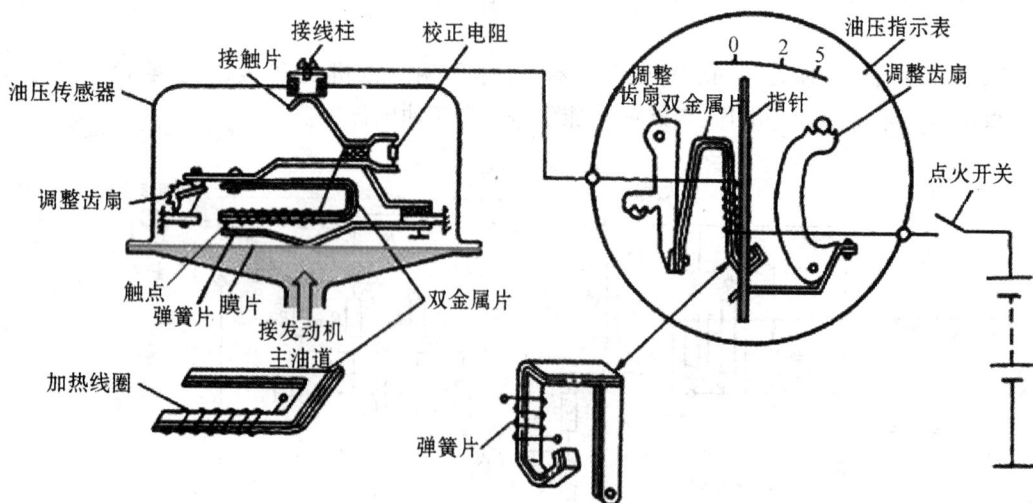

图 3-1-9　机油压力表

2）油压报警装置

在某些装有油压表的车辆上，还装有机油压力报警灯，当机油压力低于正常值时，报警灯点亮，向驾驶员发出报警信号。如图 3-1-10 所示，它由安装在仪表板上的机油低压报警灯和安装在发动机主油道上的油压报警传感器组成。

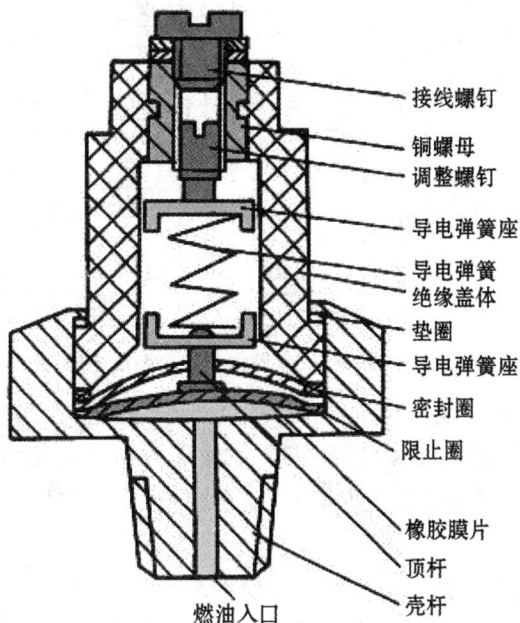

图 3-1-10　油压报警传感器

3）油压指示系统

一些车型的仪表板上没有机油压力表，如图 3-1-11 所示，采用油压指示系统监视润滑系统的机油压力。当油压过低或过高时，通过油压报警灯和蜂鸣器报警。

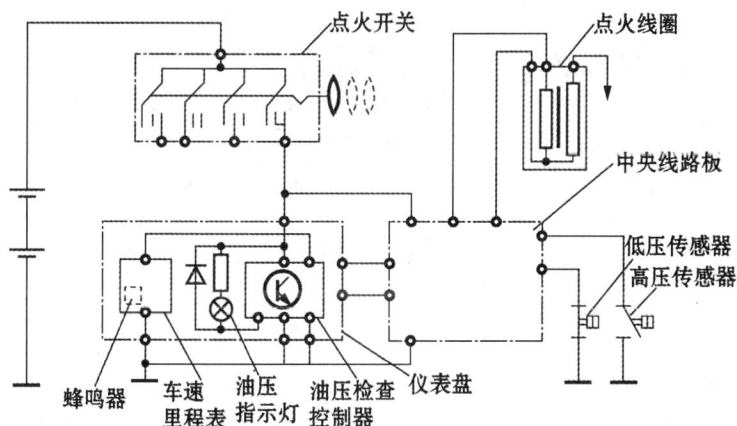

图 3-1-11　油压指示系统原理图

有些车辆采用油压与水温集成式电子指示报警系统，如图 3-1-12 所示，它由 4 块 LM339 芯片与测试及显示电路组成。

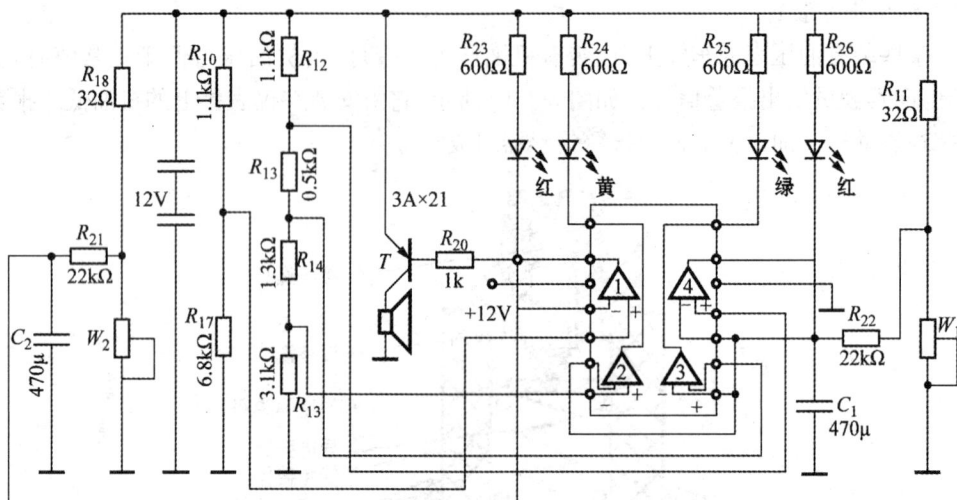

图 3-1-12   汽车油压、水温指示报警系统电路原理

4. 燃油表及燃油低油面报警装置

燃油表用来指示汽车燃油箱内的存油量。它由燃油指示表、油面高度传感器以及电源稳压器等组成。常用的燃油指示表有电热式、电磁式、电子集成式等不同形式。

1）电热式燃油表

如图 3-1-13 所示,电热式燃油表的油面高度传感器为可变电阻式,由可变电阻器和与可变电阻器滑动臂相连的浮子组成,安装在燃油箱内。浮在油面上的浮子,在随油面高度的变化而改变自身位置的同时,带着可变电阻的滑动臂连同触点在电阻器上滑动,改变串联在燃油表电路中的电阻值。

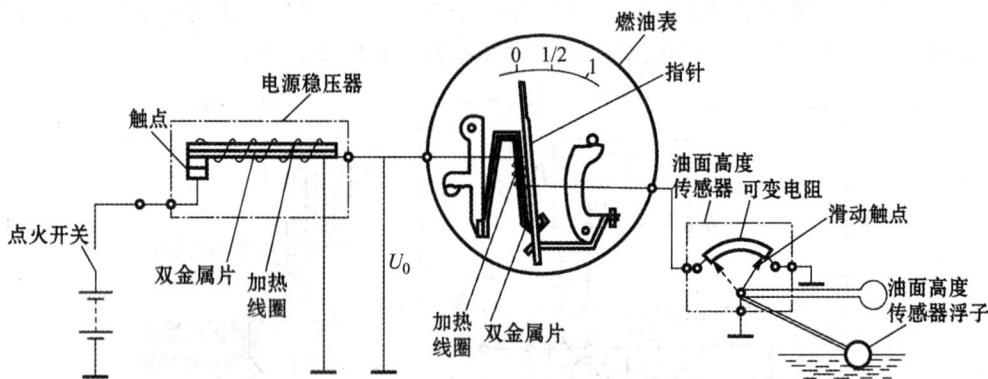

图 3-1-13   电热式燃油表结构原理图

2）电磁式燃油表

电磁式燃油表内装有左、右两个线圈,转子与指针相连,并位于两个线圈之间,油面传感器也采用可变电阻式传感器,如图 3-1-14 所示。

接通点火开关,电源的电流经左线圈后分为两条支路,一路经右线圈后搭铁,另一路经油面传感器的可变电阻搭铁。两个线圈中均有电流通过,并在两个线圈的周围产生磁场,转子连同指针在两个线圈磁场的作用下偏转,处于合成磁场的方向,指针指向燃油表的某一刻度。油箱中油面高时,油面传感器的电阻大,流过左线圈的电流小,产生的磁场弱,在合成磁场的作用下指针指向油面高的刻度。

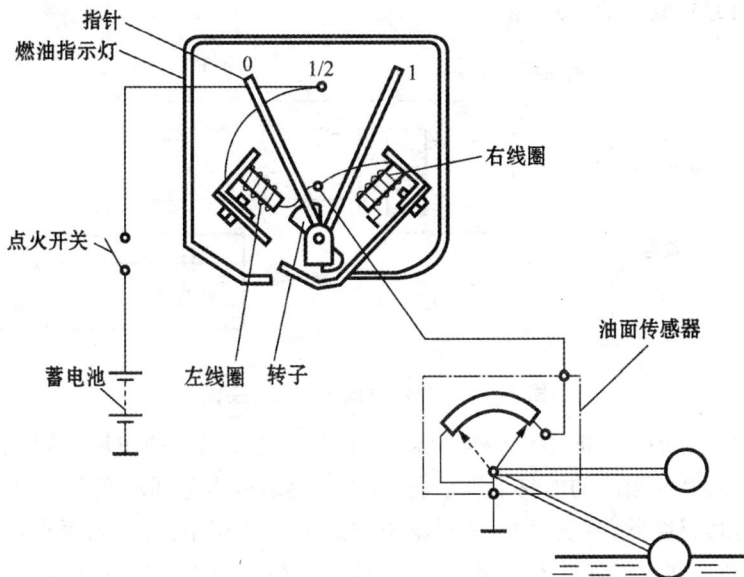

图 3-1-14 电磁式燃油表示意图

3)电子式燃油表

电子式燃油表如图 3-1-15 所示,可以用两块 LM324 及相应的测试、显示电路组成。油位测试仍采用浮筒式可变电阻传感器,在电路图中以 R_x 表示,显示器采用发光二极管色灯显示。

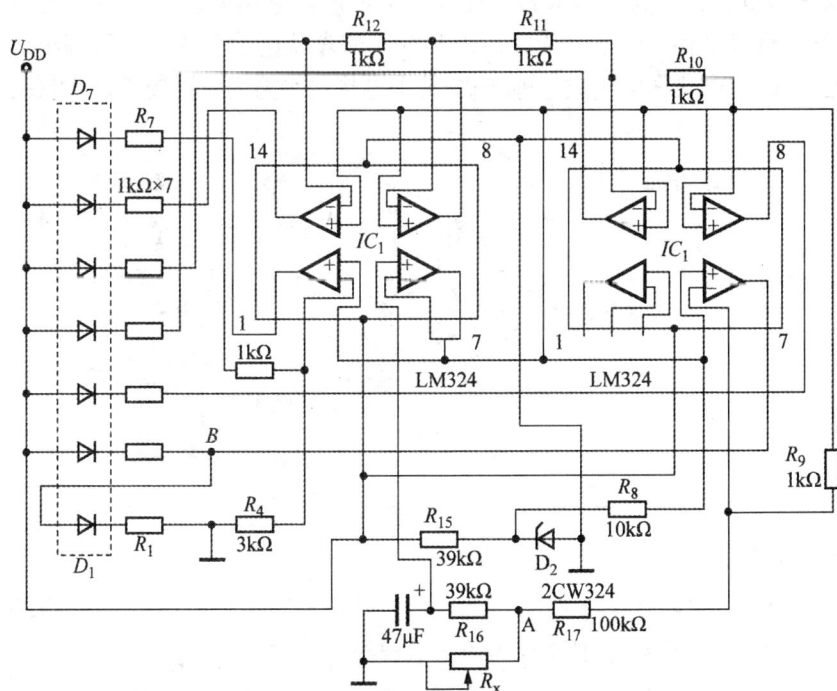

图 3-1-15 电子式燃油表

4）燃油过低油面报警装置

如图 3-1-16 所示，燃油过低油面报警装置在燃油箱内的燃油量少于某一规定值时，发出报警信号，以引起驾驶员的注意。

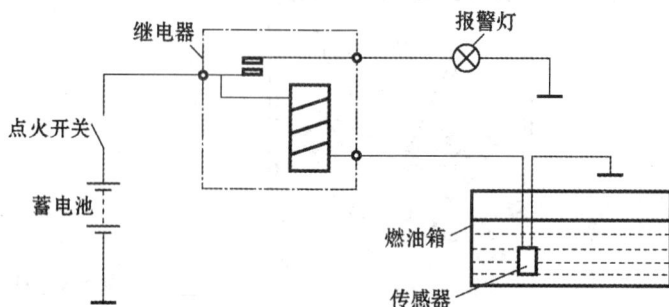

图 3-1-16　燃油过低油面报警装置

接通点火开关，蓄电池的电流经继电器的线圈流过传感器的热敏电阻，热敏电阻被加热，温度升高。当燃油箱的油面高于规定值时，由于热敏电阻全部浸泡在燃油中所产生的热量被燃油吸收，其温度低、电阻值大，流过继电器线圈的电流小，继电器触点保持断开状态，报警灯不亮。当油面下降到低于规定值时，传感器的热敏电阻露出油面，由于散热慢，其温度升高，电阻值减小，使流过继电器线圈的电流增大，继电器的触点闭合，报警灯点亮，以提醒驾驶员燃油储量不足。

5．水温表、水温报警装置和冷却液不足报警器

1）水温表

水温表用来指示发动机冷却水套中冷却水的温度。它由安装在仪表板上的水温指示表、安装在发动机气缸盖上的水温传感器以及与燃油表共用的电源稳压器等组成。常用的水温表有电热式、电磁式和电子式三种形式，其中电热式水温表应用较多，如图 3-1-17 所示。

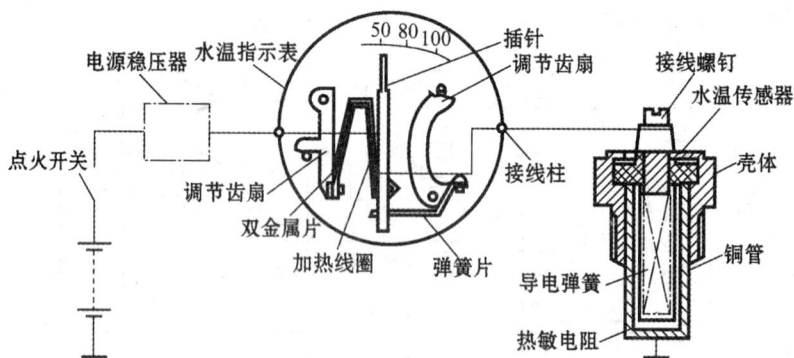

图 3-1-17　电热式水温表原理示意图

2）水温报警灯

水温报警灯在冷却液温度超过一定值时点亮，发出报警信号，以引起驾驶员的注意。水温报警灯一般安装在水温表内，其工作可以由水温报警灯控制开关。

如图 3-1-18 所示，水温报警灯控制开关安装在发动机气缸盖的水套中，当水套中冷却液的温度超过规定值时，双金属片受热变形，向下弯曲，使双金属触点闭合，接通报警灯电路。

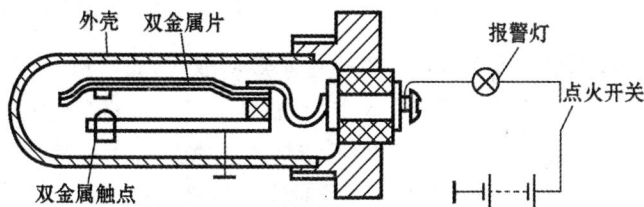

图 3-1-18 水温报警灯控制开关

3）冷却液不足报警器

如图 3-1-19 所示，冷却液不足报警器由安装在仪表板上的冷却液不足报警灯、报警灯控制电路和插在密封水箱中的探针构成，探针通过导电的水及箱壁搭铁。

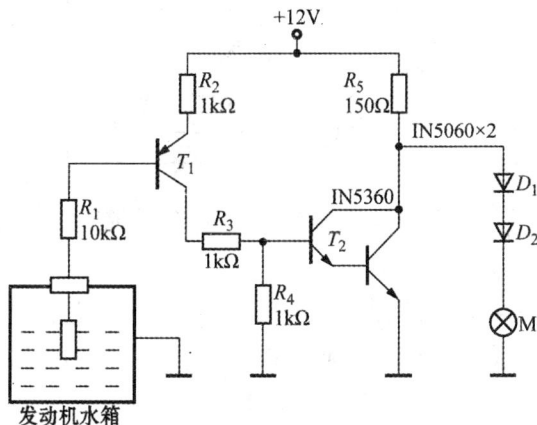

图 3-1-19 冷却液面过低报警器电路原理

6. 电流表及充电指示灯

电流表及充电指示灯均用来指示汽车充电系统的工作状况。

1）电流表

如图 3-1-20 所示，电流表串联在蓄电池的电路中，用来指示发电机向蓄电池充电时的充电电流，或蓄电池向主要用电设备供电时放电电流的大小。

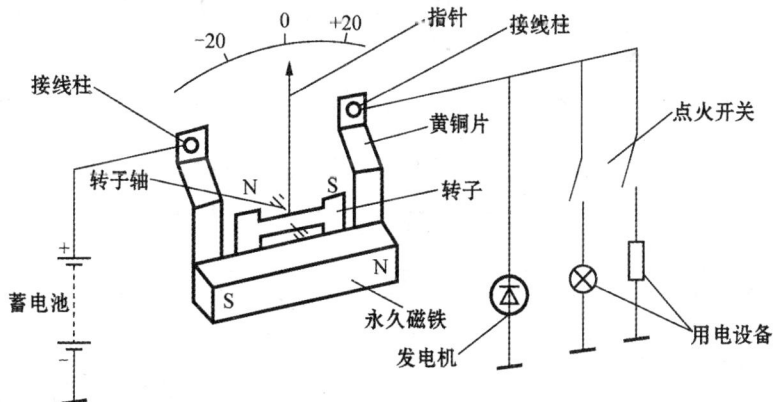

图 3-1-20 电流表工作原理图

2) 充电指示灯

如图 3-1-21 所示,汽车的电流表已被充电指示灯所取代,充电指示灯虽不如电流表可直接显示充、放电电流的大小,但结构简单、成本低,而且可以通过充电指示灯由亮到熄灭这种简单的信号变化,来表明发电机及调节器的工作是否正常。汽车正常运行时若充电指示灯点亮,表明充电系统出现故障,提醒驾驶员应及时检查并排除充电系统的故障。

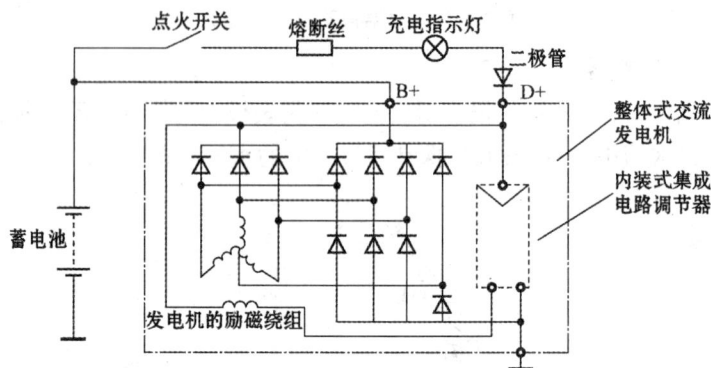

图 3-1-21　充电指示灯的充电电路

7. 仪表板上的常用标识

汽车驾驶室的仪表板上装有指示汽车、发动机运行工况的各种仪表、报警灯、指示灯、各种控制开关和按钮。为了便于驾驶员识别和控制,在各指示灯、开关的相应位置标有醒目的形象符号。各种符号的含义如图 3-1-22 对应文字所示。

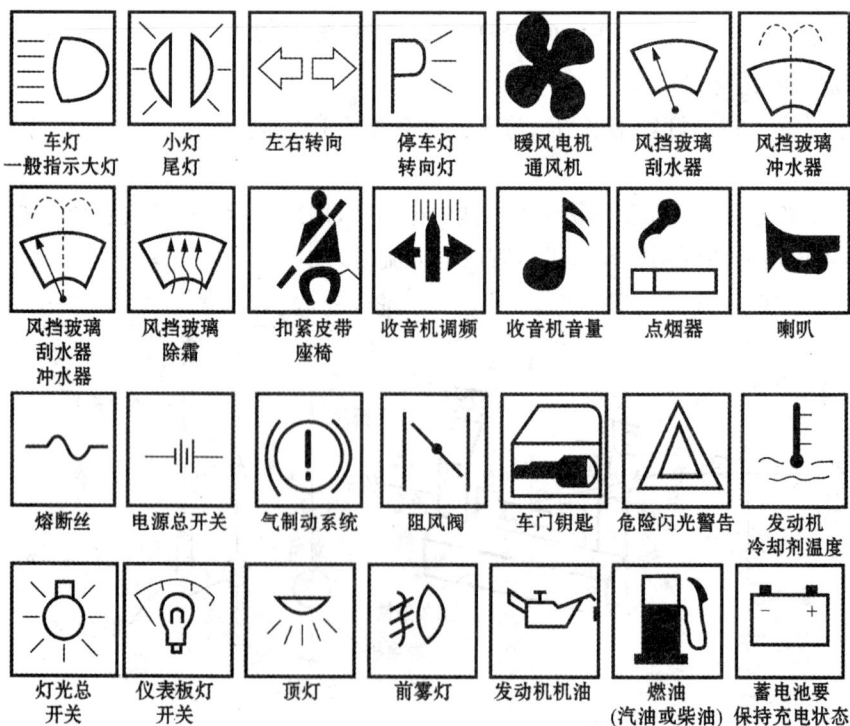

图 3-1-22　汽车仪表板上常用标识与含义

笔记

三、制订计划

如表 3-1-3 所示,查阅维修资料,了解车辆仪表的类型特点,分析汽车仪表的结构特点;查阅维修手册,熟悉车辆仪表的拆装规范,制订汽车仪表的拆装计划。

表 3-1-3 汽车仪表拆装计划

1. 车辆信息描述	车辆描述		
	仪表的结构类型		
2. 汽车仪表结构组成			
3. 车辆仪表结构特点描述			
4. 汽车仪表拆装工作准备			
5. 汽车仪表拆装工艺流程	步骤	拆装项目	操作要领	技术要求或标准	检修记录

四、任务实施

按照表 3-1-3 汽车仪表拆装计划,实施拆装作业,并将作业要领记录在表 3-1-4 汽车仪表拆装作业任务书中。

表 3-1-4 汽车仪表拆装作业任务

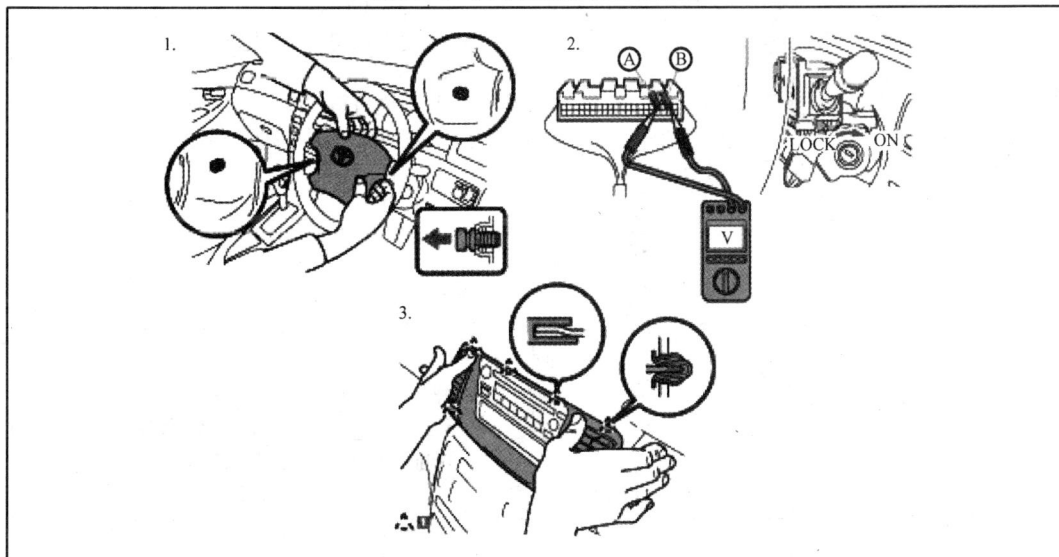

笔记

步骤	示意图	操作说明	操作记录
1. 拆卸前检查		(1) 检查车辆前端损伤情况 (2) 检查与拆装相关部件的工作情况	
2. 断开蓄电池的负极电缆	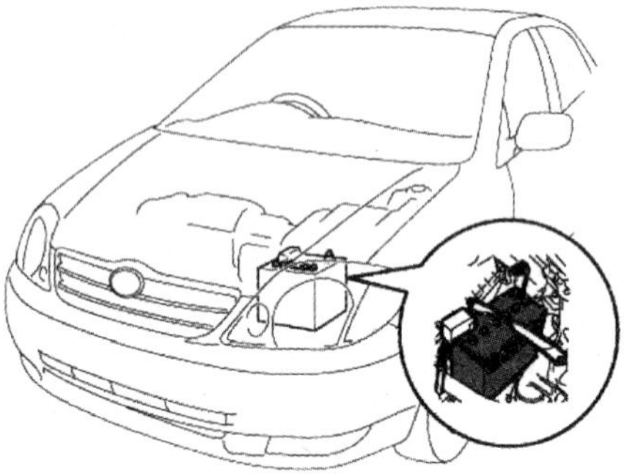 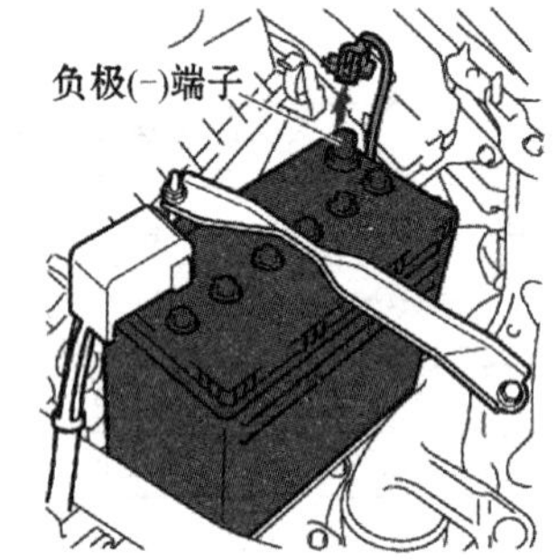 负极(-)端子	(1) 断开蓄电池的负极电缆 断开蓄电池的负极电缆之前,对存储在 ECU 等元器件内的信息做记录 ① DTC(诊断故障代码) ② 选择的收音机频道 ③ 座椅位置(带记忆系统) ④ 方向盘位置(带记忆系统)	
3. 拆卸方向盘	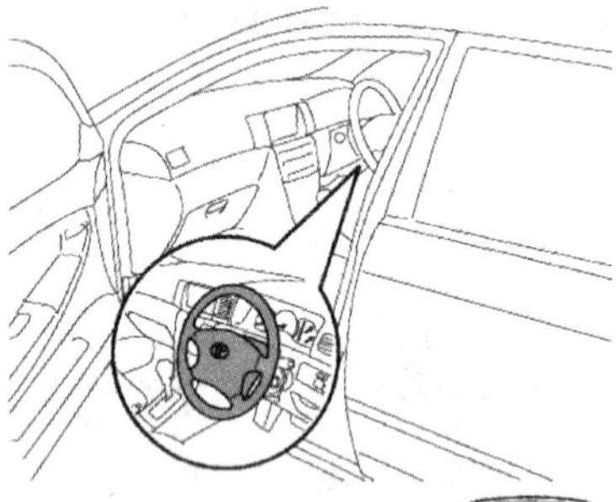 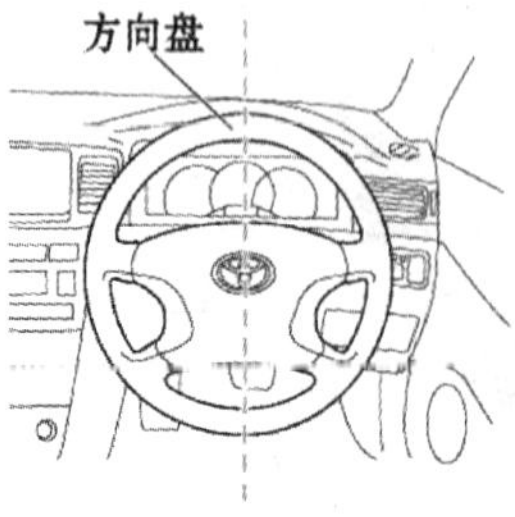 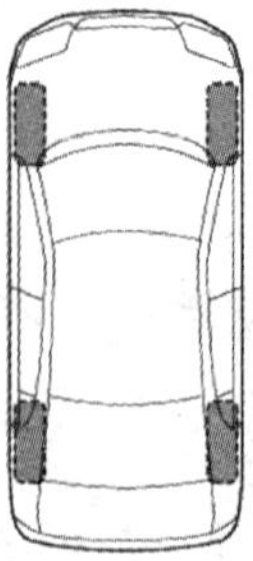 方向盘	方向盘衬垫装备有一个 SRS 空气囊。确保按照正确步骤处理 SRS 空气囊。否则,它们有可能展开并导致严重事故,造成严重的人身伤害或死亡 (1) 拆卸喇叭按垫 ① 使方向盘回正,处于正前方(中间)位置 ② 旋松扭矩螺钉,拉出喇叭按垫 ③ 断开连接器拆卸喇叭按垫 (2) 拆卸方向盘 ① 拆卸方向盘定位螺母 ② 在方向盘和转向主轴上做装合标记 提示: 这些标记用于在安装时对准位置 注意: 螺旋电缆具有一个中心标记来防止移动。如果中心标志移动,线束有可能在转动方向盘时被拉断 ③ 使用 SST,拆卸方向盘	

续 表

笔 记

步骤	示意图	操作说明	操作记录
3. 拆卸方向盘	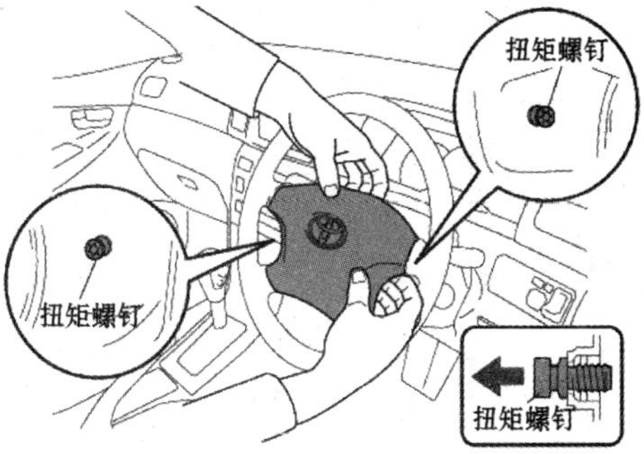 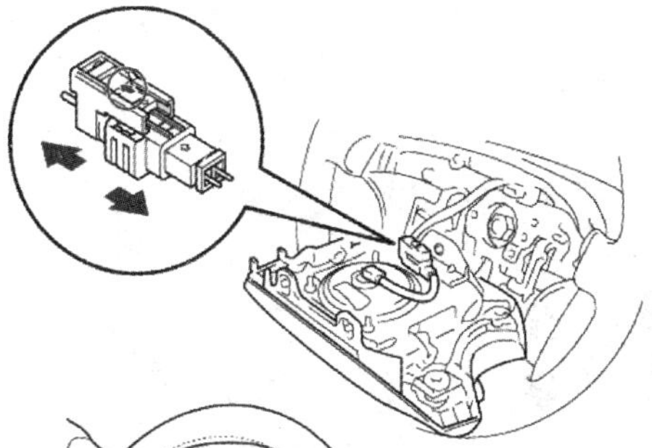 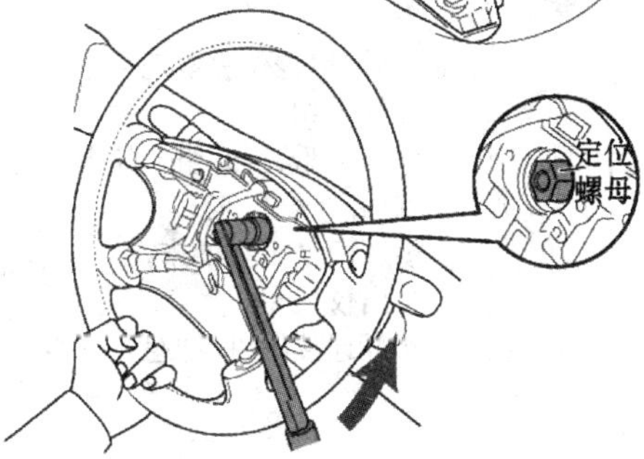 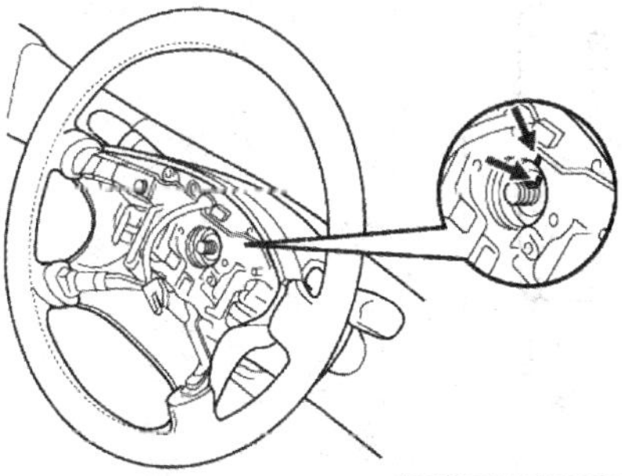 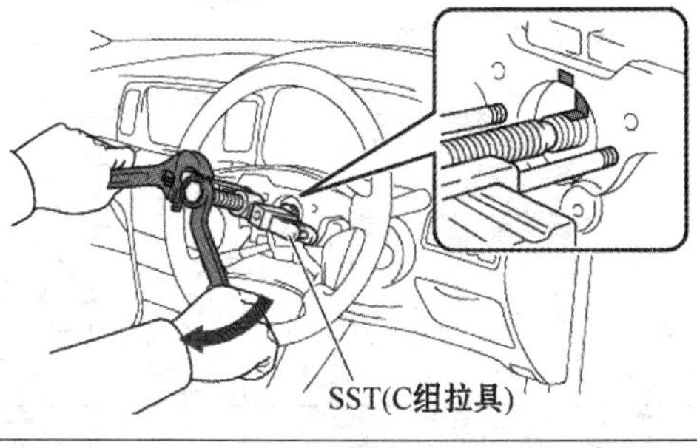 扭矩螺钉 扭矩螺钉 扭矩螺钉 定位螺母 SST(C组拉具)		

笔记

步骤	示意图	操作说明	操作记录
4. 拆卸组合仪表	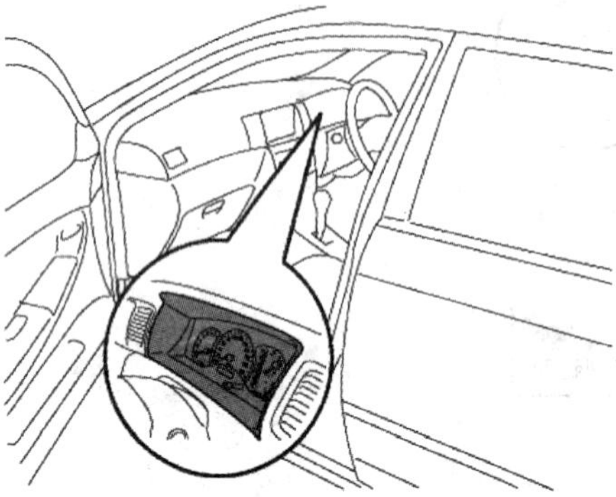 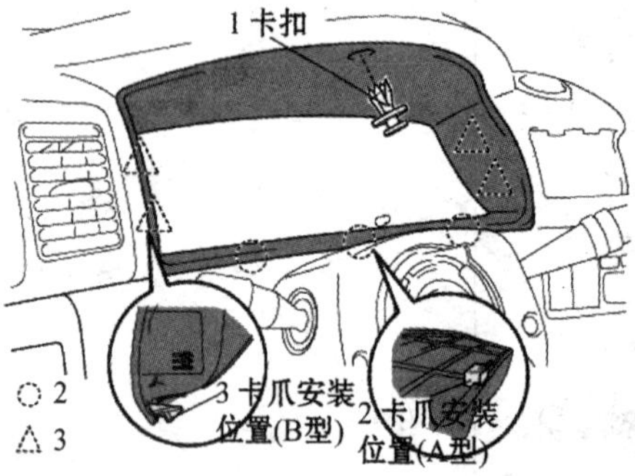 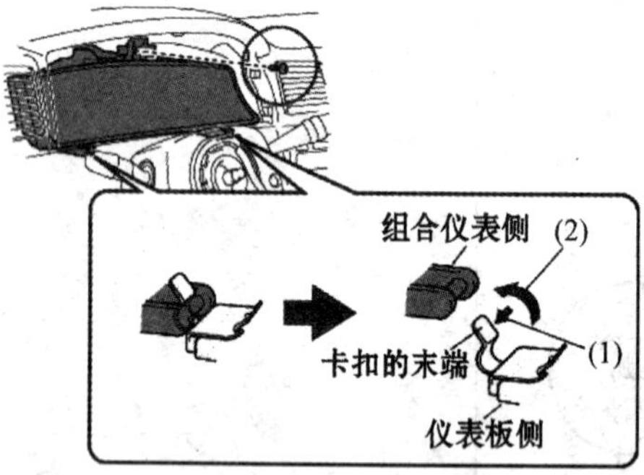 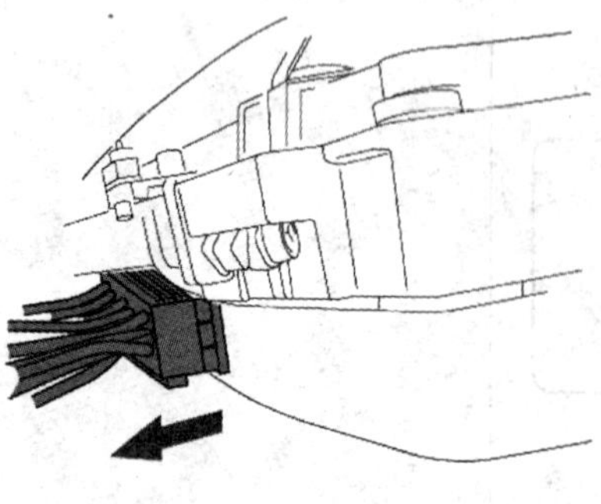 1 卡扣 ○2 △3 3 卡爪安装位置(B型)　2 卡爪安装位置(A型) 组合仪表侧 (2) 卡扣的末端 (1) 仪表板侧	(1) 拆卸组合仪表罩壳 ① 拆卸卡扣 ② 分开卡爪,拆卸组合仪表罩壳 (2) 拆卸组合仪表 ① 按压两个卡扣的末端 ② 拉出仪表 ③ 断开连接器,拆卸组合仪表	

续 表

步骤	示意图	操作说明	操作记录
5.拆卸手套箱门	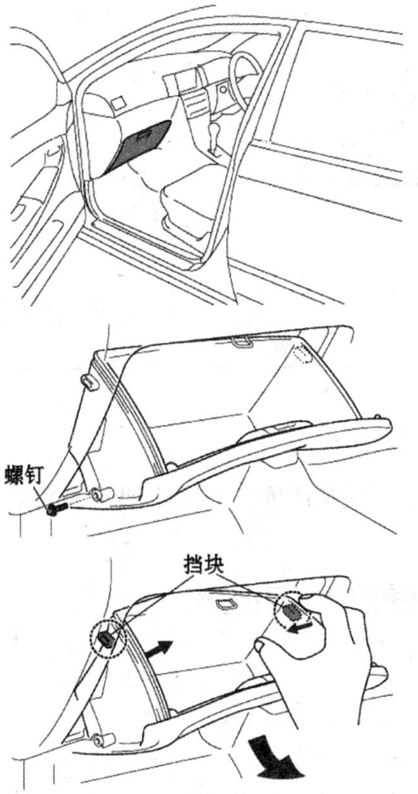 螺钉 挡块	(1) 拆卸螺钉 (2) 使其稍微变形拆卸上部的挡块,然后拆下手套箱门	
6.拆卸无线电收音机总成	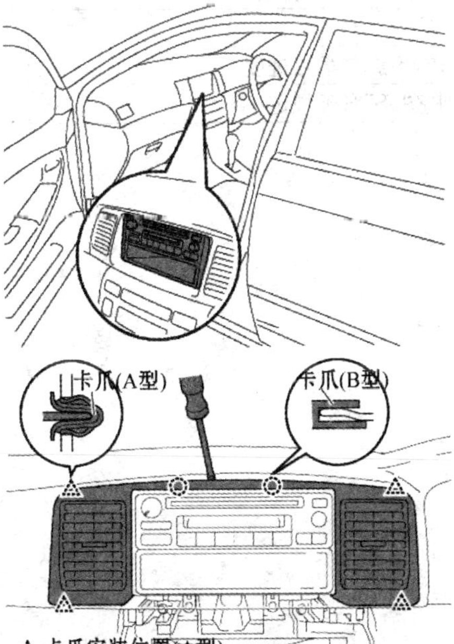 卡爪(A型) 卡爪(B型) △ 卡爪安装位置(A型) ○ 卡爪安装位置(B型)	(1) 拆卸中央仪表板饰板 ① 拆卸卡爪 ② 通过向前拉,拆卸中央仪表板饰板 (2) 拆卸无线电收音机总成 ① 拆卸螺钉,断开连接器 ② 拆卸无线电收音机总成	

笔记

步骤	示意图	操作说明	操作记录
6. 拆卸无线电收音机总成	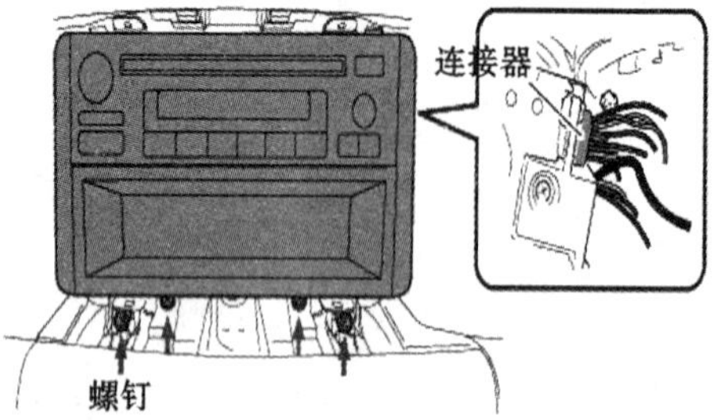		
7. 安装与检查	按拆卸相反顺序安装	检查安装后与仪表相关部件的工作情况	

五、检验评估

在完成拆装作业后,按表 3-1-5 汽车仪表检验与评价表,实施作业质量检验,并进行三方评价。

表 3-1-5　汽车仪表拆装检验与评价表

检验与评价内容	检验与评价指标	权重	自评	互评	总评
作业质量检验	1. 仪表的安装规范情况				
	2. 仪表的工作情况是否正常				
检查任务完成情况	1. 能描述汽车仪表的含义				
	2. 在小组所扮演的角色,对完成任务过程中所起的作用				
职业素养	1. 学习态度:积极主动参与学习				
	2. 团队合作:与小组成员一起分工合作,不影响学习进度				
	3. 现场管理:服从工位安排、执行实训室"5S"管理规定				

任务 3.2　拆装前照灯

任务描述	一辆 2006 款一汽丰田威驰汽车出现交通事故,车辆严重受损,进入维修厂进行维修。针对维修接待和车间确认意见,拆装前照灯
任务目标	1. 能描述汽车前照灯的结构,分析其结构特点 2. 会查阅前照灯的拆装规范,并能按规范拆装前照灯

一、维修接待

如表 3-2-1 所示,通过询问客户了解车辆发生事故的情况,填写接车问诊表,并根据车间检测初步确认结果,进行拆装作业。

表 3-2-1　维修接待与接车问诊表

接 车 问 诊 表

车牌号:＿＿＿＿＿＿＿　车架号:＿＿＿＿＿＿＿　行驶里程:＿＿＿＿＿＿＿(km)

用户名:＿＿＿＿＿＿＿　电　话:＿＿＿＿＿＿＿　来店时间:＿＿＿/＿＿

用户陈述及故障发生时的状况:**一辆 2006 款一汽丰田威驰汽车出现交通事故,车辆严重受损,进入维修厂进行维修**

故障发生时的状况提示:**行驶速度、发动机状态、发生频度、发生时间、部位、天气、路面状况、声音描述**

接车员检测确认建议:**拆装前照灯**

车间检测确认结果及主要故障零部件:**拆装前照灯**

车间检查确认者:＿＿＿＿＿＿＿

外观确认:

（请在有缺陷部位作标识）

功能确认:（工作正常✓　不正常✕）
□音响系统　　□门锁(防盗器)　□全车灯光　□工具
□后视镜　　　□顶窗　　　　　□座椅　　　□点烟器
□玻璃升降器　□玻璃

物品确认:（有✓　无✕）
□贵重物品提示
□工具　□备胎　□灭火器
□其他(　　　　　)
旧件是否交还用户　□是　□否
用户是否需要洗车　□是　□否

F

E

· 检测费说明:本次检测的故障如用户在本店维修,检测费包含在修理费用内;如用户不在本店维修,请您支付检测费。**本次检测费:￥＿＿＿＿元。**
· 贵重物品:在将车辆交给我店检查修理前,已提示将车内贵重物品自行收起并保存好,如有遗失恕不负责。

接车员:＿＿＿＿＿＿＿　　　　用户确认:＿＿＿＿＿＿＿

二、信息收集与处理

按照表 3-2-2 的提示,收集相关信息,并将相关信息填入表中相应位置。

表 3-2-2　信息收集与处理

序号	部件名称	作　用
1		
2		
3		
4		
5		
6		
7		

为了保证汽车行驶安全和工作可靠,在汽车上装有各种照明装置和信号装置,如图 3-2-1 所示,用以照明道路、表示车辆宽度和车辆所处的位置、照明车厢内部、指示仪表以及夜间车辆检修等。此外,在转弯、制动、会车、停车、倒车等工况下,还应发出光亮或音响信号,以警示行人和其他车辆。

1. 汽车照明装置的结构与工作原理

汽车上所采用的照明装置包括车外照明装置和车内照明装置两部分。车外照明装置包括前照灯、雾灯、尾灯、牌照灯等。如图 3-2-2 所示,车上使用的照明装置的数量、结构形式以及安装位置因车型而异。

轿车常将示宽灯、前照灯和前雾灯组装在一起,称为组合前灯;将后转向灯、制动灯、尾灯、后雾灯和倒车灯等组装在一起,称为组合后灯,如图 3-2-3 所示。

车内照明装置包括顶灯、仪表灯、车门灯、阅读灯和工作灯。顶灯主要用于车内照明,灯光一般为白色。通常由灯光总开关和顶灯开关共同控制,有的车辆顶灯还具有门灯的作用,当车门关闭不严时灯亮,提醒驾驶员注意。这时,顶灯还受门柱开关控制。

2. 汽车信号装置的结构与工作原理

汽车信号装置的作用是通过声、光信号向其他车辆的驾驶员和行人发出有关车辆运行状况或状态的信息,以引起有关人员注意,确保车辆行驶安全。

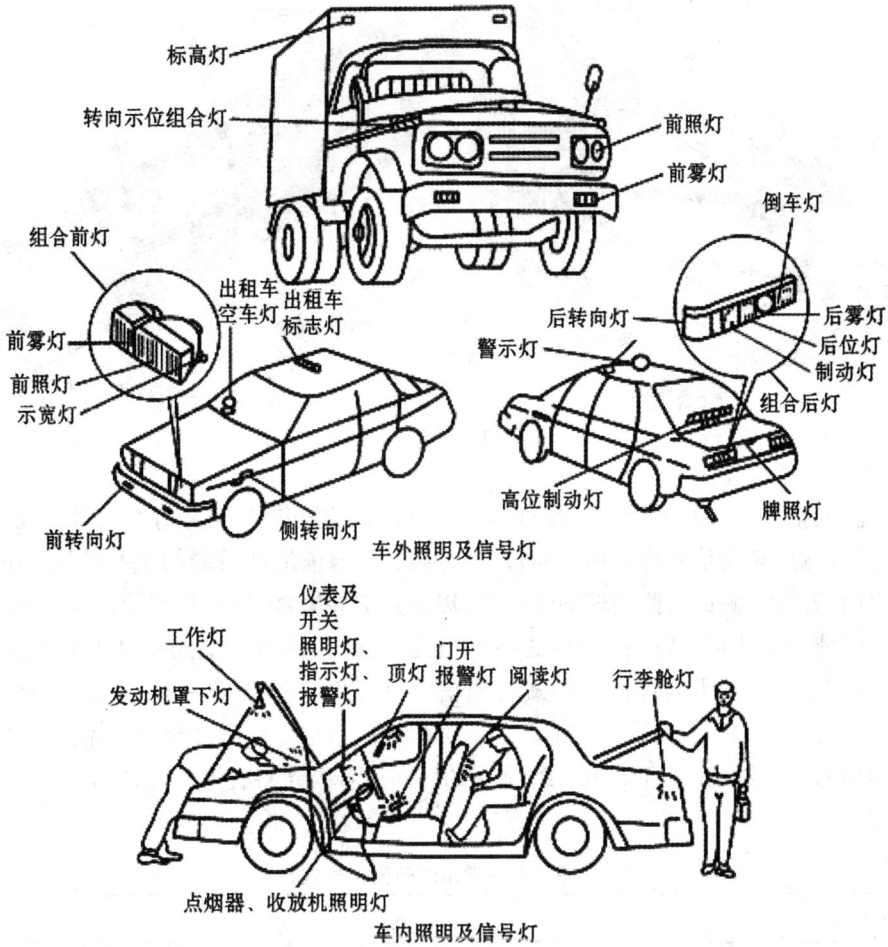

图 3-2-1　汽车照明及信号装置的安装位置

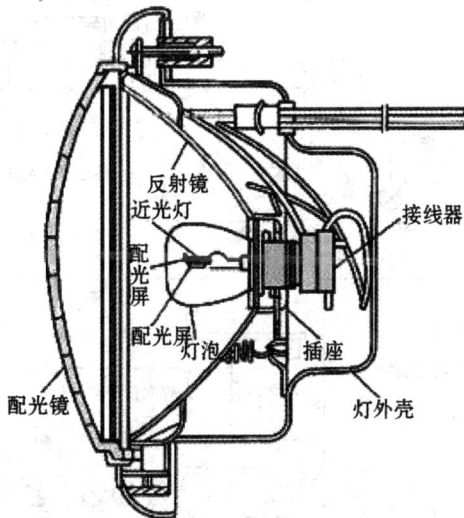

图 3-2-2　前照灯组合

笔 记

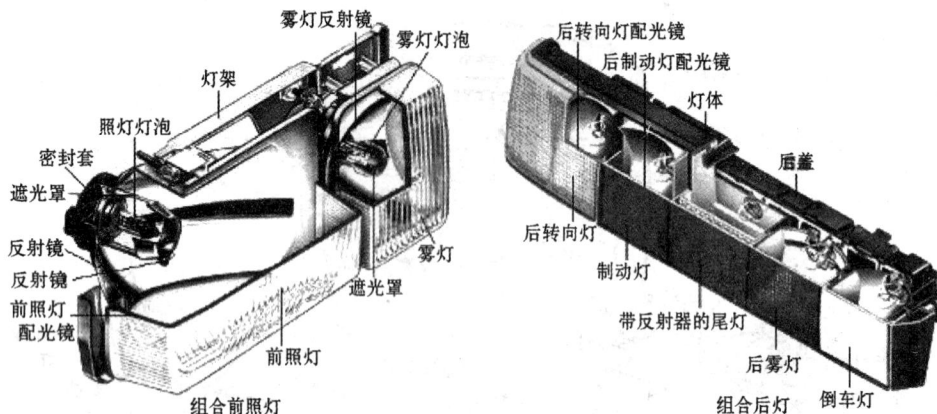

图 3-2-3 组合后灯

1）转向信号装置

汽车转向信号装置是由转向信号灯、转向信号闪光器和转向信号灯开关等组成。

转向信号灯：转向信号灯简称转向灯，它分装在车身前端和后端的左右两侧。由驾驶员在转向之前，开亮左侧或右侧的转向信号灯，以通知交通警察、行人和其他汽车上的驾驶员。为了在白天能引人注目，转向信号灯的亮度很强，在转向信号灯电路中装有转向信号闪光器，使转向信号灯光发生闪烁。闪烁式转向信号灯可以单独设置，也可以与前小灯合成一体，在后一种情况下，一般用双丝灯泡。也有的后转向信号灯和后灯合成一体。

转向信号闪光器：如表 3-2-3 所示，常用的转向信号闪光器有电热式、电容式和电子式等多种形式。

表 3-2-3 汽车常用的转向信号闪光器

闪光器形式	电路图
电热式	
电容式	

续 表

闪光器形式	电路图
电子式	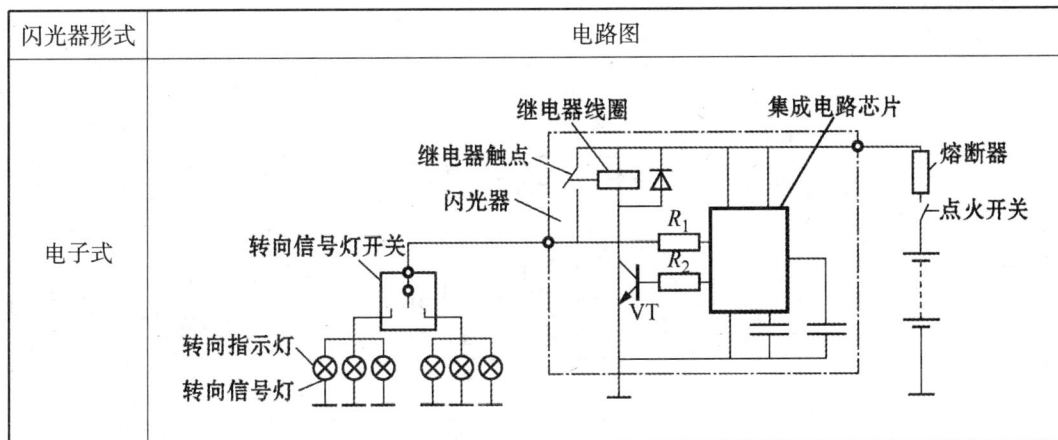

2）制动信号装置

制动信号装置主要由制动信号灯和制动信号灯开关组成。制动信号灯安装在汽车的尾部,在驾驶员踩下制动踏板时立即点亮,发出强烈的红色光亮,即使在白天也十分明显,以提醒后车驾驶员注意。制动信号灯开关安装在汽车制动回路中,随制动系统结构形式的不同,有液压式和气压式两种,如图 3-2-4 所示。

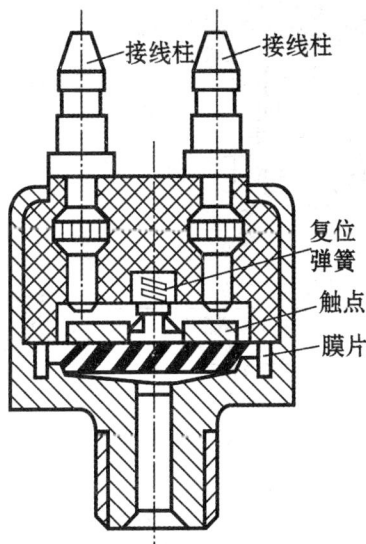

图 3-2-4　制动灯开关

3）倒车信号装置

如表 3-2-4 所示,倒车信号装置由倒车信号灯、倒车信号灯开关以及倒车报警器等组成。

4）故障停车信号装置

在汽车运行中如果出现故障而停驻,故障停车信号灯点亮,以引起其他车辆和行人的注意。如图 3-2-5 所示,故障停车信号灯常与转向信号灯共用一组灯泡,分别由转向信号灯开关、故障停车灯开关控制。

表 3-2-4　倒车信号装置

结　构	示意图	原理说明
倒车信号装置	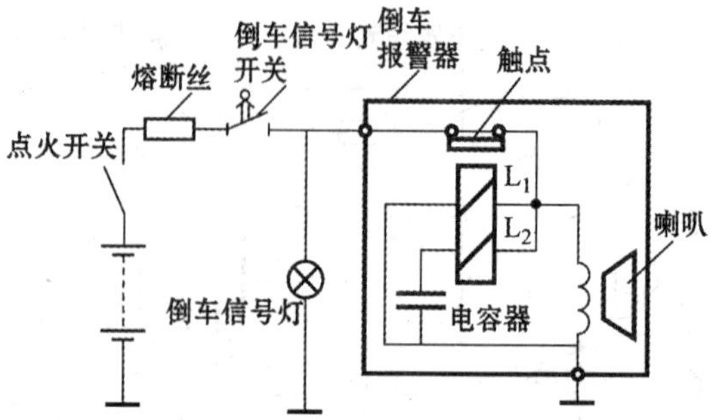	倒车信号灯和倒车报警器由倒车灯开关控制。倒车信号灯点亮的同时,倒车报警器的电喇叭也发出断续的声响或语言报警,以警告后车的驾驶员和行人
倒车信号开关	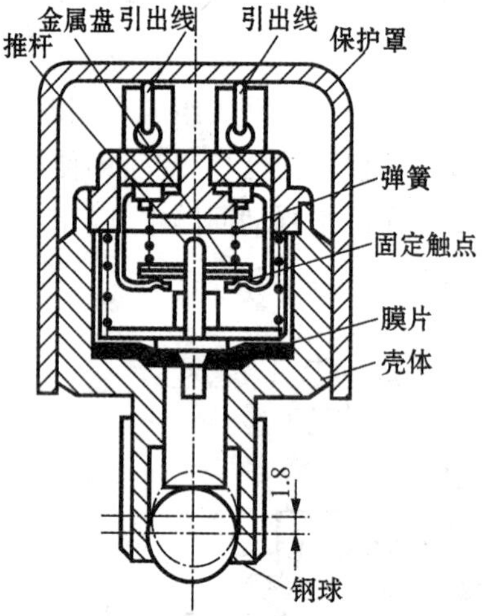	倒车灯开关安装在变速器盖上,变速器处于空档或前进档时,钢球被倒档拨叉轴的圆柱面顶起,固定在推杆上的金属盘上移,与固定触点分开,倒车信号灯和倒车报警器的电路均被切断。倒车时变速杆拨到倒档位置,倒档拨叉轴上的凹槽对准钢球,两个并联弹簧将推杆连同钢球向下推至极限位置,使触点闭合(如图中所示位置),于是倒车信号灯点亮,倒车报警器也发出声响
语音倒车报警器	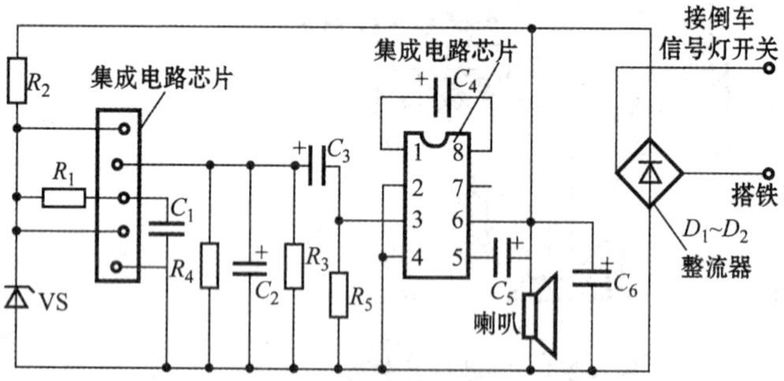	倒车报警器有蜂鸣器式报警器、语音式报警器等多种形式

5) 汽车喇叭

汽车喇叭是用来在汽车运行中警示行人和其他车辆注意交通安全的声响信号装置。按使用能源的不同,汽车喇叭分为电喇叭和气喇叭两种,如表 3-2-5 所示。其中,电喇叭的特点是以蓄电池为电源,通过电磁线圈或电子电路激励喇叭膜片振动而发出声音。按其外部形状的不同分为螺旋形、盆形和长筒形 3 种。

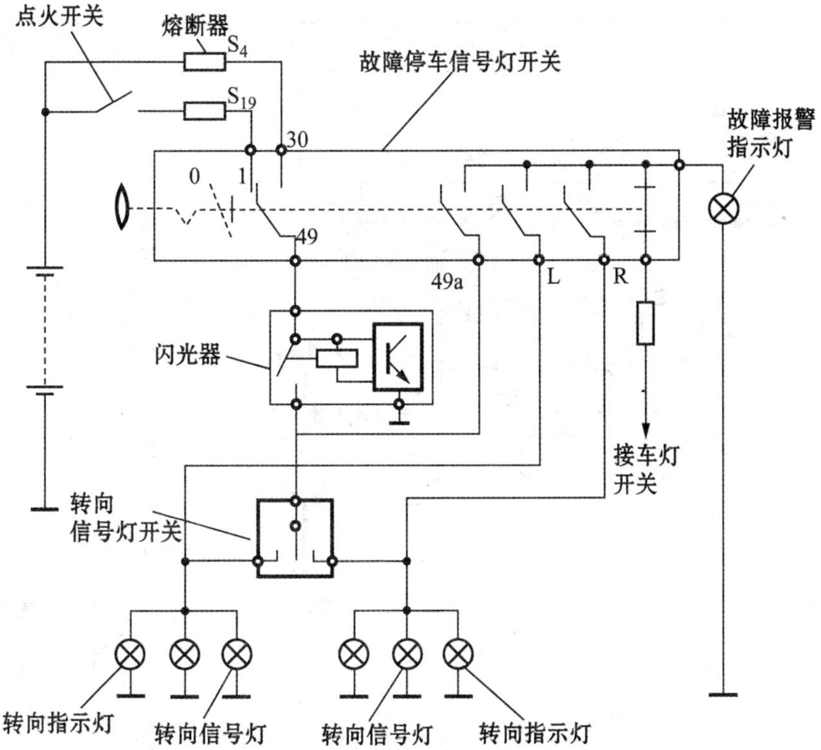

图 3-2-5　故障停车信号灯电路与转向信号灯电路

表 3-2-5　汽车喇叭

喇叭形式	示意图	说　明
螺旋形电喇叭	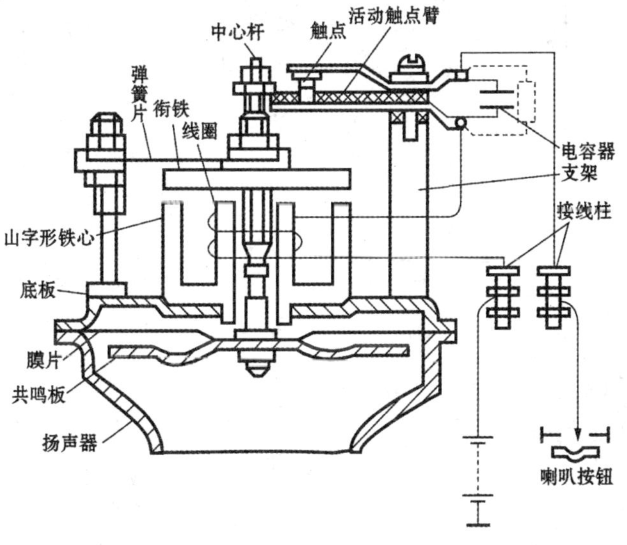	螺旋形电喇叭声音和谐清脆,比较悦耳,广泛应用于各种车辆上

笔记

喇叭形式	示意图	说　明
盆形电喇叭		盆形电喇叭的声音指向性好,可以减小城市噪声污染,还具有耗电量小、结构简单、外形尺寸小、安装方便等特点,在中、小型客车和轿车上应用十分广泛。盆形电喇叭以共鸣板作为共鸣装置,不需要扬声筒
电喇叭继电器		为了使喇叭的声音更加悦耳,汽车上一般装有高、低音两个甚至三个不同音调的喇叭。由于喇叭在工作时消耗的电流过大,如果直接用喇叭按钮控制,喇叭按钮很容易损坏。为了减小流过喇叭按钮的电流,在其电路中一般装有喇叭继电器。按下喇叭按钮时继电器线圈通电,触点吸合,蓄电池经继电器触点向喇叭供电,流过按钮的电流是很小的线圈电流,松开按钮时喇叭自动断电
气喇叭		气喇叭按结构和外形的不同可分为长筒形和螺旋形两种,按音调的不同又可分为单音和双音两种。气喇叭的声响强度和声音指向性好,适于山区使用。为了减少城市噪声污染,世界各国的交通法规均规定禁止在市区使用气喇叭

盆形电喇叭示意图标注:共鸣板、膜片、衔铁、触点、上铁心、线圈、调整螺钉、铁心、下铁心、活动触点臂、锁紧螺母、喇叭按钮

电喇叭继电器示意图标注:喇叭、喇叭继电器、触电、熔断器、弹簧、铁心、继圈、蓄电池、喇叭按钮、喇叭

气喇叭示意图标注:压缩空气、耐压胶管、气室、气阀、安装支架、膜片、筒颈、扬声器、长筒形气喇叭

三、制订计划

如表 3-2-6 所示，查阅维修资料，了解车辆×××类型特点，分析汽车前照灯的结构特点；查阅维修手册，熟悉汽车前照灯的拆装规范，制订汽车前照灯的拆装计划。

表 3-2-6　汽车前照灯拆装计划

1. 车辆信息描述	车辆描述		
	前照灯的结构类型		
2. 汽车前照灯结构组成			
3. 车辆前照灯结构特点描述			
4. 汽车前照灯拆装工作准备			
5. 汽车前照灯拆装工艺流程	步骤	拆装项目	操作要领	技术要求或标准	检修记录

四、任务实施

按照表 3-2-6 汽车前照灯拆装计划，实施拆装作业并将作业要领记录在表 3-2-7 中。

表 3-2-7　汽车前照灯拆装作业任务

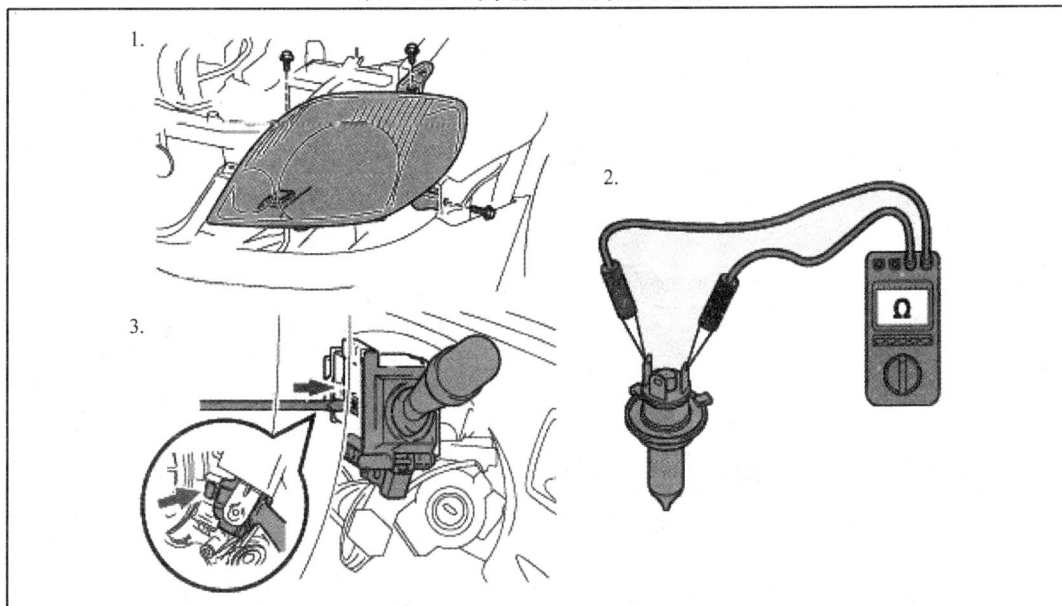

续　表

笔记

步骤	示意图	操作说明	操作记录
1. 拆装前检查			
2. 断开蓄电池的负极电缆	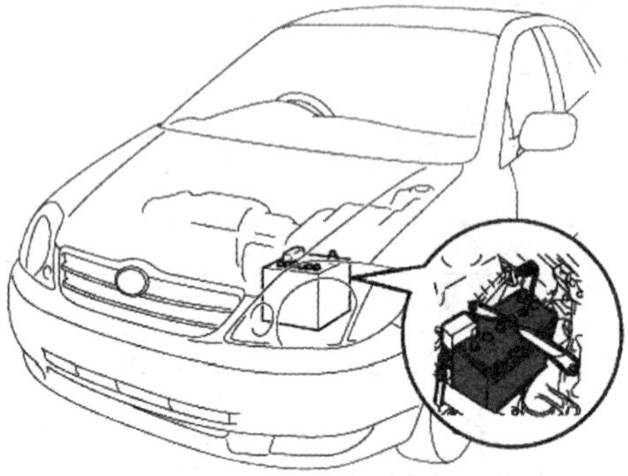 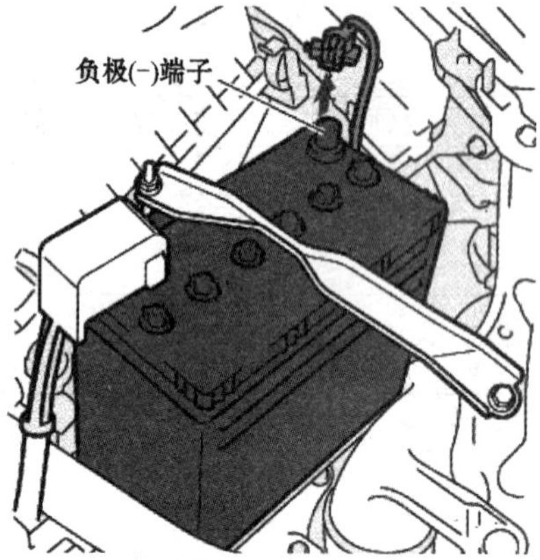 负极(-)端子	断开蓄电池的负极电缆之前,对存储在 ECU 等元器件内的信息做记录 (1) DTC(诊断故障代码) (2) 选择的收音机频道 (3) 座椅位置(带记忆系统) (4) 方向盘位置(带记忆系统)	
3. 拆卸翼子板内衬板	 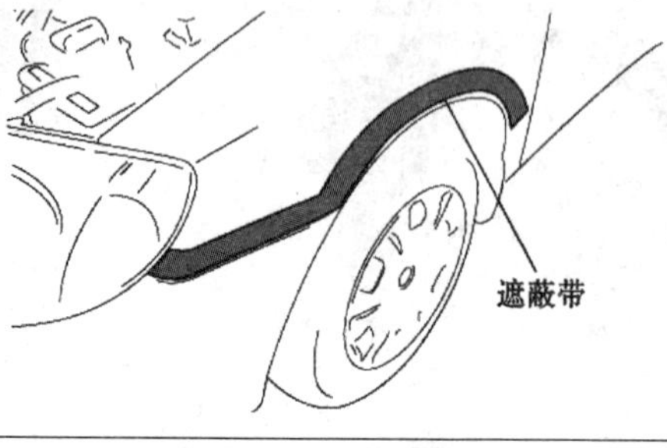 遮蔽带	(1) 在前保险杠拆卸期间,用遮蔽带防止损坏 (2) 拆卸内衬安装螺钉和卡扣(在轮罩前半部分) (3) 翼子板内衬板翻转 注意: 有些车型的前照灯安装螺母在内衬板里侧,必须翻转内衬板。一旦翼子板内衬板被折叠,它便无法恢复正常位置。当翻转时切勿折叠内衬板	

笔记

步骤	示意图	操作说明	操作记录
3. 拆卸翼子板内衬板	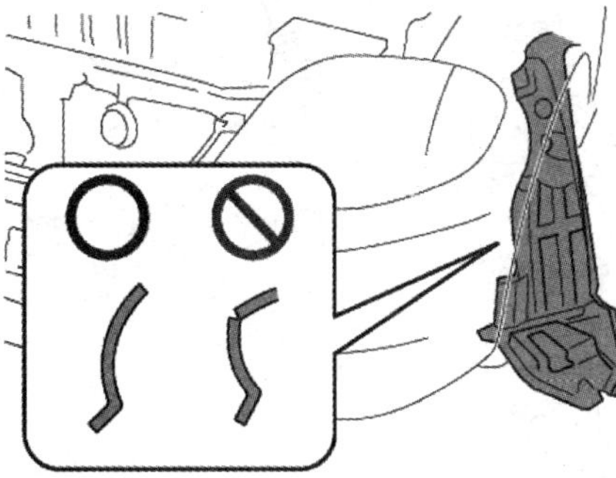		
4. 拆卸散热器护栅和保险杠	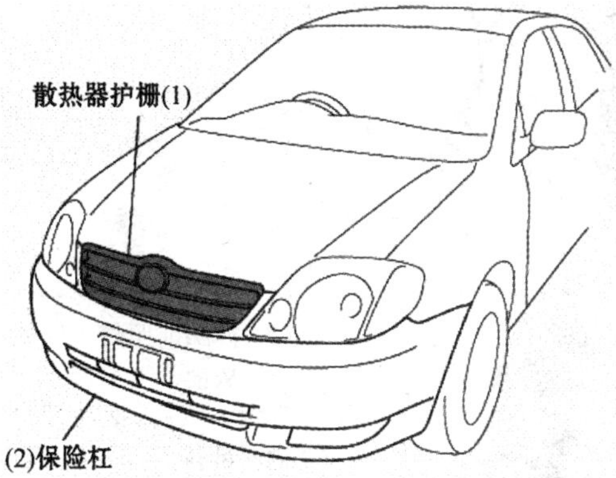 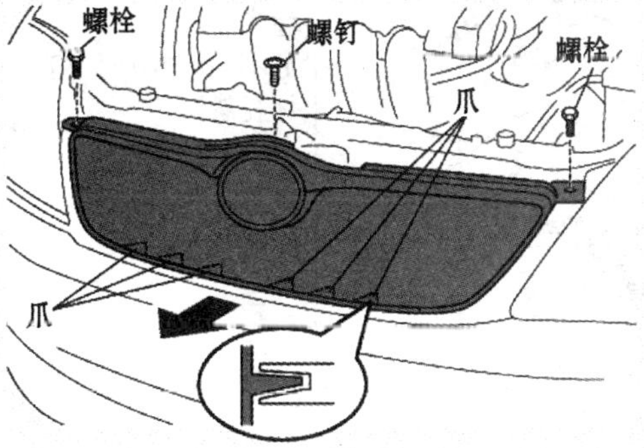 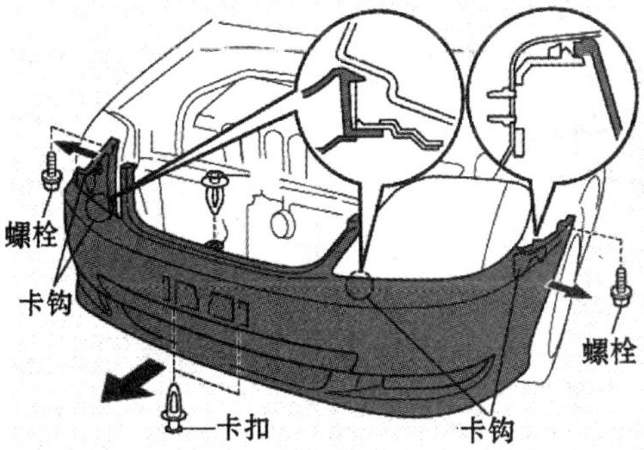 散热器护栅(1) (2)保险杠 螺栓　螺钉　螺栓　爪　爪 螺栓　卡钩　螺栓　卡扣　卡钩	（1）拆卸散热器护栅 ① 拆卸螺栓和螺钉 ② 松脱锁销和散热器护栅 （2）拆卸前保险杠 ① 拆卸卡扣和螺栓 ② 松脱卡钩和前保险杠	

续　表

笔 记

步骤	示意图	操作说明	操作记录
5. 拆卸前照灯	 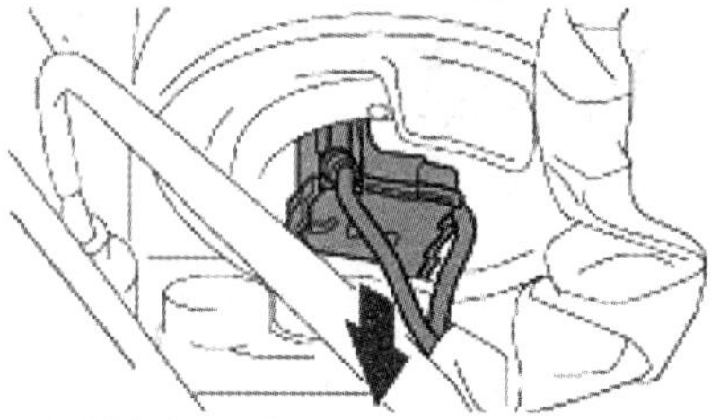 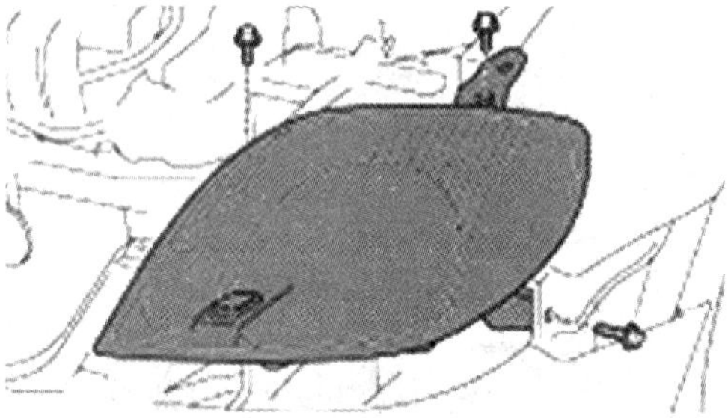 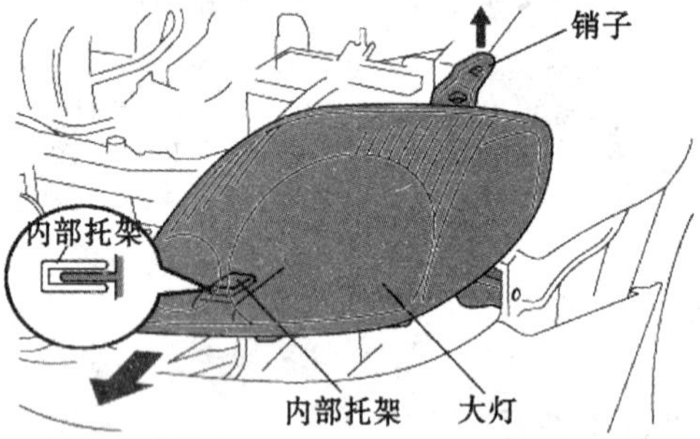 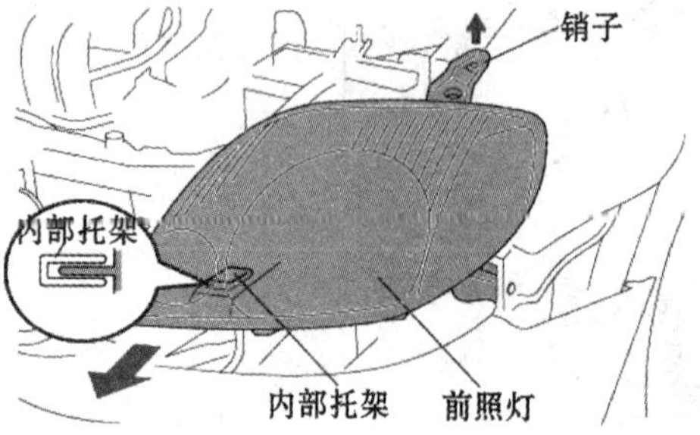	（1）断开前照灯接头 （2）拆卸前照灯安装螺栓 （3）从销子上分离前照灯固定角。然后，把前照灯向车辆前部拉，分离内部托架，拆卸前照灯 注意： 如不向前拉前照灯，就会损坏托架	

销子

内部托架

内部托架　大灯

销子

内部托架

内部托架　前照灯

续 表

步骤	示意图	操作说明	操作记录
6. 拆卸前照灯灯泡	 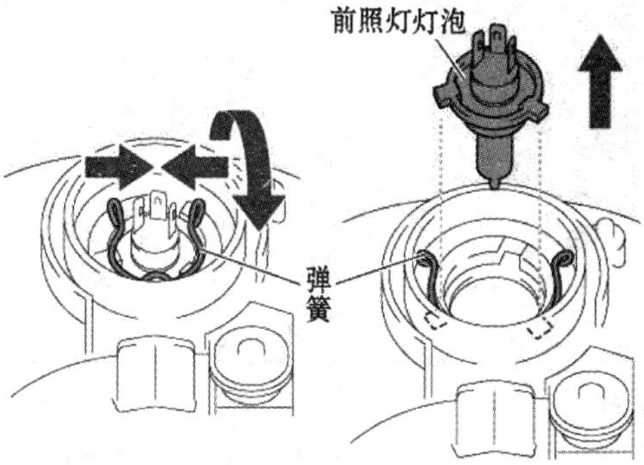 前照灯灯泡 弹簧	(1) 拉突出部拆下橡胶套 (2) 拆卸固定灯泡的弹簧，并拆卸灯泡 注意： 灯泡的玻璃部粘上机油将会缩短灯泡寿命，所以不要触摸灯泡。拆卸的灯泡长时间地搁置将会使外部杂质和潮气进入透镜。用塑料袋等物品套住灯泡插口	
7. 拆卸灯控开关	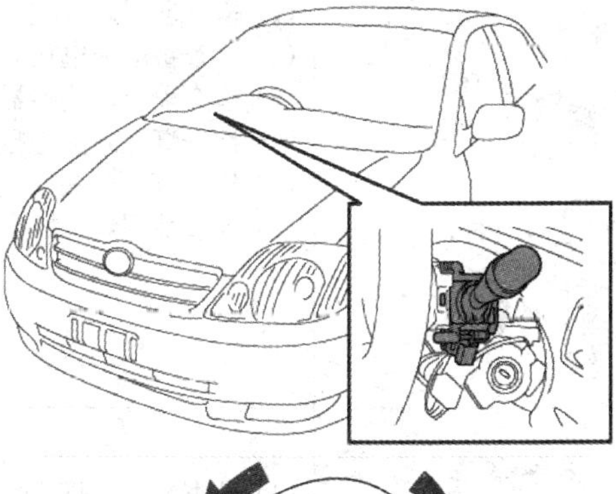 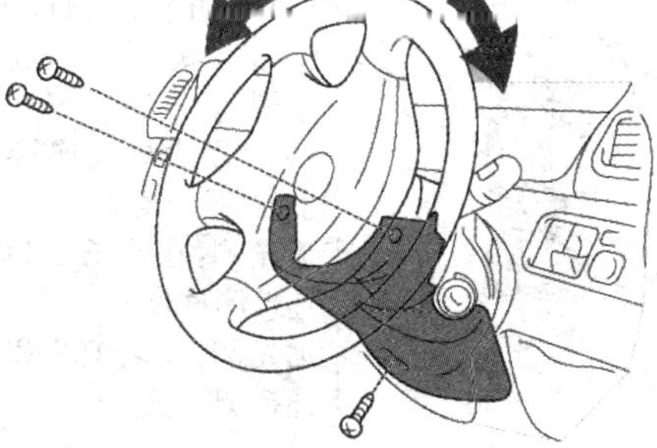	(1) 拆卸转向管柱罩 拆卸 3 个螺钉和转向管柱罩 提示： 将方向盘旋转 90°将可从前面看到螺钉 (2) 拆卸灯控开关 ① 推连接器锁销并握住连接器，以便拆开连接器 ② 松开锁销并拆卸灯控开关 提示 :用起子将连接部件松开，并拆卸灯控开关	

笔记

步骤	示意图	操作说明	操作记录
7. 拆卸灯控开关	 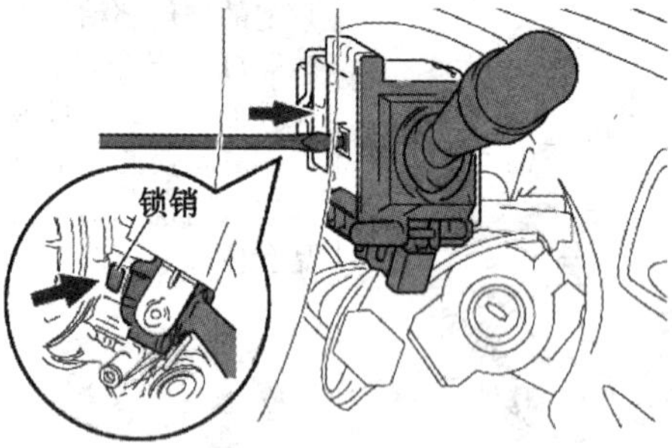 锁销		
8. 检查	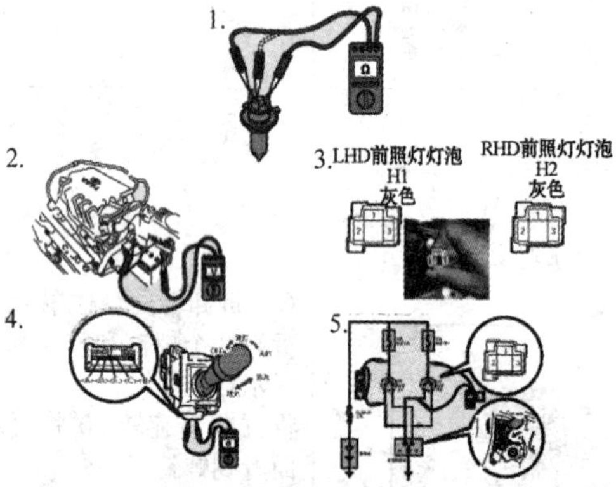 1.　2.　3. LHD前照灯灯泡 H1 灰色　RHD前照灯灯泡 H2 灰色　4.　5.	(1) 检查前照灯灯泡 (2) 检查蓄电池电压 (3) 检查前照灯连接器 (4) 检查灯控开关连接器 (5) 检查灯控开关 (6) 检查前照灯电路电压	
	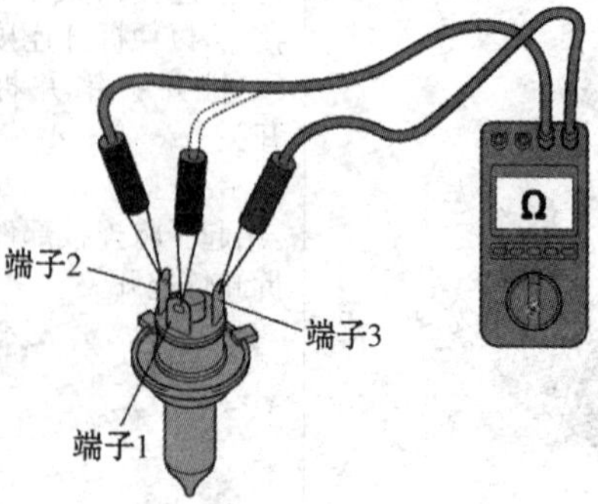 端子2　端子3　端子1　Ω	(1) 检查前照灯灯泡 ① 调整万用表至电阻测量范围 ② 万用表导线连接到灯泡上,并检查导通性 近光侧:在端子 1 和 3 之间连接测试仪 远光侧:在端子 2 和 3 之间连接测试仪	

续　表

步骤	示意图	操作说明	操作记录
8. 检查	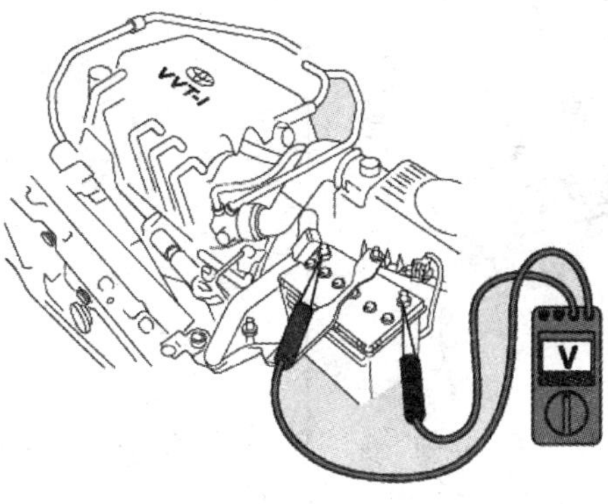	(2) 检查蓄电池电压 ① 调整万用表至 DC 电压测量范围 ② 将测试仪负极侧导线与蓄电池负极端子连接,将测试仪正极侧导线与蓄电池正极端子连接 ③ 检查蓄电池电压 提示: 蓄电池电压通常约为 12.6 V;然而,实际电压在 10~14 V 范围之内	
	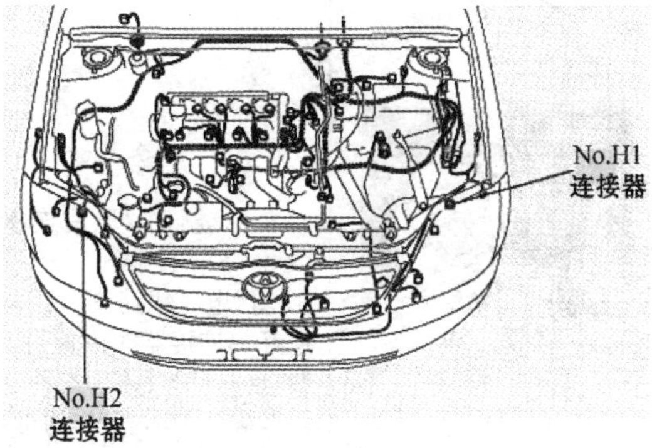 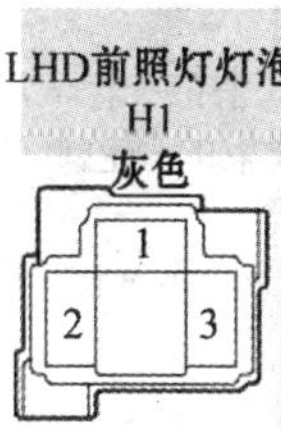 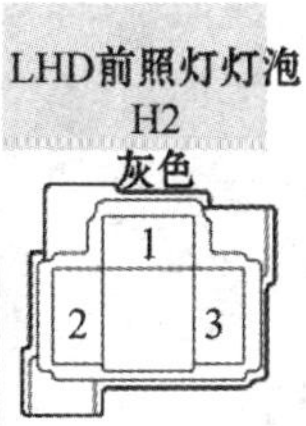 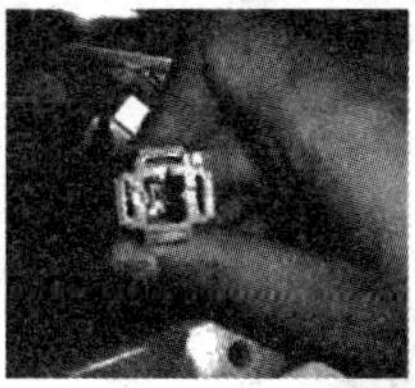 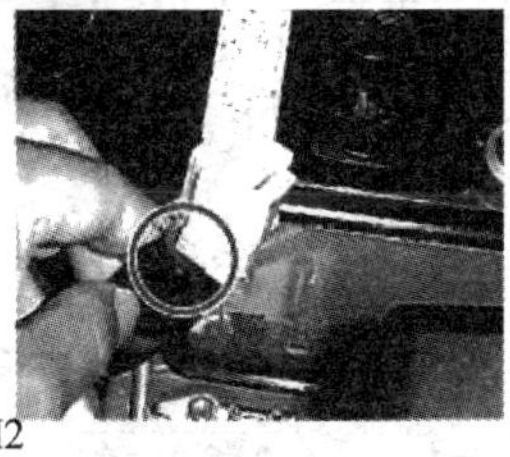 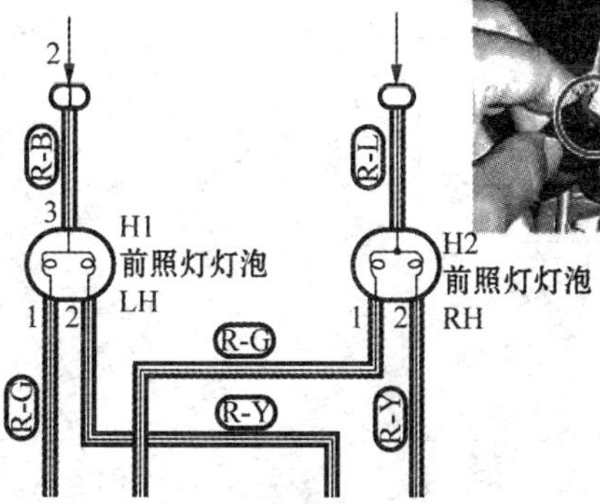 No.H1 连接器 No.H2 连接器 LHD前照灯灯泡 H1　灰色 LHD前照灯灯泡 H2　灰色 H1 前照灯灯泡 LH H2 前照灯灯泡 RH	(3) 检查前照灯连接器(No.H1/H2 连接器) ① 看 EWD 中的"电路图",确认前照灯连接器的位置 ② 看 EWD 中的"各种连接器",确认前照灯接头的形状/插销号 ③ 看 EWD 中的"全车电路图",确认线束的颜色 提示: 检查车辆线束侧的连接器	

笔记

步骤	示意图	操作说明	操作记录
8. 检查	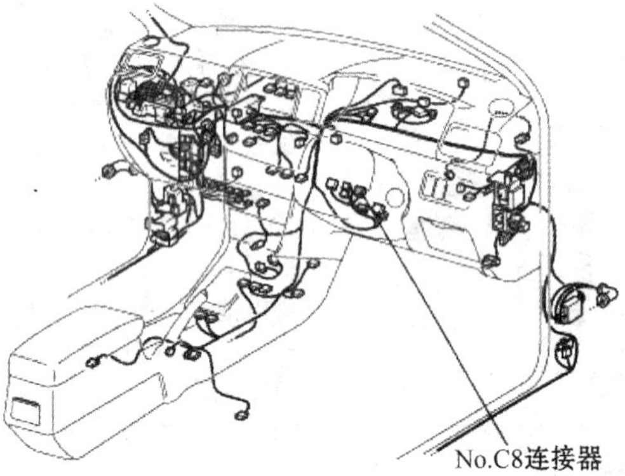 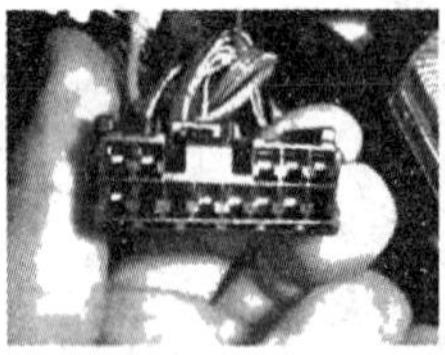 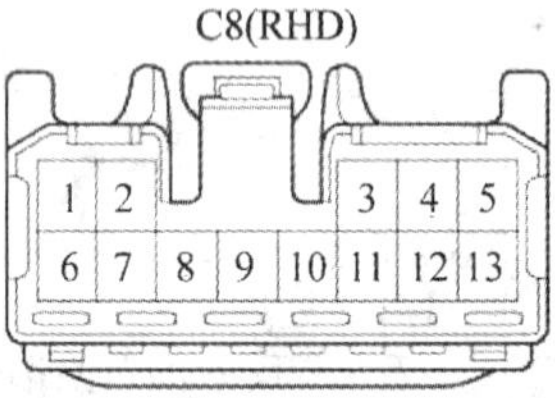 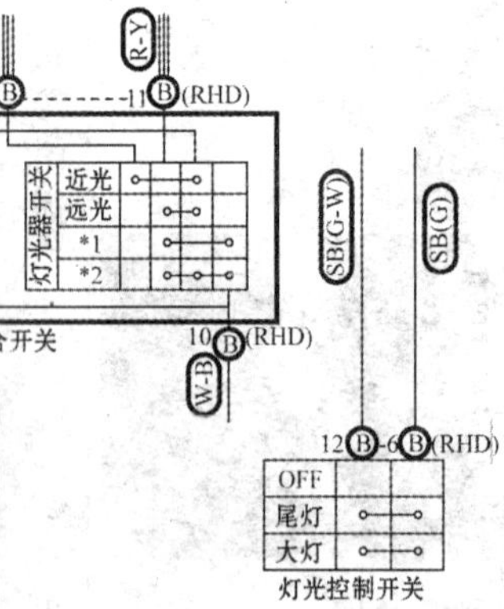  No.C8连接器 C8(RHD) 组合开关 灯光控制开关	（4）检查灯控开关连接器（No. C8 连接器） ① 看"电气线路图"，确认灯控开关连接器的位置 ② 看 EWD 中的"各种连接器"，确认灯控开关的形状/销针的数目 ③ 看 EWD 中的"全车电路图"，确认线束的颜色	

笔记

续　表

<table>
<tr><th>步骤</th><th>示意图</th><th>操作说明</th><th>操作记录</th></tr>
<tr><td>8. 检查</td><td>
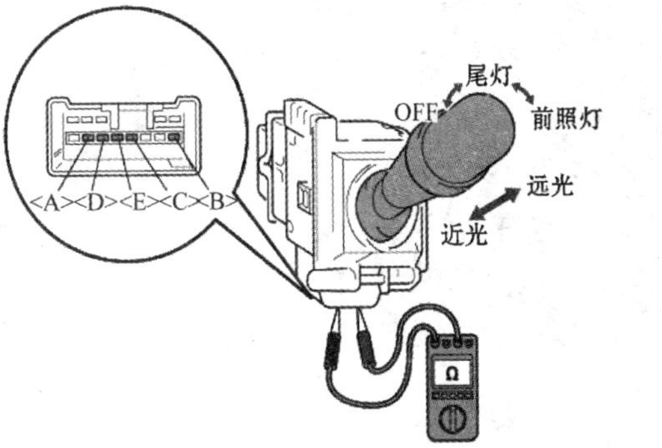

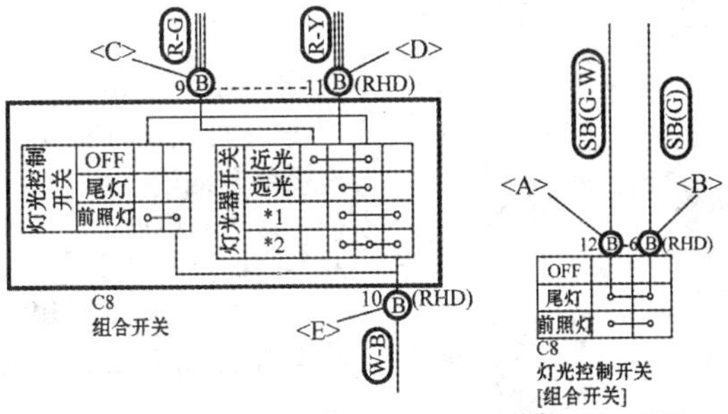

<table>
<tr><th>开关位置</th><th>端子</th><th>规定条件</th></tr>
<tr><td>尾灯</td><td><A>-<B></td><td>导通</td></tr>
<tr><td>前照灯近光</td><td><C>-<E></td><td>导通</td></tr>
<tr><td>前照灯远光</td><td><D>-<E></td><td>导通</td></tr>
</table>
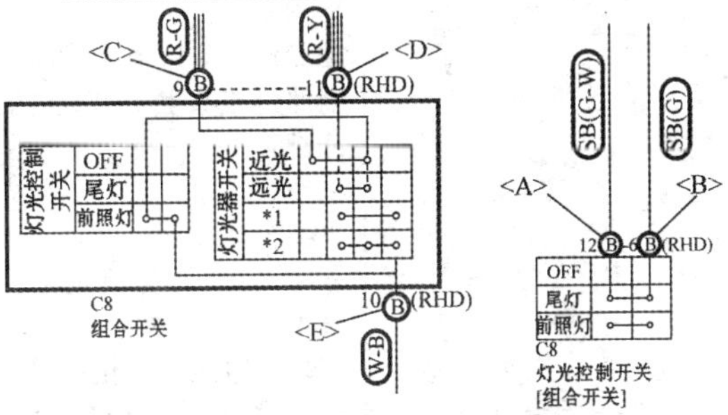
<table>
<tr><th>开关位置</th><th>端子</th><th>规定条件</th></tr>
<tr><td>尾灯</td><td><A>-<B></td><td>导通</td></tr>
<tr><td>前照灯近光</td><td><C>-<E></td><td>导通</td></tr>
<tr><td>前照灯远光</td><td><D>-<E></td><td>导通</td></tr>
</table>
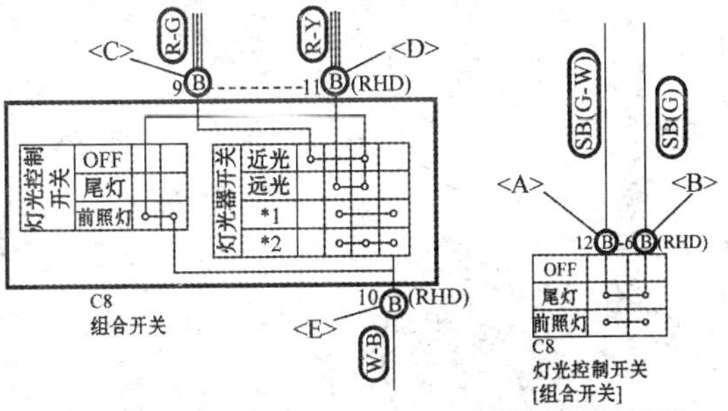
<table>
<tr><th>开关位置</th><th>端子</th><th>规定条件</th></tr>
<tr><td>尾灯</td><td><A>-<B></td><td>导通</td></tr>
<tr><td>前照灯近光</td><td><C>-<E></td><td>导通</td></tr>
<tr><td>前照灯远光</td><td><D>-<E></td><td>导通</td></tr>
</table>
</td><td>(5) 检查灯控开关
① 调整万用表至电阻测量范围
② 再旋转灯控开关，检查灯控开关端子之间的导通性
提示 1：
尾灯位置，旋转灯控开关至尾灯位置将使端子 A 和 B 之间接通电流，然后尾灯点亮
提示 2：
前照灯近光位置，旋转灯控开关至前照灯近光位置，使端了 C 和 E 之间接通电流，则前照灯近光点亮
提示 3：
前照灯远光位置，旋转灯控开关至前照灯远光位置，使端子 D 和 E 之间接通电流，然后前照灯远光点亮</td><td></td></tr>
</table>

笔记

步骤	示意图	操作说明	操作记录
8. 检查	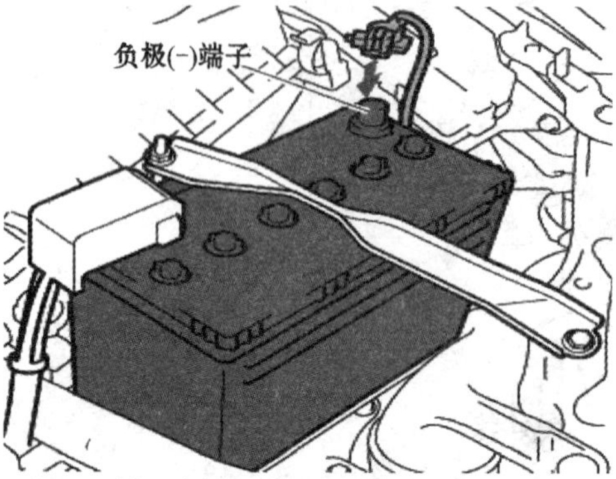 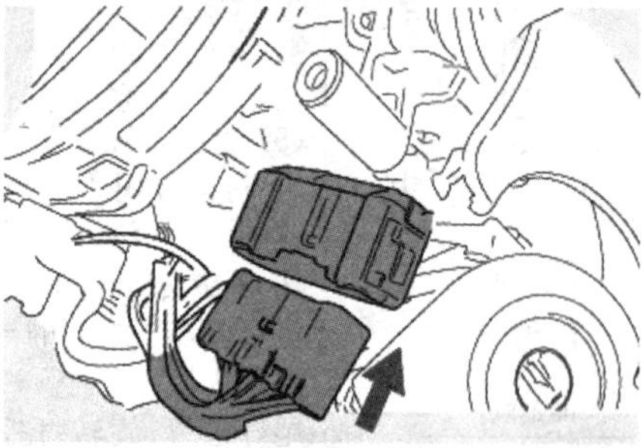 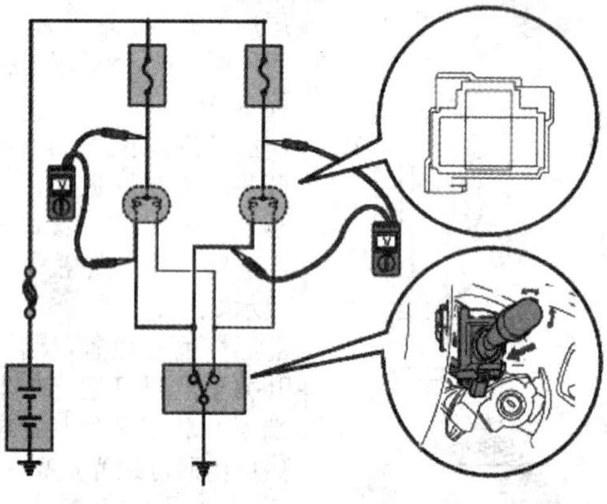 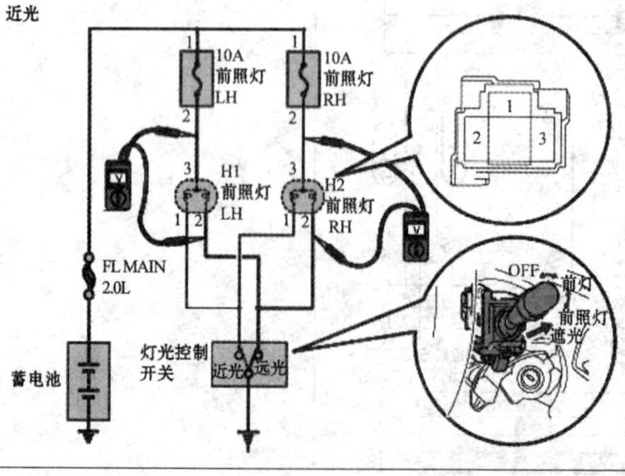	（6）检查前照灯电路电压 ① 准备检查。直接从上部连接蓄电池端子电缆，以免损坏蓄电池端子。连接灯控开关连接器 ② 检查前照灯连接器电压 a. 调整万用表至电压测试范围 b. 把测试仪导线连接到端子上 提示： 把测试仪导线连接到车辆侧前照灯接头上来检查电压 注意： 不要推端子。对端子用力过大会损坏端子 c. 灯控开关在近光和远光位置切换时，检查灯控开关和端子电压的变化情况 d. 把蓄电池负极（一）端子和灯控开关连接器断开	

续　表

步骤	示意图	操作说明	操作记录
9. 安装灯控制开关	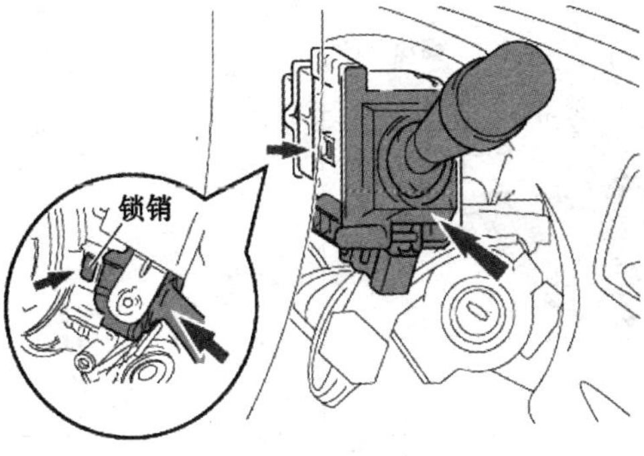 锁销	(1) 安装灯控制开关 ① 安装灯控制开关 ② 确保锁销可靠结合	
10. 安装前照灯灯泡	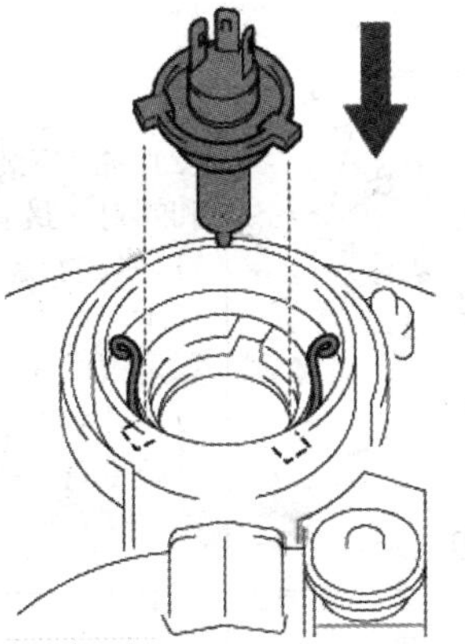		
11. 安装前照灯	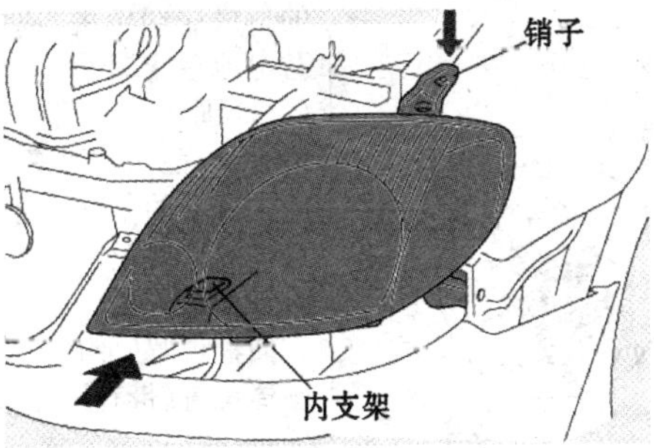 销子　内支架		
12. 安装散热器护栅和保险杠	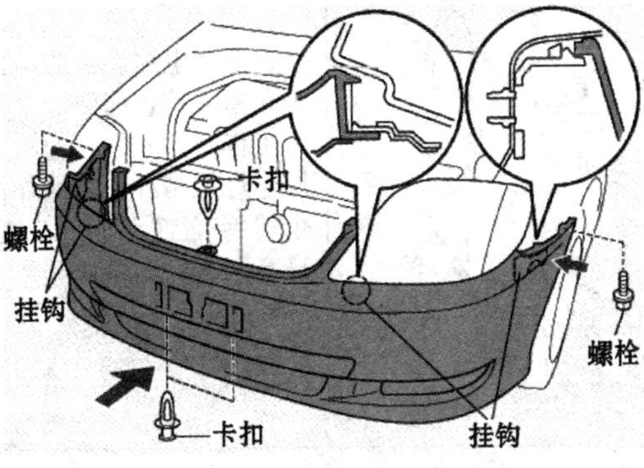 卡扣　螺栓　挂钩　螺栓　卡扣　挂钩	用卡扣和锁销安装前保险杠和散热器护栅,然后装上相应的螺钉和螺栓,拧紧螺钉和螺栓后安装完成 (1) 安装前保险杠 ① 安装挂钩和前保险杠 ② 安装螺栓和卡扣 (2) 安装散热器护栅 ① 安装锁销和散热器护栅 ② 安装螺栓、螺钉和散热器护栅	

笔记

笔记

步骤	示意图	操作说明	操作记录
12. 安装散热器护栅和保险杠	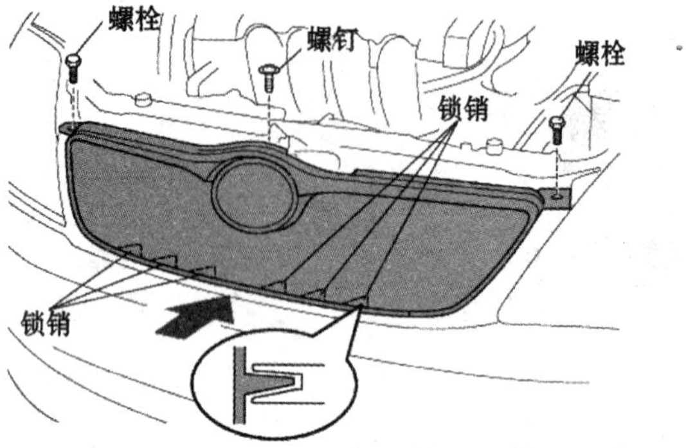		
13. 安装翼子板内衬板	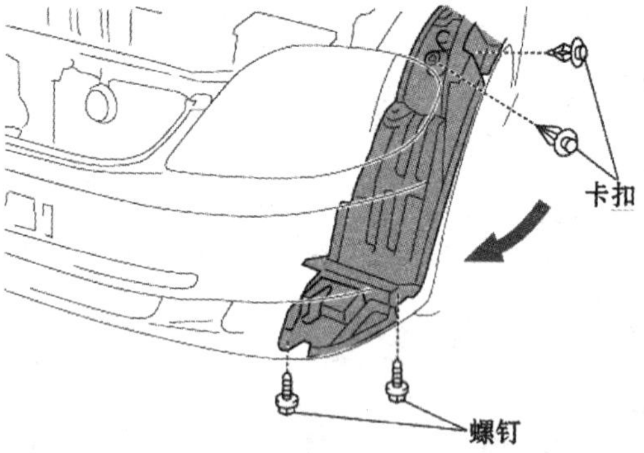	(1) 校正位置以便卡扣安装孔和翼子板安装孔对准 (2) 临时安装上所有的卡扣和螺钉。最后均匀地拧紧螺钉,完成安装 提示: 翼子板内衬板是用软树酯做成的,因此在安装时要小心,以防变弯 (3) 拆下遮蔽带	
14. 连接蓄电池的负极电缆	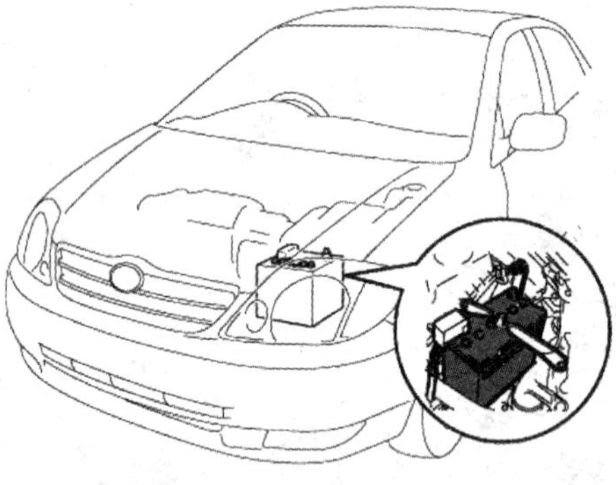	(1) 直接从上面连接蓄电池的负极(一)电缆,以免损坏蓄电池接线端子 (2) 复原车辆信息 检查过程完成后,复原工作前记录下的车辆信息 选择收音机频道 时钟设置 方向盘位置(带有记忆系统) 座椅位置(带有记忆系统)等	
15. 最后检查	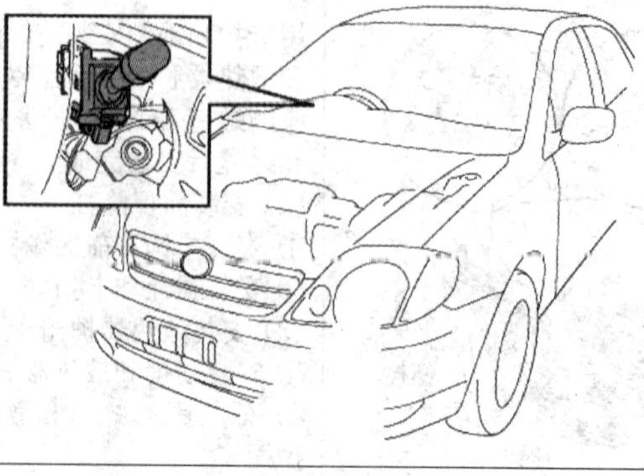	检查安装电器设备的步骤是否有错并检查前照灯是否正常工作 操作灯控制开关并检查在每个转换位置上能有相应的灯亮 (1) 近光 (2) 远光	

续　表

步骤	示意图	操作说明	操作记录
15. 最后检查	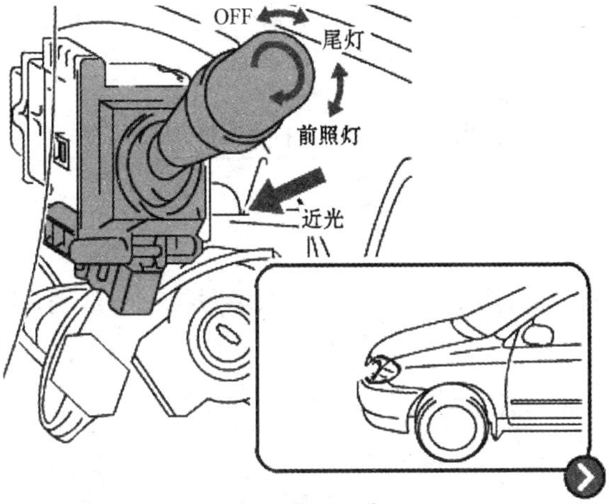 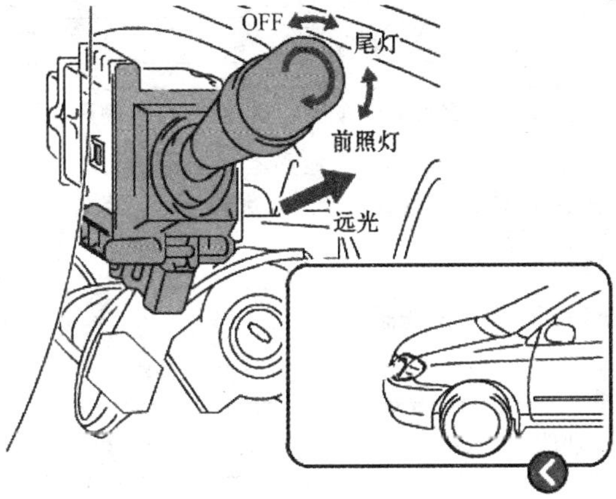		

五、检验评估

在完成拆装作业后,按表 3-2-8 汽车前照灯拆装检验与评价表,实施作业质量检验,并进行三方评价。

表 3-2-8　汽车前照灯拆装检验与评价表

检验与评价内容	检验与评价指标	权重	自评	互评	总评
作业质量检验	1. 前照灯安装是否规范				
	2. 前照灯工作情况是否正常				
检查任务完成情况	1. 能描述汽车前照灯的作用与原理				
	2. 在小组所扮演的角色,对完成任务过程中所起的作用				
职业素养	1. 学习态度:积极主动参与学习				
	2. 团队合作:与小组成员一起分工合作,不影响学习进度				
	3. 现场管理:服从工位安排、执行实训室"5S"管理规定				

笔记

任务3.3　拆装刮水器和喷洗器

任务描述	一辆2006款一汽丰田威驰汽车出现交通事故，车辆严重受损，进入维修厂进行维修。针对维修接待和车间确认意见，拆装刮水器和喷洗器
任务目标	1. 能描述汽车刮水器和喷洗器结构，分析其结构特点 2. 会查阅汽车刮水器和喷洗器的拆装规范，并进行规范拆装

一、维修接待

如表3-3-1所示，通过询问客户了解车辆发生事故的情况，填写接车问诊表，并根据车间检测初步确认结果，进行拆装作业。

表3-3-1　维修接待与接车问诊表

接车问诊表

车牌号：_____　　车架号：_____　　行驶里程：_____（km）

用户名：_____　　电　话：_____　　来店时间：_____/_____

用户陈述及故障发生时的状况：**一辆2006款一汽丰田威驰汽车出现交通事故，车辆严重受损，进入维修厂进行维修**

故障发生时的状况提示：**行驶速度、发动机状态、发生频度、发生时间、部位、天气、路面状况、声音描述**

接车员检测确认建议：**拆装刮水器和喷洗器**

车间检测确认结果及主要故障零部件：**拆装刮水器和喷洗器**

车间检查确认者：_____

外观确认：

（请在有缺陷部位作标识）

功能确认：（工作正常√　不正常×）
□音响系统　　□门锁（防盗器）　　□全车灯光　　□工具
□后视镜　　　□顶窗　　　　　　　□座椅　　　　□点烟器
□玻璃升降器　□玻璃

物品确认：（有√　无×）
□贵重物品提示
□工具　□备胎　□灭火器
□其他（　　　　　　　）
旧件是否交还用户　□是　□否
用户是否需要洗车　□是　□否

F

E

· 检测费说明：本次检测的故障如用户在本店维修，检测费包含在修理费用内；如用户不在本店维修，请您支付检测费。本次检测费：￥_____元。
· 贵重物品：在将车辆交给我店检查修理前，已提示将车内贵重物品自行收起并保存好，如有遗失恕不负责。

接车员：_____　　　　　　用户确认：_____

二、信息收集与处理

按照表 3-3-2 的提示,收集相关信息,并将相关信息填入表中相应位置。

表 3-3-2　信息收集与处理

序号	部件名称	作　用
1		
2		
3		
4		
5		
6		
7		

　　为了保证在各种使用条件下,驾驶室的风窗玻璃表面干净、清洁,汽车上都装有风窗玻璃洗涤器和风窗玻璃刮水器,有些汽车还装有风窗玻璃除霜装置。刮水器和清洗器的功用是为了保证汽车在雾雨天或下雪天时驾驶员有良好的视线,利用刮水器和清洗器刮刷清洗掉附在车窗上的泥土、尘埃、雨雪和其他污物,使车窗玻璃保持清晰、明亮、洁净。刮水器与清洗器系统分为前刮水器、清洗器和后刮水器、清洗器两部分。主要部件有:刮水器组件(包括刮水电动机、摆臂、连杆、刮水片等)、清洗器组件(包括清洗器贮液罐、洗涤电动机、喷嘴、连接软管等)、开关等。

1. 汽车刮水器和喷洗器系统的总体构造

汽车刮水器和喷洗器系统的总体构造如表 3-3-3 所示。

表 3-3-3　汽车刮水器和喷洗器系统的总体构造

刮水器和喷洗器系统是下雨时,通过消除挡风玻璃和后窗玻璃上的雨滴保持视野清晰的系统。系统可以用喷洗器清除挡风玻璃的污垢。为此,这是安全开车的一个必要系统。最近,某些车型有刮水器转速随车速而变,刮水器在下雨的时候自动运行的功能

笔记

刮水器和喷洗器系统包括下列构件：

(1) 前刮水器摇臂/前刮水片
(2) 前刮水器马达和连杆
(3) 前喷洗器喷嘴
(4) 喷洗器液槽(在喷洗器马达中)
(5) 刮水器和喷洗器开关(在间歇刮水器继电器中)
(6) 后刮水器摇臂/后刮水片
(7) 后刮水器马达
(8) 后刮水器继电器
(9) 刮水器控制装置(乘员侧 J/B ECU)
(10) 雨传感器

2. 汽车刮水器和喷洗器系统的结构

汽车刮水器和喷洗器系统的结构如表 3-3-4 所示。

表 3-3-4　汽车刮水器和喷洗器系统的结构

结构	示意图	结构与原理说明
1. 刮水器摇臂/刮水片		(1) 综述 这些是刮水器系统的主要组件。刮水器的结构是一把附着于金属杆的橡胶刮刀，金属杆称为刮水器摇臂。刮水器通过刮水器摇臂进行弧形移动。因为橡胶刮刀用弹簧压在挡风玻璃上，刮水器通过移动刮水片擦拭挡风玻璃。由马达和联动齿轮产生弧形移动。因为橡胶刮刀附着于刮水器，橡胶刮刀会由于使用和日照温度等原因老化，定期更换橡胶刮水片是必不可少的 (2) 半隐藏的刮水器/全隐藏的刮水器 传统的刮水器可以从车辆的前面看得见。然而，因为空气动力学的原因及为保证齐平的表面和广阔的视野，最新的刮水器隐藏在发动机罩下面部分是可以看得见的刮水器称为半隐藏刮水器，什么也看不见的称为全隐藏刮水器 提示： 装有全隐藏刮水器时，如果冰冻下雪或任何其他的情况，刮水器不能移动。强制性地运用刮水器系统清除积雪会损坏刮水器马达。为防止这一情况，大多数的车型将全隐藏刮水器变为半隐藏刮水器的结构。切换到半隐藏刮水器后，刮水器摇臂可以通过向图中箭头指示方向移动实现锁定

结构	示意图	结构与原理说明
2.刮水器和喷洗器开关	前刮水器和喷洗器可变开关　后刮水器和喷洗器喷洗器ON　ON　INT　喷洗器ON　INT　LO　喷洗器ON　HI　低速工作　高速工作　着水点　前喷洗器喷嘴　喷洗器液槽（在喷洗器马达中）	(1) 刮水器开关 刮水器开关在方向盘管轴上,在此位置,驾驶员任何时候均可运行它。刮水器开关有 OFF(停止),LO(低转速)和 HI(高转速)及其他位置,可以切换这些运动方式。某些车型有 MIST(只有当刮水器开关在雾位置时刮水器才运行),INT(刮水器以某一时间间隔间歇运行)和一只可变开关,用于调整间隔时间。喷洗器开关在许多情况下与灯光控制开关组合在一起。因此,它有时称为组合开关。在配备后刮水器的车型中,后刮水器开关在刮水器开关上,在 ON 和 OFF 之间切换。某些车型在后刮水器上有 INT 位置。在最新的车型中,ECU 安装在用于 MPX(多路通信系统)的复合开关中 (2) 间歇刮水器继电器 此继电器开动刮水器进行间歇运行。最近,广泛使用一种带内装继电器的刮水器开关。间歇刮水器有一个小继电器与包括电阻和电容的晶体管电路。此内部继电器根据刮水器开关的信号控制流到刮水器马达的电流,使刮水器马达间歇运行 (3) 喷洗器开关 喷洗器开关与刮水器开关组合在一起。当喷洗器开关操作时,洗涤机马达运行并喷射喷洗液
3.刮水器马达	电枢　磁铁　蜗轮　电刷　触点　凸轮板　电枢线圈　低速电刷　普通电刷　60°　高速电刷	(1) 综述 刮水器马达使用永久铁氧体磁铁马达。刮水器马达包括马达本身传动装置。传动装置对马达输出减速。铁氧体型刮水器马达用三种电刷:低速刷、高速刷和共用刷(供接地)。在减速部分有一凸轮开关,因此刮水器将每次停在同样的位置 (2) 切换马达转速 当马达旋转时,在电枢线圈中产生一反电动势,它起限制马达旋转的作用 低速运行:当电流从低速电刷流入电枢线圈,产生大的电动势,结果是马达以低速旋转 高速运行:当电流从高速电刷流入电枢线圈,产生小的反电动势,结果是马达以高速旋转

笔记

结构	示意图	结构与原理说明
3. 刮水器马达	 凸轮开关:刮水器开关L0位置 刮水器开关关位置(当瞬时开关关闭) (L0) 刮水器开关位置(当刮水器停止时) (OFF) (OFF)	（3）凸轮开关 刮水系统有把刮水片停在固定位置的功能。由于这一功能，当刮水器开关关掉时，刮水片肯定停在挡风玻璃的底部位置。"凸轮开关"执行此功能。此开关包括一只缺口凸轮盘和三个触点。当刮水器开关在 LO/HI 位置时，电池电压施加到线路，电流通过刮水器开关进入刮水器马达，引起刮水器马达运行。然而刮水器开关一关掉，如果触点 P2 不在缺口处，电池电压作用于线路，并且电流通过触点 P2 到 P1 进入刮水器马达，引起马达继续运转。然后，触点 P2 通过凸轮盘旋转到了缺口处，电流不流入线路，刮水器马达将停转。然而，由于电枢的惯性马达不立即停止并且继续转一会，结果触点 P3 穿过凸轮盘的导电点并且形成下面的回电路 电枢—刮水器马达端子＋1—刮水器开关—刮水器马达端子 S—触点 P1—P3—电枢，因为在这个回路中电枢产生反电动势，对刮水器马达产生电力制动，马达立即停在固定位置

续 表

结构	示意图	结构与原理说明
4. 喷洗器马达	一体式前、后喷洗器　　分离式前、后喷洗器 前喷洗器马达 喷洗器马达 至前喷洗器喷嘴 ← → 至后喷洗器喷嘴 后喷洗器马达 喷洗器联动功能 喷洗器ON	(1) 前喷洗器马达/后喷洗器马达发动机室中的喷洗器液槽加喷洗液 喷洗器液槽由半透明的树脂制成,通过喷洗器液槽内部喷洗器马达的运行喷射喷洗液 喷洗器马达有叶轮泵(叶轮型),燃料泵也用这种马达 带有后喷洗器的车辆有两种系统:一种是喷洗器液槽为前喷洗器系统和后喷洗器系统两者使用;另一种有两个喷洗器液槽分别用于前后洗冲系统 也有一种类型,通过使用喷洗器马达操作阀门切换喷洗器喷嘴供前后喷洗器;另外还有一种类型,一只喷洗器液槽有两只马达分别用于前后喷洗器 (2) 喷洗器-联动功能 有一种刮水器和喷洗器系统在操作喷洗器开关一定时间后,在喷射喷洗液时自动运行刮水器。这便称为"喷洗器联动功能" 这是一种擦掉挡风玻璃上喷射液的功能

3. 汽车刮水器和喷洗器系统的工作原理

汽车刮水器和喷洗器系统的工作原理如表 3-3-5 所示。

表 3-3-5　汽车刮水器和喷洗器系统的工作原理

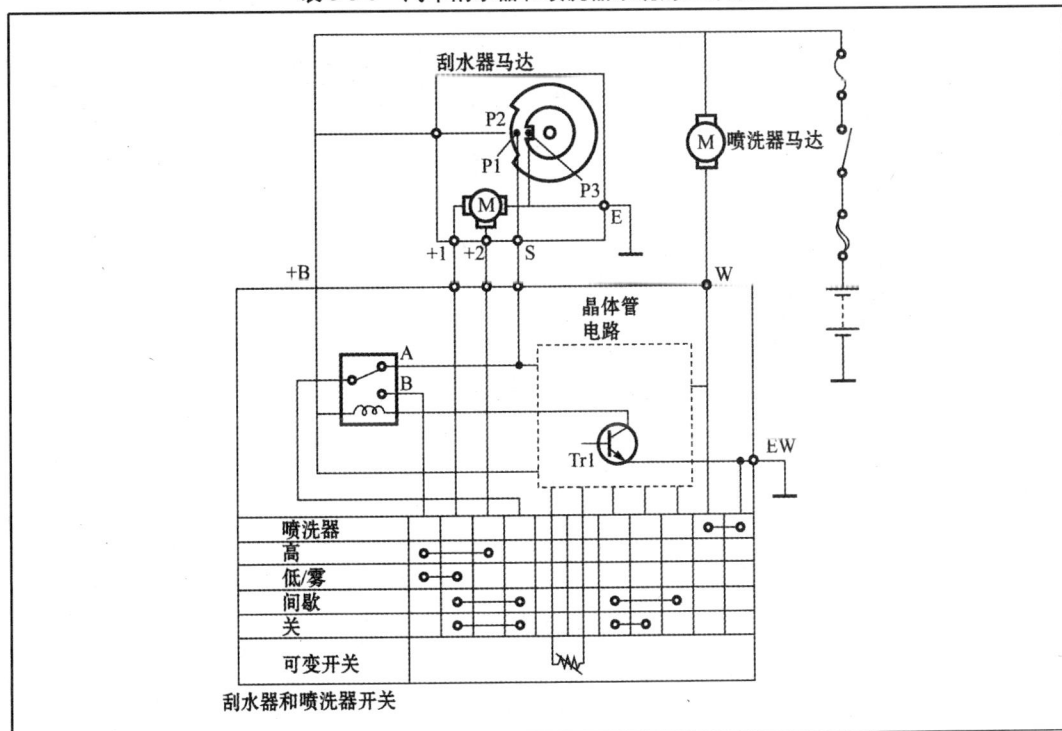

续 表

笔记

档位	工作状态	工作原理图
LO	刮水器开关开到 LOW/MIST 的操作 当刮水器开关被移到低速位置或雾位置时,如图所示电流流到刮水器马达的低速刷(此后缩写为"LO"),并且刮水器以低速运行	LOW/MIST 工作 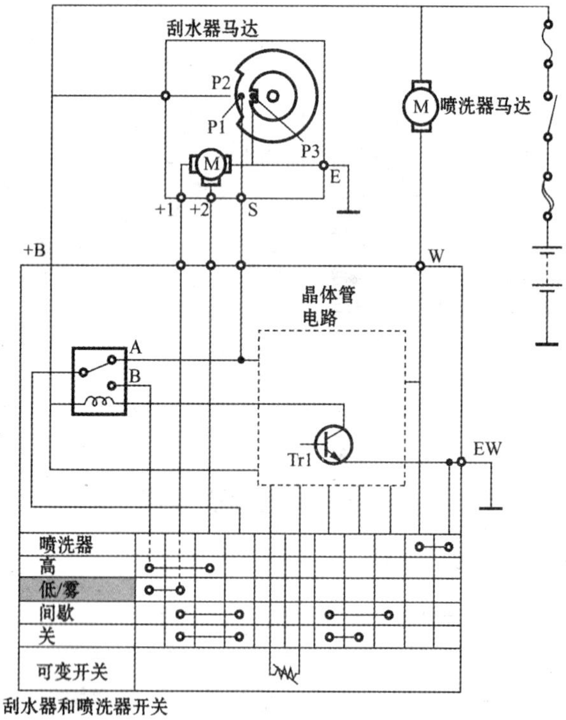
HI	刮水器开关开到 HIGH 的操作 当刮水器开关被移到这高速的位置时,如图所示电流流到刮水器马达的高速刷(HI),刮水器以高速运行	HI 操作 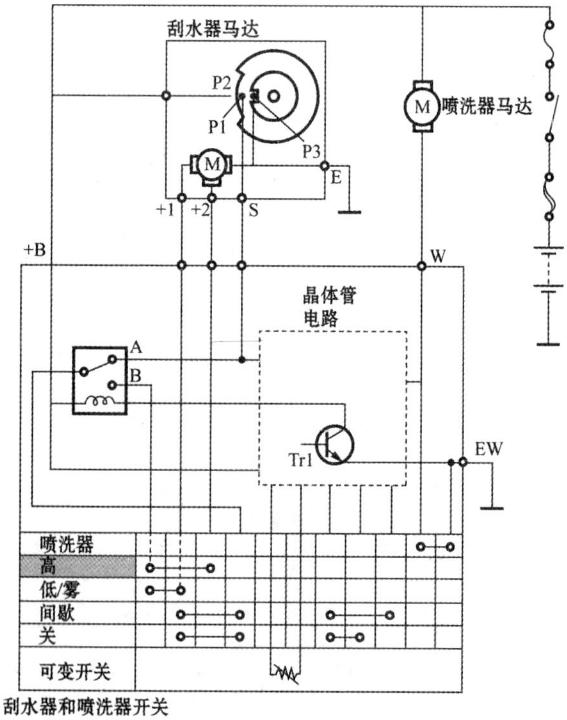

<<<< --------------------------------

续　表

笔记

档位	工作状态	工作原理图
OFF	刮水器开关关掉的操作 如果刮水器马达运行时,刮水器开关被关掉,如图所示,电流流到刮水器马达的低速刷,刮水器以低速运行。当刮水器达到停止位置时,凸轮开关从触点 P3 一侧切换到 P2 一侧,马达停 维修提示:如果刮水器马达损坏,并且刮水器开关导线连接和凸轮开关开路,将发生下列症状:当凸轮开关损坏时,如果刮水器马达运行时触点 P3 损坏,当刮水器开关关掉时触点 P1 与触点 P3 将不导通。结果不会对刮水器马达施加电力制动,刮水器马达不能在规定位置停止,引起刮水器马达继续转动。当刮水器开关端子 4 和刮水器马达之间的线路开路时,一般当刮水器开关开到切断位置时,刮水器刮刀运行,直到停止。但是如果刮水器开关端子 4 与刮水器马达之间的线路开路,刮水器刮刀不会到达停止位置,将立即停在开关断开时当时的位置	关闭操作 1 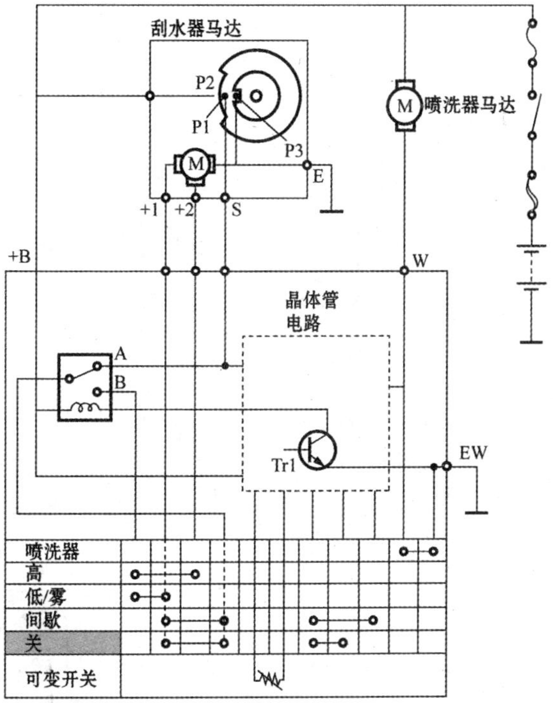 刮水器马达 P2 P1 P3 E M 喷洗器马达 +1 +2 S +B W 晶体管电路 A B Tr1 EW 喷洗器／高／低/雾／间歇／关／可变开关 刮水器和喷洗器开关 关闭操作 2 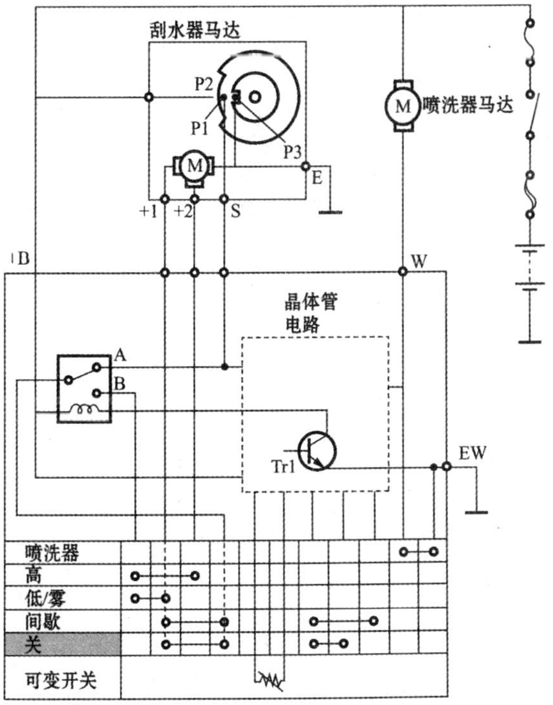 刮水器马达 P2 P1 P3 E M 喷洗器马达 +1 +2 S +B W 晶体管电路 A B Tr1 EW 喷洗器／高／低/雾／间歇／关／可变开关 刮水器和喷洗器开关

笔记

续　表

档位	工作状态	工作原理图
INT	刮水器开关开到 INT 的操作 (1) Tr ON 操作 当刮水器开关被开到 INT 位置时,Tr1 短时间处于 ON,导致继电器的触点从 A 侧切换到 B 侧 当继电器触点变到 B 侧时,电流流到马达(LO)并且马达开始以低速运行	**T 的 ON 操作** 刮水器马达 P2 P1 P3 E M 喷洗器马达 +1 +2 S +B　W 晶体管电路 A B Tr1　EW 喷洗器／高／低/雾／间歇／关／可变开关 刮水器和喷洗器开关
	(2) Tr OFF 操作 Tr1 不久关闭,导致继电器触点从 A 侧切换回 B 侧。然而一旦马达开始转动,凸轮开关从 P3 侧转到 P2 侧,这样电流继续流向马达的低速电刷,并且刮水器以低速运行,当到达固定的停止位置时停下 Tr1 又导通一段时间引起刮水器重复它们的间歇运行 在间隔调整型号中,通过旋转可变开关来变化可变电阻和晶体管电路,调整向 Tr 供电流的间隔,改变间歇运行	**Tr OFF 操作** 刮水器马达 P2 P1 P3 E M 喷洗器马达 +1 +2 S +B　W 晶体管电路 A B Tr1　EW 喷洗器／高／低/雾／间歇／关／可变开关 刮水器和喷洗器开关

续　表

档位	工作状态	工作原理图
喷洗器开关打开	喷洗器开关打开的操作 当喷洗器开关到到 on,电流流到喷洗器马达。在喷洗器联动刮水器的情况下,当喷洗器马达操作时,Tr1 先接通一预定的时间,使刮水器以低速运行一两次 Tr1 接通的时间为晶体管电路内部电容器用来充电的时间 电容器充电时间取决于喷洗器被开通的时间	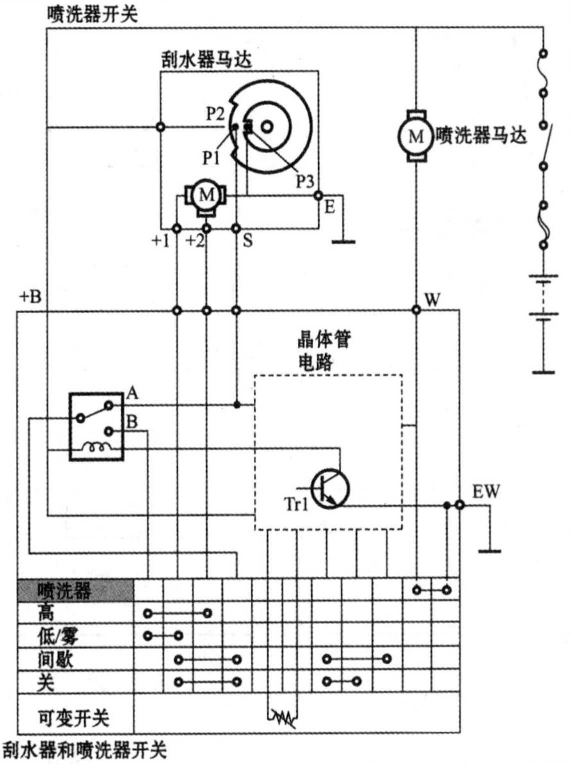

三、制订计划

如表 3-3-6 所示,查阅维修资料,了解车辆刮水器和喷洗器类型特点,分析汽车刮水器和喷洗器的结构特点;查阅维修手册,熟悉车辆刮水器和喷洗器的拆装规范,制订汽车刮水器和喷洗器的拆装计划。

表 3-3-6　汽车刮水器和喷洗器拆装计划

1. 车辆信息描述	车辆描述	
	刮水器和喷洗器的结构类型	
2. 汽车刮水器和喷洗器结构组成		
3. 车辆刮水器和喷洗器结构特点描述		
4. 汽车刮水器和喷洗器拆装工作准备		

续　表

	步骤	拆装项目	操作要领	技术要求或标准	检修记录
5. 汽车刮水器和喷洗器拆装工艺流程					

四、任务实施

按照表 3-3-6 汽车刮水器和喷洗器拆装计划,实施拆装作业并将作业要领记录在表 3-3-7 中。

表 3-3-7　汽车×××××拆装作业任务书

检查步骤	拆装项目	操作要领	示意图	检修记录

五、检验评估

在完成拆装作业后,按表 3-3-8 汽车刮水器和喷洗器拆装检验与评价表,实施作业质量检验,并进行三方评价。

表 3-3-8　汽车刮水器和喷洗器拆装检验与评价表

检验与评价内容	检验与评价指标	权重	自评	互评	总评
作业质量检验	1. 刮水器和喷洗器的安装是否规范				
	2. 刮水器和喷洗器工作是否正常				
检查任务完成情况	1. 能描述汽车刮水器和喷洗器的作用与原理				
	2. 在小组所扮演的角色,对完成任务过程中所起的作用				
职业素养	1. 学习态度:积极主动参与学习				
	2. 团队合作:与小组成员一起分工合作,不影响学习进度				
	3. 现场管理:服从工位安排、执行实训室"5S"管理规定				

任务3.4　拆装电动座椅

任务描述	一辆 2006 款一汽丰田威驰汽车出现交通事故,车辆严重受损,进入维修厂进行维修。针对维修接待和车间确认意见,拆装电动座椅
任务目标	1. 能描述汽车电动座椅结构、分析其结构特点 2. 能根据电动座椅的拆装规范,会拆装电动座椅

一、维修接待

按照表 3-4-1 所示,通过询问客户了解车辆发生事故的情况,填写接车问诊表,并根据车间检测初步确认结果,进行拆装作业。

表 3-4-1　维修接待与接车问诊表

<table>
<tr><th colspan="2" align="center">接 车 问 诊 表</th></tr>
<tr><td>车牌号:＿＿＿＿＿＿　　车架号:＿＿＿＿＿＿　　行驶里程:＿＿＿＿＿＿(km)</td></tr>
<tr><td>用户名:＿＿＿＿＿＿　　电　话:＿＿＿＿＿＿　　来店时间:＿＿＿/＿＿＿</td></tr>
<tr><td>用户陈述及故障发生时的状况:一辆 2006 款一汽丰田威驰汽车出现交通事故,车辆严重受损,进入维修厂进行维修</td></tr>
<tr><td>故障发生时的状况提示:行驶速度、发动机状态、发生频度、发生时间、部位、天气、路面状况、声音描述</td></tr>
<tr><td>接车员检测确认建议:拆装电动座椅</td></tr>
<tr><td>车间检测确认结果及主要故障零部件:拆装电动座椅</td></tr>
<tr><td align="right">车间检查确认者:＿＿＿＿＿＿</td></tr>
</table>

外观确认:

(请在有缺陷部位作标识)

功能确认:(工作正常√　不正常×)
- □音响系统　□门锁(防盗器)　□全车灯光　□工具
- □后视镜　□顶窗　□座椅　□点烟器
- □玻璃升降器　□玻璃

物品确认:(有√　无×)
- □贵重物品提示
- □工具　□备胎　□灭火器
- □其他(　　　　　)
- 旧件是否交还用户　□是　□否
- 用户是否需要洗车　□是　□否

- 检测费说明:本次检测的故障如用户在本店维修,检测费包含在修理费用内;如用户不在本店维修,请您支付检测费。本次检测费:¥＿＿＿＿元。
- 贵重物品:在将车辆交给我店检查修理前,已提示将车内贵重物品自行收起并保存好,如有遗失恕不负责。

接车员:＿＿＿＿＿＿　　　　用户确认:＿＿＿＿＿＿

二、信息收集与处理

按照表 3-4-2 的提示，收集相关信息，并将相关信息填入表中相应位置。

表 3-4-2 信息收集与处理

序号	部件名称	作　用
1		
2		
3		
4		
5		
6		
7		

1. 电动座椅的组成及部件位置

电动座椅的组成及部件位置见图 3-4-1。

2. 电动座椅的工作原理

（1）电动座椅的各部件功能。

电动座椅主要是通过主控制系统在电动座位开关和腰垫开关接通后依靠电力执行座位的滑动、前后垂直、倾斜、头枕和腰垫位置的调整，此外，存储开关的功能可使座位的滑动、前后垂直、倾斜和头枕调整位置储存在存储器中并可复位、表 3-4-3 是该系统的组成元件及其功能介绍。

每个座位内所用电动机见表 3-4-4。

1

2

3

4

头枕

靠背芯子及蒙皮

坐垫芯子及蒙皮

S形弹簧

靠背骨架

靠背角度调节器

调角手柄

右滑轨

行程调节手柄

左滑轨

坐垫骨架

驾驶员手动调节座椅

驾驶员电动调节座椅

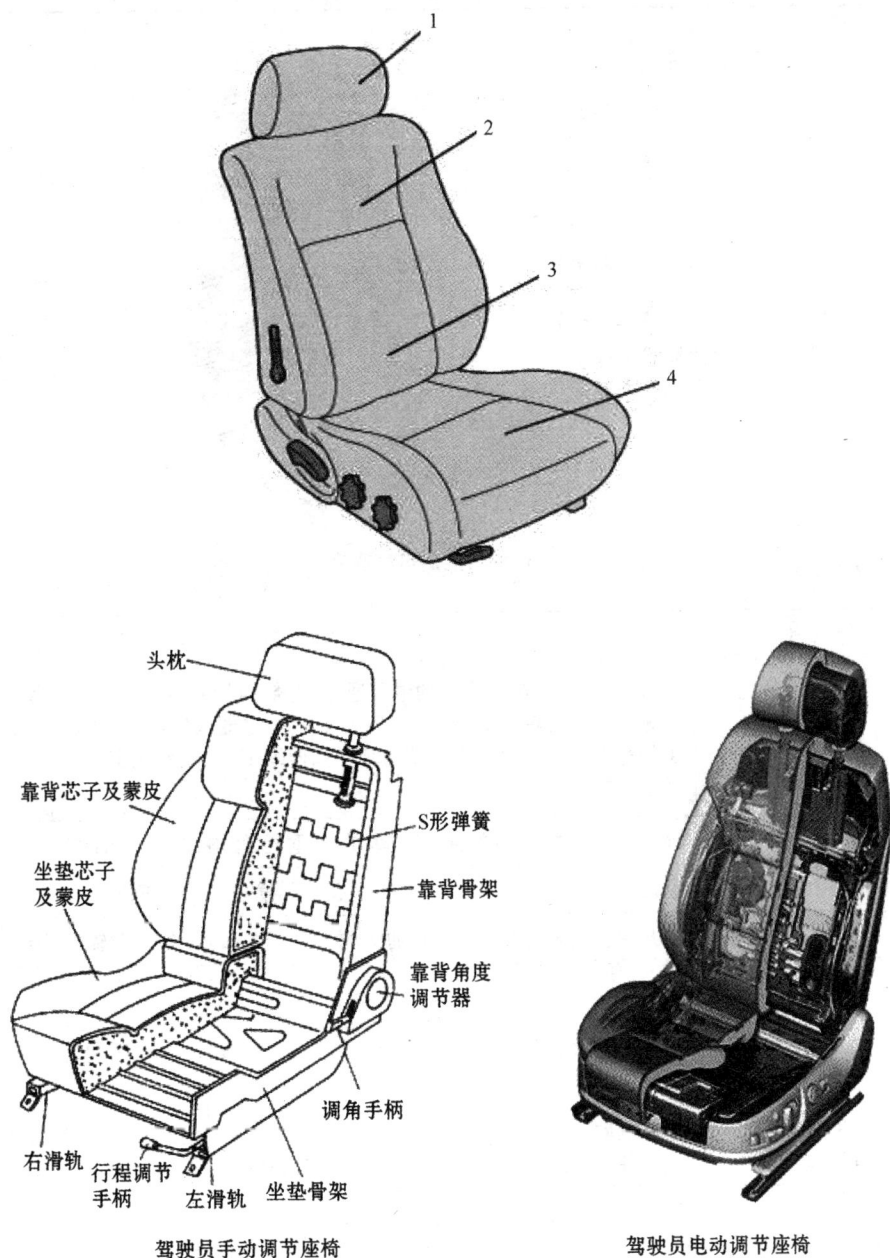

图 3-4-1 电动座椅的组成及部件位置

（2）电动座椅的控制原理。

凌志 LS400 电动座椅的控制原理图见图 3-4-2，其控制原理是电动座椅 ECU 根据电动座椅控制开关给的信号，接通所要控制座椅电动机的电路，带动座椅按需要的方向移动，而位置传感器将座椅移动的位置信号传给 ECU，ECU 则根据位置信号，通过电动机使座椅停到准确的位置。

表 3-4-3　带存储功能座椅的各元件功能

- ◆ 前后调节
- ◆ 靠背倾斜调节
- ◆ 上下调节
- ◆ 头枕前后上下调节
- ◆ 座椅前部调节
- ◆ 侧背支撑调节
- ◆ 腰椎支撑气垫的调节

八种功能的电动座椅

元件名称	功　能
电动座位 ECU	座位 ECU 控制电动座位的电源通断,存储执行和复位动作。当收到来自电动座位开关的输入信号后,在 ECU 内的继电器动作,控制电动座位运动。座位的存储和组位由电力驱动的倾斜和伸缩 ECU 及座位 ECU 之间的相互联系进行控制
电动座位开关	该开关接通时向 ECU 输入滑动、前后垂直、倾斜或头枕位置信号
驾驶位置储存和复位开关	通过倾斜和伸缩 ECU 将记忆和复位信号输送给座位 ECU
腰垫开关	该开关接受来自 DOOR CB 的电源。当开关接通时,电源输入腰垫电动机,开关控制电动机的转向和电流的接通和关断,该开关不接至 ECU,而且调整位置不能储存在复位用的存储器中
位置传感器	该传感器将每一个电动机(滑动、前后垂直、倾斜和头枕)位置信号送至 ECU 用作存储和复位
滑动、前后垂直、腰垫、倾斜和头枕电动机	这些电动机由来自电动座位 ECU 或腰垫开关的电流驱动,用来直接驱动座位的各部分,每个电动机具有内设电路断路器

表 3-4-4　带存储功能座椅的电动机

电动机 座位	滑动 电动机	前垂直 电动机	后垂直 电动机	倾斜 电动机	腰垫 电动机	头枕 电动机
驾驶座位	○	○	○	○	○	○
乘客座位	○			○		○

○:带有存储功能。

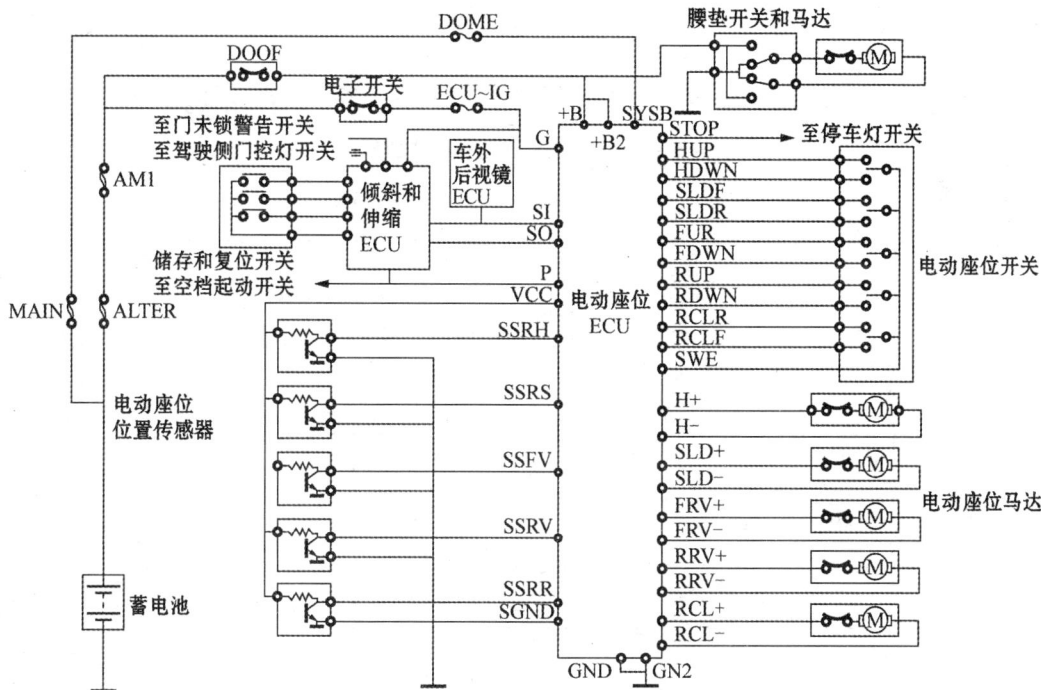

图 3-4-2　凌志汽车 LS400 电动座椅的控制原理

三、制订计划

如表 3-4-5 所示,查阅维修资料,了解车辆电动座椅类型特点,分析汽车电动座椅的结构特点;查阅维修手册,熟悉车辆电动座椅的拆装规范,制订汽车电动座椅的拆装计划。

表 3-4-5　汽车电动座椅拆装计划

1. 车辆信息描述	车辆描述		
	电动座椅的结构类型		
2. 汽车电动座椅结构组成			
3. 车辆电动座椅结构特点描述			
4. 汽车电动座椅拆装工作准备			
5. 汽车电动座椅拆装工艺流程	步骤	拆装项目	操作要领	技术要求或标准	检修记录

四、任务实施

按照表 3-4-5 汽车电动座椅拆装计划,实施拆装作业,并将作业要领记录在表 3-4-6 中。

表 3-4-6　汽车电动座椅拆装作业任务

检查步骤	拆装项目	操作要领	示意图	记录

五、检验评估

在完成拆装作业后,按表 3-4-7 汽车电动座椅拆装检验与评价表,实施作业质量检验,并进行三方评价。

表 3-4-7　汽车电动座椅拆装检验与评价表

检验与评价内容	检验与评价指标	权重	自评	互评	总评
作业质量检验	1. 电动座椅拆装是否规范				
	2. 电动座椅工作是否正常				
检查任务完成情况	1. 能描述汽车电动座椅的作用与原理				
	2. 在小组所扮演的角色,对完成任务过程中所起的作用				
职业素养	1. 学习态度:积极主动参与学习				
	2. 团队合作:与小组成员一起分工合作,不影响学习进度				
	3. 现场管理:服从工位安排、执行实训室"5S"管理规定				

任务3.5 拆装电动车窗

任务描述	一辆2006款一汽丰田威驰汽车出现交通事故,车辆严重受损,进入维修厂进行维修。针对维修接待和车间确认意见,拆装电动车窗
任务目标	1. 能描述汽车电动车窗结构,分析其结构特点 2. 能查阅汽车电动车窗的拆装规范,并进行规范拆装

一、维修接待

按照表3-5-1所示,通过询问客户了解车辆发生事故的情况,填写接车问诊表,并根据车间检测初步确认结果,进行拆装作业。

表3-5-1 维修接待与接车问诊表

接 车 问 诊 表

车牌号:＿＿＿＿＿＿＿ 车架号:＿＿＿＿＿＿＿ 行驶里程:＿＿＿＿＿＿＿(km)

用户名:＿＿＿＿＿＿＿ 电 话:＿＿＿＿＿＿＿ 来店时间:＿＿＿／＿＿＿

用户陈述及故障发生时的状况:**一辆2006款一汽丰田威驰汽车出现交通事故,车辆严重受损,进入维修厂进行维修**

故障发生时的状况提示:**行驶速度、发动机状态、发生频度、发生时间、部位、天气、路面状况、声音描述**

接车员检测确认建议:**拆装电动车窗**

车间检测确认结果及主要故障零部件:**拆装电动车窗**

车间检查确认者:＿＿＿＿＿＿＿

外观确认:

(请在有缺陷部位作标识)

功能确认:(工作正常√ 不正常×)

□音响系统 □门锁(防盗器) □全车灯光 □工具
□后视镜 □顶窗 □座椅 □点烟器
□玻璃升降器 □玻璃

物品确认:(有√ 无×)

□贵重物品提示
□工具 □备胎 □灭火器
□其他(＿＿＿＿＿＿＿)
旧件是否交还用户 □是 □否
用户是否需要洗车 □是 □否

- 检测费说明:本次检测的故障如用户在本店维修,检测费包含在修理费用内;如用户不在本店维修,请您支付检测费。本次检测费:￥＿＿＿元。
- 贵重物品:在将车辆交给我店检查修理前,已提示将车内贵重物品自行收起并保存好,如有遗失恕不负责。

接车员:＿＿＿＿＿＿＿ 用户确认:＿＿＿＿＿＿＿

笔记

二、信息收集与处理

按照表 3-5-2 的提示,收集相关信息,并将相关信息填入表中相应位置。

表 3-5-2   信息收集与处理

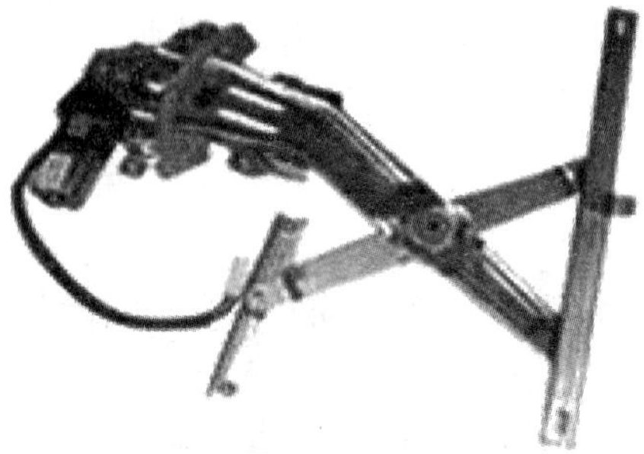

序号	部件名称	作　用
1		
2		
3		
4		
5		
6		
7		

1. 电动车窗的结构与原理

1) 电动车窗的结构组成

如图 3-5-1 所示,电动车窗主要由车窗玻璃升降器(又称换向器)、电动机、控制电路等组成。车窗玻璃升降器主要有蜗轮蜗杆式、齿轮齿扇式和齿轮齿条式等类型。

轿车所用的电动车窗玻璃升降器,机械部分主要由蜗轮、蜗杆、绕线轮、钢丝绳、导轨、滑动支架等组成。当电动车窗玻璃升降器中直流永磁电动机电路接通后,转轴输出转矩,经蜗轮蜗杆减速后,再由缓冲联轴器传递到转丝筒,带动转丝筒旋转,使钢丝绳拉动安装在玻璃支架上的滑动支架在导轨中上下运动,达到车窗玻璃升降的目的。

2) 电动天窗的组成、位置

如图 3-5-2 所示,电动车窗系统主要由车窗、电动玻璃升降器、电动机、开关(主开关、分开关)等组成。电动车窗一般在每个车窗安装一个双向永磁式电动机,通过开关控制电动机的电流方向,使电动机驱动升降机构实现车窗的升降。下面以本田雅阁车的电动车窗系统为例说明。

3) 电动车窗的电路工作原理与电路图

电动车窗的工作原理。如图 3-5-3、图 3-5-4、图 3-5-5 所示,电动车窗的工作由电动车窗总开关中的主开关控制,当主开关处于 OFF 位置时,只有司机门窗可以打开或关闭。

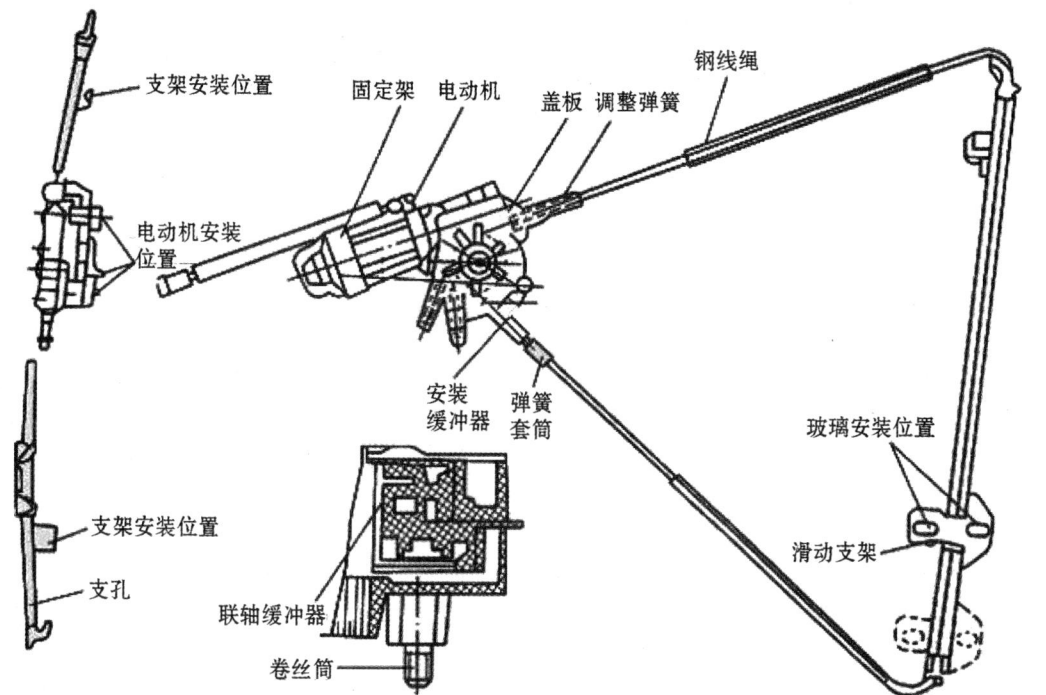

桑塔纳2000型轿车电动车窗玻璃升降器结构图

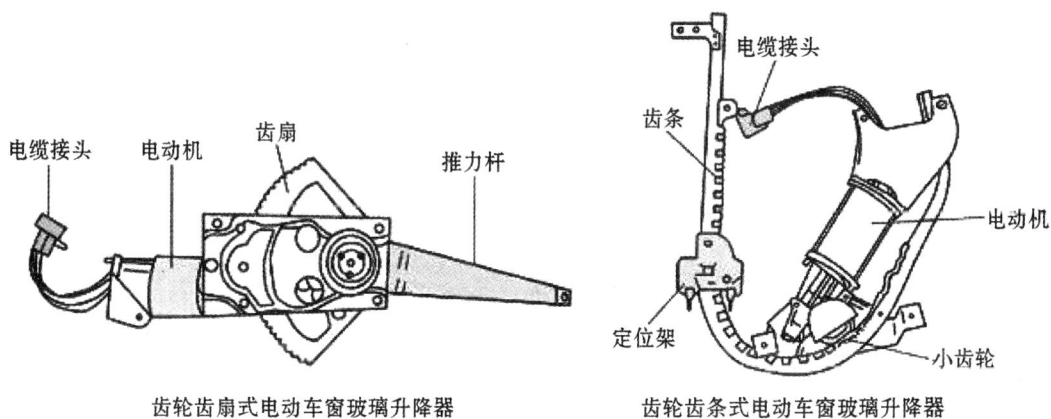

齿轮齿扇式电动车窗玻璃升降器　　　齿轮齿条式电动车窗玻璃升降器

图 3-5-1　电动车窗的结构组成

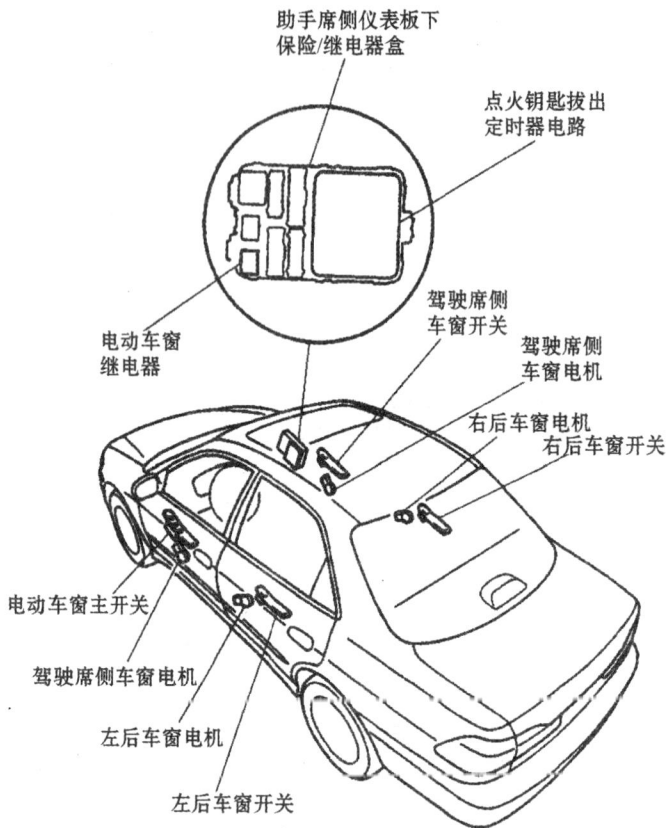

图 3-5-2　电动顶窗的组成、位置

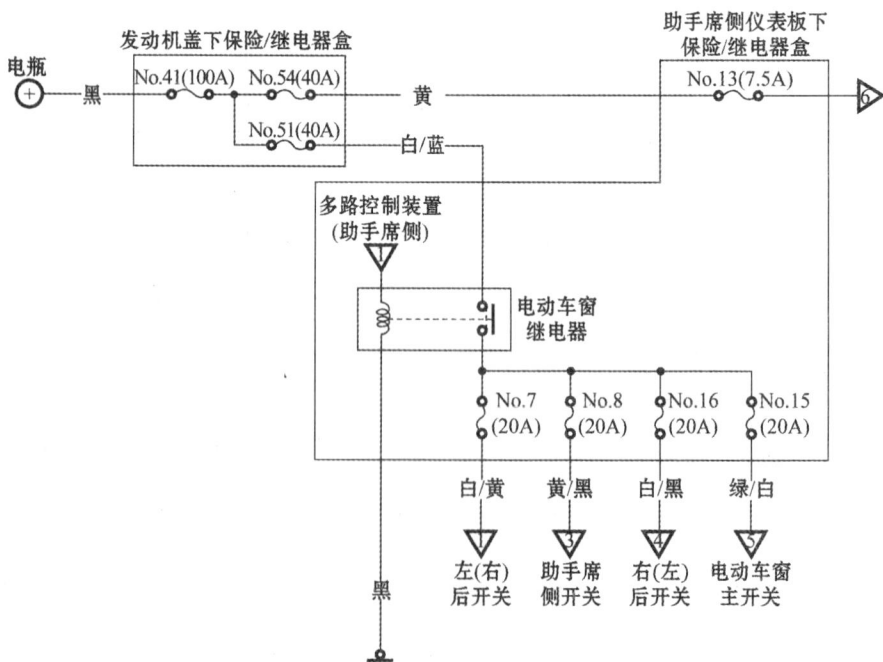

图 3-5-3　雅阁电动车窗电源电路(一)

　　主开关处于 ON 位置时,可以通过车门上的车窗开关或车窗总开关来打开或关闭所有的车窗,司机窗开关有一个自动下降模式,把开关推到第二个位置即可使其通电。电动车窗由双向电动机来驱动,每个电动机由内置的断路器保护。如果车窗开关长时间保持在某一位置,断路器使电路断开。电动机冷却后电路断路器自动复位。在车门接通电源时,不要把司机窗开关置于"自动下降"位置。

　　当点火开关由 RUN 或 START 位置切换到 OFF 位置之后 10 min 内,多路控制装置向电动车窗继电器中的线圈供电,电动车窗继电器的触点闭合,同时电动车窗总开关以及车门中所有的车窗开关通电。

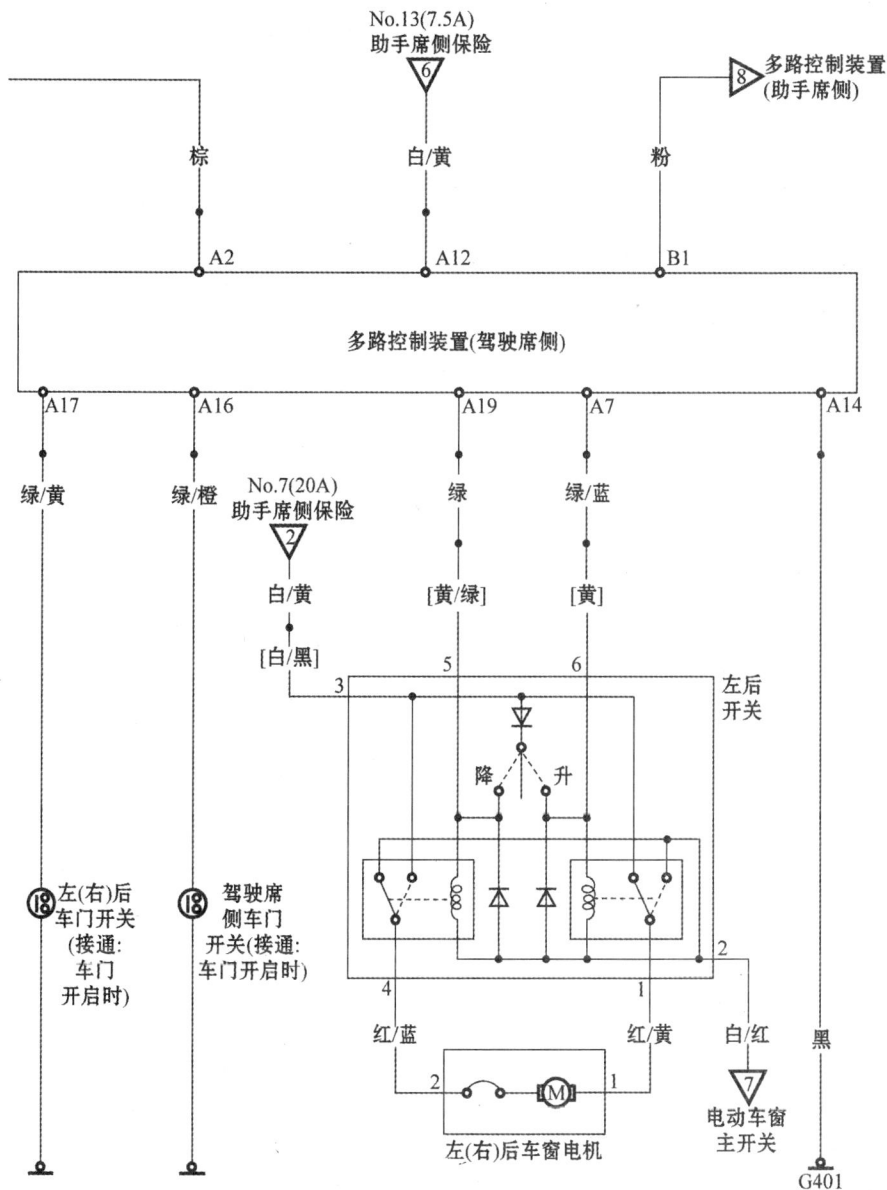

图 3-5-4　雅阁电动车窗电路(二)

笔记

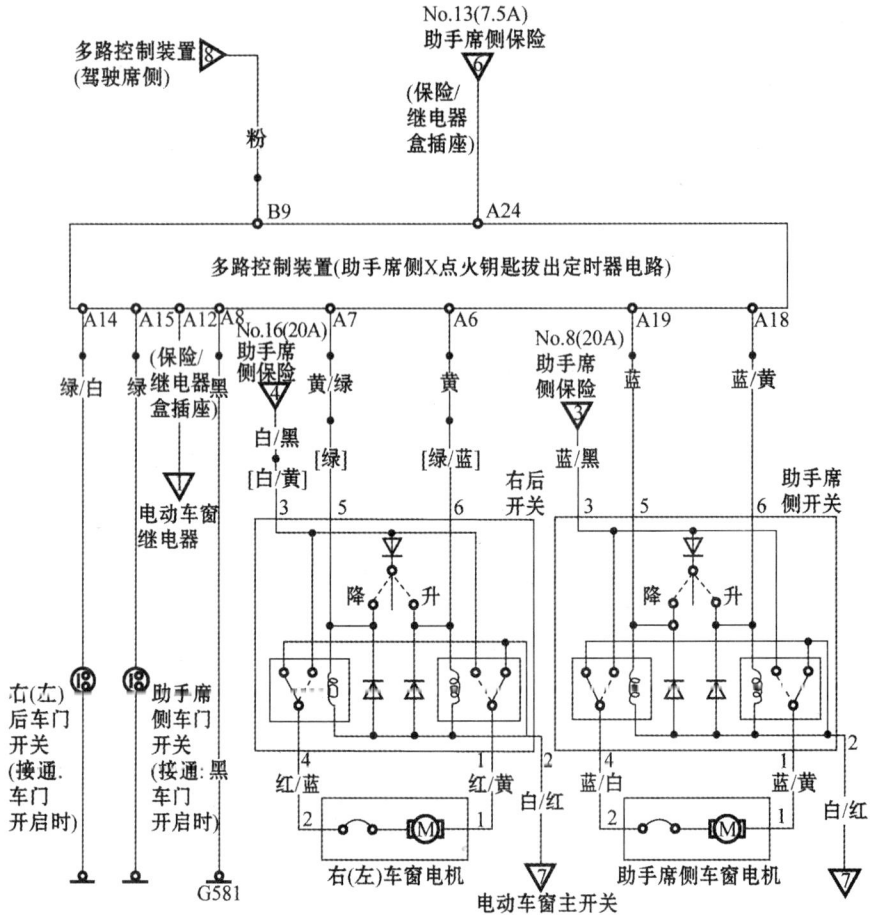

图 3-5-5 雅阁电动车窗电路(三)

司机侧车窗。司机车窗开关通电后,把司机车窗开关移至 UP 位置时,车窗电动机通电。电动机接地并通过司机电动车窗开关形成回路,当开关保持在 UP 位置时电动车窗电动机把车窗升起;当开关保持在 DOWN 位置时,电压反向供电,同时电动机将车窗降下。

车窗玻璃自动下降(司机侧车窗)。当把司机窗开关推至 AUTU DOWN 位置时,电压通过司机车窗开关供给车窗电动机,在电动机工作时,多路控制装置接收脉冲器输入的脉冲,当车窗完全降下时,电动机工作停止,同时脉冲器不再产生脉冲,同时电动车窗电动机断电。

前乘客侧车窗。当右前门中的车窗开关移至 UP 位置时,右前电动车窗电动机通电,电动机通过右前电动车窗开关和总开关中的触点而接地,当开关保持在 UP 位置时,车窗向上移动,如果右前门车窗开关移向 DOWN 位置,电压反向供电,车窗下降,其他的乘客车窗工作原理与此相似。

2. 电动顶窗的结构与工作原理

1) 电动顶窗的位置与组成

电动顶窗的位置与组成,如图 3-5-6 所示。

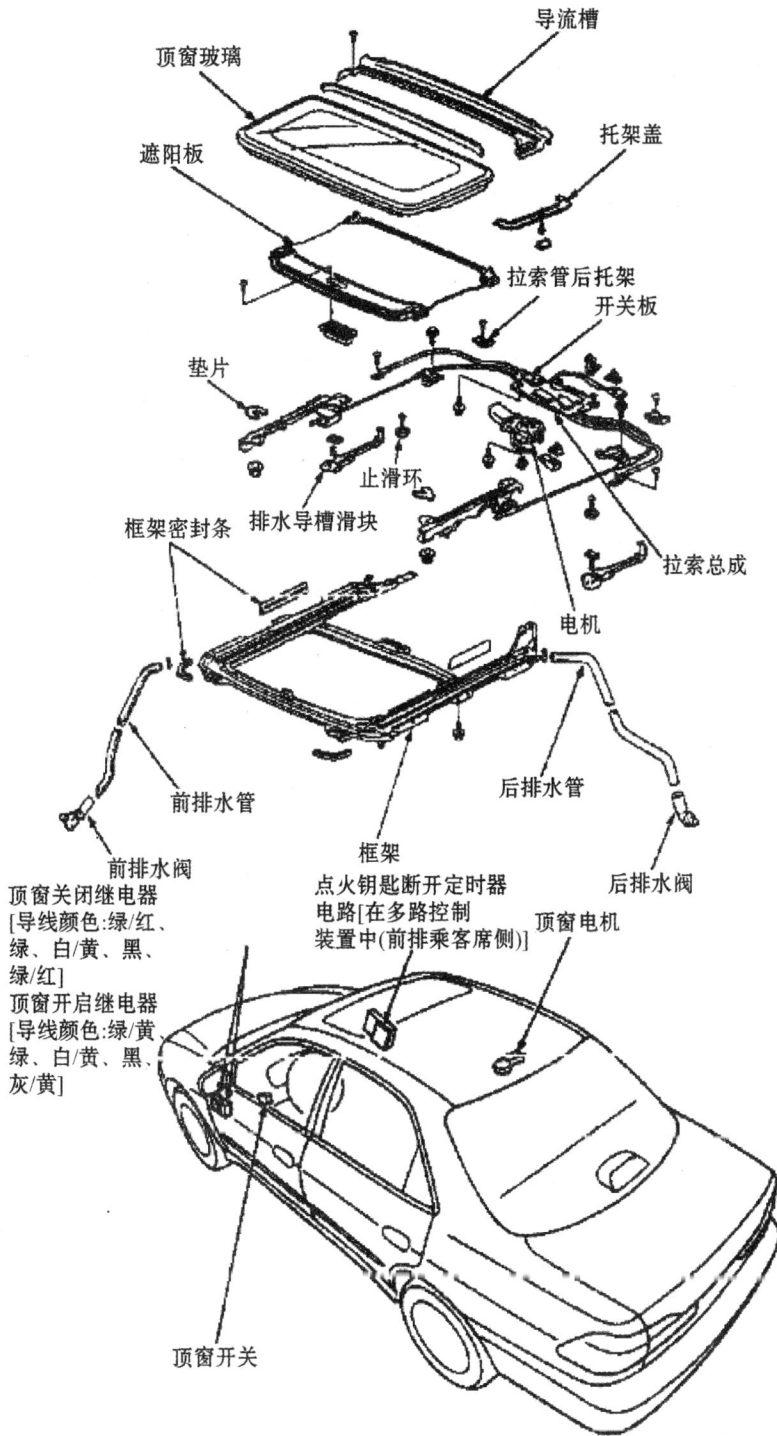

图 3-5-6 电动顶窗的位置与组成

2）电动顶窗的控制电路

电动顶窗的控制电路，如图 3-5-7 所示。

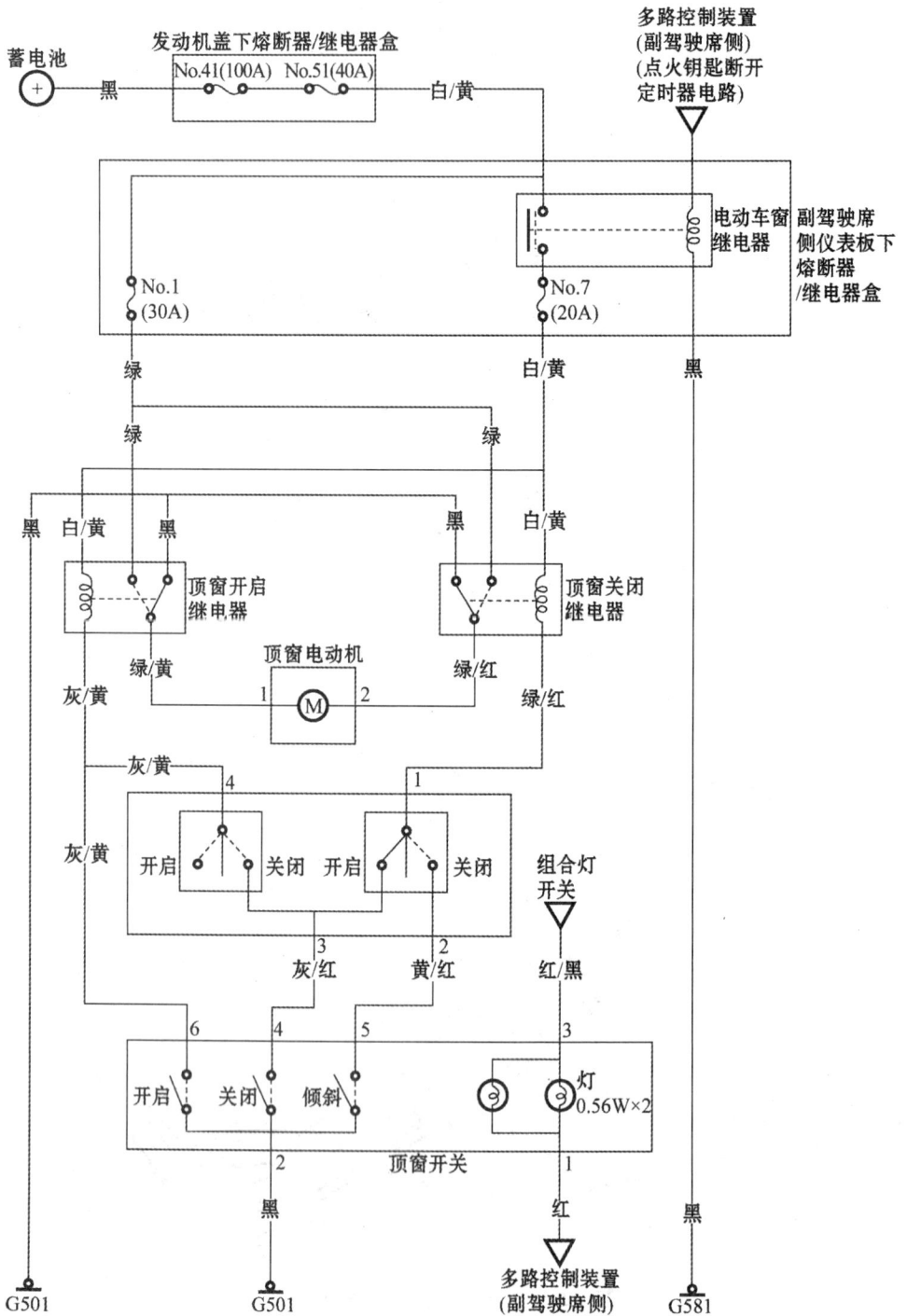

图 3-5-7 电动顶窗的控制电路

三、制订计划

查阅车辆维修资料,了解车辆汽车电动车窗类型特点,分析汽车电动车窗的结构特点;查阅维修手册,熟悉汽车电动车窗的拆装规范,制订汽车电动车窗的拆装计划。

1. 待修汽车电动车窗的功能

待修汽车电动车窗的功能如表 3-5-3 所示。

表 3-5-3　待修汽车电动车窗的功能

	1. 概述 电动车窗系统是通过开关操作开闭车窗的系统。当电动车窗开关操作时,电动车窗马达旋转。车窗开闭调节器把电动车窗马达的旋转运动转换成上下运动打开或关闭车窗 2. 电动车窗系统包括下面的功能 (1) 手动开/关的功能 (2) 单触式自动开/关功能 (3) 车窗锁止功能 (4) 防夹保护功能 (5) 无钥匙电动车窗功能

功　能	说　明	示意图
1. 手动开/关的功能	当电动车窗开关被推或拉到一半时,窗户打开或关闭直至开关被松开	
2. 单触式自动开/关功能	当电动车窗开关被推或拉到底时,窗户全开或全关 提示: 有些车型只有自动打开的功能,有些车型只有驾驶员窗有自动开关功能	
3. 车窗锁止功能	当车窗锁止开关打开时,除驾驶员车窗,所有车窗打开和关闭功能失效	
4. 防夹保护功能	在单触式自动关窗期间,如果异物卡在窗内,此功能自动停止电动车窗并将车窗玻璃向下移动大约 50 毫米	
5. 无钥匙电动窗功能	如果驾驶员车门不打开,在点火开关开到 ACC 或 LOCK 位置后大约 45 秒的时间里,此功能允许电动车窗系统的操作 参考: 驾驶员车门锁芯联动功能 此功能按照驾驶员车门锁芯和无线控制门锁的操作打开和关闭车窗	

2. 待修汽车电动车窗的结构与工作原理

待修汽车电动车窗的结构与工作原理如表 3-5-4。

表 3-5-4   待修汽车电动车窗的结构与工作原理

电动车窗系统由下列元件组成：
(1) 车窗调节器
(2) 电动车窗马达
(3) 电动车窗总开关(由电动车窗开关和车窗锁止开关组成)
(4) 电动车窗开关
(5) 点火开关
(6) 门控开关(驾驶员侧)

结 构	示意图	结构与原理说明
1. 车窗开闭调节器		(1) 功能 电动车窗马达的旋转运动被转换为上下运动,打开和关闭车窗 (2) 结构 车窗由车窗开闭调节器提升臂支持,它用 X 臂支持,车窗开闭调节器均衡器臂与其相连 车窗用 X 臂高度的改变来打开和关闭 提示： 除了 X 臂型车窗开闭调节器外,还有拉索型和单臂型的车窗开闭调节器
2. 电动车窗马达		(1) 功能 电动车窗马达正向或反向转动,驱动车窗开闭调节器 (2) 结构 电动车窗马达由三部分组成:马达、传动机构和传感器。通过开关操作,马达正向和反向转动。传动装置将马达旋转传输到车窗开闭调节器 传感器由用于控制防夹功能的限位开关和速度传感器组成
3. 凹凸面接合开关		凹凸面接合开关位于滑动门和车身上。滑动门关闭时,电源供电。打开滑动门将切断电源

续 表

结 构	示意图	结构与原理说明
4. 滑动门持续电源装置	 **滑动门持续电源装置** 关门方向　弹簧板 至电源　开门方向	滑动门持续电源装置始终连接电源和车身的电动车窗总开关以及滑动门的电动车窗元件,而与车门的情况(开启或关闭)无关。配备此装置的车辆没有滑动门车型应用的凹凸面接合开关。这种车型的电动部件,例如滑动门的电动车窗,即使车门打开着也可以操作
5. 电动车窗总开关		当点火开关处于 ON 位置,并且驾驶员的电动车窗开关拉到一半,手动的 UP 信号被输入到 IC,并发生下述变化: Tr:ON UP 继电器:ON DOWN 继电器:接地电路 结果,驾驶员电动车窗马达向上方向转动 当这开关被松开时,UP 继电器关掉,马达停止 当驾驶员电动车窗开关被推到一半,手动 DOWN 信号被输入到 IC,并发生下述变化: Tr:ON UP 继电器:接地电路 DOWN 继电器:ON 结果,驾驶员电动车窗马达朝向下方向转动 提示:有些车型装备有 PTC 热敏电阻或电路断路器,以防止过电流流经马达

笔记

结 构	示意图	结构与原理说明
5. 电动车窗总开关	手动开关 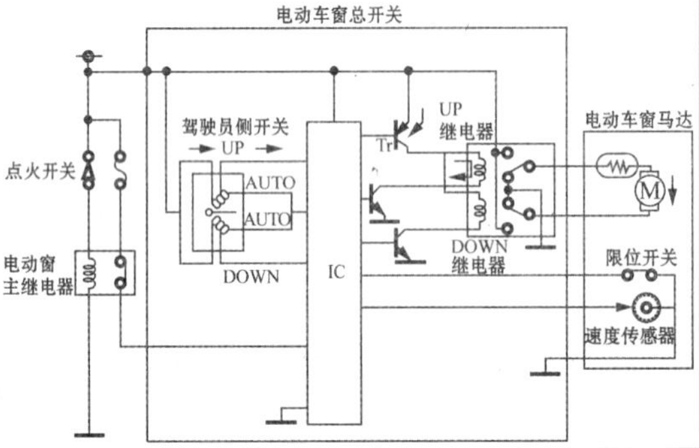 手动开关 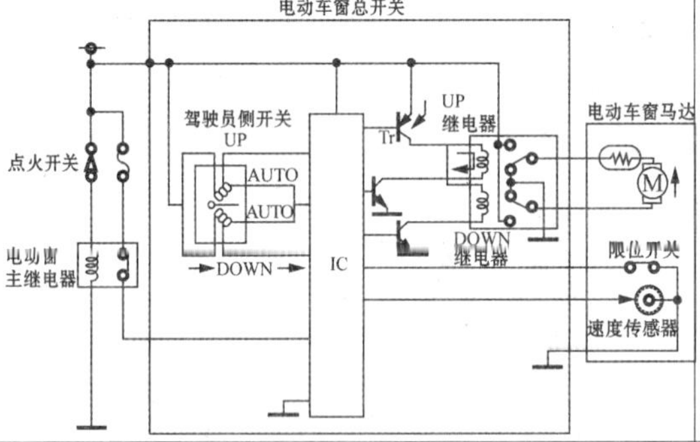 	手动关闭
6. 门控开关	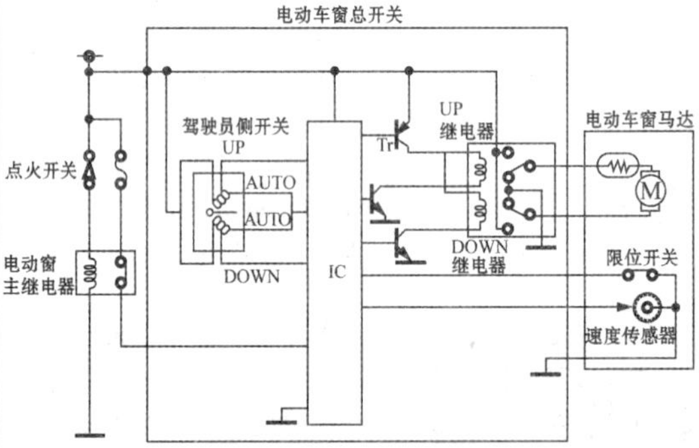	当点火开关处于 ON 位置且驾驶员的电动车窗开关被拉到底时,一个自动 UP 信号被输入到 IC。因为 IC 有定时器电路并且当自动 UP 信号被输入时,此定时器电路将保持 ON 的情况最多 10 秒钟,所以即使在开关被松开后马达也继续转动。如果驾驶员车窗完全关闭并且 IC 检测到来自电动车窗马达的速度传感器和限位开关的马达锁止信号,或者定时电路关闭,电动车窗马达停止转动。自动关闭操作可以通过把驾驶员电动车窗开关往打开方向打开一半来终止
	单触式自动开启 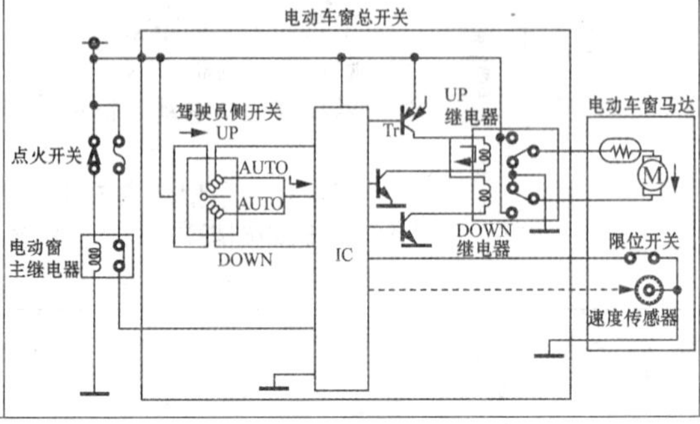 	自动开启

续 表

结 构	示意图	结构与原理说明
6. 门控开关	单触式自动关闭 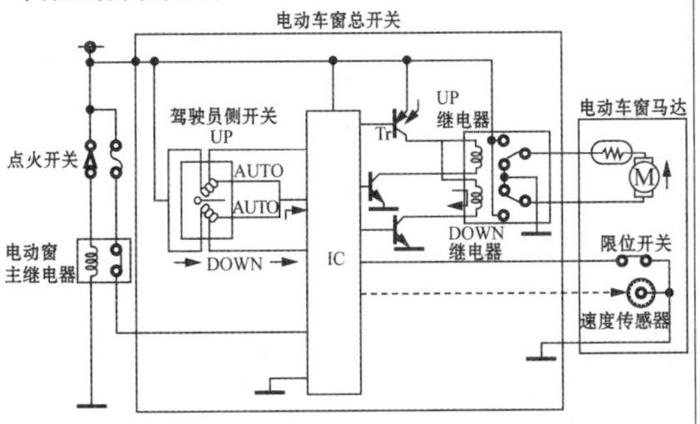	自动关闭
7. 限位开关和速度传感器	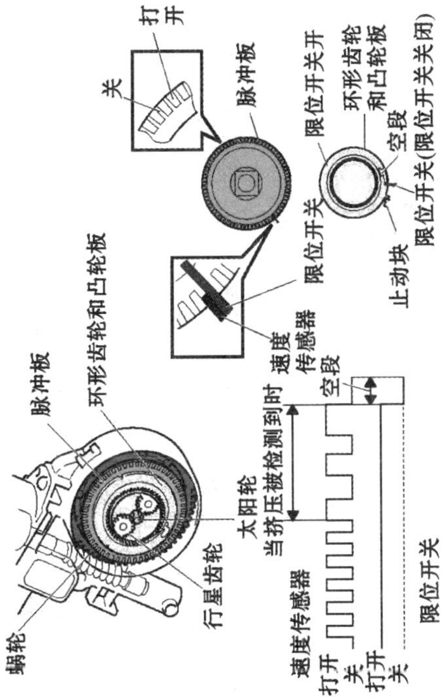	通过两个元件检测窗户是否被卡住:电动车窗马达中的限位开关和速度传感器 速度传感器根据电动机转速发出一个脉冲信号。从脉冲波长的变化可以检测出车窗是否卡住 限位开关根据齿圈的空段来判别是卡住情况下的脉冲信号波长改变,还是车窗已经完全关闭情况下的脉冲信号波长改变
	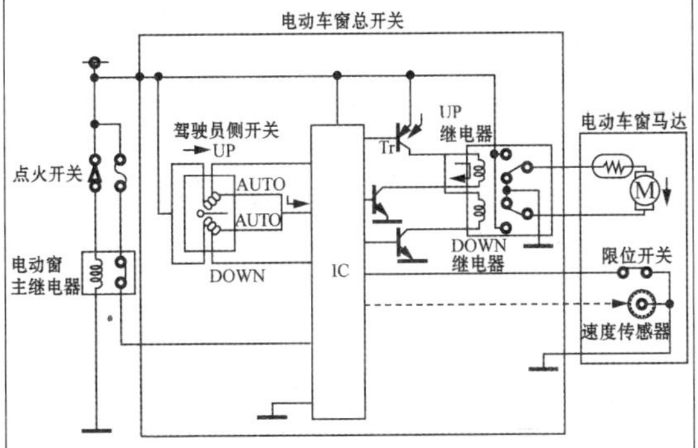	当电动车窗总开关从电动车窗马达收到卡住信号时,它关掉 UP 继电器,打开 DOWN 继电器大约 秒钟,以退回车窗玻璃大约 50 毫米,以防止车窗玻璃更进一步关闭 警告:可以通过在窗户和窗框之间插入一物体(例如捶柄)来检测防夹保护功能的运行。因为如果当窗户处于几乎要关闭的状态时,防夹保护功能不触发,因此用手试验会引起伤害。有些老型号没有防夹保护功能

笔记

结　构	示意图	结构与原理说明
7. 限位开关和速度传感器	UP方向至少4秒	（1）在下面情况下，电动车窗马达需要重置（到限位开关的初始位置）： ① 当车窗开闭调节器和电动车窗马达断开时 ② 车窗没有装上，触发了车窗开闭调节器时 ③ 执行了任何改变车窗关闭位置的操作，例如更换了车门玻璃槽时 （2）如何重置（Corolla〔NZE12♯〕） ① 将电动车窗马达和电动车窗总开关连接到车辆的线束 ② 将点火开关旋到 ON 位置，并操作电动车窗总开关，让电动车窗马达在 UP 方向空转四秒以上（旋转 6 圈到 10 圈之间） 提示： 重置过程参考修理手册，因为步骤因车型不同而有异
8. 无钥匙电动车窗		无钥匙电动车窗功能根据门锁控制系统控制电动车窗主继电器的操作 当点火开关从 ON 位置到 ACC 或 LOCK 位置时，组合继电器检测到此变化，触发定时电路并保持电动车窗主继电器接通大约 45 秒钟 当组合继电器根据来自门控开关的信号检测到车门打开时，继电器关掉电动车窗主继电器 提示： 有些车型在电动车窗总开关中有定时器电路，它控制无钥匙电动车窗功能

表 3-5-5　汽车电动车窗拆装计划

	车辆描述		
1. 车辆信息描述	电动车窗的结构类型		
2. 汽车电动车窗结构组成			
3. 车辆电动车窗结构特点描述			
4. 汽车电动车窗拆装工作准备			

续　表

	步骤	拆装项目	操作要领	技术要求或标准	检修记录
5. 汽车电动车窗拆装工艺流程					

四、任务实施

按照表 3-5-5 汽车电动车窗拆装计划,实施拆装作业,并将作业要领记录在表 3-5-6 中。

表 3-5-6　汽车电动车窗拆装作业任务

检查步骤	拆装项目	操作要领	示意图	记录

五、检验评估

在完成拆装作业后,按表 3-5-7 汽车电动车窗拆装检验与评价表,实施作业质量检验,并进行三方评价。

表 3-5-7　汽车电动车窗拆装检验与评价表

检验与评价内容	检验与评价指标	权重	自评	互评	总评
作业质量检验	1. 电动车窗拆装是否规范				
	2. 电动车窗工作是否正常				
检查任务完成情况	1. 能描述汽车电动车窗的作用与原理				
	2. 在小组所扮演的角色,对完成任务过程中所起的作用				
职业素养	1. 学习态度:积极主动参与学习				
	2. 团队合作:与小组成员一起分工合作,不影响学习进度				
	3. 现场管理:服从工位安排、执行实训室"5S"管理规定				

任务3.6 拆装空调

任务描述	一辆2006款一汽丰田威驰汽车出现交通事故,车辆严重受损,进入维修厂进行维修。针对维修接待和车间确认意见,拆装空调系统
任务目标	1. 能描述汽车空调系统的结构,分析其结构特点 2. 会查阅汽车空调系统的拆装规范,并进行规范拆装

一、维修接待

按照表3-6-1所示,通过询问客户了解车辆发生事故的情况,填写接车问诊表,并根据车间检测初步确认结果,进行拆装作业。

表3-6-1 维修接待与接车问诊表

接 车 问 诊 表

车牌号:_____ 车架号:_____ 行驶里程:_____(km)

用户名:_____ 电 话:_____ 来店时间:_____ /_____

用户陈述及故障发生时的状况:**一辆2006款一汽丰田威驰汽车出现交通事故,车辆严重受损,进入维修厂进行维修**

故障发生时的状况提示:**行驶速度、发动机状态、发生频度、发生时间、部位、天气、路面状况、声音描述**

接车员检测确认建议:**拆装空调系统**

车间检测确认结果及主要故障零部件:**拆装空调系统**

车间检查确认者:_____

外观确认:

功能确认:(工作正常✓　不正常✗)
□音响系统　　□门锁(防盗器)　□全车灯光　□工具
□后视镜　　　□顶窗　　　　　□座椅　　　□点烟器
□玻璃升降器　□玻璃

物品确认:(有✓　无✗)
□贵重物品提示
□工具　□备胎　□灭火器
□其他(　　　　　　　)
旧件是否交还用户　□是　□否
用户是否需要洗车　□是　□否

F
E

(请在有缺陷部位作标识)

· 检测费说明:本次检测的故障如用户在本店维修,检测费包含在修理费用内;如用户不在本店维修,请您支付检测费。本次检测费:￥_____元。

· 贵重物品:在将车辆交给我店检查修理前,已提示将车内贵重物品自行收起并保存好,如有遗失恕不负责。

接车员:_____　　　　用户确认:_____

二、信息收集与处理

按照表 3-6-2 的提示,收集相关信息,并将相关信息填入表中相应位置。

表 3-6-2　信息收集与处理

冷却单元
(膨胀阀,蒸发器)
清洁空气过滤器
逆风机
加湿器/干燥器
(观察孔)
压缩机　　冷凝器

序号	部件名称	作　用
1		
2		
3		
4		
5		
6		
7		

1. 汽车空调的组成

汽车空调一般主要由压缩机(compressor)、电控离合器(electric clutch)、冷凝器(condenser)、蒸发器(evaporator)、膨胀阀(expansion valve)、储液干燥器(receiver-drvier)、管道(pipeline)、软管(hoses)、冷凝风扇(condenscr fan)、真空电磁阀(vacuum solenoid)、怠速器和控制系统等组成。汽车空调分高压管路和低压管路。高压侧包括压缩机输出侧、高压管路、冷凝器、贮液干燥器和液体管路;低压侧包括蒸发器、积累器、回气管路、压缩机输入侧和压缩机机油池。各系统的结构与作用见表 3-6-3。

2. 制冷循环系统的构造及工作原理

1) 制冷系统的作用

制冷系统是空调重要的组成部分,制冷剂在封闭的系统中循环流动。在夏季时,能根据空调的要求,对驾驶室和车厢内的空气进行冷却,能降低车内的温度,让乘客感到凉爽。

表 3-6-3　汽车空调结构与作用

系统组成	结构组成与作用	示意图
制冷系统总成	(1) 组成:压缩机、冷凝器、储液干燥器、膨胀阀、蒸发器 (2) 作用:使制冷剂循环,产生制冷效果	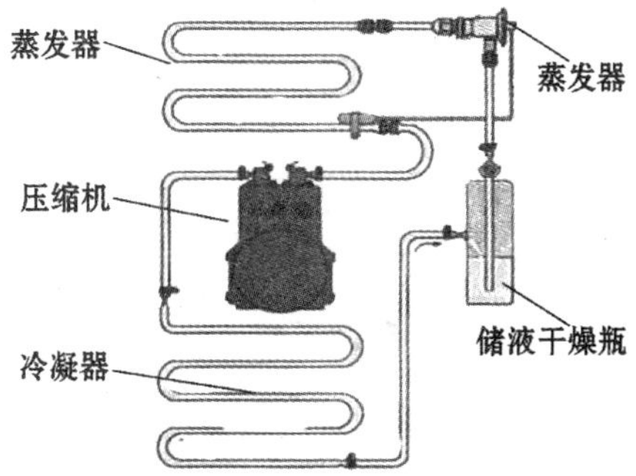
配气系统总成	(1) 组成:鼓风机、通风装置、调温装置、空气分配装置 (2) 作用:控制循环方式、调节温度和湿度、进行空气送风模式分配	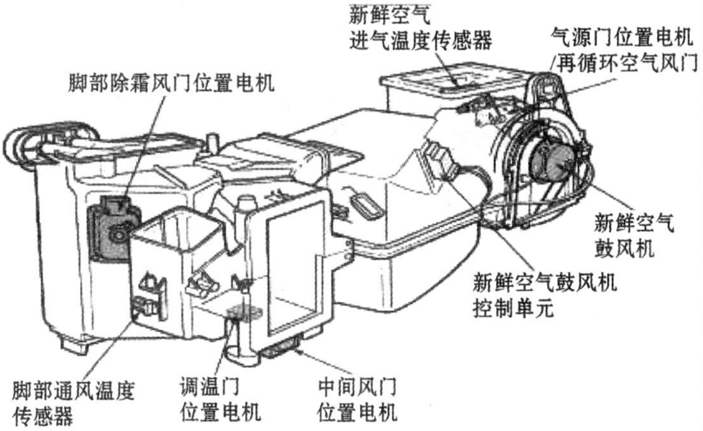
取暖系统总成	(1) 组成:加热芯、调温装置、鼓风机、热水阀等 (2) 作用:调节车内的温度及除霜	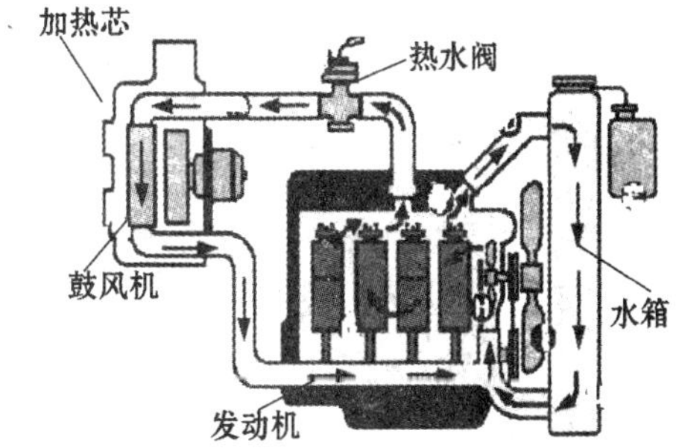
电气控制系统	(1) 组成:主要由压缩机控制电路、鼓风机控制电路、冷凝风扇控制电路等 (2) 作用:对空调系统中的电气元件进行控制	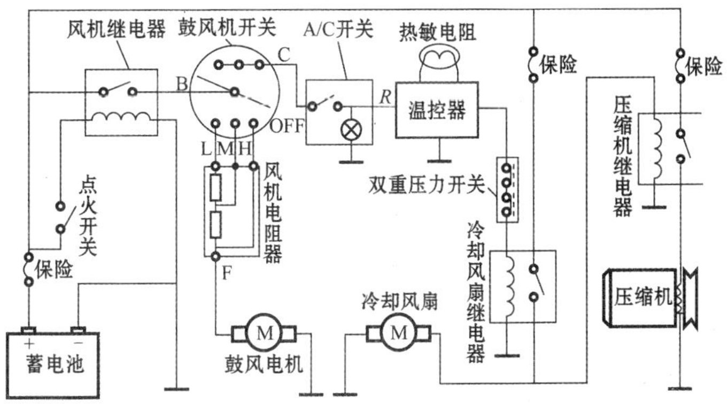

在冬季时,进入车内的空气先经过制冷装置冷却降温除去其中的水分,降低空气的相对湿度(即除湿作用),如图 3-6-1 所示。

图 3-6-1 汽车空调调节车内空气的原理

2) 空调制冷系统的组成

制冷系统由压缩机、冷凝器、储液干燥器、膨胀节流装置、蒸发器、导管与软管、压力开关等构成。详见表 3-6-4。

表 3-6-4 空调制冷系统的组成

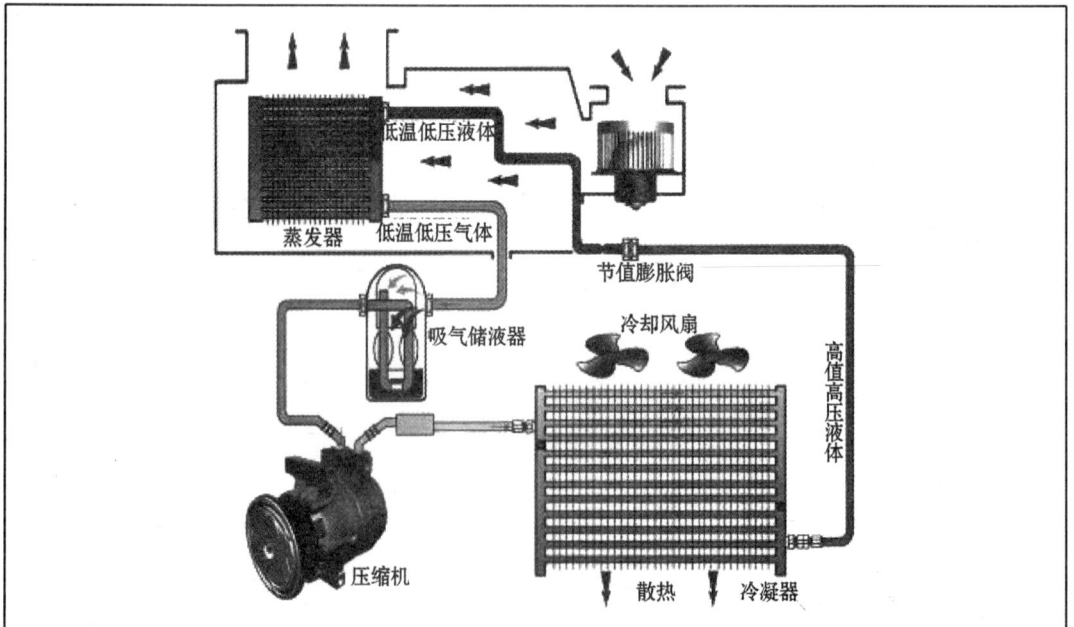

续 表

元件名称	图 示	说 明
压缩机		压缩制冷剂、使制冷剂在系统中循环
冷凝器		给从压缩机来的高温高压的气态制冷剂散热降温,使其变成液态制冷剂
储液干燥器		储存制冷剂、干燥水分,过滤杂质
膨胀阀		节流降压,自动调节制冷剂流量,控制制冷剂流量,防止压缩机产生液击和蒸发器过热现象
蒸发器		制冷剂膨胀,并吸收空气中的热量
导管与软管	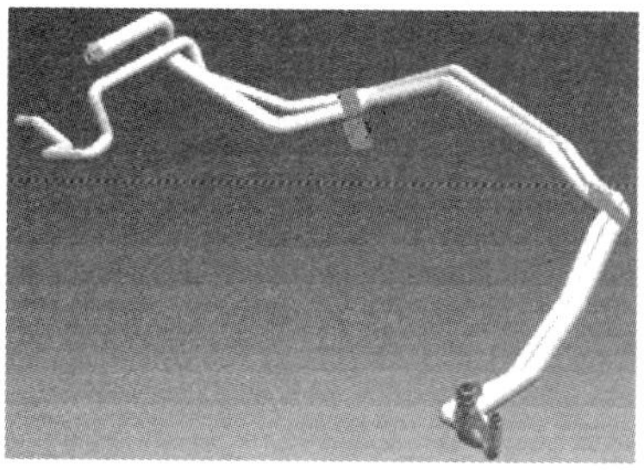	各部件由下列三种管路连成空调系统:①高压软管,用于连接压缩机和冷凝器;②液体管路,用于连接冷凝器和蒸发器;③回气管路,用于连接蒸发器和压缩机

笔记

元件名称	图　示	说　明
压力开关		在系统压力过高、过低时停止压缩机工作。保护制冷系统受损

3）制冷原理

液体气化需要吸收热量，而气体液化时则会放出热量，减小或加大压力也可以使气体液化。根据这一原理，汽车制冷装置的工作可以分为以下两个过程：过程一，降低压力，使制冷剂从液态变为气态，同时吸收车厢内的热量，即膨胀与蒸发的过程；过程二，将气态的制冷剂加压并冷凝变化为液态，使之向车厢外放出热量，即气态制冷剂还原为液态的过程，如图 3-6-2 所示。

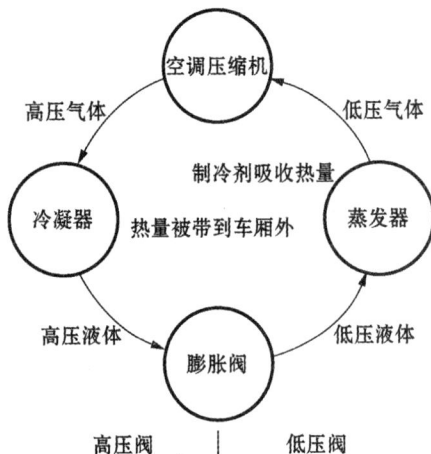

图 3-6-2　制冷系统的工作过程

膨胀与蒸发过程：高温高压的液态制冷剂存储在于储液罐中，然后这种液态制冷剂通过膨胀阀特殊作用的小孔流至蒸发器，此时，制冷剂的温度和压力均下降，部分液态的制冷剂转化为蒸气。低温低压的制冷剂流入蒸发器后，进行蒸发，并吸收周围的热量，如图 3-6-3 所示。

气态制冷剂还原为液态的过程：如果液态制冷剂用尽，制冷装置便不能起到制冷的作用，这就需要不断地向储液罐中补充新的液态制冷剂。而空调系统使从蒸发器蒸发的气态制冷剂重新变为液体，从而实现制冷剂的循环，如图 3-6-4 所示。

在空调系统中，通过先升高压力再降低温度的方法使制冷剂液化。压缩机的作用是压缩从蒸发器出来的气态制冷剂，经过压缩的气态制冷剂在冷凝器中将热量释放至周围的空气中，本身则冷凝回液态，这些液态制冷剂随后返回储液罐。

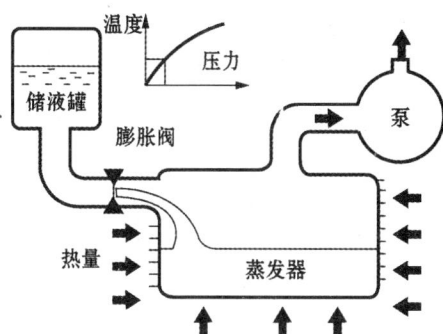

图 3-6-3　制冷剂膨胀与蒸发的过程

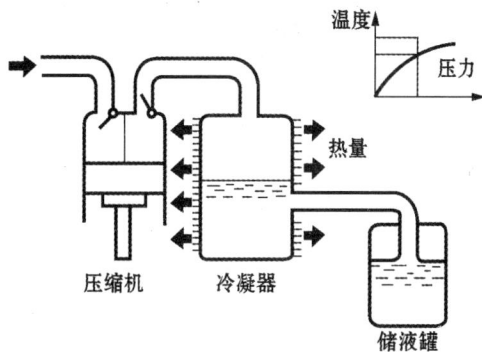

图 3-6-4　制冷剂冷凝为液态的过程

　　饱和温度和饱和压力:如果制冷剂加热,则其中的一部分液体就会变成蒸气;反之,如果从制冷剂取出热量,则其中的一部分蒸气又会变成液体(温度不改变)。在这种制冷剂液体和蒸气处于共存的状态时,液体和蒸气可以相互转换。处于这种状态的制冷剂蒸气叫饱和蒸气,处于这种状态的制冷剂液体叫饱和液体。气化过程中,由饱和液体与蒸气组成的混合物称为湿蒸气。饱和蒸气的温度叫做饱和温度,饱和蒸气的压力叫做饱和压力。

　　通常所说的沸点都是指液体在标准大气压下的饱和温度。对于不同的液体,在同一压力下,它的饱和温度也是不同的,见表 3-1-5 所示。

表 3-6-5　几种液体在一个标准大气压下的正常沸点

液体名称	沸点/℃	液体名称	沸点/℃
水	100	R22	−40.8
酒精	78	R134a	−26.15
R12	−29.8	R142b	−9.25
氨	−33.4	R123	27.61

　　作为制冷剂的主要特征之一就是其沸点要低,这样才能利用制冷剂液体在低温下气化吸热来得到气态,同时还要求制冷剂在规定的工作温度范围内,其饱和压力不要过高或过低。饱和蒸气的温度与压力之间有一定的关系,即压力越高饱和温度也越高,比较如表 3-6-6 所示。

表 3-6-6　制冷剂的气化过程

气化过程的影响因素	原　理	例　子
沸点和压力有这样的关系	压力增大 → 饱和温度升高 压力减小 → 饱和温度降低	当在正常大气压上增大 88 kPa 时。水由正常大气压下的 100 度沸腾变为到 118℃才会沸腾:当在低于正常大气压 39.2 kPa 时,水在 84℃时就会沸腾
气态冷凝至液态的变化原理	当气体受到压缩时,温度和压力均会升高	当气态制冷剂受到压力从 0.21 MPa 升高至 1.47 MPa 时,温度便从 0℃升至 80℃,制冷剂在 1.47 MPa 下的沸点为 57℃

　　结论:受到压缩的气态制冷剂的温度 80℃高于其沸点 57℃及周围空气温度.所以通过冷凝器释放其热量,使其温度降至沸点以下,便可使气态制冷剂转化成液态制冷剂。

4）制冷循环系统工作原理

如图 3-6-5 所示，压缩机运转时，将蒸发器内产生的低压低温蒸气吸入汽缸，经过压缩后，使蒸气的压力和温度增高（约 80℃，150 kPa）后排入冷凝器。

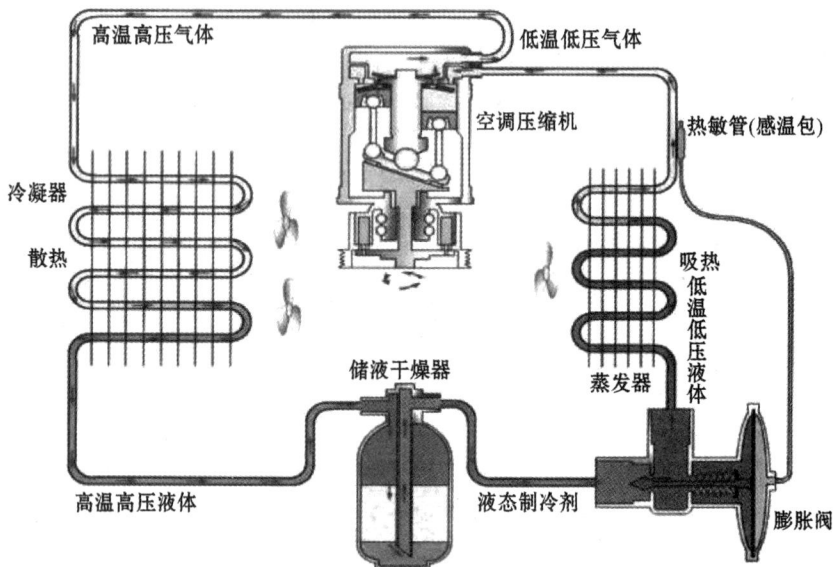

图 3-6-5　制冷系统的工作原理

在冷凝器中高温高压的制冷剂蒸气与外面的空气进行热交换，放出热量使制冷剂冷凝成高压液体（约 60℃，150 kPa），然后流入干燥贮液器，并过滤流出。

经过膨胀阀的节流作用，制冷剂以低压的气液混合状态进入蒸发器。在蒸发器里，低压制冷剂液体沸腾汽化，吸取车厢内空气的热量，然后又进入压缩机进行下一轮循环。

这样，制冷剂便在封闭的系统内经过压缩、冷凝、节流和蒸发四个过程，完成了一个制冷循环。

在制冷系统中，压缩机起着压缩和输送制冷剂蒸气的作用，它是整个系统的心脏。膨胀阀起到节流降压的作用，同时调节进入蒸发器制冷剂液体的流量，它是系统高低压的分界线。蒸发器是输出冷气的设备，制冷剂在其中吸收被冷却空气的热量实现降温。冷凝器是放出热量的设备。从蒸发器中吸收的热量连同压缩机消耗功能所转化的热量一起从冷凝器让冷却空气带走。压缩机所消耗的功起到了补偿作用，只有消耗了外界的功，制冷剂才能把从车内较低温度的空气中吸取的热量不断地传递到车外较高温度的空气中去，从而达到制冷的目的。

3. 汽车空调配气系统结构与原理

汽车空调配气系统的结构如图 3-6-6 所示，鼓风机通过内、外循环风门吸入轿车内循环空气或车外新鲜空气，经过蒸发器进行冷却。温度门处在不同的位置，可使冷却后的空气全部流经加热器被加热后进入空气混合室，或部分流经加热器被加热而另一部分直接进入空气混合室，达到所要求的空气温度。所要求的空气温度可通过调节空气分配所处的不同位置来实现。

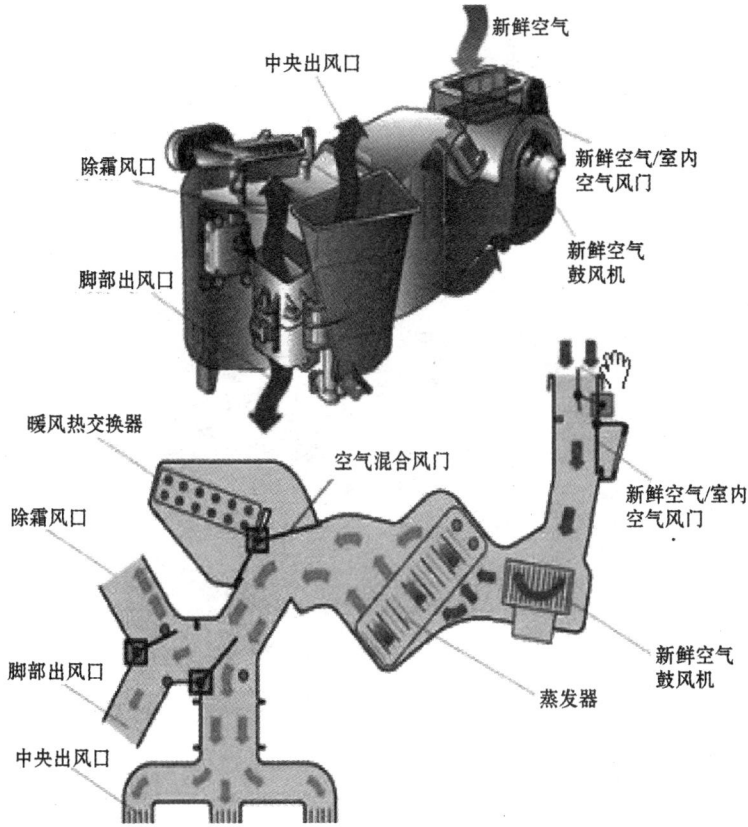

新鲜空气

中央出风口

除霜风口

脚部出风口

新鲜空气/室内空气风门

新鲜空气鼓风机

暖风热交换器

空气混合风门

除霜风口

脚部出风口

中央出风口

新鲜空气/室内空气风门

新鲜空气鼓风机

蒸发器

图 3-6-6　空调配气系统结构

汽车空调配气系统工作原理如图 3-6-7 所示分为空气进入段、空气混合段、空气分配段三个阶段。空气进入段主要由用来控制新鲜空气和室内循环空气的风门叶片和伺服器组成;空气混合段主要由加热器和蒸发器组成,用来提供所需温度的空气;空气分配段使空气吹向面部、脚部和风窗玻璃上。

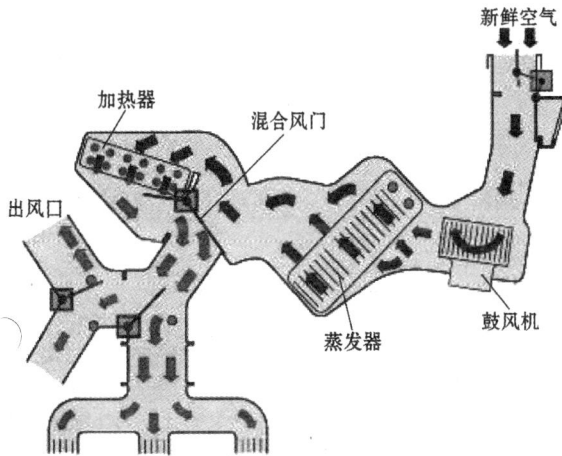

新鲜空气

加热器

混合风门

出风口

蒸发器

鼓风机

图 3-6-7　汽车空调配气系统工作示意图

1) 汽车取暖系统

给车厢内取暖是汽车空调的重要功能之一,而汽车空调的目的不是单纯制冷和取暖,而是在不断变化的车外大气环境下,保持车内的温度、湿度稳定在一定范围内,并保证送入车内的空气清新,所以必须有通风配气系统对已经通过制冷和加热的空气重新进行调和温度、输送和分配。汽车空调取暖系统结构如图 3-6-8 所示。

图 3-6-8　空调通风系统

汽车取暖系统的功能是将冷空气送入热交换器,吸收某种热源的热量,提高空气的温度,并将热空气送入车内。取暖系统的种类比较多。

(1) 汽车取暖系统的分类。

① 根据热源不同对汽车取暖系统的分类。

水暖式暖风系统。利用发动机冷却液的热量,称为水暖式暖风系统。此种形式大多用在轿车、大货车及要求不高的大客车上。

独立燃烧式暖风系统。安装专门燃烧机构,称为独立燃烧式暖风系统,这种形式多用于大客车上。

综合预热式暖风系统。既采用发动机冷却液的热量,又装有燃烧预热器的综合加热装置,称为综合预热式暖风系统,此种形式多用于大客车。

气暖式暖风系统。利用发动机排气系统的热量,称为气暖式暖风系统。这种形式多用在风冷式发动机上。

② 根据空气循环方式不同对汽车取暖系统的分类,见表 3-6-7。

表 3-6-7　按空气循环方式不同对汽车取暖系统的分类

类　型	示意图	控制原理
内循环式		内循环是指利用车内空气循环,将车室内部空气作为热载体,让其通过热交换的方式升温,升温后的空气再进入驾驶室内供乘员取暖。这种方式消耗热源较少,但从卫生标准看,是最不理想的

续　表

类　型	示意图	控制原理
外循环式		外循环是指利用车外空气循环,全部利用车外新鲜空气作为热载体,通过热交换,使升温后的空气进入驾驶室内供乘员取暖。从卫生标准看,这种方式是最理想的,但消耗热源也最大,因此是不经济的。只有特殊要求或高级豪华轿车空调才采用这种方法

（2）水暖式取暖装置的构造。

水暖式取暖系统实际上是发动机冷却系统的一部分,大致可分为两大部分:即热水循环回路和配气装置。

① 取暖装置的工作原理。

热水循环回路与发动机的水冷系统相连通,借助于发动机的水泵实现热水循环。来自发动机水冷系的热水从进水管流经加热器控制阀进入散热器,然后经由出水管回到发动机的水冷系,实现回路的循环,如图 3-6-9 所示。

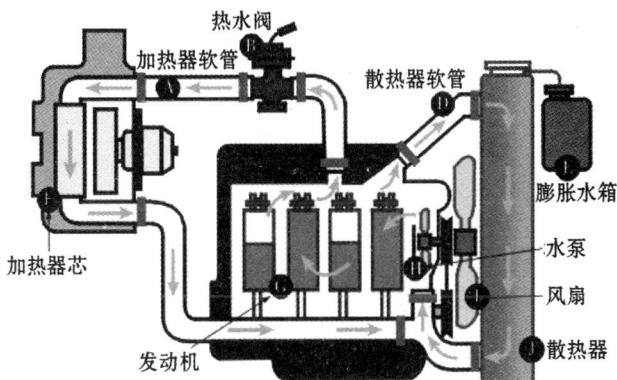

图 3-6-9　热水循环

在通风装置中,由风机(鼓风机电机)强制使空气循环运动。空气经由进风口被吸入,流经加热器时将被加热,并由出风口导出,进入车厢内实现取暖或为挡风除霜,如图 3-6-10 所示。

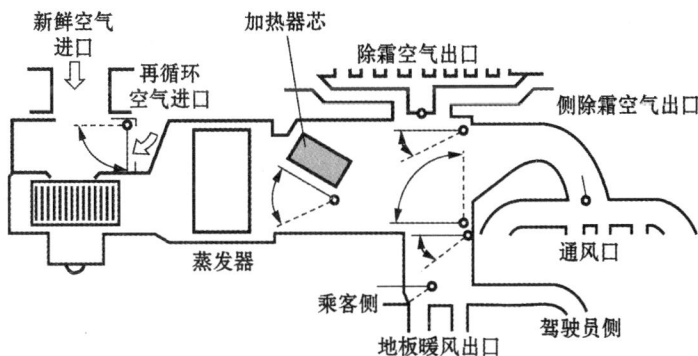

图 3-6-10　供暖系统工作原理图

② 取暖系统的构造(见表 3-6-8)。

表 3-6-8　取暖系统的构造

元　件	图　示	说　明
热水阀	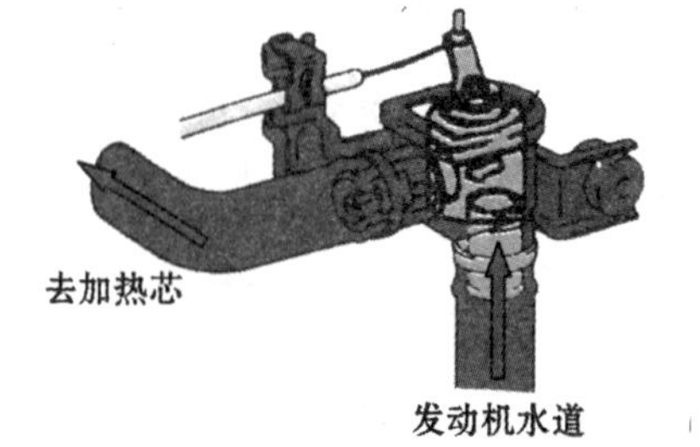 去加热芯 发动机水道	热水阀也称加热器控制阀,它安装在发动机冷却液通道中,用于对调节杆进行操控。控制进入加热芯的发动机冷却水的流量。可以通过空调控制面板上的温度调节杆进行操控
操纵拉线	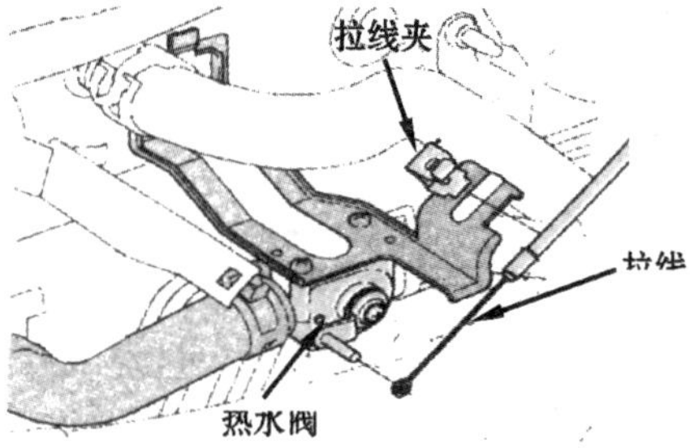 拉线夹 拉线 热水阀	在手动空调中,对热水阀的控制可由拉线或真空执行器实现。流经加热芯的热水流量的多少取决于拉线或真空执行器的位置
鼓风机总成	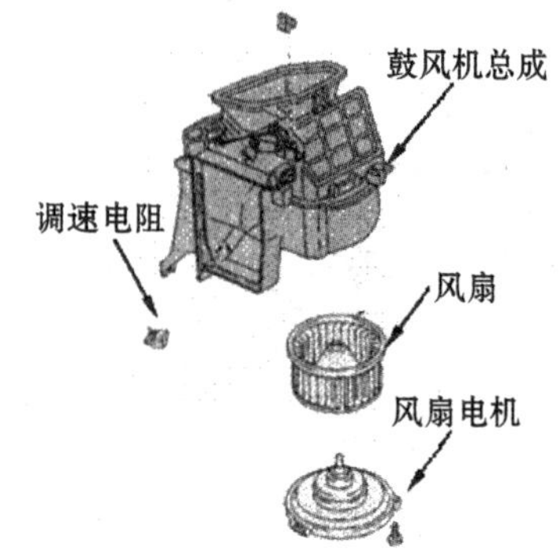 鼓风机总成 调速电阻 风扇 风扇电机	鼓风机电机总成由电动机、调速电阻、风扇组成
加热器芯	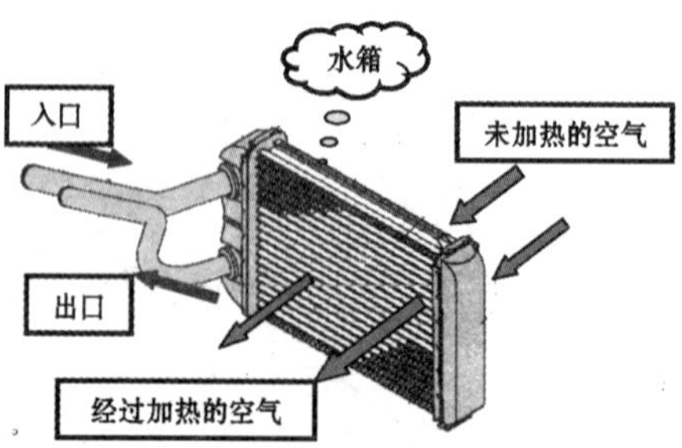 水箱 入口 未加热的空气 出口 经过加热的空气	加热器芯由管子和散热片等构成。新式加热器芯的管道上有凹坑,可改善热量输出性能。加热器芯的形状与散热器相似,如图所示。如前所述,当热水阀打开时,加热后的发动机冷却液部分流经加热器芯,以便为车厢内乘员提供所需的热空气

2) 汽车空调的通风与空气净化装置

汽车空调的通风与空气净化装置如图 3-6-11 所示,由汽车空调通风装置和空气净化装置组成。

新鲜空气净化器

前风窗玻璃通风口

护板

暖风加热器

(新鲜空气)鼓风机

仪表台通风口

司机脚部通风口

后座暖风通风口

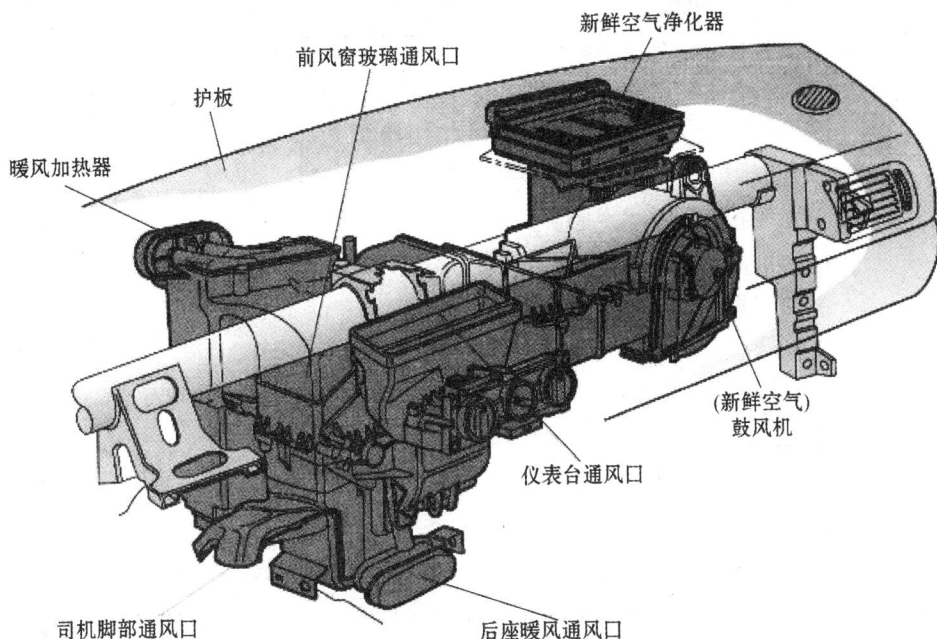

图 3-6-11 汽车空调通风装置和空气净化装置

(1) 汽车空调通风装置。

利用自然通风或强制通风方式将车外新鲜空气引入车内。汽车空调通风一般分为自然通风和强制通风。自然通风利用汽车行驶时车内外的空气压力差,通过进、出风口进行自然换气;强制通风利用鼓风机对车内空气进行置换。轿车通常利用空调装置的外循环装置,根据需要开闭进风口,进风口处设一风门,通过控制风门开度和位置进行进风模式和进风量的控制。

(2) 空气净化装置。

为了保持车内空气的清洁新鲜,除通过通风换气外,还采用空气净化装置。常用的空气净化装置有灰尘滤清器、电子集尘器及负离子发生器等,安装在空调器总成内。

汽车空调空气净化系统通常有空气过滤式和静电除尘式两种。前者是在空调系统的进风和回风口处设置空气滤清装置。它仅能滤除空气中的灰尘和杂物,结构简单,工作可靠。只需定期清理过滤网上的灰尘和杂物即可,故广泛用于各种汽车空调系统中。后者则是在空气进口的滤清器后再设置一套静电除尘装置或单独安装一套用于净化车内空气的静电除尘装置。它除具有过滤和吸附烟尘等微小颗粒的杂质外,还具有除臭、杀菌作用,有的还能产生负离子使车内空气更为新鲜洁净。由于其结构复杂、成本高,所以,只用于某些高级轿车和旅游车上。

除尘器以静电除尘方式把微小的颗粒尘埃、烟灰及汽车排出的气体中含有的颗粒吸附在除尘板上。其工作原理是通过辉光放电时产生的加速离子通过热扩散或相互碰撞而使浮游尘埃颗粒带电,然后在辉光放电的电场中,在库仑力的作用下,滤纸克服空气的粘性阻力而被吸附在集尘电极板上。

灭菌灯用于杀死吸附在集尘板上的细菌,它是一只低压水银放电管,能发射出波长为

353.7 nm 的紫外线光,其杀菌能力约为太阳光的 15 倍。

笔记

除臭装置用于除去车室内的汽油及香烟等气味,一般是采用活性炭滤清器,纤维式或滤纸式滤清器用来吸附烟尘和臭气等有害气体。

净化后的空气洁净度很高,可以充分满足乘员的舒适性要求,对于制冷或暖风用内循环方式的大客车,使用空气净化装置之后,效果很明显。

4. 汽车空调电气控制系统结构

为了使汽车空调系统能正常地工作,维持车室内所需的舒适性条件,汽车空调系统中需要有一系列控制元件和调节执行装置。汽车空调控制系统已由手工操作发展到半自动化或全自动化控制。

手动空调顾名思义就是手动调节的汽车空调系统,即汽车的温度调节、通风模式以及风速等都是依靠驾驶员手动各种控制键来实现的。这无疑增加了驾驶员的劳动强度,但手动空调比较经济,所以目前仍然广泛应用在大多数中级和经济型轿车上。

手动空调系统的组成部件因车型而异,但大多数系统都具有空调放大器、蒸发器、热敏电阻(蒸发器温度传感器)、双压(高、低压)开关,发动机冷却液温开关,压缩机、冷凝器、储液干燥器以及所有必要的管路和软管等组成,如图 3-6-12 所示。

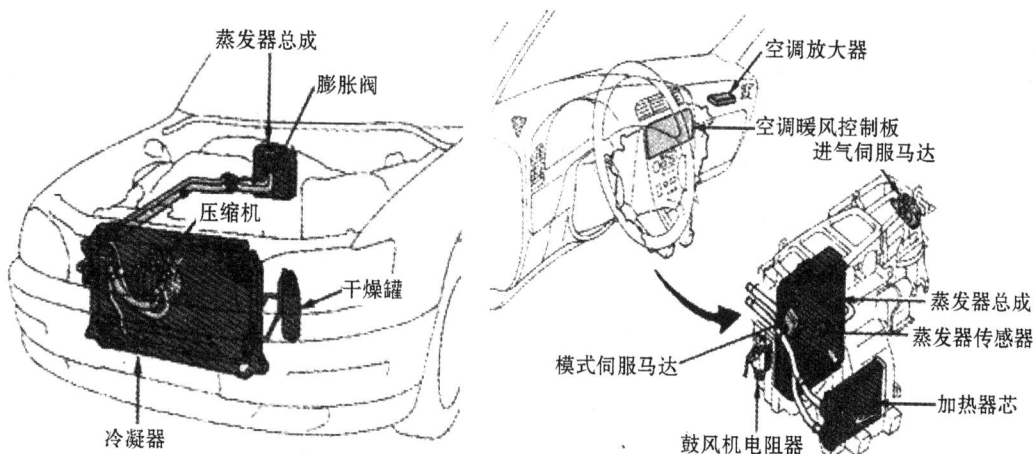

图 3-6-12　手动空调系统组成

单风口空调结构简单,功能比较单一,只有自然风和制冷风两种,而且出风口模式不能调整。但价格比较便宜,在现代汽车里一般加装在货车上,外观如图 3-6-13 所示。

图 3-6-13　单风口空调

笔记

单风口空调系统由两部分组成,一部分由压缩机、冷凝器、干燥瓶、膨胀阀、蒸发器等元件组成的制冷系统;另一部分由鼓风机、冷凝器等元件组成的电路控制系统。

1) 单风口汽车空调控制原理

单风口空调控制电路比较简单,它是最基本和最典型的电路,如图 3-6-14 所示。现代汽车空调上的控制电路很多都是在此基础上发展起来的,并不断地完善。控制电路主要是控制鼓风机、压缩机离合器、冷却风扇的工作。

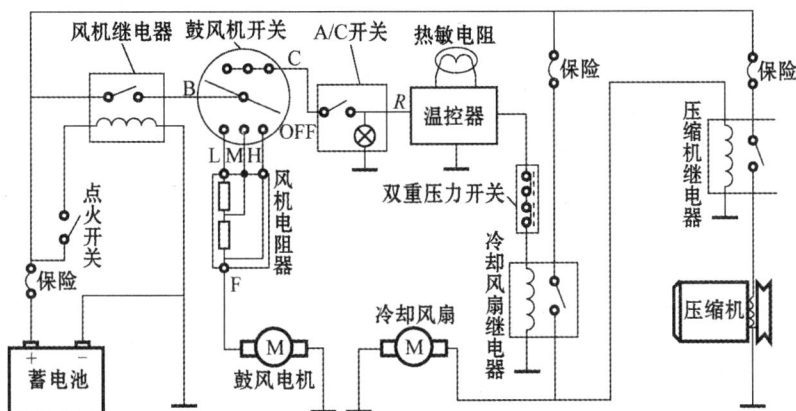

图 3-6-14 单风口空调控制电路图

（1）鼓风机控制电路。

鼓风机是空调系统中重要的组成部分,要使车内有一个舒适的环境,除了要控制送风温度外,还应使风机的转速可以控制,以适应环境变化和满足驾驶员的不同需要。

鼓风机的调速,是通过改变鼓风机电动机的电流大小来变化转速的。它有两种方式,一种是在鼓风机电动机电路中连接调速电阻,通过不同的档位串联不同的电阻来改变风机转速,另一种是用功率管改变电动机的电流来实现转速的变化。单风口空调的鼓风机采用第一种控制方式。

鼓风机控制电路:鼓风机电路由电源、鼓风机、开关、调速电阻器等元件组成。鼓风机控制电路的原理及检修如表 3-6-9 所示。

表 3-6-9 鼓风机控制电路的原理及检修

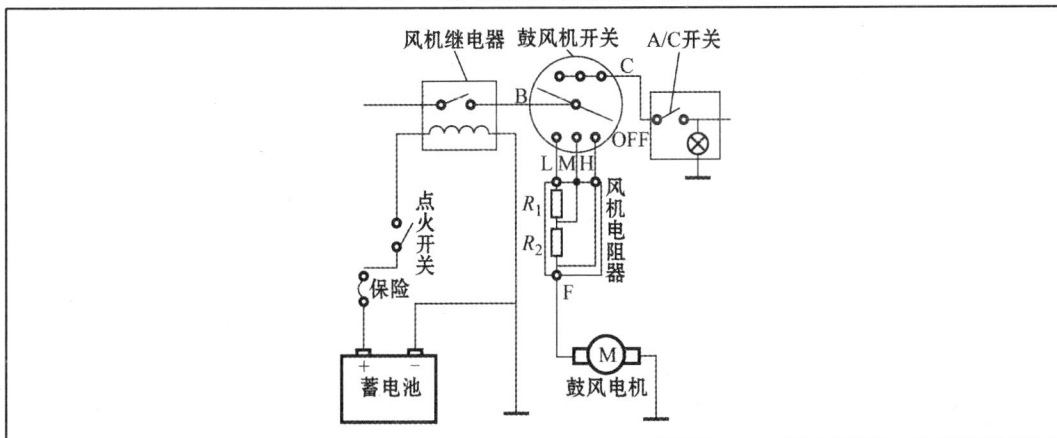

笔记

	鼓风机所处档位	工作情况
鼓风机控制电路的原理分析	1. 鼓风机开关处于OFF档位时	(1) 鼓风机没有电源,不工作 (2) A/C开关没有电源,因此按A/C开关制冷系统也不工作
	2. 鼓风机开关处于LO(低速)档位时	A/C开关接通电源。制冷系统可以工作 蓄电池 → 风机继电器B → 鼓风机开关L → 风机电阻器R_1 搭铁 ← 鼓风机马达 ← 风机电阻器R_2 由于鼓风机电动机串联了电阻R_1和R_2,在电源电压不变的情况下,电流较小,因此鼓风机以低速运转
	3. 鼓风机开关处于M(中速)档位时	蓄电池 → 风机继电器B → 鼓风机开关L ---→ 风机电阻器R_1 搭铁 ← 鼓风机马达 ← 风机电阻器R_2 鼓风机电动机只串联了电阻R_2,在电源电压不变的情况下,电流比处于低速档时大,因此鼓风机以中速运转
	4. 鼓风机开关处于HI(高速)档位时	蓄电池 → 风机继电器B → 鼓风机开关L ---→ 风机电阻器R_1 搭铁 ← 鼓风机马达 ← 风机电阻器R_2 鼓风机电动机未串联电阻,电流最大,因此鼓风机以高速运转

	检测方法	图 示	说 明
检测鼓风机	用万用表测量电阻		如果$R=0$,证明鼓风机电机线圈短路 如果$R=$无穷大,证明鼓风机线圈断路 如果不好,一般直接更换
	用蓄电池试		如果转动正常,证明风机是好的

			测量的端子	标准值(Ω)
调速电阻器的检查	用万用表测量电阻值		端子4-2之间	1.9
			端子4-1之间	1.1
			端子4-3之间	0.5

续　表

	检测方法	图　示	说　明
鼓风机开关的检查	用万用表测量	万用表　鼓风机开关	旋转鼓风机开关,分别测量以下几个数值: B——C(只有在 OFF 档时不通) B——L B——M B——H 导通证明是好的,不导通证明是坏的
	用试灯法	鼓风机开关　蓄电池　试灯	旋转鼓风机开关;加试以后端子: B——C(只有在 OFF 档时试灯不亮) B——L B——M B——H 试灯亮证明是好的,不亮证明是开关不导通

(2) 压缩机离合器控制电路。

压缩机离合器的控制方式分为两种:控制电源和控制搭铁。单风口空调属于控制电源方式。

压缩机离合器控制电路组成元件:压缩机控制电路由电源、电磁离合器、A/C 开关、温控器、压力开关等元件组成,如表 3-6-10 所示。

表 3-6-10　压缩机控制电路

	组成元件	图　示	作　用
压缩机离合器控制电路组成	电磁离合器		用来切断皮带轮和压缩机主轴的动力连接
	温控器	蓄电池→风机继电器B→鼓风机开关→A/C开关　搭铁←冷却风扇继电器←双重压力开关←温控器	当蒸发器的温度过低时(正常为 4～10 度)停止压缩机工作。防止蒸发器结冰
	压力开关		前面已介绍
	A/C 开关		控制压缩机电磁离合器电源的通断。压缩机只有在打 A/C 开关的前提下才会工作
	电源		主要由蓄电池、点火开关、风机断电器、保险丝组成

笔记

鼓风机的控制电路			

	前提条件	工作情况	电流分析
鼓风机的控制电路分析	打开鼓风机开关和A/C开关,要使压缩机工作,必须打开鼓风机开关	正常情况	电流①:电流①的作用是控制压缩机继电器的触点闭合 蓄电池 → 风机继电器B → 鼓风机开关 → A/C开关 搭铁 ← 冷却风扇继电器 ← 双重压力开关 ← 温控器
			电流②:通过风扇继电器控制压缩机继电器。因为只有冷凝风扇工作时,制冷系统才达到制冷的效果,否则只能浪费发动机功率 蓄电池 → 风机继电器 → 压缩机继电器 → 搭铁
			电流③:直接控制压缩机电磁离合器的工作情况 蓄电池 → 风机继电器 → 压缩机离合器 → 搭铁
		如果系统出现压力过高的情况	压力开关断开,那么"电流①"就不能到达冷凝风扇继电器,继电器触点不闭合,"电流②"和"电流③"就不存在,因此压缩机也不会工作
		如果蒸发器温度过低	温控器断路,"电流①"断路。原理同上

（3）冷凝器风扇控制电路。

冷凝器风扇是对流过冷凝器的高温高压的气态制冷剂进行散热,使气态制冷剂变成液态制冷剂。如果冷凝器风扇不工作,空调就不能产生制冷效果。控制电路及检修如表3-6-11所示。

笔记

表 3-6-11 冷凝器风扇控制电路及检修

冷凝器风扇的控制电路	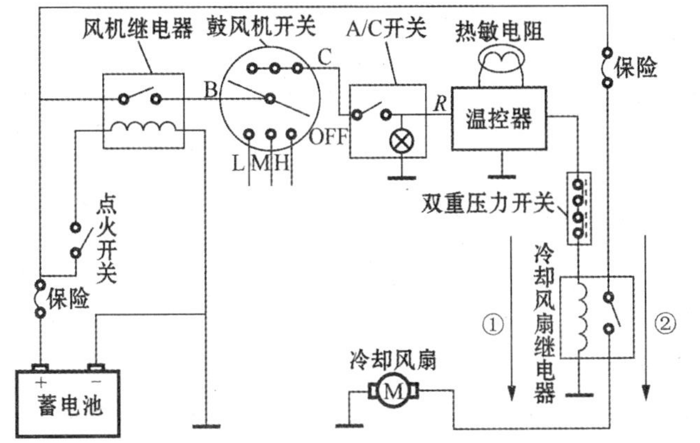

冷凝器风扇的控制电路分析

	前提条件	工作情况	电流分析
	打开鼓风机开关、A/C开关	正常情况	电流①:控制压缩机继电器触点闭合 蓄电池 → 风机继电器B → 鼓风机开关 → A/C开关 搭铁 ← 冷却风扇继电器 ← 双重压力开关 ← 温控器 电流②:控制冷凝器风扇工作,同时控制压缩机继电器的工作 蓄电池 → 风扇继电器 → 压缩机继电器 搭铁 ← 冷凝器风扇
		如果系统出现压力过高的情况	压力开关断开,那么"电流①"就不能到达冷凝风扇继电器,继电器触点不闭合,"电流②"就不存在。因此冷凝器风扇也不会工作
		如果蒸发器温度过低	温控器断路,"电流①"断路。原理同上

5. 汽车自动空调系统的结构与原理

自动空调系统利用传感器确定当前的温度,然后系统能够按需要调节暖风或冷风。系统用执行机构开、闭空气混合风门以达到适宜的车内温度,还控制鼓风电动机的转速、进气模式风门的位置等,使温度更符合驾驶员及乘员的要求。

如图 3-6-15 所示,自动空调系统分为半自动空调系统和全自动空调系统两类。两者的主要差别在于是否具有自诊断功能。半自动空调系统没有提供故障码存储器,全自动空调系统具有监控系统,监控系统的随机存取存储器(RAM)存储诊断代码。其次的差别是所用的执行机构形式和传感器数量。根据控制形式的不同,全自动空调系统又分为发动机/车身计算机控制的系统和单独计算机控制的系统。根据所用控制装置的不同,半自动空调系统则分为电控气动的系统和全电控的系统。

虽然全自动空调系统与半自动空调系统相比两类系统的工作方式有所不同,但它们都设计成按预先设置的舒适程度控制车内的温度与湿度,车内保持的温度与湿度与车外的气候条件无关。车内的湿度保持在 45%～55% 之间。

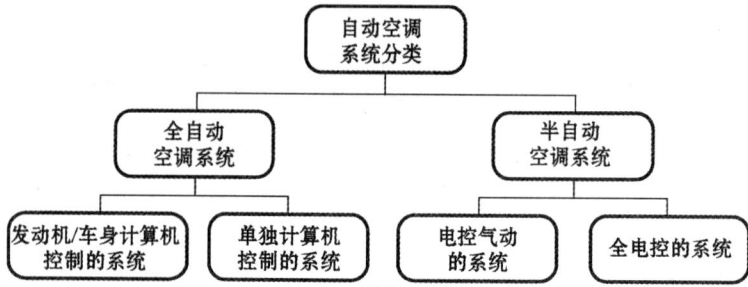

图 3-6-15　自动空调系统的分类

1) 半自动空调系统

半自动空调系统与手动空调系统的差别不大,其主要不同是半自动空调系统采用程序装置、伺服电动机和控制模块等控制执行机构。半自动空调系统通过程序装置检测空气温度和空气混合风门位置来达到驾驶员选择的舒适程度。驾驶员手动操作控制器总成上的键,选择空调系统的工作模式和鼓风机转速。

2) 全自动空调系统

除了用了半自动空调系统中所用的传感器之外,全自动空调系统还利用发动机冷却液温度、车速和节气门位置等传感器的信号。全自动空调系统或许还采用了发动机冷却液温度闭锁开关。如果进入乘员舱的气流温度未达到规定值,它使鼓风电动机不能开动,只有当温度达到时,才发信号给控制器开动鼓风电动机。

全自动空调系统分两类:由发动机/车身电脑控制的系统和单独计算机控制的系统。全自动空调具有自我诊断功能,控制精度更高,控制范围更广,更加智能化。

3) 汽车自动空调系统的主要功能

自动空调系统一般采用微型计算机自动控制车内空间的空气调节。微型计算机接受车内、车外的空气温度,阳光照射量、压缩机工作状态和设定温度等信号,并保持车内最佳温度,自动控制吸入、排出的空气量,还极大地简化了驾驶员的操作。微型计算机控制的自动空调系统一般具有图 3-6-16 所示的几种主要功能。其舒适性、安全性、节能环保、信息显示等方面要优于手动空调。具体工作情况如表 3-6-12。

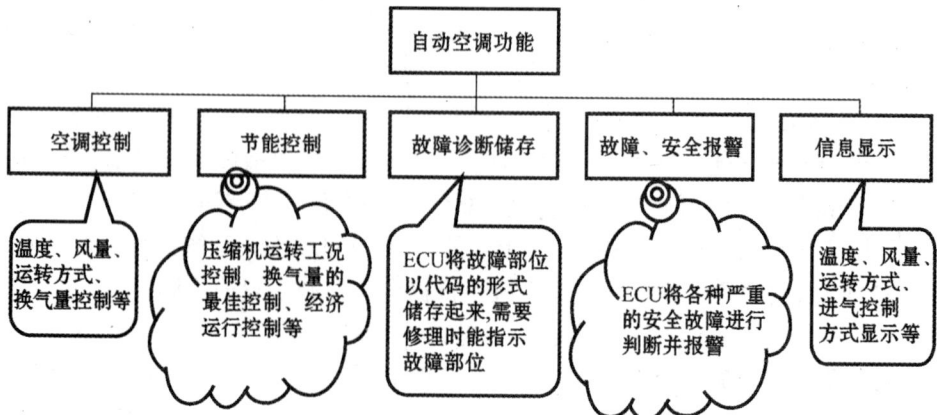

图 3-6-16　自动空调系统的功能

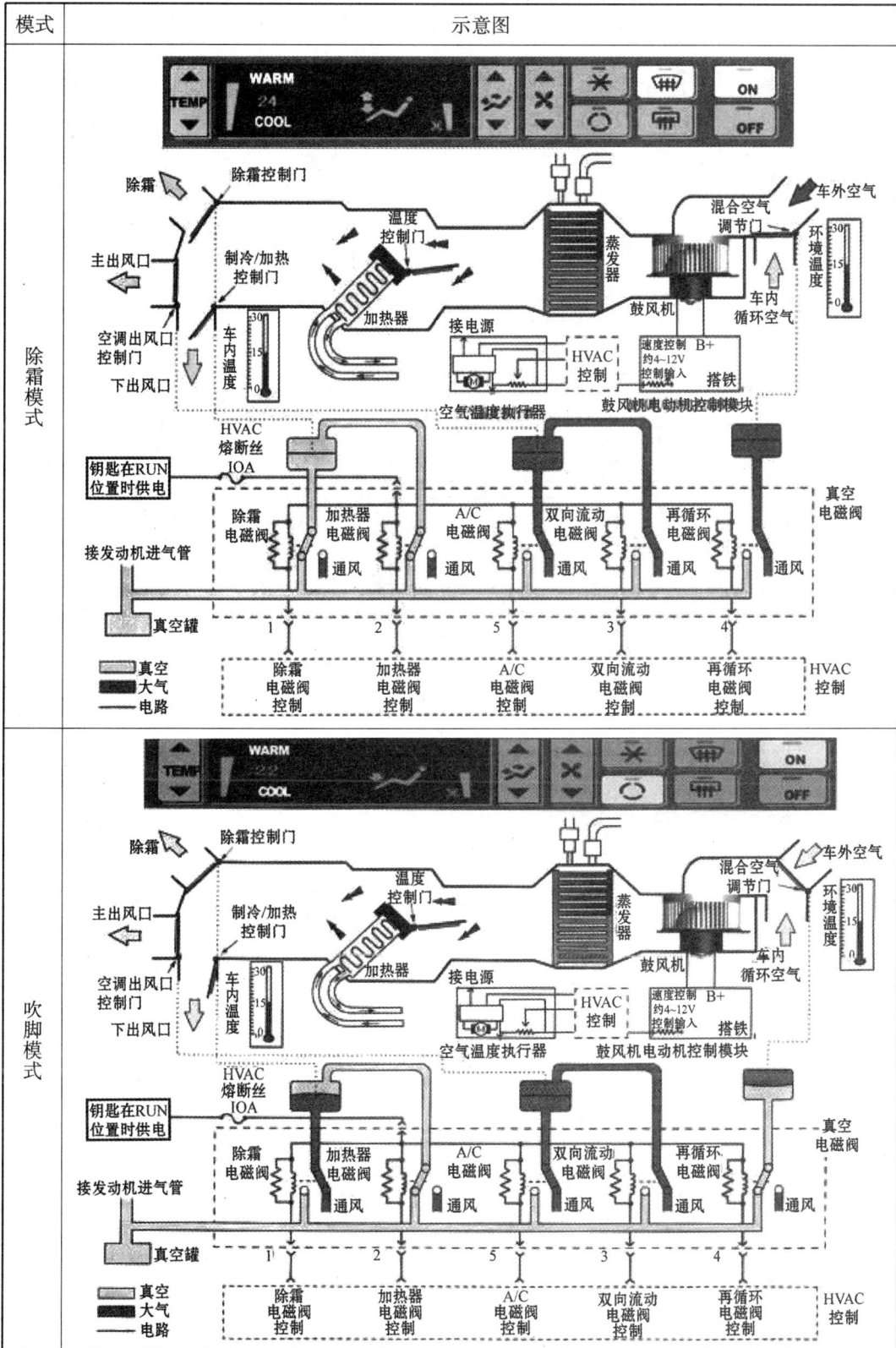

表 3-6-12 汽车自动空调工作情况

模式	示意图
除霜模式	
吹脚模式	

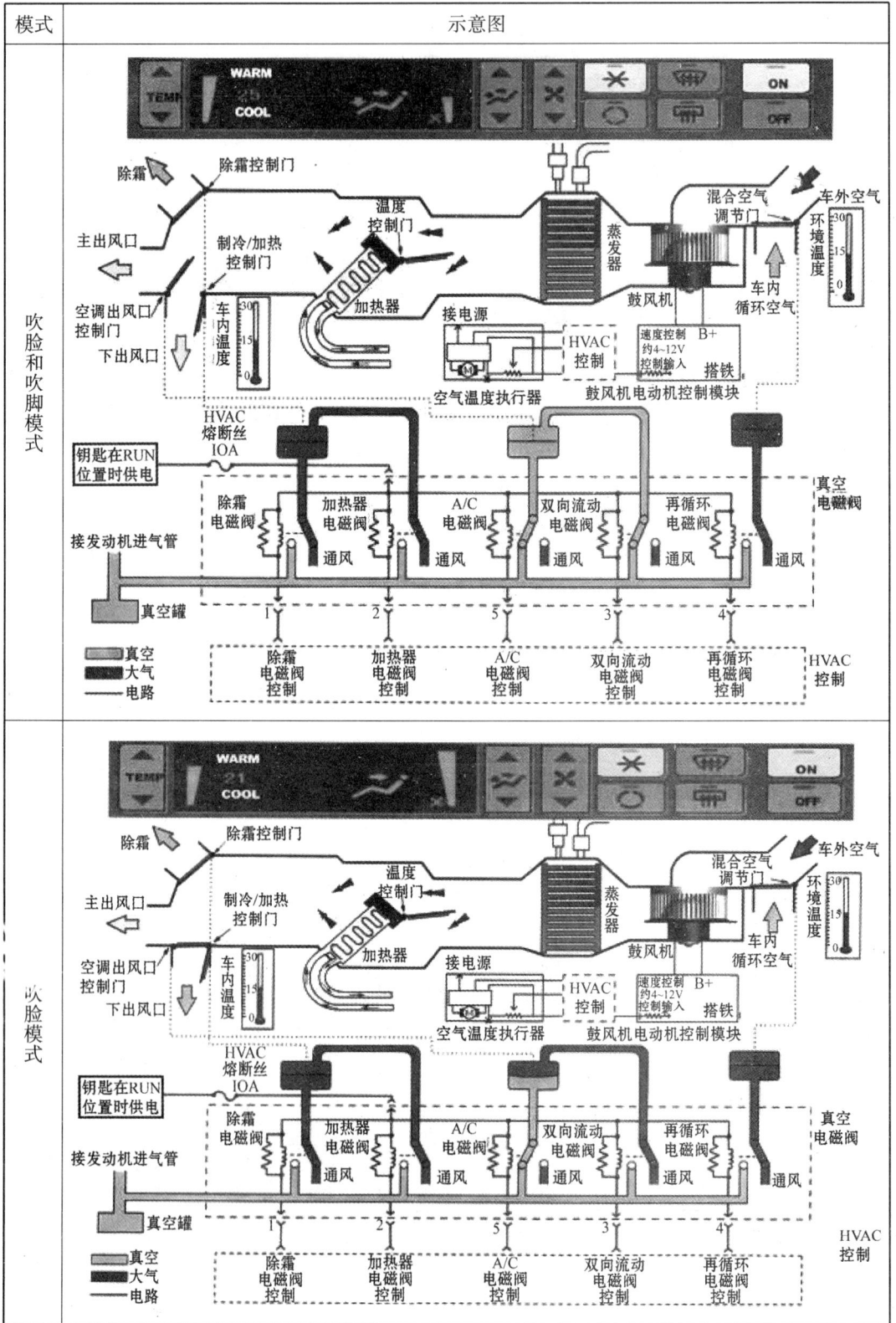

笔 记

模式	示意图
吹脸和吹脚模式	
吹脸模式	

图中标注（吹脸和吹脚模式）：

除霜　除霜控制门　温度控制门　混合空气调节门　车外空气

主出风口　制冷/加热控制门　蒸发器　环境温度

空调出风口控制门　车内温度　加热器　接电源　HVAC控制　鼓风机　车内循环空气

下出风口　速度控制约4~12V控制输入　B+　搭铁

空气温度执行器　鼓风机电动机控制模块

HVAC熔断丝IOA

钥匙在RUN位置时供电

接发动机进气管

真空罐

真空　大气　电路

除霜电磁阀　加热器电磁阀　A/C电磁阀　双向流动电磁阀　再循环电磁阀　真空电磁阀

通风　通风　通风　通风　通风

除霜电磁阀控制　加热器电磁阀控制　A/C电磁阀控制　双向流动电磁阀控制　再循环电磁阀控制　HVAC控制

4) 汽车自动空调电路控制的项目

自动空调电路比普通空调电路要复杂得多,自动空调电路控制的主要项目如图 3-6-17 所示。

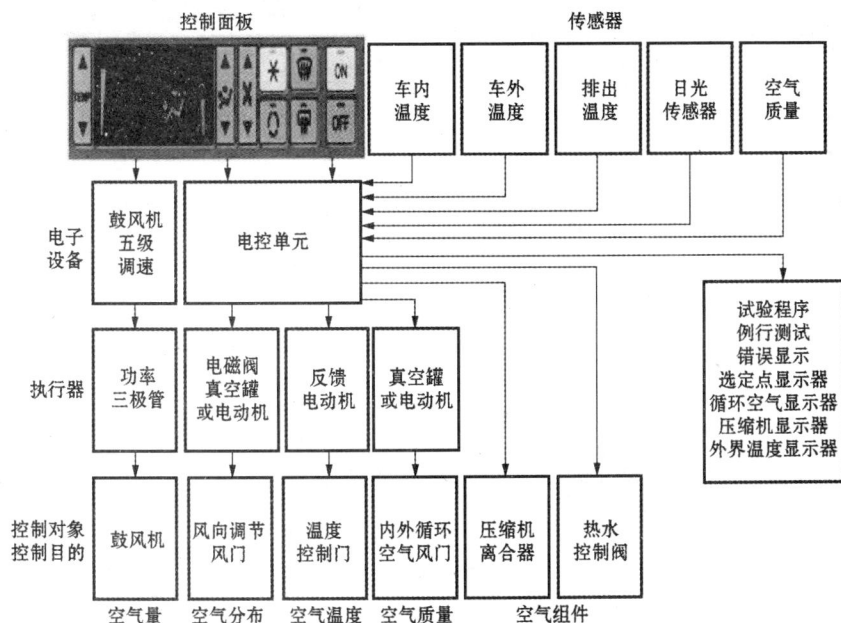

图 3-6-17　自动空调电路控制的主要项目

三、制订计划

如表 3-6-13 所示,查阅维修资料,了解车辆空调类型特点,分析汽车空调的结构特点;查阅维修手册,熟悉车辆空调的拆装规范,制订汽车空调的拆装计划。

表 3-6-13　汽车空调拆装计划

1. 车辆信息描述	车辆描述		
	空调的结构类型		
2. 汽车空调结构组成			
3. 车辆空调结构特点描述			
4. 汽车空调拆装工作准备			

	步骤	拆装项目	操作要领	技术要求或标准	检修记录
5. 汽车空调拆装工艺流程					

四、任务实施

按照表 3-6-13 汽车空调拆装计划,实施拆装作业并将作业要领记录在表 3-6-14 中。

表 3-6-14   汽车空调拆装作业任务

检查步骤	拆装项目	操作要领	示意图	检修记录

五、检验评估

在完成拆装作业后,按表 3-6-15 汽车空调拆装检验与评价表,实施作业质量检验,并进行三方评价。

表 3-6-15   汽车空调拆装检验与评价表

检验与评价内容	检验与评价指标	权重	自评	互评	总评
作业质量检验	1. 汽车空调拆装是否规范				
	2. 汽车空调工作是否正常				
检查任务完成情况	1. 能描述汽车空调的作用与原理				
	2. 在小组所扮演的角色,对完成任务过程中所起的作用				
职业素养	1. 学习态度:积极主动参与学习				
	2. 团队合作:与小组成员一起分工合作,不影响学习进度				
	3. 现场管理:服从工位安排、执行实训室"5S"管理规定				

项目四　拆装汽车车身

Description 项目描述	一辆 2007 款的一汽丰田花冠车开进维修厂,故障报修是离合器打滑,经过维修技师的检测,是离合器摩擦片损坏,需要更换离合器摩擦片。师傅安排你对该车进行离合器摩擦片的更换,你应该怎么做呢
Objects 项目目标	1. 收集汽车车身相关信息,制订汽车车身部件的拆装计划 2. 能描述汽车车身部件的结构,会分析部件的定位特点 3. 能根据汽车车身部件拆装规范,完成各部件的拆装,实施更换作业
Tasks 项目任务	任务 4.1:拆装发动机罩 任务 4.2:拆装车门 任务 4.3:拆装保险杠 任务 4.4:拆装翼子板 任务 4.5:拆装挡风玻璃
Implementation 项目实施	

任务4.1　拆装发动机罩

任务描述	辆 2006 款 汽丰田威驰汽车出现交通事故,车辆严重受损,进入维修厂进行维修。针对维修接待和车间确认意见,首先拆装发动机罩
任务目标	1. 能描述汽车总体结构,认识车辆总体结构、分析其结构特点 2. 能认识待修车辆构造的材质,能选择相应维修工艺

一、维修接待

按照表 4-1-1 所示,通过询问客户了解车辆发生事故的情况,填写接车问诊表,并根据车间检测初步确认结果,进行拆装作业。

笔记

表 4-1-1　维修接待与接车问诊表

接 车 问 诊 表

车牌号：＿＿＿＿＿＿＿＿＿　车架号：＿＿＿＿＿＿＿＿＿　行驶里程：＿＿＿＿＿＿＿＿＿（km）

用户名：＿＿＿＿＿＿＿＿＿　电　话：＿＿＿＿＿＿＿＿＿　来店时间：＿＿＿＿／＿＿＿＿

用户陈述及故障发生时的状况：**一辆 2006 款一汽丰田威驰汽车出现交通事故，车辆严重受损，进入维修厂进行维修**

故障发生时的状况提示：**行驶速度、发动机状态、发生频度、发生时间、部位、天气、路面状况、声音描述**

接车员检测确认建议：**拆装发动机罩**

车间检测确认结果及主要故障零部件：**拆装发动机罩**

车间检查确认者：＿＿＿＿＿＿＿＿＿

外观确认：

（请在有缺陷部位作标识）

功能确认：（工作正常√　不正常×）
□音响系统　　□门锁(防盗器)　□全车灯光　　□工具
□后视镜　　　□顶窗　　　　　□座椅　　　　□点烟器
□玻璃升降器　□玻璃

物品确认：（有√　无×）
□贵重物品提示
□工具　　□备胎　　□灭火器
□其他（　　　　　　）
旧件是否交还用户　□是　□否
用户是否需要洗车　□是　□否

·检测费说明：本次检测的故障如用户在本店维修，检测费包含在修理费用内；如用户不在本店维修，请您支付检测费。本次检测费：￥＿＿＿＿元。

·贵重物品：在将车辆交给我店检查修理前，已提示将车内贵重物品自行收起并保存好，如有遗失恕不负责。

接车员：＿＿＿＿＿＿＿＿＿＿＿＿　　用户确认：＿＿＿＿＿＿＿＿＿＿＿＿＿＿＿

二、信息收集与处理

按照表 4-1-2 的提示，收集相关信息，并将相关信息填入表中相应位置。

汽车车身的主要功用是：①为驾驶员提供良好的操作条件和舒适的工作场所；②由于车身可以隔离汽车行驶时的振动、噪音、废气以及恶劣气候的影响，所以车身可以为乘员提供舒适的乘坐条件；③保证完好无损地运载货物且装卸方便；④车身结构和设备可以保证行车安全和减轻事故后果；⑤车身合理的外部形状，可以在汽车行驶时有效引导周围的气流，提高汽车的动力性、燃料经济性和行驶稳定性，改善发动机的冷却条件和驾驶室内的通风。

车身结构包括：车身壳体、车前板制件、车门、车窗、车身外部装饰件和内部覆饰件、座椅以及通风、暖气、空调装置等。在货车和专用汽车上还包括货箱和其他装备。

表 4-1-2　信息收集与处理

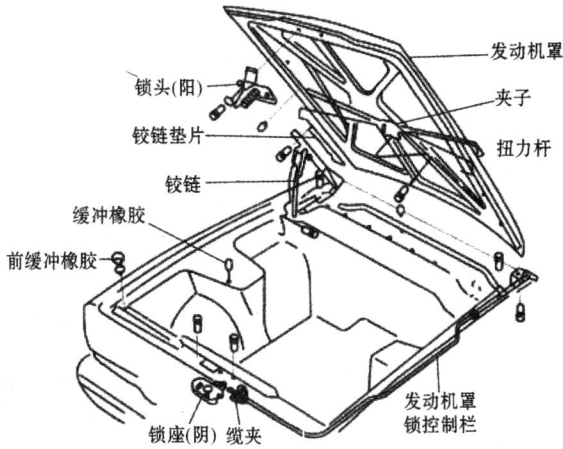

发动机罩
锁头(阳)
夹子
铰链垫片
扭力杆
铰链
缓冲橡胶
前缓冲橡胶
发动机罩锁控制栏
锁座(阴)　缆夹

序号	部件名称	作　用
1		
2		
3		
4		
5		
6		
7		

1. 汽车车身类型

汽车车身分类及型式如表 4-1-3 所示。

表 4-1-3　汽车车身分类及型式

① ② ③ ④ ⑤ ⑥ ⑦	车身是车辆承载人或行李的部分。有许多不同式样的车身型式

笔记

续 表

	车身型式	特点及应用	示意图
1. 汽车车身型式	(1) 轿车	这是一种突出乘员/驾驶员舒适性的客车	
	(2) 双门轿车	这是一种强调式样和性能的运动型汽车	
	(3) 掀背式(舱背式)	这种车型基本上和双人小汽车较为相似。汽车的乘员和行李区域是一个整体。后门和后窗一起打开	
	(4) 硬顶式	这是一种没有窗框和中央立柱的私家轿车	
	(5) 敞篷式	这是一种驾驶时车顶篷可开闭移动的轿车或者双门轿车	
	(6) 皮卡式	这是一种小型货车,其发动机室延伸到驾驶员座位前方	
	(7) 厢式货车和小客车	这种型式有着整体的乘员和行李空间。它可运载多名乘员和许多货物。厢式货车主要运载货物,小型客车主要运载乘员	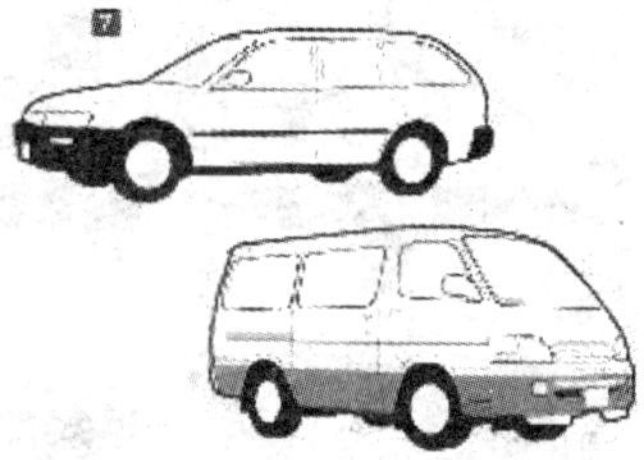

续 表

笔记

	车身型式	特点及应用	示意图
2. 汽车车身按照空间分类	(1) 3厢式	独立的发动机机房/乘员客房/行李箱设计。这种类型包含各自分开的、独立的发动机室、乘员客房和行李箱	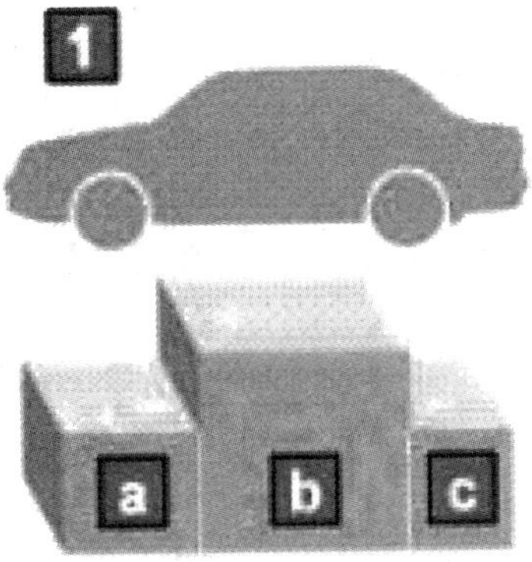 a. 发动机机房　b. 乘员客房 c. 行李箱
	(2) 2厢式	整体式乘员客房/行李箱设计。这种类型使乘员和行李有一个整体的空间,但和发动机是分开的。该术语通常用于结构紧凑型车辆	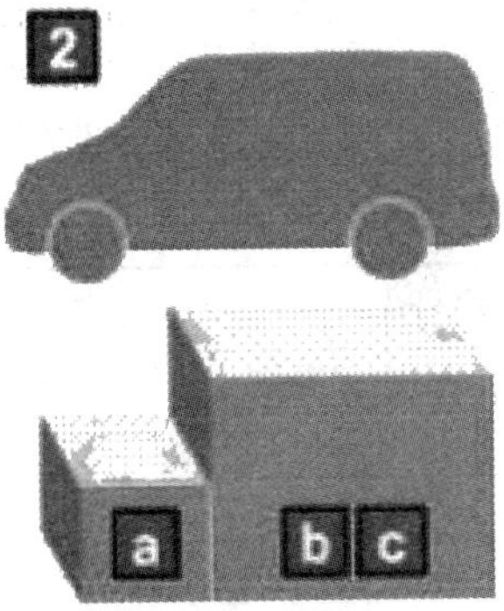 a. 发动机机房　b. 乘员客房 c. 行李箱
	(3) 单厢式	带底置式发动机的整体式乘员客房/行李箱设计。这种类型将发动机、乘员和行李所使用的空间整合在一起。它非常适合运输较多的乘员和大量的行李,允许有效使用空间	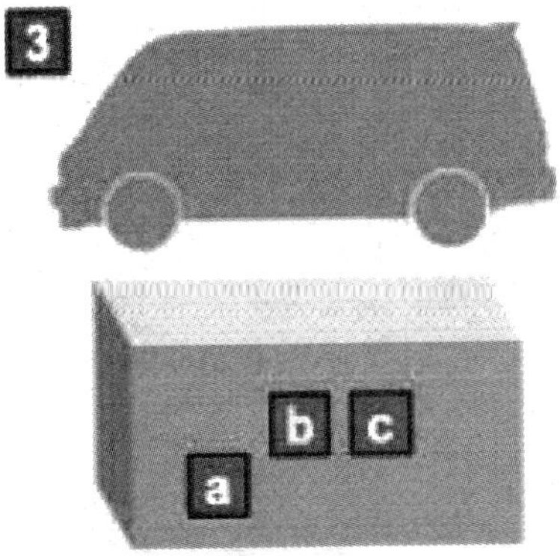 a. 发动机机房　b. 乘员客房 c. 行李箱

笔 记

续　表

	车身型式	特点及应用	示意图
3. 按车身结构分类	(1) 车架式车身	这种类型的车身结构由分开的车身和车架(装有发动机、变速器和悬架)组成	
	(2) 单壳式车身	这种类型的车身结构由集成为一个整体的车身和车架组成。整个车身成为一个箱体,并保持其强度	

2. 汽车车身结构

汽车车身结构及零部件名称如表 4-1-4 所示。

表 4-1-4　汽车车身结构及零部件名称

部件	序号	部件名称	示意图
车外部件	(1)	保险杠	
	(2)	散热器护栅	
	(3)	发动机罩(盖)	
	(4)	挡风玻璃(前窗玻璃)	
	(5)	前柱	
	(6)	滑动顶窗(太阳顶窗,月亮顶窗)	
	(7)	顶窗板	
	(8)	门框	
	(9)	中柱	
	(10)	门窗玻璃	
	(11)	外侧车门把手	
	(12)	车外后视镜(车门后视镜)	
	(13)	门板	
	(14)	前翼子板	
	(15)	外嵌条(保护性嵌条)	
	(16)	档泥板	
	(17)	后窗玻璃	
	(18)	后扰流器	
	(19)	行李厢盖(行李厢板)	
	(20)	加油口盖(油箱盖)	
	(21)	后翼子板(后翼子板)	
	(22)	后侧柱	

笔 记

部件	序号	部件名称	示意图
车内部件	(1)	可调出风口	
	(2)	中心控制台	
	(3)	仪表板	
	(4)	车内后视镜（客厢内后视镜）	
	(5)	遮阳板	
	(6)	车门饰件	
	(7)	辅助把手	
	(8)	后部中央扶手	
	(9)	座椅安全带	
	(10)	头枕	
	(11)	座椅靠背	
	(12)	倾角调整杆	
	(13)	座椅（软垫）	
	(14)	座椅滑动杆	
	(15)	皱褶板	
	(16)	手套箱	
	(17)	门内把手	
	(18)	门扶手	
	(19)	车门锁止按钮	
	(20)	密封条	
	(21)	车门袋	
	(22)	门窗调节把手	

三、制订计划

在表 4-1-5 的指引下，查阅维修资料，了解车辆发动机类型特点，分析汽车发动机的结构特点；查阅维修手册，熟悉车辆发动机罩的拆装规范，制订汽车发动机罩的拆装计划。

表 4-1-5　汽车发动机罩拆装计划

1. 车辆发动机罩结构特点描述	

续　表

2. 汽车发动机罩拆装工作准备					
	步骤	拆装项目	操作要领	技术要求或标准	检修记录
3. 汽车发动机罩拆装工艺流程					

四、任务实施

按照表 4-1-5 汽车发动机罩拆装计划,实施拆装作业,并将作业要领记录在表 4-1-6 中。

表 4-1-6　汽车发动机罩拆装作业任务

序号	操作说明	示意图		记录
1	打开发动机罩			
2	认识发动机总体结构	发动机机体	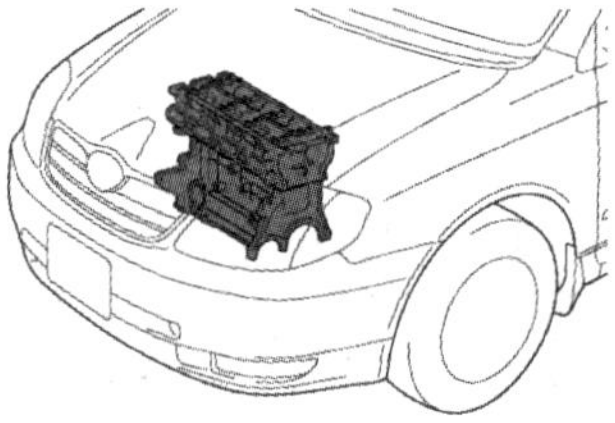	
		进气系统	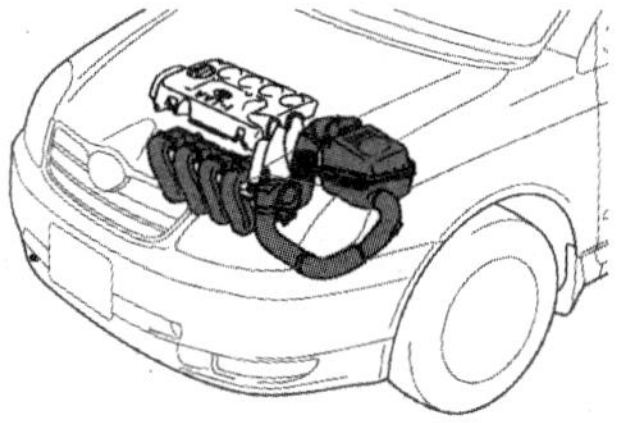	
		燃油系统	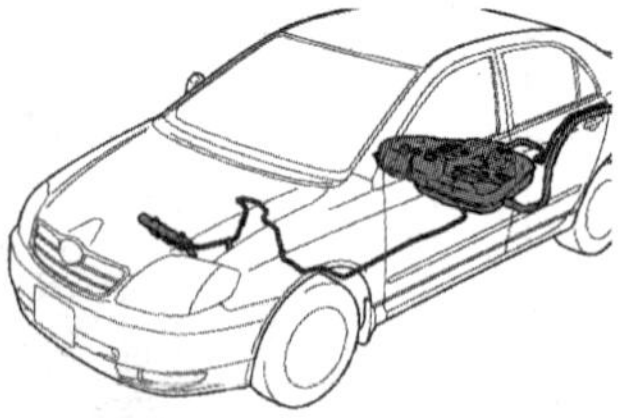	
		润滑系统	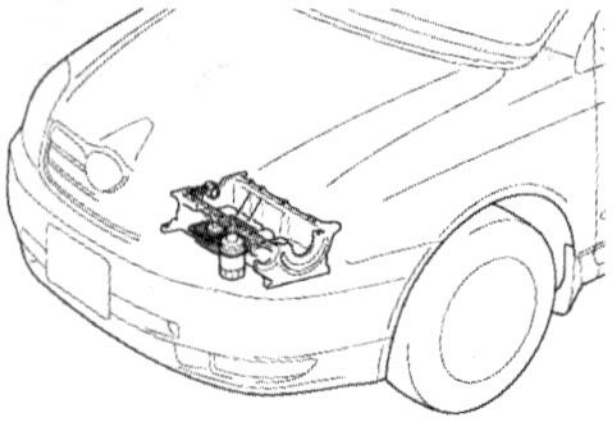	

续 表

序号	操作说明	示意图	记录
2	认识发动机总体结构	冷却系统	
		排气系统	
3	拆装发动机罩	步骤1：打开发动机罩并支撑住,以防损伤面漆	
		步骤2：将挡风玻璃冲洗器喷嘴及软管线束拆离发动机罩	
		步骤3：将发动机罩与发动机罩铰链的固定螺栓拆除,螺栓拆除后应慎防发动机罩滑落	
		步骤4：拆下发动机罩铰链	
		说明：安装时,在铰链处涂上润滑脂,按与拆卸相反的顺序进行安装	

五、检验评估

在完成拆装作业后,按表4-1-7汽车发动机罩拆装检验与评价表,实施作业质量检验,并进行三方评价。

表4-1-7　汽车发动机罩拆装检验与评价表

检验与评价内容	检验与评价指标	权重	自评	互评	总评
作业质量检验	1. 汽车发动机罩拆装是否规范				
	2. 汽车发动机罩工作是否正常				
检查任务完成情况	1. 能描述汽车发动机总体结构				
	2. 在小组所扮演的角色,对完成任务过程中所起的作用				
职业素养	1. 学习态度：积极主动参与学习				
	2. 团队合作：与小组成员一起分工合作,不影响学习进度				
	3. 现场管理：服从工位安排、执行实训室"5S"管理规定				

任务4.2　拆装车门

任务描述	一辆2006款一汽丰田威驰汽车出现交通事故,车辆严重受损,进入维修厂进行维修。针对维修接待和车间确认意见,拆装车门
任务目标	1. 能描述汽车车门的结构,分析其结构特点 2. 能按照维修规范,拆装车门

一、维修接待

按照表4-2-1所示,通过询问客户了解车辆发生事故的情况,填写接车问诊表,并根据车间检测初步确认结果,进行拆装作业。

表4-2-1　维修接待与接车问诊表

<table>
<tr><td colspan="2" align="center">接 车 问 诊 表</td></tr>
<tr><td colspan="2">车牌号:_____　车架号:_____　行驶里程:_____(km)
用户名:_____　电　话:_____　来店时间:_____/_____</td></tr>
<tr><td colspan="2">用户陈述及故障发生时的状况:一辆2006款一汽丰田威驰汽车出现交通事故,车辆严重受损,进入维修厂进行维修</td></tr>
<tr><td colspan="2">故障发生时的状况提示:行驶速度、发动机状态、发生频度、发生时间、部位、天气、路面状况、声音描述</td></tr>
<tr><td colspan="2">接车员检测确认建议:拆装车门</td></tr>
<tr><td colspan="2">车间检测确认结果及主要故障零部件:拆装车门</td></tr>
<tr><td colspan="2" align="right">车间检查确认者:_____</td></tr>
<tr><td>外观确认:

（请在有缺陷部位作标识）</td><td>功能确认:(工作正常√　不正常×)
□音响系统　□门锁(防盗器)　□全车灯光　□工具
□后视镜　　□顶窗　　　　□座椅　　　□点烟器
□玻璃升降器　□玻璃

物品确认:(有√　无×)
□贵重物品提示
□工具　□备胎　□灭火器
□其他(　　　　　　)
旧件是否交还用户　□是　□否
用户是否需要洗车　□是　□否</td></tr>
<tr><td colspan="2">·检测费说明:本次检测的故障如用户在本店维修,检测费包含在修理费用内;如用户不在本店维修,请您支付检测费。本次检测费:￥_____元。
·贵重物品:在将车辆交给我店检查修理前,已提示将车内贵重物品自行收起并保存好,如有遗失恕不负责。</td></tr>
<tr><td colspan="2">接车员:_____　　　用户确认:_____</td></tr>
</table>

二、信息收集与处理

按照表 4-2-2 的提示，收集相关信息，并将相关信息填入表中相应位置。

表 4-2-2 信息收集与处理

序号	部件名称	作 用
1		
2		
3		
4		
5		
6		
7		

1. 车门的类型

汽车车门的类型如表 4-2-3 所示。

表 4-2-3 汽车车门的类型

分类	型 式	示意图
车门类型（开启方式分类）	顺开式	 顺开式、逆开式和上掀式车门
	逆开式	
	上掀式	

笔记

分　类	型　式	示意图
车门类型（开启方式分类）	水平滑移式	 水平滑移式车门
	折叠式	 折叠式　　　　　外摆式 折叠式和外摆式车门
	外摆式	

2. 车门的结构

车门包括：车窗、通风窗、玻璃升降器等，具体如表 4-2-4 所示。

表 4-2-4　汽车车门的结构

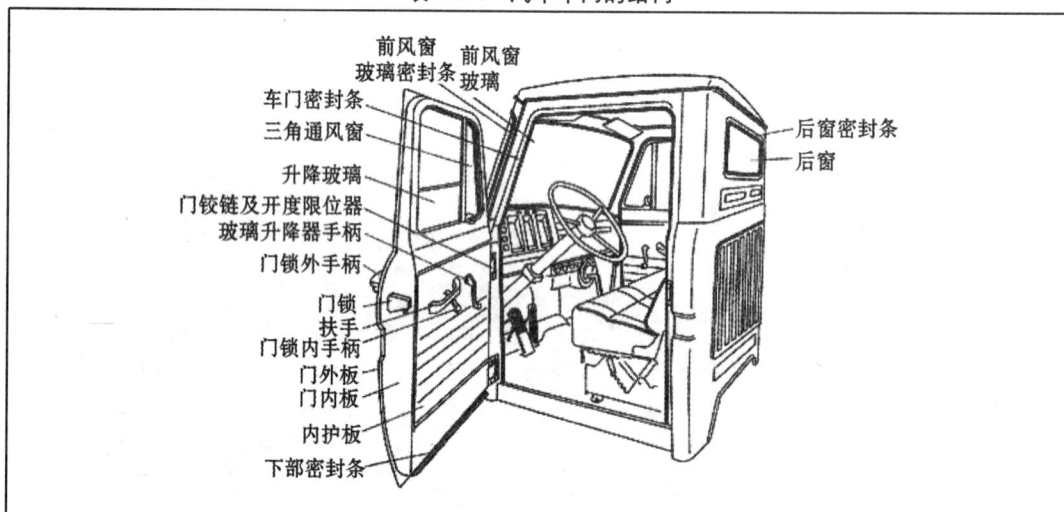

续 表

结构名称	作用或结构图
风窗	汽车的前、后风窗通常采用有利于视野而又美观的曲面玻璃,轿车的前后风窗又称前后挡风玻璃
三角通风窗	为便于自然通风,某些汽车在车门上设有三角通风窗,三角通风窗可绕垂直轴旋转,窗的前部向车内转动而后部向车外转动,使空气在其附近形成涡流并绕车窗循环流动
车门玻璃升降器	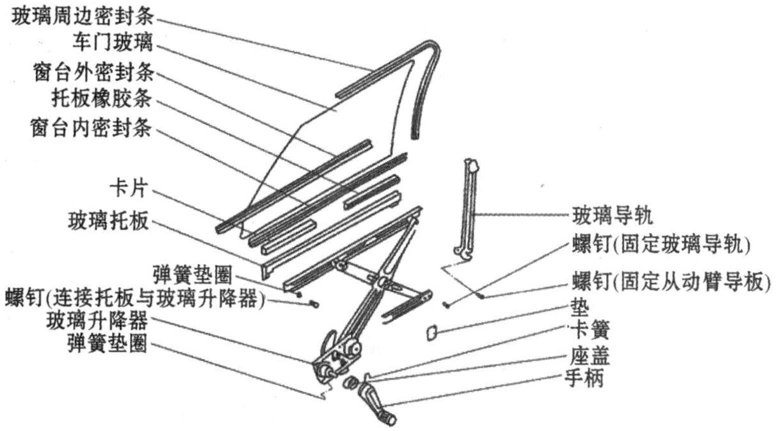 玻璃周边密封条 车门玻璃 窗台外密封条 托板橡胶条 窗台内密封条 卡片 玻璃托板 弹簧垫圈 螺钉(连接托板与玻璃升降器) 玻璃升降器 弹簧垫圈 玻璃导轨 螺钉(固定玻璃导轨) 螺钉(固定从动臂导板) 垫 卡簧 座盖 手柄 齿轮齿扇交叉臂式玻璃升降器 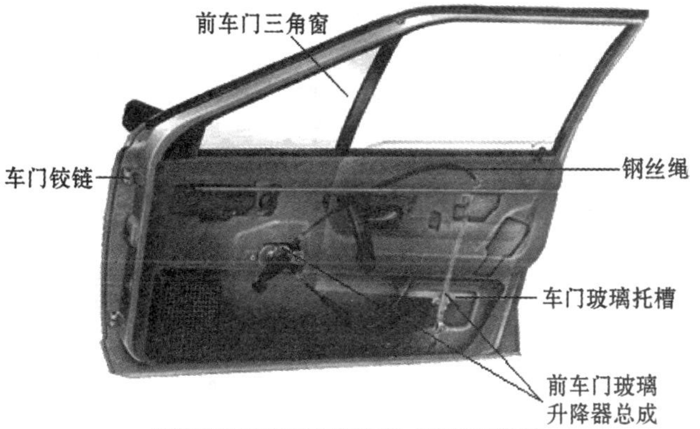 前车门三角窗 车门铰链 钢丝绳 车门玻璃托槽 前车门玻璃升降器总成 桑塔纳轿车前车门(钢丝绳式玻璃升降器)

三、制订计划

在表 4-2-5 的指引下,查阅维修资料,了解车辆车门类型特点,分析汽车车门的结构特点;查阅维修手册,熟悉车辆车门的拆装规范,制订汽车车门的拆装计划。

表 4-2-5　汽车车门拆装计划

	车辆描述	
1. 车辆信息描述		
	车门的结构类型	

笔记

续　表

	步骤	拆装项目	操作要领	技术要求或标准	检修记录
2. 汽车车门结构组成					
3. 车辆车门结构特点描述					
4. 汽车车门拆装工作准备					
5. 汽车车门拆装工艺流程					

四、任务实施

按照表 4-2-5 汽车车门拆装计划,实施拆装作业,并将作业要领记录在表 4-2-6 中。

表 4-2-6　汽车车门拆装作业任务书

检查步骤	拆装项目	操作要领	示意图	检修记录

五、检验评估

在完成拆装作业后,按表 4-2-7 汽车车门拆装检验与评价表,实施作业质量检验,并进行三方评价。

表 4-2-7　汽车车门拆装检验与评价表

检验与评价内容	检验与评价指标	权重	自评	互评	总评
作业质量检验	1. 汽车车门拆装是否规范				
	2. 汽车车门工作是否正常				
检查任务完成情况	1. 能描述汽车车门的结构与特点				
	2. 在小组所扮演的角色,对完成任务过程中所起的作用				
职业素养	1. 学习态度:积极主动参与学习				
	2. 团队合作:与小组成员一起分工合作,不影响学习进度				
	3. 现场管理:服从工位安排、执行实训室"5S"管理规定				

任务 4.3　拆装保险杠

任务描述	一辆 2006 款一汽丰田威驰汽车出现交通事故,车辆严重受损,进入维修厂进行维修。针对维修接待和车间确认意见,拆装保险杠
任务目标	1. 能描述汽车保障杠的结构,分析其结构特点 2. 能执行维修规范拆装保险杠

一、维修接待

按照表 4-3-1 所示,通过询问客户了解车辆发生事故的情况,填写接车问诊表,并根据车间检测初步确认结果,进行拆装作业。

表 4-3-1　维修接待与接车问诊表

接 车 问 诊 表

车牌号:＿＿＿＿＿＿＿　车架号:＿＿＿＿＿＿＿　行驶里程:＿＿＿＿＿＿＿(km)

用户名:＿＿＿＿＿＿＿　电　话:＿＿＿＿＿＿＿　来店时间:＿＿＿＿＿/＿＿＿＿＿

用户陈述及故障发生时的状况:**一辆 2006 款一汽丰田威驰汽车出现交通事故,车辆严重受损,进入维修厂进行维修**

故障发生时的状况提示:**行驶速度、发动机状态、发生频度、发生时间、部位、天气、路面状况、声音描述**

接车员检测确认建议:**拆装保险杠**

车间检测确认结果及主要故障零部件:**拆装保险杠**

车间检查确认者:＿＿＿＿＿＿＿

外观确认:

(请在有缺陷部位作标识)

功能确认:(工作正常√　不正常×)
- □音响系统　　□门锁(防盗器)　□全车灯光　□工具
- □后视镜　　　□顶窗　　　　　□座椅　　　□点烟器
- □玻璃升降器　□玻璃

物品确认:(有√　无×)
- □贵重物品提示
- □工具　□备胎　□灭火器
- □其他(　　　　　　　)
- 旧件是否交还用户　□是　□否
- 用户是否需要洗车　□是　□否

F

E

- 检测费说明:本次检测的故障如用户在本店维修,检测费包含在修理费用内;如用户不在本店维修,请您支付检测费。本次检测费:￥＿＿＿＿＿＿＿元。
- 贵重物品:在将车辆交给我店检查修理前,已提示将车内贵重物品自行收起并保存好,如有遗失恕不负责。

接车员:＿＿＿＿＿＿＿　　　　用户确认:＿＿＿＿＿＿＿

二、信息收集与处理

按照表 4-3-2 的提示，收集相关信息，并将相关信息填入表中相应位置。

表 4-3-2　信息收集与处理

序号	部件名称	作　用
1		
2		
3		
4		
5		
6		
7		

1. 前保险杠的结构

汽车前保险杠的结构如表 4-3-3 所示。

表 4-3-3　汽车前保障杠的结构

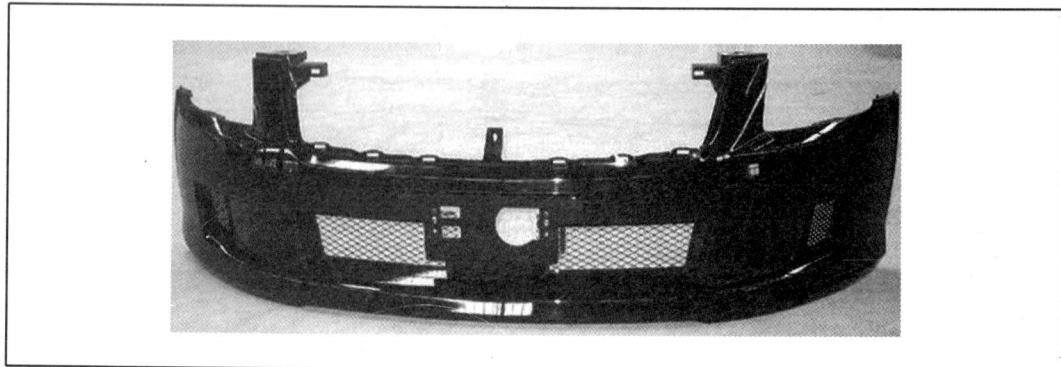

2. 后保障杠的结构

汽车后保障杠的结构如表 4-3-4 所示。

表 4-3-4　汽车后保障杠的结构

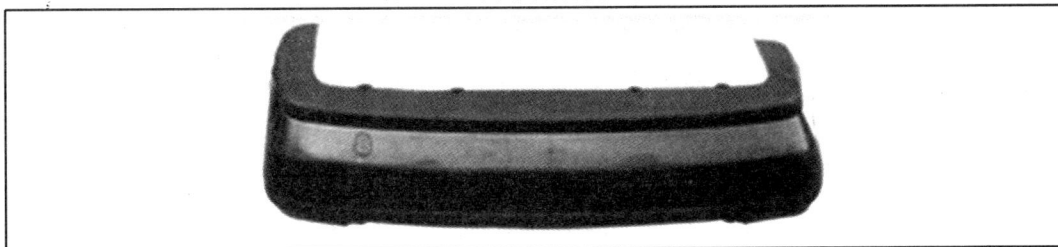

三、制订计划

在表 4-3-5 的指引下,查阅维修资料,了解车辆保障杠类型特点,分析汽车保障杠的结构特点;查阅维修手册,熟悉车辆保障杠的拆装规范,制订汽车保障杠的拆装计划。

表 4-3-5　汽车保障杠拆装计划

	车辆描述		
1. 车辆信息描述	保障杠的结构类型		
2. 汽车保障杠结构组成			
3. 车辆保障杠结构特点描述			
4. 汽车保障杠拆装工作准备			
	步骤	拆装项目	操作要领	技术要求或标准	检修记录
5. 汽车保障杠拆装工艺流程					

四、任务实施

按照表 4-3-5 汽车保障杠拆装计划,实施拆装作业,并将作业要领记录在表 4-3-6 中。

表 4-3-6　汽车保障杠拆装作业任务

步骤	示意图	操作说明	操作记录
1. 拆卸前检查		(1) 检查车辆前端损伤情况 (2) 检查与拆装相关部件的工作情况	

续　表

笔 记

步骤	示意图	操作说明	操作记录
2. 拆卸翼子板内衬板	 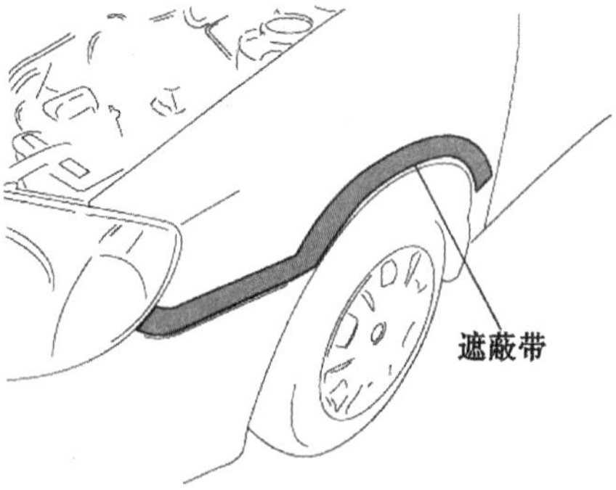 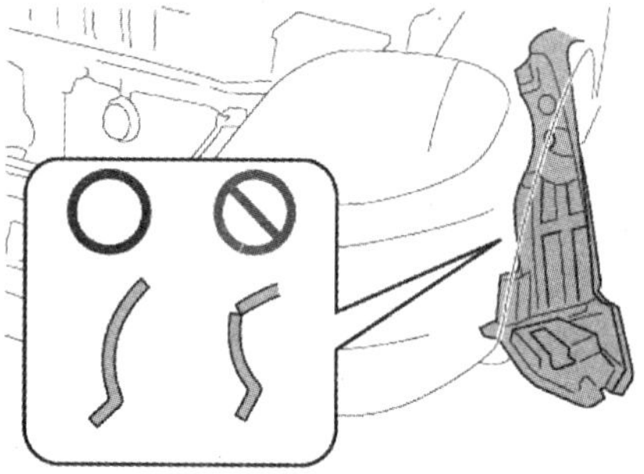 遮蔽带	(1) 在前保险杠拆卸期间,用遮蔽带防止损坏 (2) 拆卸内衬安装螺钉和卡扣(在轮罩前半部分) (3) 翼子板内衬板翻转 注意: 有些车型的前照灯安装螺母在内衬板里侧,必须翻转内衬板。一旦翼子板内衬板被折叠,它便无法恢复正常位置。当翻转时切勿折叠内衬板	
3. 拆卸散热器护栅	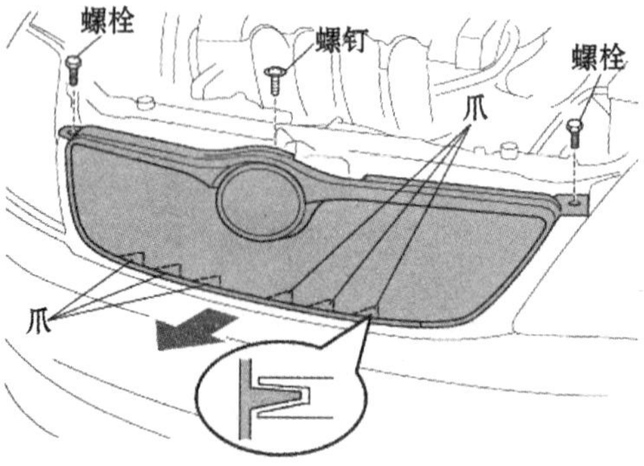 螺栓　螺钉　螺栓　爪　爪	(1) 拆卸螺栓和螺钉 (2) 松脱锁销和散热器护栅	

续 表

步骤	示意图	操作说明	操作记录
4. 拆卸前保险杠		(1) 拆卸卡扣和螺栓 (2) 松脱卡钩和前保险杠	
5. 安装保险杠		用卡扣和锁销安装前保险杠和散热器护栅,然后装上相应的螺钉和螺栓,拧紧螺钉和螺栓后安装完成 (1) 安装挂钩和前保险杠 (2) 安装螺栓和卡扣	
6. 安装散热器护栅		(1) 安装锁销和散热器护栅 (2) 安装螺栓、螺钉和散热器护栅	
7. 安装翼子板内衬板		(1) 校正位置以便卡扣安装孔和翼子板安装孔对准 (2) 临时安装上所有的卡扣和螺钉。最后均匀地拧紧螺钉,完成安装 提示: 翼子板内衬板是用软树酯做成的,因此在安装时要小心以防变弯 (3) 拆下遮蔽带	

笔 记

续　表

步骤	示意图	操作说明	操作记录
8. 最后检查		检查安装电器设备的步骤是否有错并检查前照灯是否正常工作 操作灯控制开关并检查与拆装相关部件的工作是否正常 (1) 前照灯 (2) 雾灯 (3) 转向灯等	

五、检验评估

在完成拆装作业后,按表4-3-7汽车保障杠拆装检验与评价表,实施作业质量检验并进行三方评价。

表 4-3-7　汽车保障杠拆装检验与评价表

检验与评价内容	检验与评价指标	权重	自评	互评	总评
作业质量检验	1. 汽车保障杠拆装是否规范				
	2. 汽车保障杠安装是否完整				
检查任务完成情况	1. 能描述汽车保障的结构				
	2. 在小组所扮演的角色,对完成任务过程中所起的作用				
职业素养	1. 学习态度:积极主动参与学习				
	2. 团队合作:与小组成员一起分工合作,不影响学习进度				
	3. 现场管理:服从工位安排、执行实训室"5S"管理规定				

笔记

任务 4.4　拆装翼子板

任务描述	一辆 2006 款一汽丰田威驰汽车出现交通事故,车辆严重受损,进入维修厂进行维修。针对维修接待和车间确认意见,首先对车身附件进行分解作业
任务目标	1. 能描述汽车总体结构,认识车辆总体结构、分析其结构特点 2. 能认识待修车辆构造的材质,能选择相应维修工艺

一、维修接待

按照表 4-4-1 所示,通过询问客户了解车辆发生事故的情况,填写接车问诊表,并根据车间检测初步确认结果,进行拆装作业。

表 4-4-1　维修接待与接车问诊表

接 车 问 诊 表

车牌号:＿＿＿＿＿＿＿＿　　车架号:＿＿＿＿＿＿＿＿　　行驶里程:＿＿＿＿＿＿＿＿(km)

用户名:＿＿＿＿＿＿＿＿　　电　话:＿＿＿＿＿＿＿＿　　来店时间:＿＿＿＿/＿＿＿＿

用户陈述及故障发生时的状况:**车辆以 80 km/h 正常行驶中突然感觉动力不足,并逐渐熄火,发动机故障灯点亮。发动机不能再次起动**

故障发生时的状况提示:**行驶速度、发动机状态、发生频度、发生时间、部位、天气、路面状况、声音描述**

接车员检测确认建议:**读取故障码、数据流,检查燃油系统**

车间检测确认结果及主要故障零部件:**燃油泵开路继电器损坏,更换开路继电器**

车间检查确认者:＿＿＿＿＿＿＿＿＿

外观确认:

(请在有缺陷部位作标识)

功能确认:(工作正常√　不正常×)
□音响系统　　□门锁(防盗器)　□全车灯光　　□工具
□后视镜　　　□顶窗　　　　　□座椅　　　　□点烟器
□玻璃升降器　□玻璃

物品确认:(有√　无×)
□贵重物品提示
□工具　□备胎　□灭火器
□其他(　　　　　　)
旧件是否交还用户　□是　□否
用户是否需要洗车　□是　□否

F

E

· 检测费说明:本次检测的故障如用户在本店维修,检测费包含在修理费用内;如用户不在本店维修,请您支付检测费。本次检测费:￥＿＿＿＿＿元。

· 贵重物品:在将车辆交给我店检查修理前,已提示将车内贵重物品自行收起并保存好,如有遗失恕不负责。

接车员:＿＿＿＿＿＿＿＿＿＿　　　用户确认:＿＿＿＿＿＿＿＿＿＿

二、信息收集与处理

按照表4-4-2的提示,收集相关信息,并将相关信息填入表中相应位置。

表4-4-2 信息收集与处理

翼子板

序号	部件名称	作　用
1		
2		
3		
4		
5		
6		
7		

三、制订计划

如表4-4-3所示,查阅维修资料,了解车辆翼子板类型特点,分析汽车翼子板的结构特点;查阅维修手册,熟悉车辆翼子板的拆装规范,制订汽车翼子板的拆装计划。

表4-4-3 汽车翼子板拆装计划

	车辆描述	
1. 车辆信息描述	翼子板的结构类型	
2. 汽车翼子板结构组成		
3. 车辆翼子板结构特点描述		
4. 汽车翼子板拆装工作准备		

续 表

步骤	拆装项目	操作要领	技术要求或标准	检修记录
5. 汽车翼子板拆装工艺流程				

四、任务实施

按照表 4-4-3 汽车翼子板拆装计划,实施拆装作业,并将作业要领记录在表 4-4-4 中。

表 4-4-4　汽车翼子板拆装作业任务

步骤	示意图	操作说明	操作记录
1. 拆卸前检查		(1) 检查车辆前端损伤情况 (2) 检查与拆装相关部件的工作情况	
2. 拆卸翼子板内衬板	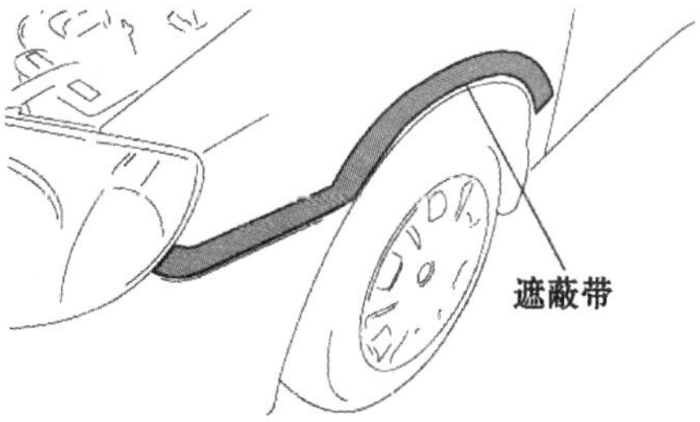 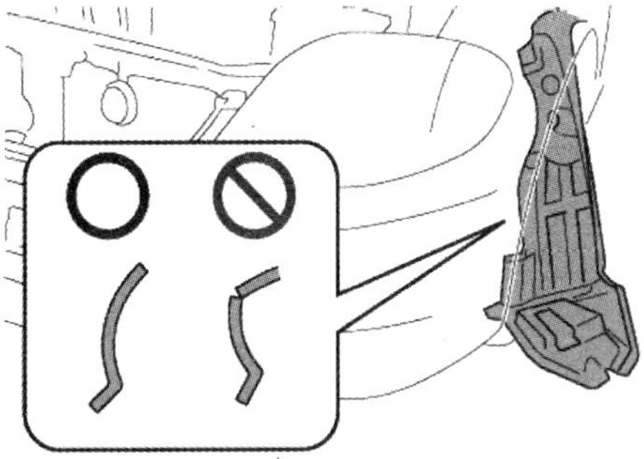 遮蔽带	(1) 在前保险杠拆卸期间,用遮蔽带防止损坏 (2) 拆卸内衬安装螺钉和卡扣(在轮罩前半部分) (3) 翼子板内衬板翻转 注意:有些车型的前照灯安装螺母在内衬板里侧,必须翻转内衬板。一旦翼子板内衬板被折叠,它便无法恢复正常位置。当翻转时切勿折叠内衬板	

续　表

步骤	示意图	操作说明	操作记录
3. 拆翼子板			
4. 安装翼子板			
5. 安装翼子板内衬板		(1) 校正位置以便卡扣安装孔和翼子板安装孔对准 (2) 临时安装上所有的卡扣和螺钉。最后均匀地拧紧螺钉,完成安装 提示:翼子板内衬板是用软树酯做成的,因此在安装时要小心以防变弯 (3) 拆下遮蔽带	
6. 最后检查		检查安装后与翼子板相关部件的工作情况	

五、检验评估

在完成拆装作业后,按表 4-4-5 汽车翼子板拆装检验与评价表,实施作业质量检验并进行三方评价。

表 4-4-5　汽车翼子板拆装检验与评价表

检验与评价内容	检验与评价指标	权重	自评	互评	总评
作业质量检验	1. 汽车翼子板拆装是否规范				
	2. 汽车翼子板安装是否完整				
检查任务完成情况	1. 能描述汽车翼子板的结构				
	2. 在小组所扮演的角色,对完成任务过程中所起的作用				
职业素养	1. 学习态度:积极主动参与学习				
	2. 团队合作:与小组成员一起分工合作,不影响学习进度				
	3. 现场管理:服从工位安排、执行实训室"5S"管理规定				

参考文献

[1] 陈家瑞. 汽车构造[M]. 北京:人民交通出版社,2002.
[2] 梁其续. 汽车底盘维修[M]. 北京:中国劳动和社会保障出版社,2006.

全国职业教育汽车类专业高技能人才培养论坛介绍

一、论坛介绍

全国职业教育汽车类专业高技能人才培养论坛是由中国高等职业教育汽车类专业教学委员会组织，并定期举办的汽车专业职业教育论坛。论坛旨在搭建职业教育汽车类专业交流平台，促进教学研究活动的开展，提高教育教学质量，推动我国汽车类专业高技能人才培养模式的改革和发展。

二、举行时间和地点

论坛年会将于每年8月份举行。每年更换年会地点。

三、论坛参与人员

政府相关主管部门领导；职业院校汽车类专业院长、系主任、教研室主任、学科带头人、骨干教师；职业教育专家；汽车相关企业专家及负责人。

四、主要议题

1. 教学交流：专业建设、培养方案、课程设置、教学改革、教学经验等。
2. 科研交流：科研立项、教改研究、教学资源库建设、立体化教材编写等。
3. 人才交流：高技能师资引进和储备、高技能人才就业与创业等。
4. 信息、资源交流：招生和就业信息、校际合作机制等。
5. 校企合作和国际交流：产学研合作机制、学生国外游学项目、教师海外进修等。

五、论文与出版物

被论坛年会录用的论文将正式出版，经专家评审后的部分优秀论文将推荐在核心期刊上发表。

六、秘书处联系方式

通信地址：上海市番禺路951号505室　邮编：200030　传真：021-64073126
联系人：张老师　电话：021-61675263
　　　　邓老师　电话：021-61675282
E-mail：qicheluntan@foxmail.com

七、论坛相关资料索取

请您认真填写以下表格的内容，并通过电子邮件、传真、信件等方式反馈给我们，我们将会定期向您寄送论坛邀请函、出版物等相关资料。

资 料 索 取 表

姓　名		性别		职务/职称		
院　系						
通信地址					邮编	
联系电话				传　真		
E-mail				手机号码		
院长/系主任姓名						